中国产业研究报告·生产资料流通

·中国物流与采购联合会系列报告·

中国生产资料流通发展报告

中国物流与采购联合会
China Federation of Logistics & Purchasing
中国物流学会
China Society of Logistics

China Development Report on the Means of Production

(2013-2014)

中国财富出版社
China Fortune Press

图书在版编目（CIP）数据

中国生产资料流通发展报告．2013—2014 / 中国物流与采购联合会，中国物流学会编．—北京：中国财富出版社，2014.8

ISBN 978－7－5047－5337－3

Ⅰ.①中… Ⅱ.①中… ②中… Ⅲ.①生产资料—物流—研究报告—中国—2013～2014 Ⅳ.①F259.22

中国版本图书馆 CIP 数据核字（2014）第 182272 号

策划编辑	司昌静	**责任印制**	方朋远
责任编辑	邢有涛 杨 璐	**责任校对**	杨小静

出版发行	中国财富出版社（原中国物资出版社）		
社　　址	北京市丰台区南四环西路 188 号 5 区 20 楼	**邮政编码**	100070
电　　话	010－52227568（发行部）		010－52227588 转 307（总编室）
	010－68589540（读者服务部）		010－52227588 转 305（质检部）
网　　址	http：//www.cfpress.com.cn		
经　　销	新华书店		
印　　刷	北京京都六环印刷厂		
书　　号	ISBN 978－7－5047－5337－3 / F·2210		
开　　本	787mm×1092mm 1/16	**版　　次**	2014 年 8 月第 1 版
印　　张	24.25	**印　　次**	2014 年 8 月第 1 次印刷
字　　数	453 千字	**定　　价**	120.00 元

《中国生产资料流通发展报告》
（2013—2014）

编　委　会

沈进军　中国汽车流通协会常务副会长兼秘书长
　　　　中国物流与采购联合会会展部主任
秦占学　中国建筑材料流通协会常务副会长
钱　巍　中国化工轻工物资流通协会常务副会长
袁苏凡　中国煤炭城市发展联合促进会副会长兼秘书长
王　汐　中国金属材料流通协会副会长
唐志刚　中国机电产品流通协会秘书长
何　辉　中国物流信息中心副主任
刘长庆　兰格钢铁网董事长
胡才波　广州市狮岭镇人民政府副镇长
王再兴　毅德国际控股有限公司董事局主席
洪　涛　北京工商大学经济学院贸易经济系主任
　　　　商业经济研究所所长、教授
赵　娴　北京物资学院经济学院党总支书记
　　　　流通经济研究所所长、教授
宗树明　现代物流报社社长
梁巨涛　中国市场杂志社广东记者站站长

参加编写的人员还有（以姓氏笔画为序）：

王宏亮、尹德洪、代官飞、孙　岩、李大为、李会军、李春晓、李树仁、李贵元、肖政三、张　喆、张华光、张雨润、陈雷鸣、武　威、袁　远、崔　燕、董　昱、谢满华、曾庆宝

《中国生产资料流通发展报告》
（2013—2014）

编 辑 人 员

主　　编：周林燕

副 主 编：代官飞

主要成员：马　军

联系方式：中国物流与采购联合会生产资料市场专业委员会

电　　话：010－58566588 转 125

传　　真：010－58566588 转 125

网　　址：www. cflp. org. cn

www. chinawuliu. com. cn

邮　　箱：dgf@ chinawuliu. com. cn

认清经济发展形势
促进钢铁流通创新发展

（代前言）

当前，世界经济仍处于危机后的恢复期，总体态势趋于稳定，但是仍然面临基础不稳、动力不足、速度不均等问题。美、日、欧等主要发达经济体总体趋于好转，复苏依然缓慢；新兴经济体外部风险和挑战增加，下行压力较大。国际金融危机对世界经济的影响长期存在，国际市场格局陷入深度调整。经济持续全球深化，区域经济合作不断涌现，国际竞争更加激烈。

我国经济正处于从高速增长阶段向中高速增长阶段转换的关键时期。面对错综复杂的国际形势，中国新一届政府坚持稳中求进工作总基调，扎实做好各方面工作，经济社会发展稳中有进、稳中向好，实现了良好的开局。第三季度经济下行走势得到改变，全年经济指标在预期的调控目标区间之内。2013 年，规模以上工业增加值同比增长 9.7%；社会消费品零售总额 23.8 万亿元，同比增长 13.1%；全国固定资产投资 44.7 万亿元，同比增长 19.3%。

受经济运行平稳趋缓影响，钢铁产业延续了低速增长的局面。2013 年，全国粗钢产量为 7.79 亿吨，同比增长 7.6%。当前，钢铁产能利用率不足，价格持续低位运行，钢铁企业效益下滑，环保压力日益严峻。作为钢厂和下游客户之间的钢铁贸易商和物流企业，也面临着订单推迟、拖欠货款、利润微薄、资金趋紧等种种问题，企业补库存投入谨慎，一批中小型企业纷纷退出市场。

总体来看，我国钢铁产业正处于需求增幅快速回落时期。从过去长期两位数的增长，回落到一位数的增长，钢铁生产企业和流通企业尚未适应这种调整变化，继续延续过去粗放式的生产方式和经营模式，资源配置不合理，产能释放大大超过市场需求，导致近年来行业出现全面过剩的局面。同时，作为政府主导投资建设的地方支柱产业，“唯 GDP 论”的政绩考核导向和地方保护主义也是化解钢铁产能过剩的重要障碍。随着 2013 年年底十八届三中全会的召开，通过的《关于全面深化改革若干重大问题的决定》（以下简称

《决定》），提出未来一段时期国家改革总体设计和路线方针，为钢铁产业和钢铁流通业带来了重要的战略变革机遇。

《决定》提出的“处理好政府与市场的关系，使市场在资源配置中起决定性作用和更好发挥政府作用”，是全面理解和深刻领会全面深化改革要求的理论出发点，也是破解钢铁行业产业结构不合理和发展方式不科学的行动指南。总体来看，十八届三中全会对钢铁产业和钢铁流通业有以下影响。

一是产能过剩局面有望好转。与以往的依靠行政命令和高炉容积来淘汰落后产能不同，《决定》要求强化节能节地、环境、技术、安全等市场准入标准，也就是更多地依靠市场和环保措施，建立健全化解产能过剩的长效机制。2013 年 10 月，国务院出台《关于化解产能过剩矛盾的指导意见》，提出要重点推动山东、河北、辽宁、江苏、山西等地区钢铁产业结构调整，压缩钢铁产能总量 8000 万吨以上。刚刚结束的中央经济工作会议，在安排 2014 年工作的主要任务时，提出要坚定不移化解产能过剩，不折不扣执行好中央化解产能过剩的决策部署。随着各地化解产能过剩方案的陆续出台和开始执行，钢铁产能过剩局面将有望得到根本好转。同时，随着环保标准的严格推行，产能反弹问题也将得到有效遏制。

二是政府主导将让位于市场驱动。为进一步简政放权，《决定》提出要深化投资体制改革，除关系国家安全和生态安全、涉及全国重大生产力布局、战略性资源开发和重大公共利益等项目外，一律由企业依法依规自主决策，政府不再审批。钢铁产业也要关注国家投资体制改革。取消行政审批并不是放任产能过剩，而是实现由政府管制向市场调节转变，充分发挥市场对资源的配置作用。同时，《决定》提出要纠正单纯以经济增长速度评定政绩的偏向，加大产能过剩、资源消耗、环境损害、生态效益等指标的权重，将从根本上抑制地方政府大上钢铁项目的积极性。

三是市场环境将更加开放。为建设统一开放、竞争有序的市场体系，《决定》要求着力清除市场壁垒，实行统一的准入制度，反对地方保护主义，反对垄断和不正当竞争。这将对钢铁产业跨区域市场开拓和重组整合扫清障碍。由于钢铁产业很大比例是国有经济，《决定》提出在坚持公有制主体地位，发挥国有经济主导作用的同时，要积极发展混合所有制经济，允许非国有资本参股国有资本。针对外商在中国投资所遇到的市场壁垒，《决定》明确将放宽投资准入，进一步放宽一般制造业，钢铁行业有望进一步开放。钢铁行业未来有望形成一个公平竞争、优胜劣汰和高度开放的市场，市场竞争将更加激烈，有助于激发市场主体的活力，提高资源配置效率和公平性。

四是城镇化成为增长驱动力。《决定》提出，要坚持走中国特色新型城镇化道路，这为钢铁产业带来新的机遇。目前，我国城镇化水平与发达国家还有一定差距，未来一段时期我国城镇化的加快推进，将产生巨大的市场需求。2014 年国务院发布棚户区改造工作意见，估计涉及投资 3000 多亿元。近期召开的全国城镇化工作会议，对推进城镇化建设进行了具体部署。新一轮城镇化建设将成为扩大内需和促进产业升级的重要抓手，有利于破解城乡二元结构，也对我国钢铁产业发展提出了更高的要求。

总之，十八届三中全会为我国今后一段时期加快转变经济发展方式、培育经济发展新动力、实现经济持续健康发展确定了行动纲领，也对未来我国钢铁产业和钢铁流通业发展创造了良好的市场环境。

随着我国工业化的加快推进，未来十年我国钢铁产量将逐步达到峰值。钢铁产业竞争将逐步从生产环节向服务环节转移，制造业“服务化”和服务业“专业化”趋势将更加明显，钢铁产业与钢铁流通业的联动融合将更加普遍，这对钢铁流通业发展带来重大机遇。钢铁物流作为钢铁流通的重要组成部分，还处于发展的初级阶段，具有巨大的发展潜力。李克强总理 2013 年年初提出要打造中国经济“升级版”，我国钢铁物流也要顺应社会经济发展要求，打造钢铁物流“升级版”，为钢铁产业转型升级提供重要支撑。

一是要转变经营模式。加快从传统的贸易商向流通商、物流商转型，改变一买一卖赚取差价的“坐商”经营模式，主动接近客户、主动开辟市场、主动提升服务，挖掘客户需求，提供差异化服务，为客户创造更多价值，打造高端服务品牌。这是赢得市场的重要手段，也是今后发展的生存之道。

二是要推动产业融合。加快延伸产业链条，与上下游企业联动发展，建立供应链战略合作关系。深度嵌入产业链，与客户实现“捆绑式”发展，逐步由“竞争”走向“竞合”，形成你中有我、我中有你的利益共同体，提升整个供应链的竞争力。这将从根本上改变产业竞争格局，推动整个产业转型升级。

三是要坚持创新驱动。重点加强和完善流通加工、物流配送、代理采购、贸易结算、物流金融等物流增值服务，加快由传统物流向现代物流转变。近两年，虽然物流金融业务出现较大风险，但是随着监管体系的完善和管理制度的规范，物流金融创新对整个产业的带动作用还将进一步增强。这有利于增加物流服务效益，提升物流业在整个产业中的地位。

四是要鼓励平台发展。当前，电子商务对社会经济的影响日益增强。要开发利用网上交易平台，克服现货市场的不足，推进商流、物流、资金流、信息流的集成运作，形成虚拟与实体网络“无缝对接”的电子商务运营模式，这是现货市场未来发展的重要路径选择。同时，要鼓励平台之间的互联互通，更好地发挥平台经济，建立健康有序的平台网络生态体系。

五是要推进网络布局。随着市场进一步开放，客户对服务网络广度和深度的要求将不断提升。要顺应客户需要，逐步拓展物流网络，推进物流仓储和配送中心布局建设，推动连锁复制和兼并重组，形成区域性和全国性的物流服务网络体系。

2014 年 7 月 10 日

（作者为中国物流与采购联合会会长。本文是 2014 年 1 月 11 日作者在“第七届中国钢铁物流合作论坛”上的致辞，本书刊载时略有改动）

目　　录

第一部分　综　述　篇

第二部分　专　题　篇

第三部分　企　业　篇

第四部分　政　策　篇

第五部分　国　外　篇

第六部分　数　据　篇

第一部分

综　述　篇

2013—2014 年生产资料流通发展环境

一、政策环境

（一）党中央、国务院重视生产性服务业发展

2013 年 7 月 12 日，国务院总理李克强主持召开国务院常务会议，研究部署加快发展节能环保产业，促进信息消费，拉动国内有效需求，推动经济转型升级。会议指出，我国正处于新“四化”同步推进的阶段，扩大内需要创新和拓展思路，既要有效稳增长，又要着力调结构，持续稳中有为。要注重用改革的办法促进产业发展，把政府引导与市场主导结合起来，把“走出去”和“引进来”结合起来，发挥市场机制作用，为节能环保产业和信息消费创造多元投入、公平竞争的发展环境。会议要求，促进信息消费，要把握好市场导向、改革推进、需求引领、有序安全发展的原则，推进工业化和信息化深度融合。一要实施“宽带中国”战略，加快网络、通信基础设施建设和升级。鼓励民间资本以参股方式进入基础电信运营市场。二要加快实施“信息惠民”工程。三要丰富信息产品和信息消费内容。鼓励智能终端产品研发，通过创新供给引导消费。拓展新兴服务业态，开展物联网重大应用示范，大力发展电子商务。四要构建安全可信的信息消费环境。依法加强个人信息保护，规范信息消费市场秩序，提高网络信息安全保障能力。

2013 年 7 月 24 日，国务院总理李克强主持召开国务院常务会议，研究确定促进贸易便利化推动进出口稳定发展的措施。会议认为，当前我国经济运行处于合理区间，要立足当前、着眼长远，发挥调结构、促改革对稳增长的积极作用，不断增强发展后劲和内生动力。要在营造公平开放便利的市场环境上多下工夫，在激发市场主体活力上多想办法，在加强薄弱环节建设上加大力度，充分发挥市场机制作用，释放改革红利，为经济持续健康发展注入不竭动力。会议指出，当前我国经贸环境复杂严峻，进出口增速均明显放缓。要通过制度创新，提高贸易便利化水平，增强企业竞争力。一是制定便利通关办法，抓紧出台“一次申报、一次查验、一次放行”改革方案，分步在全国口岸实行。二是整顿进出口环节经营性收费，减少行政事业性收费。三是

鼓励金融机构对有订单、有效益的企业及项目加大支持力度，发展短期出口信用保险业务，扩大保险规模。四是支持外贸综合服务企业为中小民营企业出口提供融资、通关、退税等服务。五是积极扩大商品进口，增加进口贴息资金规模。六是努力促进国际收支基本平衡，保持人民币汇率在合理均衡水平上的基本稳定。

2013 年 8 月 8 日，国务院发布《关于促进信息消费扩大内需的若干意见》(国发〔2013〕32 号，以下简称《意见》)。《意见》指出，我国市场规模庞大，信息消费具有良好发展基础和巨大发展潜力。同时，我国信息消费面临基础设施支撑能力有待提升、产品和服务创新能力弱、市场准入门槛高、配套政策不健全、行业壁垒严重、体制机制不适应等问题，亟须采取措施予以解决。加快促进信息消费，能够有效拉动需求，催生新的经济增长点，促进消费升级、产业转型和民生改善，是一项既利当前又利长远、既稳增长又调结构的重要举措。《意见》要求，要加快信息基础设施演进升级、增强信息产品供给能力、培育信息消费需求、提升公共服务信息化水平、加强信息消费环境建设、完善支持政策。目标是到 2015 年，信息消费规模超过 3. 2 万亿元，年均增长 20% 以上，带动相关行业新增产出超过 1. 2 万亿元，其中基于互联网的新型信息消费规模达到 2. 4 万亿元，年均增长 30% 以上。基于电子商务、云计算等信息平台的消费快速增长，电子商务交易额超过 18 万亿元，网络零售交易额突破 3 万亿元。

2013 年 10 月 25 日，国务院总理李克强主持召开国务院常务会议，部署推进公司注册资本登记制度改革，降低创业成本，激发社会投资活力。会议指出，改革注册资本登记制度，放宽市场主体准入，创新政府监管方式，建立高效透明公正的现代公司登记制度，是新一届政府转变职能总体部署和改革方案中又一项重要举措，目的是为了进一步简政放权，构建公平竞争的市场环境，调动社会资本力量，促进小微企业特别是创新型企业成长，带动就业，推动新兴生产力发展。会议明确了改革的主要内容：一是放宽注册资本登记条件。二是将企业年检制度改为年度报告制度，任何单位和个人均可查询，使企业相关信息透明化。三是按照方便注册和规范有序的原则，放宽市场主体住所（经营场所）登记条件，由地方政府具体规定。四是大力推进企业诚信制度建设。注重运用信息公示和共享等手段，将企业登记备案、年度报告、资质资格等通过市场主体信用信息系统予以公示。推行电子营业执照和全程电子化登记管理，与纸质营业执照具有同等法律效力。完善信用约束机制，将有违规行为的市场主体列入经营异常的“黑名录”，向社会公布，使其“一处违规、处处受限”，提高企业“失信成本”。五是推进注册资本由实缴登记制改为认缴登记制，降低开办公司成本。

2013 年 11 月 18 日，国务院办公厅发布《关于促进煤炭行业平稳运行的意见》（国办发〔2013〕104 号，以下简称《意见》）。《意见》指出，2012 年以来，受市场需求下降、煤炭工业转型升级滞后以及税费负担与历史包袱较重等因素影响，煤炭行业出现结构性产能过剩、价格下跌、企业亏损等问题，运行困难加大。为促进煤炭行业平稳运行和持续健康发展，《意见》提出，要坚决遏制煤炭产量无序增长、切实减轻煤炭企业税费负担、加强煤炭进出口环节管理、提高煤炭企业生产经营水平、营造煤炭企业良好发展环境。

2013 年 11 月 20 日，国务院总理李克强主持召开国务院常务会议，通过关于依法公开制售假冒伪劣商品和侵犯知识产权行政处罚案件信息的意见。会议指出，公平竞争是发展市场经济的基本要求。当前我国正处于改革发展和经济转型升级的关键时期，提高产品质量、实施创新驱动，至关重要。依法对假冒、侵权行政处罚案件实行信息公开，接受人民群众监督，是促进质量提升和产业升级、增强消费者信心、保护知识产权、鼓励创新创业的一剂“良方”，有利于维护公平竞争的市场秩序、保护消费者权益、提高执法公信力。罚劣是为了奖优，要让恶意造假制劣特别是损害人民群众生命健康的违法者付出高昂代价，让守法经营者路路畅通、受到褒奖，让广大科技人员大胆创新、放心创业。

2014 年 1 月 15 日，国务院总理李克强主持召开国务院常务会议，部署加快建设社会信用体系、构筑诚实守信的经济社会环境。会议认为，信用是市场经济的“基石”。加快建设社会信用体系，是完善社会主义市场经济体制的基础性工程，既有利于发挥市场在资源配置中的决定性作用、规范市场秩序、降低交易成本、增强经济社会活动的可预期性和效率，也是推动政府职能转变、简政放权、更好做到“放”“管”结合的必要条件。抑制不诚信行为，对鼓励创业就业、刺激消费、保障和改善民生、促进社会文明进步，也极其重要、势在必行。但目前信用缺失仍是我国发展中突出的“软肋”。制假售假、商业欺诈、逃债骗贷、学术不端等屡见不鲜，广大企业和公众深受其害。必须采取有力措施，切实改善社会信用状况。会议原则通过《社会信用体系建设规划纲要（2014—2020 年）》，并要求：一是全面推进包括政务诚信、商务诚信、社会诚信等在内的社会信用体系建设。二是加强基础建设。制定全国统一的信用信息采集和分类管理标准，推动地方、行业信用信息系统建设及互联互通，逐步消除“信息孤岛”，构建信息共享机制，在保护涉及公共安全、商业秘密、个人隐私等信用信息的基础上，依法使各类社会主体的信用状况透明、可核查，让失信行为无处藏身。三是用好社会力量。企业要把诚信经营作为安身立命之本，切实做到重合同、守信用。发挥行业组织自律和市场机制作用，培育和规范信用服务市场，形成全社会共同参与、推进信用体系建设的合力。四是加快推动立法。把健全相关法律法规和标准体系作为重要基础性工作，列入立法规划尽快推进实施，使信用体系建设有法可依。会议强调，建设社会信用体系是长期、艰巨的系统工程，要用改革创新的办法积极推进。

（二）政府主管部门积极推动生产资料流通发展

2013 年 7 月 23 日，国家工商总局发布《关于加快促进流通产业发展的若干意见》（工商市字〔2013〕112 号，以下简称《意见》）。《意见》指出，流通产业是现代服务业的重要组成部分，是国民经济的基础性和先导性产业。加快流通产业发展，不仅有利于服务生产，增强自身在国际市场上的竞争力，而且在方便群众生活、促进居民消费、促进产业结构优化升级、加快转变经济发展方式等方面具有重要意义。加快流通产业发展，要坚持发挥市场作用与完善政府职能相结合，既充分发挥市场配置资源的基础性作用，又切实提升政府公共服务、市场监管和宏观调控能力。《意见》要求，要加大市场监管执法力度，为流通产业健康发展营造良好的市场环境；加大服务支持力度，促进流通产业发展；完善相关法律法规，为营造良好的市场环境提供法规支撑。

2013 年 8 月 23 日，工业和信息化部下发《工业和信息化部关于印发信息化和工业化深度融合专项行动计划（2013—2018 年）的通知》（工信部信〔2013〕317 号，以下简称《行动计划》）。《行动计划》要求积极开展八项行动，其中，电子商务和物流信息化集成创新行动目标是深化重点行业电子商务应用，提高行业物流信息化和供应链协同水平，促进以第三方物流、电子商务平台为核心的新型生产性服务业发展壮大，创新业务协作流程和价值创造模式，提高产业链整体效率。行动内容包括提升重点行业电子商务和供应链协同能力、提升第三方物流服务能力等。

2013 年 10 月 31 日，商务部印发了《关于促进电子商务应用的实施意见》（商电函〔2013〕911 号，以下简称《意见》）。《意见》指出，要坚持以市场为导向，以企业为主体，运用市场机制优化资源配置，制定本地区电子商务发展政策，综合运用政策、服务、资金等手段完善电子商务应用发展环境；

要全面拓展电子商务应用，重点发展零售、跨境贸易、农产品和生活服务领域电子商务，重点扶持中西部地区应用电子商务，促进我国电子商务在区域和行业领域的均衡发展。《意见》明确了促进电子商务应用的重点任务，一是引导网络零售健康快速发展；二是加强农村和农产品电子商务应用体系建设；三是支持城市社区电子商务应用体系建设；四是推动跨境电子商务创新应用；五是加强中西部地区电子商务应用；六是鼓励中小企业电子商务应用；七是鼓励特色领域和大宗商品现货市场电子交易；八是加强电子商务物流配送基础设施建设；九是扶持电子商务支撑及衍生服务发展；十是促进电子商务示范工作深入开展。目标是到2015 年，使电子商务成为重要的社会商品和服务流通方式，电子商务交易额超过 18 万亿元；电子商务基础法规和标准体系进一步完善，应用促进的政策环境基本形成，协同、高效的电子商务管理与服务体制基本建立；电子商务支撑服务环境满足电子商务快速发展需求，电子商务服务业实现规模化、产业化、规范化发展。

2013 年 11 月 8 日，商务部、中国人民银行、证券监督管理委员会联合发布《商品现货市场交易特别规定（试行)》(商务部令2013 年第3 号，以下简称《规定》)。《规定》指出，要规范商品现货市场交易活动，维护市场秩序，防范市场风险，保护交易各方的合法权益，促进商品现货市场健康发展，加快推行现代流通方式。《规定》明确了商品现货市场的交易对象和交易方式、商品现货市场经营规范，并要求商务主管部门、中国人民银行分支机构、国务院期货监督管理机构派出机构负责对商品现货市场的监督管理工作。《规定》于 2014 年 1 月 1 日起施行。

2013 年 12 月 25 日，工商总局发布《关于加强商品交易市场规范管理的指导意见》(工商市字〔2013〕210 号，以下简称《意见》)。《意见》指出，党的十八大和十八届三中全会强调要着力激发各类市场主体发展新活力，加快完善现代市场体系，处理好政府和市场的关系，使市场在资源配置中起决定性作用和更好发挥政府作用。商品交易市场是社会主义大市场的重要组成部分，是日常消费的重要场所，是产品销售与原材料采购的重要渠道，是服务区域经济发展的重要平台，在引导消费、促进生产、活跃流通、优化配置、方便生活、扩大就业、拉动内需等方面发挥着重要作用。《意见》明确要求，要加强行政指导，推动商品交易市场开办者落实相关义务责任；创新监管方式，构建市场规范管理长效机制；加强协同配合，不断提高监管执法效能；加强基础建设，提升市场规范管理工作内在动力。

2014 年 1 月 26 日，商务部办公厅印发了《关于印发〈2014 年规范市场秩序工作要点〉的通知》（以下简称《要点》）。《要点》指出，要以“推进国内贸易流通体制改革，建设法治化营商环境”为工作重点，加强市场监管，规范市场秩序，重点抓好五个方面工作任务：一是消除地区封锁、打破行业垄断；二是大力整顿和规范市场秩序；三是提高行业管理水平和保障能力；四是深入推进商务信用建设；五是全面深化改革、加快职能转变。

（三）行业协会为生产资料流通发展做了大量工作

2013 年 12 月 7 日，中国物流与采购联合会主办的“第九次全国重点批发市场总裁联席会”暨“物流供应链与电子商务高峰论坛”在广州召开。商务部、工信部、中国物流学会以及广东省、广州市有关部门的领导，上海海洋大学、暨南大学等院校的专家教授出席会议演讲或致辞。来自全国各地批发市场、电子商务交易平台和流通企业的代表参加了会议。参会代表与演讲嘉宾主要围绕现货批发市场转型提升、批发市场服务供应链整合创新、实体市场与虚拟市场融合发展、发达国家大宗商品市场成功经验、国内生活消费品电商模式对于生产资料的借鉴意义等，进行了研讨与交流。本次会议公布了第八批推进流通现代化全国重点批发市场、生产资料流通创新型企业、推进流通现代化杰出企业家名单，至此，“推进流通现代化全国重点批发市场”已达 160 家。

2014 年 2 月 11 日，中国物流与采购联合会在北京召开了关于“政府主管部门如何推动生产资料流通行业发展”的座谈会，中国木材与木制品流通协会、中国金属材料流通协会、中国建筑材料流通协会、中国农业机械流通协会、中国汽车流通协会、中国物资再生协会、中国机电产品流通协会七家协会主管业务的领导参加了会议。与会代表一致认为，政府主管部门应该从目前行业发展存在问题上入手，找准问题，给予扶持，实实在在解决问题。并从行业统计、电子商务发展、批发市场、商贸流通生产资料标准化工作、政府行为干预市场调配资源、行业调查研究等方面归纳总结了目前生产资料流通行业存在的问题，同时提出了有关政策建议。

2013 年 11 月 23 日，由中国市场学会、中国物流与采购联合会、北京物流协会、北京物资学院共同举办的第七届中国北京流通现代化论坛在北京物资学院国际交流中心举行。论坛围绕推动流通模式创新、加快流通产业发展的热点问题进行了积极探讨。与会者认为，流通模式创新是推动我国流通产业发展的主要动力和战略取向。电子商务、连锁经营、统一配送等正在成为重要的商品流通方式，物联网、云计算等新一代信息技术的应用，将进一步加快流通模式创新。而新的流通模式必须加强流通领域信息化、自动化、标准化技术的研发和应用，加快发展物流配送，积极发展绿色低碳流通。市场管理部门一方面要积极推动流通模式创新；另一方面，要尽快掌握新的流通业态运作方式，采取有利于促进流通业健康发展的管理方式和方法，更好地规范流通市场秩序，营造和谐的市场环境，推动我国流通现代化建设，促进流通产业跨越式发展，“十二五”期间基本建立起统一开放、竞争有序、安全高效、城乡一体的现代流通体系。

2013 年 9 月 16—17 日，由中国木材与木制品流通协会主办、国际木材市场集团和美国针叶材出口联盟协办、中国木材与木制品流通协会木材进出口商分会和广州鱼珠国际木材市场承办的“第三届世界木材与木制品贸易大会”在广州成功举行。来自五大洲 20 多个国家的 80 余名国外木材行业专家、企业代表和行业相关人士与 130 余名国内资深专家和优秀企业代表齐聚一堂，共同深入解析了国际木材贸易格局发展的新形势，并重点讨论了新产业环境下中国木材贸易的发展前景及趋势。此次会议从国际大视野下木材贸易发展的新形势出发，涉及的论题包括原木和锯材的多种供应渠道、针叶材和阔叶材的最终用途、新兴的供应渠道以及中国可能仍面临木材短缺问题的原因。

2013 年 9 月 24—26 日，由中国金属材料流通协会主办、五矿发展股份有限公司联合主办、杭州高达软件系统有限公司承办，全国二十多家省、市协会（商会）联办的“第八届中国钢铁流通促进大会”，在杭州隆重召开。这次会议是在国内国际经济形势持续低迷、错综复杂、我国钢铁流通行业产能过剩矛盾更加突出、下游需求持续不振、钢材价格低位波动、华东地区仓单重复质押和老板跑路等事件的负面影响仍在扩散、银行对钢贸企业融资进一步收紧、钢铁生产企业向流通领域延伸的步伐在加快、钢铁流通企业迷茫、歇业和倒闭的数量逐渐增加、钢铁流通企业管理落后和风险管控的漏洞凸显、行业洗牌速度在加剧、更多的企业正经历着生死考验的背景下召开的。大会旨在引导和帮助企业开拓思路，创新思维，创新模式，升级管理，升级技术，升级理念，提高经营管理水平，顺利实现转型升级。嘉宾们富有针对性的演讲，令与会代表受益匪浅。专题论坛贴近实战性和操作性，就企业转型发展的“新做法、新模式、新思路”进行探讨和互动，便于企业学习和借鉴。

2013 年 10 月 26—28 日，由中国农业机械流通协会主办的“2013 中国国际农业机械展览会”（简称“国际农机展”）在青岛举行。“国际农机展”是国家商务部、农业部、工信部重点支持的展会。本次“国际农机展”共有 1767 家境内外农机企业参展，包括多家世界 500 强企业和 30 多家国际知名企业；展览面积超过了20万平方米，其中国际展区面积超过1.5万平方米；参展产品覆盖面广、技术水平高，代表了我国乃至国际农机制造业的最高水平；参观观众达到13万人次，其中专业观众超过8万人。“国际农机展”期间，举办了“促进亚太区域可持续农业机械化发展论坛”“2013年农机行业经济运行与市场分析报告会”“深松机作业竞赛活动”“农机服务组织发展论坛”“农用航空技术交流暨无人遥控飞行器作业发展研讨会”“中外农机企业交流座谈会”“农用飞机展示及无人遥控飞行器现场演示”“全国农机大专院校和科研院所人才及成果交流会”“进口农机具及农业规模化生产解决方案展示交流会”“2013国际农机展优秀新产品和推荐新产品图片展”“数字化制造技术与装备演示推介会”等主题会议和专项活动。

2013年11月9—11日，中国汽车流通协会为了促进中国汽车流通行业的健康发展，构建中国汽车流通行业健康生态链，为汽车流通企业提供跨品牌、跨业务、跨地域、跨国界的交流平台，在成都成功召开了“2013中国汽车流通行业年会暨展览会”。国家发改委、商务部、工商总局、质检总局、保监会等相关司局有关领导应邀到会，并就大家共同关心的汽车流通行业政策、汽车市场监管、反垄断、汽车三包等热点问题发表演讲。本次会议的主题为“改革、创新、转型、升级”，寓意为汽车市场正由卖方市场向买方市场转变，我国汽车流通业经过十余年快速发展，也跨入从做大到做强的阶段。市场在变，形势在变，需求也在变，中国汽车流通业正在迎难而上，通过不断改革，不断创新，实现可持续发展。为了充分体现本届年会的高品质和国际化，协会邀请了美国、德国、法国、英国、意大利、澳大利亚、巴西7个国家汽车流通协会的主席率代表团出席，并与参会代表分享了成熟国家汽车流通企业经营管理经验。

2013年11月19—20日，中国散装水泥推广发展协会在苏州市组织召开了全国散装水泥行业年会暨2013年散装水泥“三位一体”产业发展研讨会。商务部流通业发展司、中国散协、中国砂石协会、江苏省散装水泥办公室、苏州市散装水泥办公室的领导及来自全国各地的近200名代表出席了会议。研讨会紧密结合我国散装水泥发展特点，深入研讨散装水泥发展进程中不断创新，开拓进取的工作成果和典型经验，使与会代表深受启发，对各地散装水泥发展工作具有重要的借鉴作用，增强了行业的凝聚力。同时，与会代表一致认为，面对中央全面深化改革的发展大环境下，散装水泥行业要从散装水泥的发展实际出发，认真研究新形势下散装水泥发展的新思路和新模式，不断适应国家各项改革举措，以全新的工作状态全面进行散装水泥“三位一体”

产业持续、健康、协调发展。

2013 年 11 月 29 日—12 月 1 日，由中国建筑材料流通协会主办、协会培训中心承办、弘阳集团协办的 2013 中国建材家居流通业年会暨建材家居市场总裁对话会在江苏南京成功举办。此次年会是在我国经济增速放缓，房地产调控持续，行业竞争加剧的大环境下召开的。会议期间，政府领导、经济领域专家、行业专家、知名企业负责人齐聚一堂，挥斥方遒，为建材家居流通行业的发展把脉建言，分别就“十八届三中全会重要决定解读”“流通行业政策与家居行业发展”“李克强经济学与建材家居行业调整”“电商对行业的影响”“聚集产业，合力共赢”“团购、品牌联盟等新型营销模式对行业的影响”等议题，多方面、多角度、深层次阐述经济大势、行业政策及行业发展，深入交流探讨行业发展中的重点、难点、焦点问题。

二、经济环境

（一）国内经济环境

2013 年是全面贯彻落实党的十八大精神的开局之年，也是在增长阶段转换背景下加快发展方式转变的关键之年。2013 年，我国经济运行总体稳中有进，成功打破“硬着陆”担忧，主动减速以换取更好的增长质量，经济转型大幕拉开。在政府与市场的关系上明确提出“简政放权”；在资金利用上强调“用好增量、盘活存量”；在产业调整上，再次出台了大力压缩过剩产能的各项政策，实现了经济社会发展稳中向好的局面。从各行业来看，食品、医药等民生行业保持较快增长，显示了内需增长潜力；钢铁、化工、有色等周期性行业有所回升，但受产能过剩困扰，尚未达到景气状态；纺织等劳动密集型行业，受劳动力成本上升影响，回升仍显缓慢；以信息技术为基础，以互联网科技、新媒体和通信为代表的 TMT 新兴产业快速发展，显示产业结构调整取得较好成效。

国民经济实现平稳较快增长。据国家统计局统计数据显示，2013 年国内生产总值为 568845 亿元，比 2012 年增长 7.7%。其中，第一产业增加值 56957 亿元，增长 4.0%；第二产业增加值 249684 亿元，增长 7.8%；第三产业增加值 262204 亿元，增长 8.3%。第一产业增加值占国内生产总值的比重为 10.0%，第二产业增加值比重为 43.9%，第三产业增加值比重为 46.1%，第三产业增加值占比首次超过第二产业。

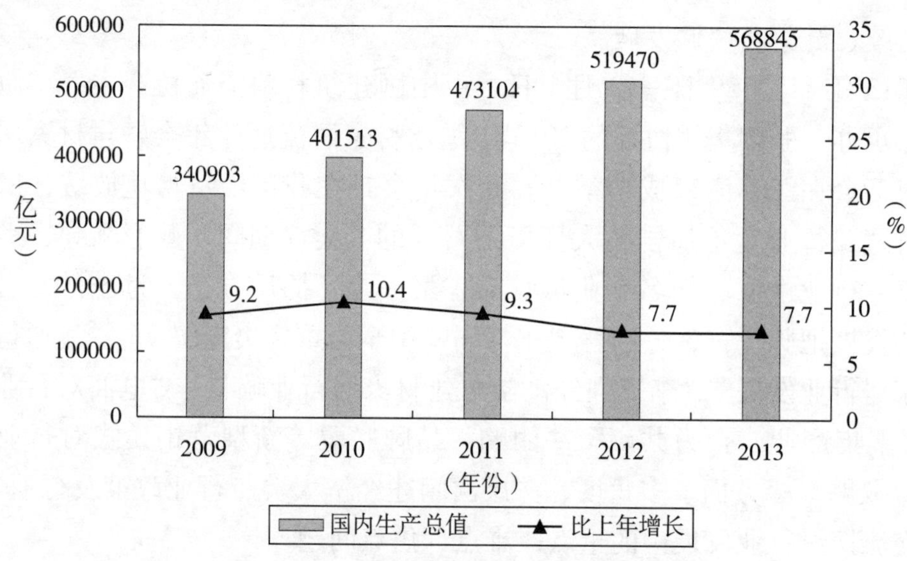

图 1　2009—2013 年国内生产总值及增长速度

工业生产稳定增长。2013 年全部工业增加值 210689 亿元，比 2012 年增长 7. 6%。规模以上工业增加值增长 9. 7%。在规模以上工业中，分经济类型看，国有及国有控股企业增长 6. 9%；集体企业增长 4. 3%，股份制企业增长 11. 0%，外商及港澳台商投资企业增长 8. 3%；私营企业增长 12. 4%。分门类看，采矿业增长 6. 4%，制造业增长 10. 5%，电力、热力、燃气及水生产和供应业增长 6. 8%。2013 年年底全国发电装机容量 124738 万千瓦，比 2012 年年底增长 9. 3%。其中，火电装机容量 86238 万千瓦，增长 5. 7%；水电装机容量 28002 万千瓦，增长 12. 3%；核电装机容量 1461 万千瓦，增长 16. 2%；并网风电装机容量 7548 万千瓦，增长 24. 5%；并网太阳能发电装机容量 1479 万千瓦，增长 3. 4 倍。2013 年规模以上工业企业实现利润 62831 亿元，比 2012 年增长 12. 2%。

市场销售平稳较快增长。全年社会消费品零售总额 237810 亿元，比 2012 年增长 13. 1%，扣除价格因素，实际增长 11. 5%。按经营地统计，城镇消费品零售额 205858 亿元，增长 12. 9%；乡村消费品零售额 31952 亿元，增长 14. 6%。按消费形态统计，商品零售额 212241 亿元，增长 13. 6%；餐饮收入额 25569 亿元，增长 9. 0%。

进出口稳中有升。2013 年货物进出口总额 258267 亿元人民币，以美元计价为 41600 亿美元，比 2012 年增长 7. 6%。其中，出口 137170 亿元人民币，以美元计价为 22096 亿美元，增长 7. 9%；进口 121097 亿元人民币，以美元计价为 19504 亿美元，增长 7. 3%。进出口差额（出口减进口）16072 亿元人民币，比2012年增加1514亿元人民币，以美元计价为2592亿美元，增加289亿美元。

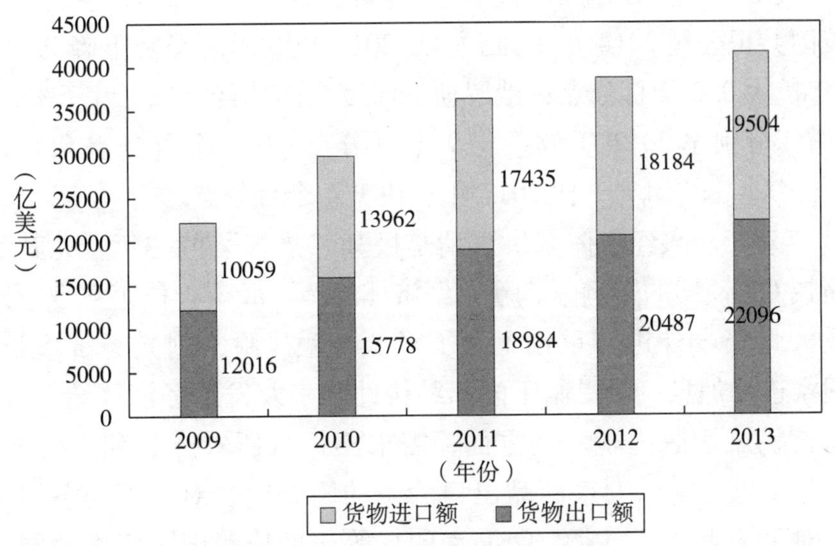

图2 2009—2013年货物进出口总额

社会物流总额较快增长。2013年全国社会物流总额197.8万亿元，按可比价格计算，同比增长9.5%，增幅比2012年回落0.3个百分点。社会物流总费用为10.2万亿元，同比增长9.3%，增幅较2012年同期回落2.1个百分点。社会物流总费用与GDP的比率为18.0%，与2012年基本持平。

展望2014年，国际经济总体趋稳，内需增长面临下行压力，预计经济增长略高于7%。在实施“双稳健”财政、货币政策的同时，坚持稳中求进、以稳促进的思路，努力释放改革红利，激发市场活力和社会创造力，切实降低企业运营成本，促进经济运行向新常态平稳过渡。

（二）国际经济环境

2013年，世界经济呈现缓慢复苏态势，国际金融危机的后续效应依然存在。主要经济体中，美国经济持续复苏，但复苏势头较为脆弱，失业率仍然较高；欧洲经济出现微幅回升迹象，但总体上依旧疲软；日本经济在“安倍经济学”的刺激下强劲反弹，但日本仍面临一系列根深蒂固的社会矛盾和经济问题，经济难有真正活力；新兴市场国家与发展中国家因贸易萎缩、流动性趋紧等多重原因，经济增速普遍放缓。

世界经济增速回落。据国际货币基金组织（IMF）2014年1月估计，按照购买力平价法GDP汇总，2013年全球经济增长3.0%，比2012年放缓0.1

个百分点；据世界银行2014年1月估计，按汇率法GDP汇总，2013年全球经济增长2.4%，比2012年放缓0.1个百分点。2013年，美国经济增长1.9%，比2012年放缓0.9个百分点。日本经济增长1.6%，比2012年加快0.2个百分点。英国共识公司2014年1月预计，2013年欧元区经济下降0.4%，降幅比2012年扩大0.2个百分点；俄罗斯、印度和南非经济增长1.6%、4.7%和1.9%，增速分别比2012年放缓1.9个百分点、0.3个百分点和0.6个百分点；巴西经济增长2.4%，比2012年加快1.4个百分点。

2013年对于新兴经济体来讲可谓是极其“痛苦”的一年，尤其是在下半年美国缩减QE预期的影响下，新兴经济体经历了股市、债市双双下跌、本币贬值以及大量资本外逃的重创。为了降低金融风险，刺激经济增长，印度、印尼等国家连续加息，但受制于内部结构性顽疾及发达经济体政策外溢影响，其经济增长仍难摆脱困境。一方面，需求不振打压农产品和工业金属价格，使得阿根廷、巴西等以大宗商品出口为主的国家饱受对外贸易萎缩之苦；另一方面，对于乌克兰、南非、印度和印尼等长期依赖国际资本的国家，其实体经济所需的资金支持受美联储货币政策转向影响而造成流动性趋紧。这导致了下半年以来持续数月之久的新兴经济体特别是亚洲金融动荡，重创这些国家的国内经济。

与新兴市场国家不同，美、欧、日等发达经济体经济在2013年整体呈回暖态势：美国2013年第三季度GDP环比折年率从第一季度的1.1%大幅攀升至4.1%；欧元区终于摆脱了长达6个季度之久的经济衰退；日本则在“安倍经济学”的强力拉动下结束了长达15年的通货紧缩。2013年全球经济正在呈现新兴市场经济疲软、发达经济体转向复苏的两极分化格局，这表明全球经济增长动能或将由新兴经济体转向发达经济体。

世界工业生产低速增长。2013年，世界工业生产增长2.7%，比2012年放缓0.6个百分点。其中发达国家增长0%，放缓1个百分点；发展中国家增长5.9%，放缓0.1个百分点。

世界贸易持续低迷。据国际货币基金组织最新估计，包括货物和服务在内，2013年世界贸易量增长2.7%，增速与2012年持平。其中发达国家进口量增长1.4%，比2012年加快0.4个百分点；发展中国家进口量增长5.3%，放缓0.4个百分点。波罗的海干散货运指数回升。2013年，波罗的海干散货运指数波动中明显回升。1月4日为706点；9月24日回升至2021点，这也是2011年11月以来该指数首次突破海运业盈亏临界点（2000点）；12月12日升至年中高点2337点；年末略降至2277点。

三大经济体中美国、欧元区居民消费略有起色。2013 年，美国零售额增长 4.4%，连续 4 年实现增长。欧元区零售量下降 0.9%，降幅比 2012 年收窄 0.8 个百分点。日本零售额增长 1.0%，增速比 2012 年回落 0.8 个百分点。

展望 2014 年，虽然未来全球经济增长仍存风险，但整体较 2013 年有所好转，预计 2014 年全球经济将继续温和复苏。

国际货币基金组织预测，2014 年全球 GDP 增长，将从 2013 年的 2.8% 小幅度提升至 3.1%。发达国家和成熟经济体 2014 年经济增长前景有所好转，可能达到 1.7% 的增长速度，相比 2013 年的 1% 有所提升。提升的主要原因是预计欧元区将获得 0.8% 的正增长，走出前两年的衰退状况。2014 年，美国将是全球经济向好的第二大引擎。美国 GDP 预计在 2014 年增长 2.3%，比 2013 年的 1.6% 提高 0.7%。2014 年，新兴市场和发展中经济体的国民生产总值增长率将有极小幅度的放缓，整体预计比 2013 年的 4.7% 下降 0.1 个百分点，降至 4.6%。增长的主要动力仍然是中国。在其他新兴市场中，印度、拉丁美洲和其他亚洲的发展中国家和地区在 2014 年都会实现小幅增长，但这些国家 2013 年的经济增长实在乏善可陈。

2014 年，世界主要经济体仍面临许多问题，例如，结构性缺陷、投资的政策限制和生产率增长率低等。IMF 在《2014 世界经济展望》中强调，全球经济增长中的不确定因素将加剧新兴经济体的风险。新兴市场正在逐步减少对美元的依赖，加上本国内的经济结构问题或其他经济发展漏洞，两者结合可能会导致另一轮的全球经济调整。此外，旧的风险依然存在。风险之一就是欧元区尚未完成的金融体系改革。在某些欧元区经济体中，不完善的货币政策传导机制，企业和政府债务过剩，以及与日本和美国等其他发达经济体相关的财政和金融风险等，上述因素依旧威胁着欧元区的经济健康。

2013—2014 年生产资料市场形势分析

2013 年生产资料行业保持平稳向好运行态势。生产资料流通规模实现较快增长，增速全年基本保持平稳；需求温和回升，出口形势好转，但产能过剩、供大于求的矛盾依旧突出；市场价格继续波动下行，但波动幅度较 2012 年略有收窄；企业效益有所好转，利润下滑趋势减缓，但未能实现企稳回升。

展望 2014 年，伴随着政策效应和改革红利释放，新型城镇化建设加快推进、市场活力和经济内生增长动力进一步增强，宏观经济将延续“稳中向好”发展态势。从生产资料市场发展来看，预计行业运行中的有利条件和积极因素趋于增多，整体环境改善，特别是城镇化建设加快和物流业发展将为生产资料市场发展带来较大空间，市场供需增速将继续加快，企业经营状况将有所好转，市场价格也有望止跌趋稳。

一、2013 年生产资料市场分析

（一）流通规模较快增长，增速基本平稳

据中国物流信息中心初步统计核算，2013 年，全社会生产资料销售总额 55 万亿元，按可比价计算，同比增长 11.9%，增速较上半年和前三季度分别提高 0.4 个百分点和 0.1 个百分点，与 2012 年同期持平。从全年走势来看，各月增速在 11.3 ~ 11.9 个百分点之间小幅波动，整体保持平稳，第四季度在前三季度基础上呈现小幅回升势头。全年生产资料销售总额增速与 GDP 增速的弹性系数为 1.55，保持在 1.2 ~ 1.6 的合理区间范围内。据初步预测，2013 年，全社会物流总额 200 万亿元左右，按可比价格计算，同比增长 9.5%，增幅较 2012 年同期回落 0.3 个百分点左右。总体上看，生产资料和物流市场规模均保持平稳增长，且增速快于 GDP 增长，显示出流通产业基础性地位和先导性作用依然突出。

（二）需求平稳回升，但产能过剩较为突出

根据中国采购经理指数（PMI）调查资料，2013 年制造业 PMI 全年平均

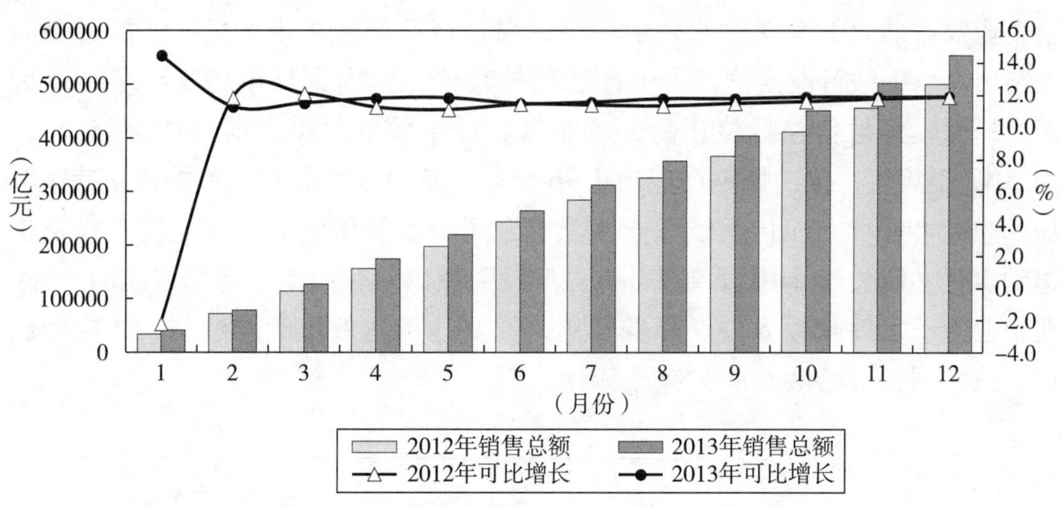

图1　2012—2013 年全社会生产资料销售总额及同比变化情况

水平为 50.8%，其中，四个季度分别为 50.5%、50.5%、50.8%、51.3%。各月 PMI 保持在 50% 以上水平且呈现逐季回升的走势，显示经济运行进入平稳增长区间，且保持了稳中有进的发展势头。同时，物价过快上涨的势头得到控制。反映上游产品价格变化的购进价格指数上半年从 57.2% 的高位逐月回落至 50% 的荣枯线以下，下半年虽然有所回升，但趋势较为平缓。整体上宏观调控在实现了有效遏制物价过快上涨的同时，保持了经济平稳较快发展，实现了经济由政策刺激向自主增长的有序转变，经济运行的稳定性和协调性进一步增强。

2013 年，制造业 PMI 新订单指数整体呈现平稳回升趋势，特别是 8 月以后，连续 5 个月保持在 52% 以上。出口形势也趋于好转。上半年，受外需不足和国际贸易环境不佳等因素的影响，我国出口持续疲软，形势严峻，新出口订单指数连续多月在 50% 以下低位徘徊。下半年，欧美经济有所改善，外需回升，国家稳定出口增长的政策措施也逐渐显效，带动了国内纺织、汽车、家用电器、机电等行业出口订单增加，新出口订单指数明显上升。

制造业 PMI 生产指数同样呈现平稳回升态势，显示生产活动保持较强活力。但值得注意的是，生产指数全年均值为 52.8%，高于新订单指数均值 1.1 个百分点。全年有 11 个月生产指数高于新订单指数，差距最大达到 2.2 个百分点。由此可见，虽然经济走势总体平稳向好，但需求仍然相对不足，产能过剩、供大于求的矛盾依旧突出。具体到生产资料市场来看，2013 年，随着世界经济的缓慢复苏和国家“稳增长、调结构、促改革”政策措施效果逐步显现，生产资料行业总体市场环境好于上年，但出现市场价格震荡下跌和流通企业效益继续下滑现象的一个重要原因是行业产能集中爆发、产能过剩问题突出。以钢铁行业为例，由于产能释放较快，国内钢材市场继续呈现供大于求局面，钢材价格低位运行，行业赢利处于较低水平。据钢铁协会统计，到2012年年底，国内炼钢产能约9.76亿吨。从目前情况看，产能还在持续增加，2013年全年，全国钢铁行业（黑色金属冶炼及压延业）固定资产投资仍达到5060亿元，虽同比下降2.1%，但投资额仍然较大，必将形成新的产能。而企业为了发挥规模效益、降低费用，就要达产达效。产能过剩、产能释放快，造成钢材市场供大于求矛盾突出。

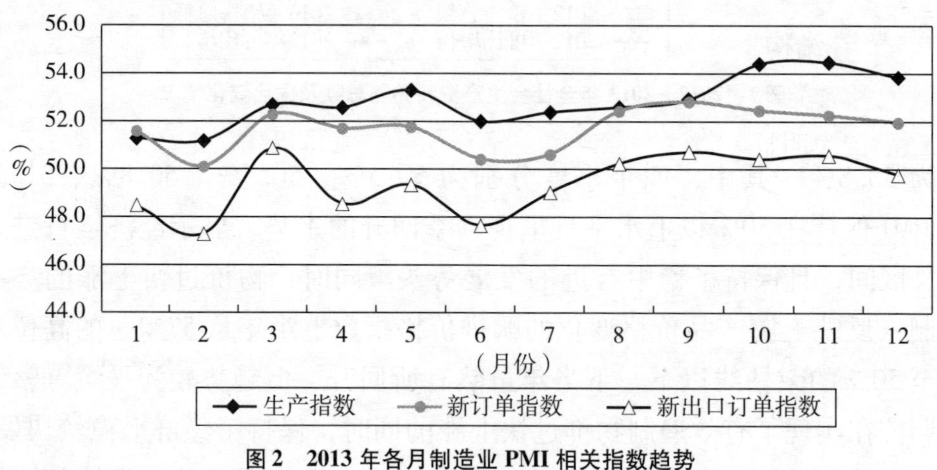

图2　2013年各月制造业PMI相关指数趋势

（三）市场价格继续波动下行，波动幅度略有收窄

2013年，由于需求回升缓慢，供需矛盾突出，市场价格延续震荡下行走势。1—12月，生产资料市场累计平均价格，比2012年同期下降4.6%，降幅较2012年收窄1个百分点；比2013年年初下降1.2%，降幅较2012年收窄0.3个百分点。从走势上看，全年曾出现三个回升阶段，分别是1—2月、8—9月和12月，但因回升幅度较小，持续时间较为短暂，未能扭转全年价格低迷态势。

从12月当月情况来看，国家稳定出口增长的政策措施逐渐显效，国内出口形势趋好，加之冬季储煤高峰渐至，煤炭价格大幅上涨，带动生产资料整体价格止跌回升。当月环比上涨1.18%；同比下降2.54%，降幅较11月收窄1.36个百分点。从监测的大类品种看，黑色金属、有色金属和机电类产品价格继续下行，环比分别下降0.1%、0.9%和0.2%，但跌幅分别收窄0.6个、0.3个和0.2个百分点；化工产品和汽车价格止跌回升，环比分别上涨0.8%和1.5%；原煤、成品油和建材类产品价格继续上涨，环比分别上涨13.3%、

3.2%和1.1%，涨幅分别扩大12.8个、3.1个和0.4个百分点；木材类产品价格保持平稳，环比与11月基本持平。

从国际市场看，国际大宗商品价格整体也呈现下降格局。根据海关总署的统计资料，进口方面，生产资料产品全年累计平均价格同比下降1.3%，比2013年年初下降1.8%。其中，工业生产资料累计平均价格同比下降1.2%，在结构上，除木材和机电类生产资料进口价格同比有所上升外，其他各大类产品进口价格均有所下降，能源类和有色金属类产品价格降幅较为明显；农业生产资料进口累计平均价格同比下降7.8%。出口方面，生产资料产品全年累计平均价格同比下降0.9%，比年初下降1.2%。其中，工业生产资料累计平均价格同比下降0.9%，在结构上，除建材、木材和汽车类生产资料出口价格同比有所上升外，其他各大类产品出口价格均有所下降，黑色金属、有色金属和能源类产品价格降幅较为明显；农业生产资料出口累计平均价格同比下降3.0%。

表1　2011—2013年各月生产资料价格总指数变化情况

指标	年份	1月	2月	3月	4月	5月	6月	7月	8月	9月	10月	11月	12月
当月环比（%）	2011	0.9	1.9	0.8	1.4	0.6	-0.4	-0.1	0.2	-0.5	-2.3	-1.3	-0.9
	2012	-0.6	0.8	0.6	0.4	-1.2	-2.5	-1.9	-1	0.2	0.7	-0.4	-0.3
	2013	0.6	0.9	-0.7	-1.5	-1.0	-1.5	-0.7	0.6	0.4	-0.5	-0.2	1.2
当月同比（%）	2011	9.6	12.4	11.4	9.5	10.9	13.5	14.8	13.0	11.0	6.7	2.8	0.5
	2012	-1.2	-2.1	-2.4	-3.4	-5.1	-7.1	-8.8	-9.7	-9.0	-6.4	-5.6	-5.0
	2013	-4.1	-4.1	-5.3	-7.0	-6.7	-5.7	-4.6	-3.2	-2.9	-5.5	-3.9	-2.5
累计同比（%）	2011	9.6	11.1	11.2	10.7	10.7	11.1	11.6	11.8	11.7	11.1	10.3	9.4
	2012	-1.2	-1.7	-1.9	-2.3	-2.9	-3.6	-4.4	-5.1	-5.5	-5.6	-5.7	-5.6
	2013	-4.1	-4.1	-4.5	-5.1	-5.4	-5.5	-5.4	-5.1	-4.9	-6.3	-4.8	-4.6

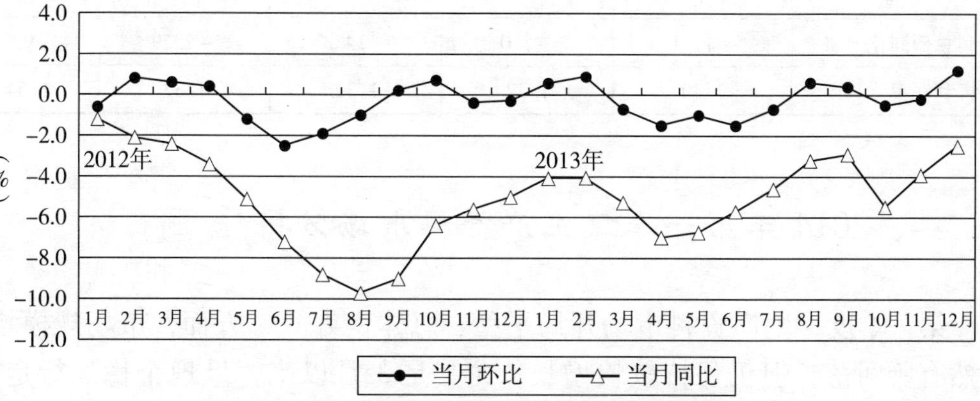

图3　2012—2013年各月生产资料价格总指数走势

（四）企业效益有所好转，利润下滑趋势减缓

2012 年，我国生产资料流通企业受到复杂的国内外经济形势影响，发展势头明显趋缓，行业整体营业规模虽然有所增长，但增速与 2012 年同期相比有较大幅度下降，利润总额同比大幅下滑。2013 年第一季度，行业经营情况延续上年趋势，利润总额继续大幅下滑。第二季度以后，受国内经济运行企稳回升，进入平稳增长区间，发展势头稳中向好的影响，生产资料市场需求呈现稳中趋升迹象，企业经营状况出现积极变化，利润总额连续呈现降幅收窄的走势，显示行业整体效益有所好转。10—12 月，由于行业产能释放较快，需求回升相对不足，导致企业整体利润总额降幅再次扩大。从全年整体情况来看，生产资料流通企业效益有所好转，利润下滑趋势较 2012 年有所减缓，但未能实现企稳回升。据重点联系的生产资料流通企业调查资料显示，2013 年 1—11 月，行业整体营业收入同比增长 9. 3%，利润总额同比下降 11. 1%，降幅较 2013 年前 10 个月扩大 2. 9 个百分点，较 2012 年 1—11 月收窄 9. 7 个百分点。销售利润率为 1. 30%，同比下降 0. 33 个百分点，明显低于 2012 年同期水平。值得注意的是，企业应收账款同比增幅高达 43. 3%，表明企业资金流动性下降，一定程度上增加了企业的财务风险。

另外，从 PMI 指数来看，大中型企业生产经营形势持续转好，小型企业略有波动。大型企业 PMI 指数 7 月以来持续上升，11 月达到 52. 4%，12 月略有下降，但仍保持在 52. 0% 的较高水平。中型企业 PMI 指数 10 月、11 月均为 50. 2%，连续两个月保持在 50% 以上。小型企业 PMI 指数连续 5 个月下降，12 月为 47. 7%，较上月回落 0. 6 个百分点。

表 2　　2013 年 1—11 月重点生产资料流通企业利润情况

指标	2013 年 1—11 月	2013 年 1—9 月	2013 年 1—6 月	2013 年 1—3 月	2012 年全年
利润总额同比（%）	-11. 1	-5. 0	-14. 3	-22. 9	-9. 2
销售利润率（%）	1. 30	1. 32	1. 32	1. 33	1. 64

二、2014 年第一季度生产资料市场分析

第一季度，生产资料市场开局平稳、总体良好。一方面，市场规模增速虽然有所回落，但仍保持较快增长，尤其是 3 月以来，呈现企稳运行走势；另一方面，更为重要的是，在增速回落的同时，市场结构向好转变、流通方

式加快转型，市场发展质量提升。

1. 流通规模增速稳中趋升

据初步统计，第一季度，生产资料销售总额 13.5 万亿元，可比增长 9.9%，增速较 1—2 月回升 0.1 个百分点。3 月当月，生产资料销售总额 5.2 万亿元，可比增长 10.1%，增速较前两个月回升 0.3 个百分点。

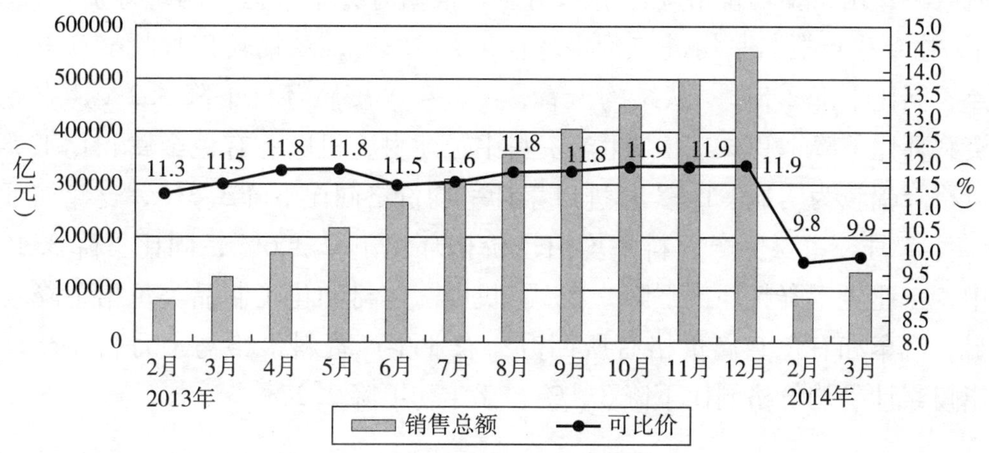

图 4　2013—2014 年生产资料累计销售总额及同比变化情况

第一季度，全国社会物流总额 47.8 万亿元，可比增长 8.6%，增速较 2013 年同期回落 0.8 个百分点，回落幅度较 1—2 月收窄 0.2 个百分点。3 月当月，社会物流总额 18.6 万亿元，可比增长 8.4%，增速较 2013 年同期回落 0.5 个百分点，回落幅度较 1—2 月收窄 0.5 个百分点。

2. 市场价格稳中回升

物流市场价格有所回升。3 月，中国沿海（散货）综合运价指数平均为 1154.6 点，较 2 月上涨 10.4%；1—3 月累计平均运价指数较 2013 年同期回升 4%。在 3 月中国物流业景气指数中，物流服务价格指数为 52.7%，环比回升 0.2 个百分点。

生产资料价格止跌回升。3 月，国内经济运行态势平稳，基础建设施工逐渐启动，企业陆续恢复开工，但下游实际需求仍未有明显好转。在此背景下，黑色、有色、原煤、化工和建材等主要产品价格延续下跌走势，导致生产资料市场整体价格继续下行，当月环比下降 0.94%，降幅较上月收窄 0.12 个百分点；同比下降 5.38%。1—3 月，累计平均价格，同比下降 4.58%，比年初下降 0.74%。从监测的大类品种看，黑色金属、有色金属、原煤、化工和建材产品价格继续下行；成品油价格止跌回升；机电、汽车和木材价格继续上涨。其中，原煤和有色金属价格下降较为明显，本月降幅分别达到 5.27 个和

4.10 个百分点；机电产品价格连续两个月上涨，涨幅分别达到 3.72 个百分点和 1.26 个百分点。

前三个月，生产资料市场价格连续下降，但 4 月以来，生产资料价格止跌回升，4 月前两个周环比分别上涨 0.14 个百分点和 0.17 个百分点。

进出口价格继续下降。3 月，生产资料产品进口平均价格继续下降，降幅略有收窄；出口平均价格环比下降明显。根据海关总署提供的统计资料核算，3 月，主要生产资料平均进口价格环比下跌 3.2%，跌幅较 2 月收窄 0.1 个百分点；同比下降 2.8%。从结构上看，工业生产资料环比下降 3.2%，农业生产资料环比下降 1.0%。工业生产资料中，建材、机电、有色金属和化工类产品价格降幅较为明显。1—3 月进口累计平均价格同比下降 3.3%，比年初下降 3.6%。3 月，主要生产资料平均出口价格环比下降 3.6%，同比下降 3.4%。其中，工业生产资料环比下降 3.6%，机电、建材和化工制品类价格下降较为明显，汽车和有色金属价格有所回升；农业生产资料价格与上月持平。1—3 月出口累计平均价格同比下降 3.1%，比年初下降 2.2%。

表 3　　2012—2014 年各月生产资料价格总指数变化情况

指标	年份	1 月	2 月	3 月	4 月	5 月	6 月	7 月	8 月	9 月	10 月	11 月	12 月
当月环比（%）	2012	-0.6	0.8	0.6	0.4	-1.2	-2.5	-1.9	-1	0.2	0.7	-0.4	-0.3
	2013	0.6	0.9	-0.7	-1.5	-1.0	-1.5	-0.7	0.6	0.4	-0.5	-0.2	1.2
	2014	-0.2	-1.1	-0.9									
当月同比（%）	2012	-1.2	-2.1	-2.4	-3.4	-5.1	-7.1	-8.8	-9.7	-9	-6.4	-5.6	-5.0
	2013	-4.1	-4.1	-5.3	-7.0	-6.7	-5.7	-4.6	-3.2	-2.9	-5.5	-3.9	-2.5
	2014	-3.2	-5.1	-5.4									
累计同比（%）	2012	-1.2	-1.7	-1.9	-2.3	-2.9	-3.6	-4.4	-5.1	-5.5	-5.6	-5.7	-5.6
	2013	-4.1	-4.1	-4.5	-5.1	-5.4	-5.5	-5.4	-5.1	-4.9	-6.3	-4.8	-4.6
	2014	-3.2	-4.2	-4.6									

3. 企业效益偏弱

1—2 月，重点联系的物流企业收入利润率为 5.76%，比 2013 年同期上升 0.1 个百分点。第一季度，重点联系的生产资料流通企业利润总额下降 11.2%，降幅较前两个月扩大 2.8 个百分点；销售利润率为 1.20%，较 2013 年同期下降 0.15 个百分点；应收账款同比增长高达 44.1%，反映出企业资金紧张的问题越来越突出。整体来看，物流与生产资料流通企业的效益偏弱。

图5　2012—2014 年各月生产资料价格总指数走势

2013—2014 年重点生产资料流通企业经营状况

一、2013 年重点生产资料流通企业经营状况

据对生产资料流通行业重点企业调查情况显示，行业经营规模增速放缓，利润总额环比降幅有所加大。其中，销售利润率、成本费用利润率均比 1—11 月有所回落，并低于 2012 年同期水平。值得注意的是企业应收账款同比增幅较大，行业资金流动性继续下降。具体来看，重点生产资料流通企业经营主要呈现以下几个特点。

（一）经营规模增速放缓

据对 75 家重点生产资料流通企业（下同）统计调查资料显示，2013 年，企业经营规模增速放缓，累计实现营业收入 38602.9 亿元，比 2012 年同期增加 3115.9 亿元，增长 8.8%，增速比 2012 年同期减少 0.5 个百分点。累计实现利润总额 453 亿元，同比减少 120.7 亿元，比 2012 年同期下降 21%，降幅比 1—11 月扩大 9.9 个百分点。

其中，营业收入前十位的企业如下：

表 1　　营业收入前十名企业排序

企业名称	排名	营业收入（万元）	同比增长（%）
中国五矿集团公司	1	41465041	26.9
天津物产集团有限公司	2	33793522	33.9
浙江省物产集团公司	3	21161737	7.6
中国铁路物资总公司	4	19101575	-19.1
中国中钢集团公司	5	14083261	-4.9
广东物资集团公司	6	11020773	57.7
中国海洋石油总公司销售分公司	7	9801551	-3.6
中国航空油料有限责任公司	8	8589650	8.3
中国兵工物资集团有限公司	9	8428968	-6.1
中国诚通控股集团有限公司	10	7736341	3.3

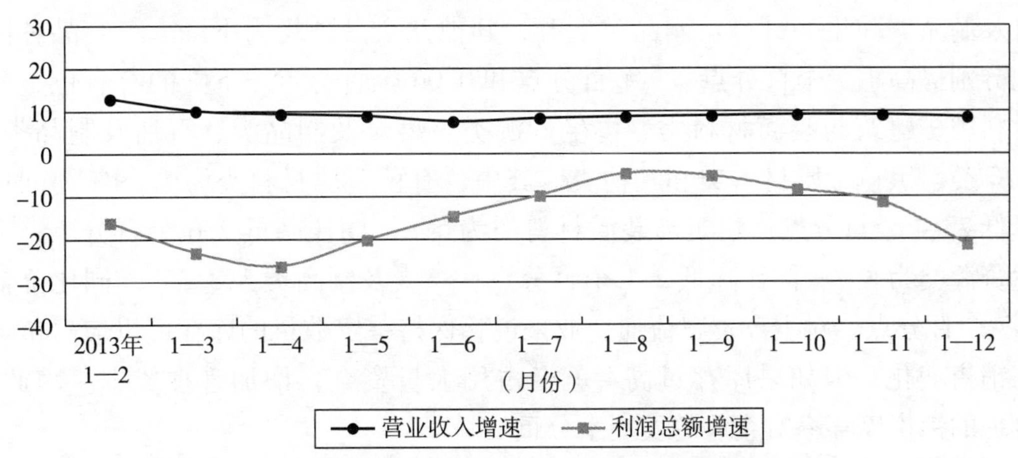

图1　重点生产资料流通企业营业收入和利润总额增速变化情况

各类主要生产资料类别中，煤炭及制品类累计销售 1784.9 亿元，增长 21.5%，占汇总企业总销售额的 4.3%；石油及制品类销售 18661.8 亿元，增长 9.7%，占总销售额的 44.5%；黑色金属材料类销售 9045.6 亿元，增长 12%，占总销售额的 21.6%；有色金属材料类销售 3479.2 亿元，增长 34.5%，占总销售额的 8.3%；化工材料及制品类销售 5636.3 亿元，增长 11.5%，占总销售额的 13.4%。

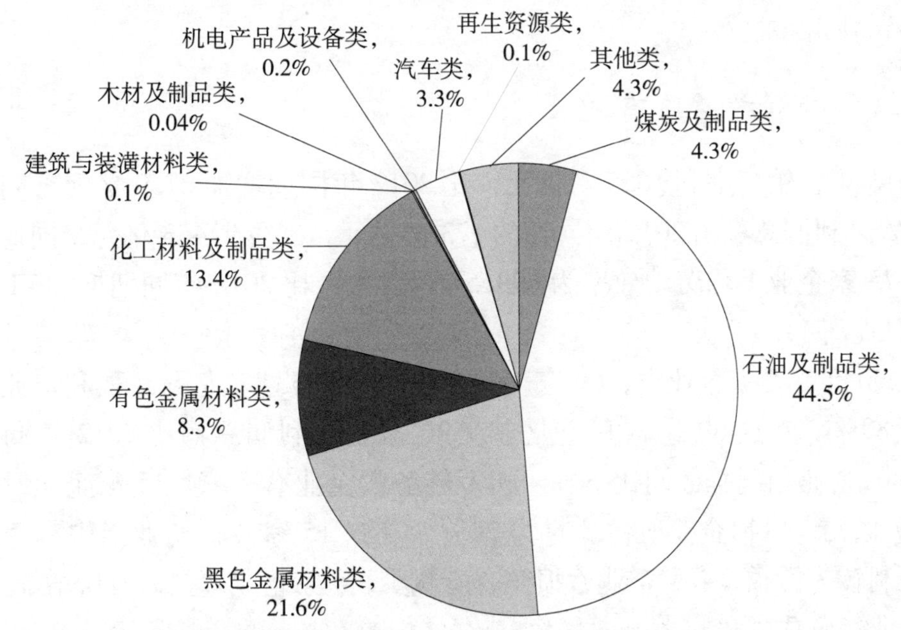

图2　重点生产资料流通企业各产品类别销售占比情况

2013 年，重点生产资料流通企业整体销售库存率为 3.5%，比 2012 年同期减少 2.2 个百分点。从主要品种看，销售库存率只有机电产品及设备类、木材及制品类和化工材料及制品类上升，其他几个品种均为下降。三个品种同比分别提高1.7个百分点、1个百分点和0.06个百分点。下降的有有色金属材料类、建筑与装潢材料类、再生资源类、煤炭及制品类、石油及制品类、汽车类、黑色金属材料类和其他类。其中，有色金属材料类为1.39%，同比降低23.4个百分点；建筑与装潢材料类为5%，同比降低2.6个百分点；再生资源类为5%，同比降低2.1个百分点；煤炭及制品类为3.3%，同比降低1.7个百分点。对生产资料流通企业来说，保持一定数量的库存可以应对市场的销售变化；但如果库存过高，就会占用大量资金，增加管理成本。因此，合理的销售库存率对企业的发展十分重要。

大型国有企业仍是我国生产资料流通领域的中坚力量。从各企业的销售情况来看，在黑色金属材料类销售额中，中国五矿集团公司、天津市物资集团总公司、中国中钢集团公司和浙江省物产集团公司这四家企业共占67.8%，其中，中国五矿集团公司独占26.6%；在有色金属材料类销售额中，中国五矿集团公司、中国兵工物资总公司、天津物产集团有限公司和中国中钢集团公司四家企业共占82.9%，其中，中国五矿集团公司独占26.9%；在煤炭及制品类销售额中，天津市物资集团总公司、浙江省物产集团公司、中国铁路物资总公司和中国五矿集团公司四家企业共占71.7%，其中，天津市物资集团总公司独占38.9%。

（二）经营效益略有增长

2013年，销售毛利1655.7亿元，比2012年同期增加27.9亿元，同比增长1.7%。利润总额由2012年同期的573.7亿元，减少到453亿元，同比下降21%。75家企业平均劳动效率为699.5万元/人，比2012年同期增加71.2万元/人，提高11.3%。

在统计的75家企业中，60家赢利企业共赢利534.7亿元，赢利企业所占比重为80%。在这60家赢利企业中有30家企业利润总额比2012年同期提高，23家企业利润总额同比下降，扭亏转盈的企业有7家。15家企业亏损额为81.7亿元，亏损企业所占比重为20%，在这15家亏损企业当中有7家企业由赢利转为亏损，4家企业亏损额有所减少，4家企业亏损额有所增加。

企业经营成本仍在上升，增幅略高于主营业收入的增长。2013年，75家重点生产资料流通企业营业成本总计36947.2亿元，同比增加3088亿元，增长9.1%，增幅比营业收入高出0.3个百分点。企业每百元营业收入中的成本构成为5.7%，比2012年同期提高0.3个百分点。

企业整体三项费用合计1168.2亿元，同比增加39.1亿元，增长3.5%。全年企业支付的各项税费571.3亿元，比2012年同期增加47亿元，同比增长9.1%。

其中，利润总额排在前十位的企业如表2所示。

表2　利润总额前十名企业排序　单位：万元

企业名称	排名	2013年	同比增长（%）
中国五矿集团公司	1	647222	-12.3
中国航空油料有限责任公司	2	213687	1.9
天津物产集团有限公司	3	211375	104.3
浙江省物产集团公司	4	163026	20.6
中国诚通控股集团有限公司	5	128119	2.7
庞大汽贸集团股份有限公司	6	78941	亏转盈
中国兵工物资集团有限公司	7	37035	8.7
安徽省徽商集团有限公司	8	28729	11.5
武汉商贸国有控股集团有限公司	9	28496	-33.9
欧姆龙健康医疗（中国）有限公司	10	26984	38.0

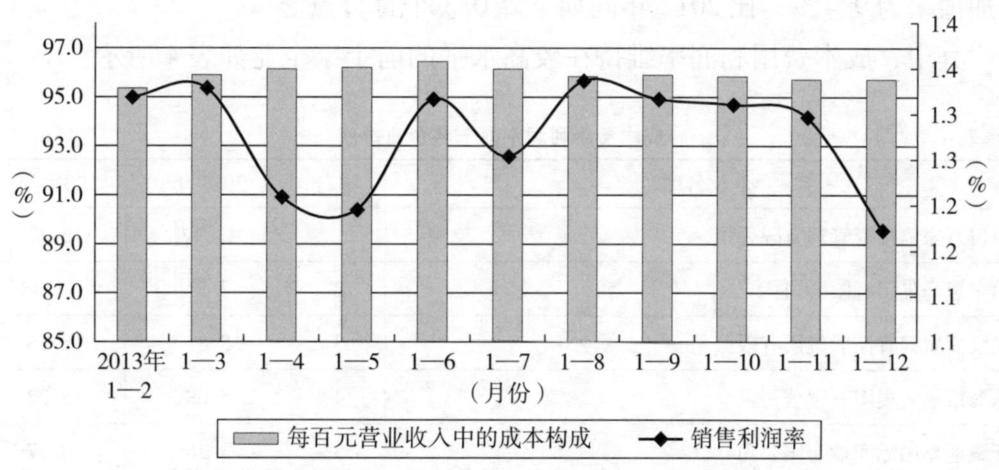

图3　重点企业每百元营业收入成本构成及销售利润率变化情况

相关效益指标略有回落。2013年，重点企业整体销售利润率为1.17%，比2012年同期回落0.47个百分点，比1—11月回落0.13个百分点；企业整体成本费用利润率为1.19%，比2012年同期回落0.47个百分点，比1—11月回落了0.13个百分点。

其中，销售利润率维持在较高水平的前十家企业如表3所示。

表 3　　销售利润率前十名企业排序　　单位：%

企业名称	排名	2013 年	2012 年
四川万家福投资管理有限公司	1	8.9	6.1
山东黑马集团有限公司	2	6.9	13.1
武汉商贸国有控股集团有限公司	3	6.1	8.9
珠海市燃气集团有限公司	4	5.0	5.2
新疆迪盛国际实业有限公司	5	3.3	0.8
沈阳物资集团有限责任公司	6	3.1	2.7
新疆生产建设兵团第十三师天元供销有限公司	7	3.1	2.1
新疆万达有限公司	8	2.9	1.4
新疆生产建设兵团农十师供销合作公司	9	2.8	1.5
中国航空油料有限责任公司	10	2.5	2.6

流通业在国民经济中的地位日益提升，已经成为拉动经济增长的先导性、支柱性产业，对国民经济的发展起到十分重要的作用。相关实践表明，流通业增加值每增长 1% 会带来 GDP 增长 0.32%。据测算，2013 年重点流通企业增加值率为 9.4%，比 2012 年同期下降 0.3 个百分点。

其中，成本费用利润率维持在较高水平的前十家企业如表 4 所示。

表 4　　成本费用利润率前十名企业排序　　单位：%

企业名称	排名	2013 年	2012 年
四川万家福投资管理有限公司	1	11.12	6.77
山东黑马集团有限公司	2	7.51	15.58
武汉商贸国有控股集团有限公司	3	5.81	8.55
珠海市燃气集团有限公司	4	5.08	5.22
新疆迪盛国际实业有限公司	5	3.26	0.77
沈阳物资集团有限责任公司	6	3.22	2.80
新疆生产建设兵团第十三师天元供销有限公司	7	2.98	2.08
新疆生产建设兵团农十师供销合作公司	8	2.73	1.47
新疆万达有限公司	9	2.67	1.43
中国航空油料有限责任公司	10	2.54	2.71

（三）行业整体资金流动性略有提高

2013 年，75 家企业整体的流动比率为 100.6%，与 2012 年同期相比提高了 0.7 个百分点。其中，流动比率前十名企业如表 5 所示。

表 5　　流动比率前十名企业排序　　单位:%

企业名称	排名	2013 年	2012 年
青海省物资产业集团总公司	1	192.97	120.29
珠海市燃气集团有限公司	2	176.91	188.41
新疆金百胜贸易有限公司	3	175.25	127.98
武汉商贸国有控股集团有限公司	4	166.53	125.11
湖州维农农资连锁经营有限公司	5	163.93	124.41
新疆生产建设兵团农十师供销合作公司	6	163.13	106.34
重庆港务物流集团有限公司	7	155.75	223.98
新疆农资（集团）有限责任公司	8	130.00	113.04
四川万家福投资管理有限公司	9	127.87	128.00
中国诚通控股集团有限公司	10	126.41	127.41

其中，速动比率前十名企业如表 6 所示。

表 6　　速动比率前十名企业排序　　单位:%

企业名称	排名	2013 年	2012 年
珠海市燃气集团有限公司	1	172.71	130.50
青海省物资产业集团总公司	2	168.45	95.42
新疆金百胜贸易有限公司	3	163.79	119.68
新疆生产建设兵团农十师供销合作公司	4	159.69	86.42
重庆港务物流集团有限公司	5	147.49	209.00
江西煤业物资供应有限责任公司	6	123.59	129.44
贵州省物资集团有限责任公司	7	108.56	92.61
新疆农资（集团）有限责任公司	8	107.93	85.78
江苏省惠隆资产管理有限公司	9	106.14	99.18
广西物资集团有限责任公司	10	104.30	94.18

75 家企业整体速动资产达 5763.4 亿元，比 2012 年同期增加 432.4 亿元，提高 8.1%。速动比率为 69.8%，比 2012 年同期增加了 1 个百分点。

（四）资产规模继续扩大，应收账款同比大幅增加

行业整体资产规模继续扩大，但增速低于2012年同期。75家企业，资产总计为13739.8亿元，同比增加976.7亿元，增长7.7%，增速比2012年同期回落8.5个百分点。其中流动资产合计8309.4亿元，比2012年同期增加568.3亿元，增长7.3%；负债合计为10158.8亿元，同比增加845.3亿元，增长9.1%；其中流动负债合计8259.8亿元，同比增加514.1亿元，增长6.6%。

流动资产周转方面。2013年，行业整体应收账款为1061.7亿元，比2012年同期增加156.3亿元，同比提高17.26%。应收账款周转率为36.4次，同比下降7.2次，周转天数（一年按365天计算）由2012年的9.3天增长到10天。应收账款周转次数比2012年有所下降，说明企业整体资产流动性有所下降，短期偿债能力下降，收账速度有所减缓，账龄增加，在一定程度上增加了坏账损失的可能性。

表7　流动资产周转率前十名企业排序　单位：次

企业名称	排名	2013年	2012年
中国石油化工集团公司	1	12.81	13.27
新疆生产建设兵团石油有限公司	2	12.68	16.75
江西煤业物资供应有限责任公司	3	12.05	11.04
河北省物流产业集团有限公司	4	10.83	6.99
中国海洋石油总公司销售分公司	5	9.43	10.40
中国航空油料有限责任公司	6	8.88	6.92
烟台市利农生产资料股份有限公司	7	7.99	2.33
中山市物资集团有限公司	8	7.27	5.55
安庆市吉宽再生资源有限公司	9	7.20	7.72
中国兵工物资集团有限公司	10	6.85	7.44

行业整体存货为2546亿元，比2012年同期增加135.9亿元，同比增长5.6%。存货周转率为14.5次，比2012年增加了0.5次，企业存货的流动性及变现速度同比微降。流动资产周转率为4.7次，比2012年同期增长1.3%。行业整体平均营业周期为35.2天，比2012年减少0.1天。

流动资产周转率不仅反映了流动资产运用效率，同时也影响着企业的赢

利水平。企业流动资产周转率上升，周转次数增加，表明企业以相同的流动资产占用实现的营业收入增加，企业流动资产的运用效率提高，进而提高了企业的偿债能力和赢利能力。

总资产周转方面。行业整体资产周转率为2.8次，同比提高0.03次。行业整体包括负债和所有者权益在内的全部资产，总体的获利能力仍有待提高。

资产负债率有所提高。当前我国生产资料流通企业资金需求量大，为适应经营发展的需要，企业主要以债务融资扩大资产规模和经营规模，资产负债率普遍处于较高水平。2013年，重点流通企业整体平均资产负债率（举债经营比率）为73.9%，同比增加1个百分点。

资产负债率过高会影响企业融资信誉，过低则会影响企业生产扩展。所以作为一个企业来讲，应尽量把资产负债率控制在一个合理比率，这样企业才能在财务状况稳定的基础上尽可能多地利用外部资金。

二、2014年第一季度重点生产资料流通企业经营状况

据对生产资料流通行业重点企业调查情况显示，营业收入规模近几年来首次出现负增长，利润总额降幅略有缩小。其中，销售利润率、成本费用利润率均明显低于2013年同期水平。值得注意的是企业应收账款同比有较大幅度提高，行业资金流动性有所提高。具体来看，重点生产资料流通企业经营主要呈现以下几个特点。

（一）经营规模首次出现负增长

2014年以来由于国内宏观经济下行压力较大，生产资料行业需求疲软（钢材等主要品种库存量不断攀升），进口不断下降；致使多数重点监测的大型生产资料企业经营规模出现下降趋势。据对73家重点生产资料流通企业（下同）统计调查资料显示，1—3月，累计实现营业收入8379.9亿元，比2013年同期减少20.4亿元，同比由2013年同期的增长13.2%转为下降0.24%，比1—2月低1.85个百分点。累计实现利润总额100.5亿元，同比减少12.7亿元，比2013年同期下降11.2%，降幅比1—2月缩小1.81个百分点。

其中，营业收入前五位的企业如表8所示。

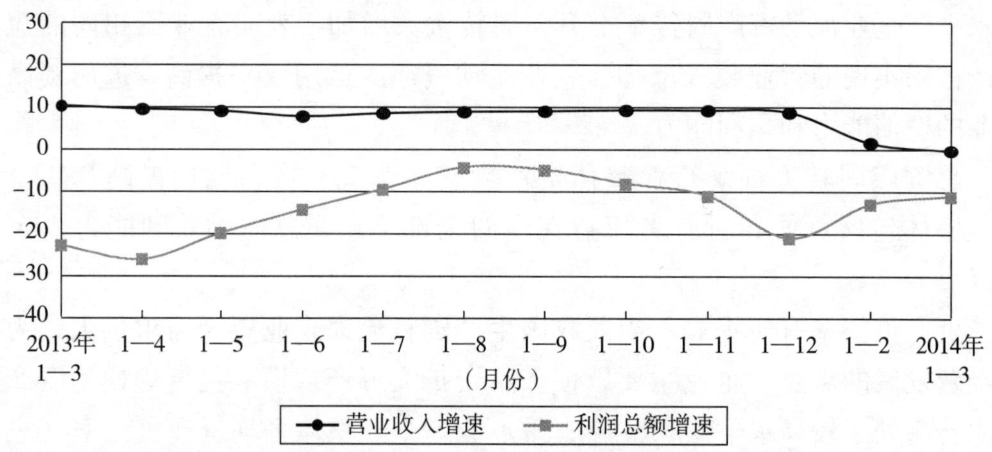

图4　重点生产资料流通企业营业收入和利润总额增速变化情况

表8　营业收入前五名企业排序

企业名称	排名	营业收入（万元）	同比增长（%）
天津物产集团有限公司	1	9638686	35.6
中国五矿集团公司	2	6990231	-5.0
浙江省物产集团公司	3	4565316	-2.1
中国中钢集团公司	4	3471445	-3.8
中国铁路物资总公司	5	2948781	-36.5

各类主要生产资料类别中，煤炭及制品类累计销售378.4亿元，同比回落7.9%，占汇总企业总销售额的4.1%；石油及制品类销售4417.8亿元，增长3.8%，占总销售额的47.4%；黑色金属材料类销售1762.3亿元，下降2.3%，占总销售额的18.9%；有色金属材料类销售792亿元，下降4.4%，占总销售额的8.5%；化工材料及制品类销售1318.9亿元，增长5.8%，占总销售额的14.2%。

1—3月，重点生产资料流通企业整体销售库存率为20.4%，基本与2013年同期持平。从主要品种看，销售库存率上升的是机电产品及设备类、其他类、有色金属材料类、木材及制品类和黑色金属材料类；同比分别提高19.7个、17.9个、14.2个、4.7个和0.3个百分点。

下降的有汽车类、化工材料及制品类、石油及制品类、再生资源类、煤炭及制品类和建筑与装潢材料类；其中，建筑与装潢材料类为33.2%，同比降低34.9个百分点；煤炭及制品类为15%，同比降低6.3个百分点；再生资源类为21.3%，同比降低4.7个百分点；石油及制品类为12.8%，同比降低2.8个百分点；化工材料及制品类为10.5%，同比降低0.3个百分点；汽车类

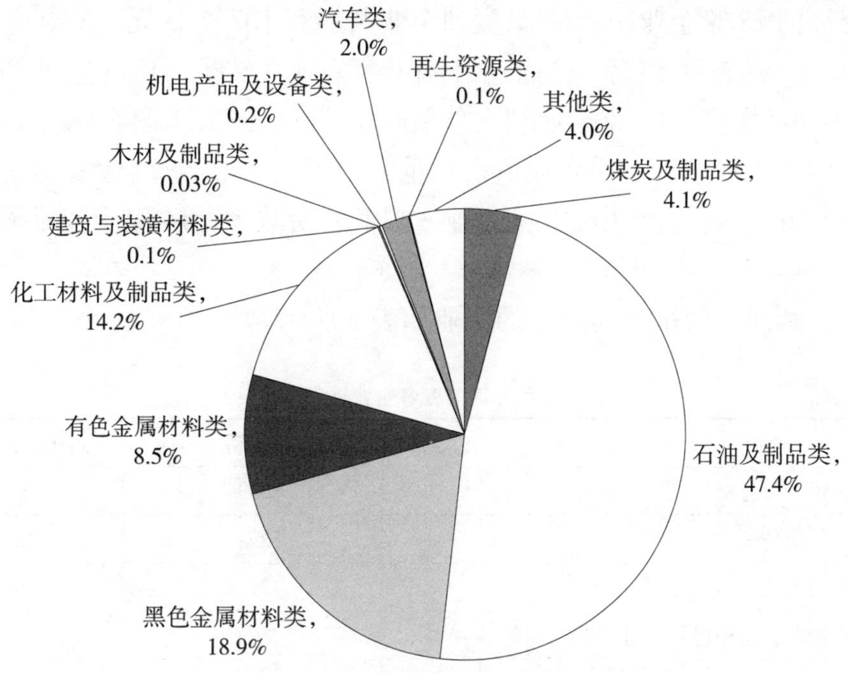

图5　重点生产资料流通企业各产品类别销售占比情况

为41.7%，同比降低0.2个百分点。对生产资料流通企业来说，保持一定数量的库存可以应对市场的销售变化；但如果库存过高，就会占用大量资金，增加管理成本。因此，合理的销售库存率对企业的发展十分重要。

大型国有企业仍是我国生产资料流通领域的中坚力量。从各企业的销售情况来看，在黑色金属材料类销售额中，中国五矿集团公司、天津市物资集团总公司、浙江省物产集团公司和中国中钢集团公司四家企业共占72.5%，其中，中国五矿集团公司独占24.2%；在有色金属材料类销售额中，天津物产集团有限公司、中国兵工物资总公司、中国五矿集团公司和中国中钢集团公司四家企业共占86.1%，其中，天津物产集团有限公司独占30.6%；在煤炭及制品类销售额中，天津市物资集团总公司、浙江省物产集团公司、中国铁路物资总公司和中国中钢集团公司四家企业共占73.2%，其中，天津市物资集团总公司独占51.7%。

（二）经营效益同比降幅较大

2014年1—3月，销售毛利324.2亿元，比2013年同期减少17.8亿元，同比下降5.2%。利润总额由2013年同期的113.2亿元，减少到100.5亿元，同比下降11.2%，比1—2月降幅缩小了1.81个百分点。73家企业平均劳动效率为169.2万元/人，比2013年同期增加9万元/人，提高6%。

在统计的73家企业中，44家赢利企业共赢利107.5亿元，赢利企业所占比重为60.3%。在这44家赢利企业中有6家企业亏转盈，18家企业利润总额比2013年同期提高，19家企业利润总额同比下降，还有1家企业持平。29家企业亏损额为7亿元，亏损企业所占比重为39.7%，在这29家亏损企业当中有6家企业由赢利转为亏损，8家企业亏损额有所减少，14家企业亏损额有所增加。

其中，利润总额排在前五位的企业如表9所示。

表9　　利润总额前五名企业排序

企业名称	排名	本期利润总额（万元）	同比增长（%）
天津物产集团有限公司	1	66394	79.9
浙江省物产集团公司	2	52937	15.9
中国五矿集团公司	3	47106	-63.8
中国海洋石油总公司销售分公司	4	9356	
武汉商贸国有控股集团有限公司	5	5824	83.6

企业经营成本略有下降。1—3月，73家重点生产资料流通企业营业成本总计8055.7亿元，同比减少2.7亿元，下降0.03%。企业每百元营业收入中的成本构成为96.1%，比2013年同期提高0.2个百分点。企业整体三项费用合计260亿元，同比增加12.9亿元，增长5.2%。1—3月企业支付的各项税费122.5亿元，比2013年同期增加11.3亿元，同比增长10.2%。

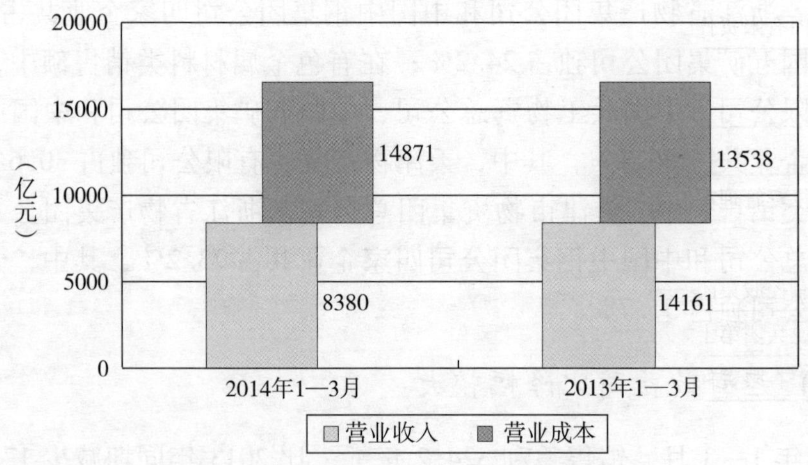

图6　重点企业营业收入与营业成本对比

相关效益指标均大幅下滑。在市场经营效益下降的情况下，行业整体的销售利润率和成本费用利润率均明显低于2013年同期水平。1—3月，重点企

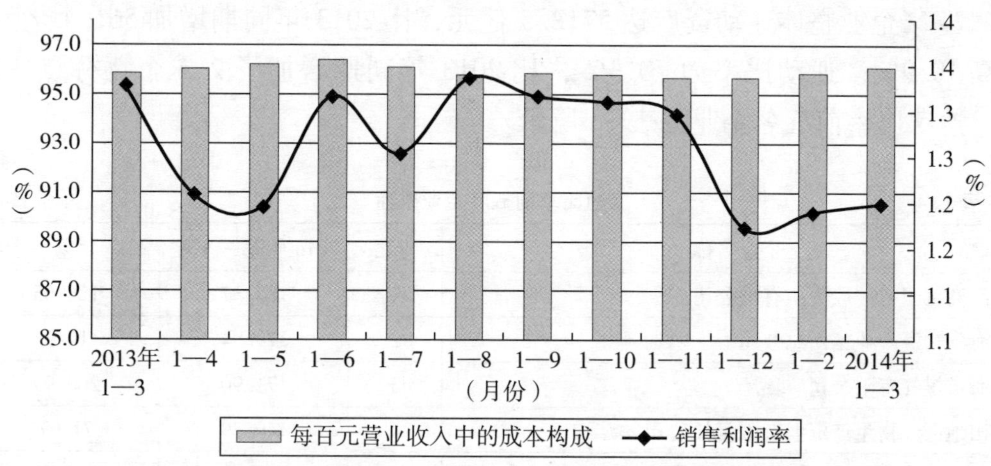

图7　重点生产资料流通企业每百元营业收入的成本构成及销售利润率变化情况

业整体销售利润率为1.2%，比2013年同期降低0.15个百分点；企业整体成本费用利润率为1.21%，比2013年同期降低0.15个百分点。

其中，销售利润率维持在较高水平的前五家企业如表10所示。

表10　　销售利润率前五名企业排序　　单位:%

企业名称	排名	2014年第一季度	2013年第一季度
珠海市煤气有限公司	1	9.7	7.7
四川万家福投资管理有限公司	2	7.4	12.4
武汉商贸国有控股集团有限公司	3	5.4	3.0
新疆生产建设兵团第十三师天元供销有限公司	4	3.2	3.9
沈阳物资集团有限责任公司	5	3.0	10.5

表11　　成本费用利润率前五名企业排序　　单位:%

企业名称	排名	2014年第一季度	2013年第一季度
四川万家福投资管理有限公司	1	12.15	14.75
珠海市煤气有限公司	2	10.35	8.24
武汉商贸国有控股集团有限公司	3	5.05	2.72
新疆生产建设兵团第十三师天元供销有限公司	4	3.31	4.04
沈阳物资集团有限责任公司	5	3.07	11.27

（三）行业整体资金流动性有所提高

1—3月，73家企业整体的流动比率为101.2%，与2013年同期相比提高了0.32个百分点。其中，流动比率前五名企业如表12所示。

74 家企业整体速动资产达 5712. 5 亿元，比 2013 年同期增加 561. 4 亿元，提高 10. 9%。速动比率为 70. 3%，比 2013 年同期增加了 2. 1 个百分点。其中，速动比率前五名企业如表 13 所示。

表 12　流动比率前五名企业排序　单位:%

企业名称	排名	2014 年第一季度	2013 年第一季度
武汉商贸国有控股集团有限公司	1	188. 37	126. 65
青海省物资产业集团总公司	2	179. 94	117. 23
珠海市煤气有限公司	3	171. 90	200. 99
和田地区天物生产资料有限责任公司	4	149. 39	71. 07
新疆生产建设兵团农十师供销合作公司	5	145. 69	134. 60

表 13　速动比率前五名企业排序　单位:%

企业名称	排名	2014 年第一季度	2013 年第一季度
珠海市煤气有限公司	1	168. 42	196. 71
青海省物资产业集团总公司	2	160. 17	92. 20
新疆生产建设兵团农十师供销合作公司	3	140. 20	119. 91
重庆港务物流集团有限公司	4	135. 29	183. 44
江西煤业物资供应有限责任公司	5	126. 78	216. 15

（四）资产规模继续扩大，应收账款同比大幅增加

行业整体资产规模继续扩大。73 家企业，资产总计为 13499. 3 亿元，同比增加 1150. 7 亿元，增长 9. 3%，增速比 2013 年同期提高 0. 9 个百分点。其中，流动资产合计 8218. 2 亿元，比 2013 年同期增加 606 亿元，增长 7. 9%；负债合计为 9839. 6 亿元，同比增加 891. 9 亿元，增长 9. 9%；其中，流动负债合计 8120. 9 亿元，同比增加 574. 8 亿元，增长 7. 6%。

流动资产周转均呈下降趋势。1—3 月行业整体应收账款为 1324. 1 亿元，比 2013 年同期增加 404. 6 亿元，同比大幅提高 44%。应收账款周转率为 6. 3 次，同比下降 2. 8 次，周转天数（一年按 365 天计算）由 2013 年的 39. 9 天延长为 57. 7 天。应收账款周转次数比 2013 年有所下降，说明企业整体资产流动性有所下降，短期偿债能力下降，收账速度有所减缓，账龄增加，在一定程度上增加了坏账损失的可能性。

行业整体存货为 2505. 6 亿元，比 2013 年同期增加 44. 7 亿元，同比增长 1. 8%。存货周转率为 3. 2 次，比 2013 年下降 0. 06 次，企业存货的流动性及

变现速度同比微降。流动资产周转率为 1.02 次，比 2013 年同期下降 0.08%。行业整体平均营业周期为 171.2 天，比 2013 年增加 19.8 天。

表 14 **流动资产周转率前五名企业排序** 单位：次

企业名称	排名	2014 年第一季度	2013 年第一季度
中国石油化工集团公司	1	2.74	3.19
安庆市吉宽再生资源有限公司	2	2.37	2.39
河北省物流产业集团有限公司	3	2.34	2.15
石河子车城汽车贸易有限公司	4	2.01	2.07
中国海洋石油总公司销售分公司	5	1.89	1.77

流动资产周转率不仅反映了流动资产运用效率，同时也影响着企业的赢利水平。企业流动资产周转率上升，周转次数增加，表明企业以相同的流动资产占用实现的营业收入增加，企业流动资产的运用效率提高，进而提高了企业的偿债能力和赢利能力。

总资产周转方面。行业整体资产周转率为 0.62 次，同比下降 0.06 次。行业整体包括负债和所有者权益在内的全部资产，总体的获利能力仍有待提高。

资产负债率有所提高。当前我国生产资料流通企业资金需求量大，为适应经营发展的需要，企业主要以债务融资扩大资产规模和经营规模，资产负债率普遍处于较高水平。1—3 月，重点流通企业整体平均资产负债率（举债经营比率）为 72.9%，同比增加 0.4 个百分点。

资产负债率过高会影响企业融资信誉，过低则会影响企业生产扩展。所以作为一个企业来讲，应尽量把资产负债率控制在一个合理比率，这样企业才能在财务状况稳定的基础上尽可能多地利用外部资金。

2013—2014 年生产资料流通主要特点

一、流通规模增速减缓

自2003 年以来，我国生产资料流通规模一直高速增长，销售总额百分比每年保持两位数增长，最高的年份接近20%，但近几年增速放缓。据中国物流信息中心核算，2013 年全社会实现生产资料销售总额55 万亿元，同比增长约11.9%，与2012 年持平。

表1　　2003—2013 年我国生产资料销售总额增长情况

年份	销售总额（亿元）	增幅（%）
2003	88191	19.2
2004	115547	19.5
2005	142730	16.2
2006	176786	17.4
2007	221120	19.8
2008	265456	10.4
2009	277466	13.8
2010	361065	19.6
2011	456157	13.2
2012	500850	11.9
2013	551731	11.9

二、企业效益增长乏力

据中国物流信息中心对重点企业统计调查显示，2013 年，企业经营规模增速放缓，累计实现营业收入38602.9 亿元，比2012 年同期增加3115.9 亿元，增长8.8%，增速比2012 年同期减少0.5 个百分点；销售毛利1655.7 亿元，比2012 年增加27.9 亿元，同比增长1.7%；企业实现利润总额453 亿元，比2012 年减少120.7 亿元，同比下降21%；重点企业整体销售利润率为1.17%，比2012 年回落0.47 个百分点。在统计的75 家企业中，60 家赢利企业共赢利534.7亿元，赢利企业所占比重为80%；15家企业亏损额为81.7亿元，亏损企业所占比重为20%。

三、电子商务发展迅猛，促进流通业态转变

2014年3月5日，在全国两会上，李克强总理所作的《政府工作报告》提出要深化流通体制改革，并强调在全国推行“三网融合”，鼓励电子商务创新发展，扩大跨境电子商务试点。对于生产资料流通企业来说，电子商务是开拓流通渠道的重点。

以钢材行业为例，到2013年，我国国内已上线运营的钢铁电商平台约40家，参与者包括钢铁生产企业、大型钢贸企业、物流企业、仓储企业、信息网站等，采取的模式有B2B（企业对企业）、B2C（企业对用户）、C2C（用户对用户）等。另有近百家企业正在组建电商平台。钢铁电商线上交易氛围也开始活跃，许多线下交易也搬至线上。钢铁电子商务以高效的流通业态，正逐渐改变传统销售模式，现货、期货电子交易，正改变着钢铁流通领域的环节。这些电商平台从功能上分，主要包括四类：一是以钢铁资讯为主；二是以钢铁远期合约为主；三是以钢铁现货交易为主；四是以钢铁产品搜索引擎为主。钢铁行业的电子商务日益成熟，在促进钢铁大物流的形成、活跃钢材流通市场、降低物流成本、增加信息的透明度等方面起到应有的作用。

四、流通企业兼并重组的力度不断加强

近两年来，随着生产资料流通行业业态的转变，企业的思想观念也大有改观，股份合作形式成为企业强强联合的有效手段。表现最为明显的就是：大型国有企业放下了“架子”，寻找合适的民营企业进行入股或控股，而较有规模的民营企业也放弃“被人吃掉”的包袱，主动邀请比自己实力强的企业入股。最为知名的案例就是央企中国铁路物资总公司与民企西本新干线股份有限公司进行的战略重组，双方将共同出资成立合资公司，并逐步收购西本新干线旗下的主要核心资产和业务，谋求共同建设国内钢铁物流中心枢纽。

五、服务模式不断创新，服务链条得到延伸

部分生产资料流通企业实现由过去依赖“卖产品”赚取差价，转变为围

绕贸易主业提供增值服务，靠“卖服务”获取利润，实现由贸易商向服务商的根本转变。要通过集成服务功能，为客户提供点对点、门对门、零库存、一站式服务；通过主动为客户创造价值，拓展服务深度；通过向客户提供全流程服务方案，打造从产品研发到生产、销售的利润链。

以汽车行业为例，汽车经销商坚持以“转型升级”为主线，实施新车销售、二手车置换、后市场服务等主营业务并举。同时积极探寻新的利润增长点，大力发挥金融杠杆对汽车销售、服务的促进作用，推行消费信贷、融资租赁、汽车保险、汽车维修、汽车用品、装饰等多种营销服务模式，有条件的企业还根据不同业务适时导入电子商务，创新经营。同时以投资回报为前提，调整经营结构和赢利结构。

六、供应链管理受到重视

生产资料流通企业在转型变革过程中，积极发展供应链管理。当前买方市场开始显现，流通企业为适应市场的发展变化，加速企业由资源销售型向销售服务型的转变。流通企业在以贸易为主的同时，向上游产业延伸，通过进入生产领域，解决产品生产的原材料供应、稳定产品供应资源的问题；向中游产业延伸，在投融资、信息、科研等更广泛的领域拓展；向下游产业延伸，通过向制造业等行业提供各种个性化服务，帮助终端客户创造价值，同时也稳定客户需求。在抓好上游产品资源的同时，紧盯市场和消费者，树立服务意识，注重服务品牌建设，诚信经营，精细做好销售服务工作，以赢得市场和消费者。

2013—2014 年生产资料流通存在的主要问题

一、缺乏总体规划

我国生产资料流通虽然市场规模很大、发展很快，但至今还没有总体发展规划，用以指导行业发展。由于没有总体规划，导致与生产资料流通有关的部门、行业等各行其是、自成体系，缺少统一和协调，交易市场、物流中心和物流基地等布局不尽合理，重复建设、资源浪费严重，流通秩序混乱。

二、缺少流通产业政策维护有效竞争

目前我国流通业已呈过度竞争的态势，行业利润率呈不断下降的趋势，相同业态之间的恶性竞争屡见不鲜。而我国在这方面几乎没有适当的政策措施加以限制，使得这种情况愈演愈烈。由于缺少对中小流通企业的扶持政策和流通基础设施建设资助政策，我国的流通业很明显地展现出缺乏效率的一面。

三、流通方式相对粗放，专业化、社会化程度低

流通方式粗放，突出表现在两个方面：一是以供应链为主的现代流通体系建设进展相对缓慢；二是物流一体化建设相对滞后。

供应链发展缓慢，是由于生产方式整体上没有发生转变，生产企业还不能根据企业自身的发展情况提出有效的物流和供应链需求；此外，供应链理念和专业化分工理念的缺乏，导致社会物流低水平重复建设、供应链体系不能有效构建，在很大程度上都阻碍了现代流通体系的建设进程。

物流一体化建设相对滞后，物流市场分割、物流功能分割，导致物流效率低、成本高。表现在四个方面：一是物流基础设施与现代物流发展的要求不匹配，重要的物流设施设备投入不足、物流信息化和网络化建设滞后、物流设施之间的衔接性较差；二是社会管理模式和物流发展不匹配，突出表现在，城市物流运行规范和标准化建设缓慢，“物流围城”现象和“最后 1 公

里”问题突出；三是税收征管模式与物流发展不匹配，营业税税制与一体化的现代物流运行模式不适应，营业税改增值税存在不可抵扣问题，导致物流企业实际税负增加；四是企业竞争理念与物流发展不匹配，导致整个产业链物流效率低、流通成本高。

目前，现代流通方式虽然在一些流通企业得到应用，但尚未普及，大多数流通企业目前仍以简单的买卖为主，依靠赚取批零差价、地区差价、时间差价生存，现代流通方式远未普及。企业经营品种单一、业态单一、赢利方式单一，缺乏市场竞争力和抵御风险的能力。佣金代理难以推行，其主要原因是生产企业积极性不高，流通企业实力薄弱，流通企业诚信体系尚不健全，相关法律法规欠缺等。

四、缺乏行业数据统计体系和机制

改革开放以来，企业围绕市场自主地开展经营活动，出于对“商业机密”的保护，再加上一些企业发生的不规范经营行为，更不愿意提供企业相关数据信息，因此，生产资料流通行业数据统计越来越难。目前，除了国家统计局对流通领域重要生产资料市场价格变动情况的统计外，还没有流通口径的其他统计。行业数据的缺失，对于了解和掌握行业发展动态、研究行业发展方向、解决企业经营管理出现的问题、建立行业监测和风险预警机制等方面，带来了极为不利的影响。虽然相关行业协会也在积极推动此事，但至今收效很不理想。

五、流通企业融资问题更加严峻

2014 年 3 月，银监会下发了《关于做好 2014 年不良贷款防控工作的指导意见》，要求银行加强不良贷款余额和比率“双控”管理，增提拨备，充实资本，加大不良贷款处置力度，并提出要及时开展压力测试。同时银行要制定合理的不良贷款余额和比率年度“双控”目标，特别要着力开展对产能过剩行业、融资平台、房地产和钢贸等重点领域、不良贷款快速上升地区以及集团客户和小微企业的信用风险排查与防控。

以钢贸企业为例，一是银行进一步收紧钢贸融资，很多银行继续收紧对钢铁流通企业的贷款；二是仓单质押融资模式已经被否定，企业缺少融资抵押物品；三是钢铁流通企业自发的联保互保模式不断出现问题，被拖累的企业越来越多；四是钢铁流通企业成立的担保公司遭遇信用危机和资金瓶颈，无法继续有效提供服务。这些问题已经成为行业发展的头等大事，困扰着企业的生存和发展。

生产资料流通行业是资金密集型行业，比如买卖1万吨钢材就要几千万元，而一般钢材批发企业每年销量至少5万吨以上，大型企业在200万吨以上，流动资金数额庞大。流通企业尤其是中小流通企业，仅靠自有资金是远远不够的，必须想尽办法融资。但是，依照当前形势，流通企业融资问题越来越严峻。

六、电子商务遭遇新挑战

目前生产资料流通行业的电子商务平台现货交易发育不充分，到底“为谁服务、怎么服务”的问题仍然没有解决好，首先，没有真正搭建起生产资料资源拥有者与终端用户交易的平台。其次是大宗生产资料还存在网上网下如何对接、如何配送的问题。生产资料的配送有一个辐射半径，交易与物流配送仍是亟待解决的现实问题。再次是资金支付和安全问题没能有效解决。很多企业投资建设的电子商务平台不得不面对继续“烧钱”和持续亏损的现状。此外还存在采购习惯（包括采购潜规则）等问题。

七、批发市场层次不齐

目前全国有8万多家商品交易市场，亿元规模以上的有5千多个，但是各个市场层次不一，市场管理还不够规范，市场秩序也有待加强，诚信体系缺乏。

有的地方盲目建设市场，“有场无市”，导致资源浪费；交易形式以传统的“三现交易”，即现金、现货、现场为主，大大落后于市场经济发展的实践。有的市场仍以传统流通方式为主，粗放经营现象严重，流通效率低下，交易成本较高，经营规模小，经营分散，需要大力推广采用现代流通方式和流通科技，加快实现流通现代化。服务功能也比较单一，一些批发市场除了为进驻商户提供交易场所、运输、仓储等基本的服务之外，缺少其他服务功能和手段，不能满足商户个性化、多样化需求，其自身的增值服务和赢利能力都较低。不少批发市场一味追求大型化，不注重品牌化、专业化和系列化，市场结构趋同、同质化问题严重。有的不法商人假借市场开发，圈地造势、套取贷款，给国家金融安全留下隐患；有些批发市场组织化程度和管理水平不高，对进驻商家不注意资质审查，市场进入没有门槛，入市人员素质参差不齐，强买强卖现象时有发生，商业欺诈行为屡禁不止；有的批发市场对经营者的进货渠道难以控制，个别批发市场甚至成为假冒伪劣产品的庇护所。因此，需要制定相关标准进行分类、分层次指导，引导推动批发市场转型升级。

2014 年生产资料市场走势预测

从国际上看，2013 年以来，世界经济呈现缓慢复苏的特点。2014 年虽然仍具有较多的不确定性，但多数观点认为，有可能延续这种缓慢复苏、温和复苏、波动中复苏的基本趋势。2014 年，国内经济运行将延续总体平稳、稳中有进、稳中向好的基本态势。但从经济发展的中长期趋势来看，当前我国经济仍处于调整过程中，企业经营模式的转变、产业结构的调整仍将继续，在调整过程中经济运行仍存在一定的下行压力，据此判断 2014 年经济增速出现明显回升可能性较小。

但从多方面来看，稳增长的基础更为坚实。

一是已出台的政策效应与改革红利将进一步释放。2013 年出台的一系列稳增长的政策措施在 2014 年会进一步显现。十八届三中全会、中央经济工作会议以后，以简政放权、增强内生增长动力、激发市场活力为目标的各项改革措施会陆续推进。进一步转变政府职能，放开投资准入，减少行政审批，改革工商登记制度，新的营改增政策的实施等，将使得生产资料行业发展的制度环境更趋宽松。

二是需求增长具有新的支撑。从投资来看，虽然房地产投资呈现出由快速增长回归适度较快增长的趋势，政府对投资的主导作用还会进一步下降，但在城镇化加快过程中，铁路、城市地铁和公共设施、环境治理、网络宽带等领域存在较大投资潜力；简政放权、放宽准入，有利于激发民间投资热情；在居民消费升级、政府增加民生支出等带动下，文化体育、商务服务、节能环保、批发零售等产业投资有望保持高增长。在这些支撑因素作用下，预计投资增速不会出现明显回落。从消费来看，随着收入分配改革推进，随着电子商务、信息网络、小额贷款服务等持续完善，信息、文化、教育、健康、旅游等消费热点不断涌现，高端餐饮娱乐场所有望积极面向市场转型，消费结构逐步改善。预计 2014 年社会消费品零售总额保持较快增长，对经济增长的贡献将会有所上升。从出口来看，虽然人民币对美元升值压力将在一定程度上削弱我国出口产品竞争力，但多种迹象显示，2014 年世界经济延续温和增长态势，预计 2014 年全球经济增速将略高于 2013 年，我国外需状况将小幅改善。再加上上海自贸区建设等因素，预计 2014 年出口形势稳中趋升。

三是现代物流业转型升级为流通业发展带来重大机遇。在国民经济增速回落、市场需求不足、成本居高不下、市场竞争加剧的背景下，物流企业业务调整的动力增强，行业转型升级步伐加快，专业服务能力得到提高。同时，部分物流企业向供应链供应商转变，以当前需求回落为契机，低成本整合资源，主导构建供应链、提供高效、便捷的全方位一体化服务。现代物流业的迅猛发展，将为生产资料市场发展带来较大空间。生产资料流通业则要紧紧抓住现代物流加快发展的机遇，充分利用现代物流改造传统流通，提高行业发展的效率和应对市场环境变化的能力。

综合上述因素判断，预计2014年，伴随着政策效应和改革红利释放，新型城镇化建设加快推进、市场活力和经济内生增长动力进一步增强，宏观经济将延续“稳中向好”发展态势，2014年全年GDP增速同2013年基本相当。在此背景下，生产资料市场整体上将保持平稳运行态势，价格有望止跌趋稳，企业效益将继续得到改善。2014年全年社会物流总额可比增长9%左右，增速比2013年回落0.5个百分点左右；生产资料销售总额可比增长10.5%左右，增速比2013年回落1个百分点左右。

发展我国生产资料流通的政策建议

一、发挥政策的引导和支持作用

在政府的引导下，建立产销风险共担机制，积极引导和推进行业兼并重组，培育一批集加工、配送、仓储、运输、销售于一体的大型生产资料流通企业，提高产业集中度。当前生产资料流通主体以中小型企业为主，业务模式多为简单贸易，赢利主要依赖市场价格波动，物流服务能力弱，部分企业投机意识较强，在一定程度上影响了生产资料市场的稳定。建议适度提高生产资料流通企业的进入门槛，规范生产资料交易市场秩序，减少无序的市场价格恶性竞争和国际贸易摩擦。

流通行业的政策体系主要包括：规范市场流通秩序、流通企业经营行为的法规制度、促进流通现代化的扶持政策、规范工商关系的政策机制，市场流通秩序法律法规、流通企业经营行为的法规制度以及流通行业标准体系建设等。

二、修订不合理的行业规章制度

对明显落后于形势和不合理的规章制度，尽快修改与调整，改善生产资料流通发展的政策环境。对已经出台的政策法规，尽快完善相关配套实施细则，提高其可操作性。严格执行生产资料流通法律法规。加大执法力度，改变有法不依、执法不严的状况。

三、进行价值链整合，完善供应链管理

未来竞争是产业链的竞争，上游生产厂家资源和下游营销网络都应该引起生产资料流通企业的重视。生产资料流通企业要加强产业链的协同效应，使自身能够有效取得生产资料资源。从服务的角度看，不仅消费生产资料的用户是流通企业的客户，生产企业也是流通企业的客户。为生产厂家提供一站式服务，全方位与生产企业合作，有利于生产资料流通企业取得生产资料资源，理顺销售产业链，增强竞争力。

我国的生产资料流通属完全竞争行业，上下游企业之间缺乏联盟合作，这在很大程度上造成了流通秩序的混乱和市场价格的剧烈波动。为了实现流通秩序的好转，流通企业应该与上下游企业建立联盟机制，引导数量众多的流通企业从无序竞争、恶性竞争向建立战略伙伴关系转变，以实现合作共赢、共担风险、共享利益。流通企业只有整合资源，才能够增强话语权和影响力，提高行业整体抵御市场风险的能力。

四、进一步发展和推广电子商务

电子商务是现代物流理念和技术向流通领域渗透的必然产物。随着互联网技术和电子银行的不断发展，生产资料的网上营销将逐渐得到推广和普及。根据目前国内流通行业的现状及发展潜力，提高信息管理水平是生产资料流通行业再造的一个重要环节和切入点。

加强生产资料网上交易市场的规范和管理，完善网上交易管理办法，对现货电子交易与期货交易进行严格区分。加快推进认证系统平台建设，完善网上支付体系，制定有关技术标准。审慎增加期货品种，发挥期货市场对现货市场的预测性和导向性作用，降低其对现货市场的不利影响。鼓励流通企业和批发市场依托有形市场资源，利用运输仓储设施和第三方物流服务，实现网上市场与现货市场、现代物流的有机结合。支持流通企业提升信息化水平，支持现有专业网站的兼并整合。

五、创新生产资料流通模式

创新生产资料流通模式，要以发展连锁经营、物流配送、电子商务为重点。发展连锁经营、优化流通业态结构、提高企业组织化程度、规范市场经济秩序是发展现代流通的有效途径。发展物流加工配送，大力发展直达配送，提高流通效率；积极运用财政贴息等政策措施，加大对物流配送中心建设的投入力度。发展电子商务，加强网上交易市场的规范和管理，完善网上交易管理办法，促进电子商务健康发展。

六、积极发展现代物流

生产资料流通企业要降低流通费用、提高流通能力、增加流通利润，必须发展现代物流，尤其是物流加工配送。要完善加工配送综合服务体系，建立集商品贸易、仓储运输、加工配送、质量控制、融资等为一体的加工配送服务体系，为终端用户提供全方位服务，形成企业的市场竞争优势。要着力提高综合深加工能力，大力发展深度加工、精细加工，提升加工能力和产品质量，从而提高客户忠诚度和市场竞争力。

七、逐步提高行业集中度

目前我国生产资料流通行业集中度较低，企业组织化程度不高，不但缺乏行业话语权，而且抗风险能力也较差。因此，要通过发展连锁经营、加盟经营等多种方式，优化流通业态结构，提高行业集中度。大型流通企业应利用行业低迷、调整的契机，兼并重组，低成本扩张；可以收购中小企业，将其改建为连锁店，或用经济办法，吸收中小企业加盟经营。中、小、微企业，要主动向大型企业靠拢，争取加盟和连锁，“背靠大树好乘凉”，与大企业共同成长。通过优化企业组织结构，提高行业规模经营效益。

八、探索流通企业新的赢利模式

生产资料流通企业要改变以传统贸易为主的流通商业模式，转向基于核心资源和能力以供应链管理、物流、加工增值服务为内容，以良好的全面伙伴关系为网络的新型商业模式，是广大生产资料流通企业商业模式创新的一个必然趋势和方向。我国未来的生产资料流通企业商业模式可以从客户价值、关系网络、赢利模式、营销渠道等方面进行重构。不同规模、不同能力的流通企业应该结合自身的特点，不断积累和形成竞争对手难以复制和学习的核心资源和能力，由单纯的购销模式，逐步向为顾客提供价值和增值服务为主的多种商业模式转变，最终建立起以为客户提供解决方案为主的商业模式，增强赢利能力。

九、支持批发市场改造升级

批发市场的改造提升，应以集聚、提升、完善现代流通功能为主，具体来说要抓住以下几个重点：

一是强化服务功能。在交易、信息、结算等基本功能基础上，进一步强化配套服务功能，以满足客户的各种不同需求。要利用市场优势，开展现代化的加工和配送服务，使市场向现代生产资料加工配送中心发展。要充分利用电子商务技术，开展生产资料的网上交易，将有形的商品市场和无形的网上市场有机结合起来，逐步形成各种不同门类的生产资料电子商务中心和信息发布中心。

二是引进大批发商。我国生产资料批发市场数量众多，但市场内大多数商户的实力较弱、经营规模太小，不能满足流通产业发展的需要，也不利于流通效率的提高。今后批发市场应从注重场所建设转向对现代大批发商、大代理商、大经销商的培育上来，有计划地引进主流厂家和商家入市，由他们构成市场中坚。市场要积极为他们融入供应链创造条件，提供信息、仓储、运输、加工、配送、融资等各方面的服务。

三是创新批发业态。代理、配送、连锁、超市、大卖场等都是发达国家经过几十年探索而形成的比较成熟的商品流通方式，其规范、便捷、成本低的特点决定了这些业态已经成为商品流通的主流模式。我国生产资料批发市场应当学习、利用这些新型业态，改造和提升传统批发业态。在用新型业态提升改造批发市场的过程中，应当根据不同生产资料品种的不同特点，选择适当的流通业态。

十、扶持中小流通企业发展

重视发挥中小企业在增强市场活力、扩大劳动就业等方面的重要作用，贯彻落实《国务院关于促进流通业发展的若干意见》（国发〔2007〕7号），按照资金使用方向和程序在中央外贸发展基金、中小企业发展专项资金、科技创新资金等方面支持中小企业发展，给予市场准入、信用担保、金融服务、物流服务、信息服务、人才培训等方面的扶持。流通企业的电、水、气等要素价格，按照当地工业企业待遇执行。切实解决中小流通企业融资困难，建设中小企业信用担保体系，搭建中小企业融资平台，对中小企业发展资金给予重点资助或贷款贴息补助；在仓单质押、供应链金融以及中小板资本市场上市等方面，给予政策支持，帮助中小生产资料流通企业发展。

（生产资料市场专业委员会　代官飞

中国物流信息中心　张　喆　董　昱）

第二部分

专　题　篇

2013—2014 年钢铁流通回顾与展望

2013 年，国内国际经济形势持续低迷，错综复杂，我国钢铁行业产能过剩矛盾更加突出，下游需求低速增长，钢材价格低位波动，行业运行整体呈现“高产量、‘高’需求、低价格”的特点。华东地区“仓单重复质押”和“老板跑路”等事件的负面影响仍在扩散，银行对钢贸企业融资进一步收紧，钢铁生产企业向流通领域延伸的步伐在加快，很多地区的钢铁流通企业陷入迷茫，歇业和倒闭的企业逐渐增加，行业步入前所未有的“寒冬”。

与此同时，我国钢铁行业转型升级的步伐在明显提速，优胜劣汰和重新洗牌的速度在加快，淘汰落后产能、提高产业集中度、重新构建流通渠道、创新经营模式已经成为行业转型发展的必由之路。

一、2013 年我国钢材市场供求情况及其分析

2013 年，我国经济保持平稳较快发展，钢材需求继续有所增长。但由于经济增长面临较大下行压力，用钢行业增速回落，再加上钢铁产能较快释放，钢材市场供大于求态势有所加剧，钢材价格呈波动下行走势，总体水平低于 2012 年。

（一）钢铁产能过剩，粗钢产量同比增长

据国家统计局统计，2013 年我国粗钢、生铁和钢材累计产量分别为 77904 万吨、70897 万吨和 106762 万吨，同比分别增长 7.5%、6.2% 和 11.4%，粗钢和钢材日均产量分别为 201.1 万吨和 291.6 万吨，环比分别下降 0.9% 和 3.1%。2013 年我国粗钢产量位居世界第一，占全球粗钢产量的 48.5%。产能过剩成为 2013 年钢材市场供大于求的主要原因之一。

表 1　2013 年我国各省市粗钢产量统计

地区	产量（吨）	同比增长（%）	地区	产量（吨）	同比增长（%）
全国	779041030	7.54	河南	27359723	19.4
北京	23075	-11.71	湖北	28877747	0.29

续 表

地区	产量（吨）	同比增长（%）	地区	产量（吨）	同比增长（%）
天津	22895300	7.78	湖南	17465138	4.46
河北	188496319	3.5	广东	14429337	13.64
山西	45195996	14.04	广西	16666026	24.55
内蒙古	19785550	14.09	海南	—	—
辽宁	59728755	15.36	重庆	6088590	8.76
吉林	12454015	6.06	四川	17115001	2.36
黑龙江	7402190	6.11	贵州	4852063	-8.67
上海	18005921	-8.86	云南	18838547	23.39
江苏	84690547	10.57	西藏	—	—
浙江	13870232	6.26	陕西	9169059	10.64
安徽	23514922	9.49	甘肃	9539213	17.74
福建	16245634	8.66	青海	1476023	4.53
江西	21566345	0.78	宁夏	322331	48.51
山东	61198410	2.74	新疆	11769019	3.45

表 2　　2013 年我国钢铁产量、进出口及资源供应量统计

产量	2013 年（万吨）	2012 年（万吨）	同比增减（万吨）	同比增幅（%）
粗钢	77904	72469	5435	7.5
钢材	106762	95837	10925	11.4
进口	2013 年（万吨）	2012 年（万吨）	同比增减（万吨）	同比增幅（%）
钢材	1408	1366	42	3.1
钢坯	55	36	19	52.8
粗钢	1553	1489	64	4.3
出口	2013 年（万吨）	2012 年（万吨）	同比增减（万吨）	同比增幅（%）
钢材	6234	5573	661	11.9
钢坯	0	0	—	—
粗钢	6632	5929	703	11.9
净出口	2013 年（万吨）	2012 年（万吨）	同比增减（万吨）	同比增幅（%）
钢材	4826	4207	619	14.7
钢坯	-55	-36	-19	52.8
粗钢	5079	4440	640	14.4
资源供应量	2013 年（万吨）	2012 年（万吨）	同比增减（万吨）	同比增幅（%）
粗钢	72825	68029	4796	7.0
钢材	101936	91630	10306	11.2

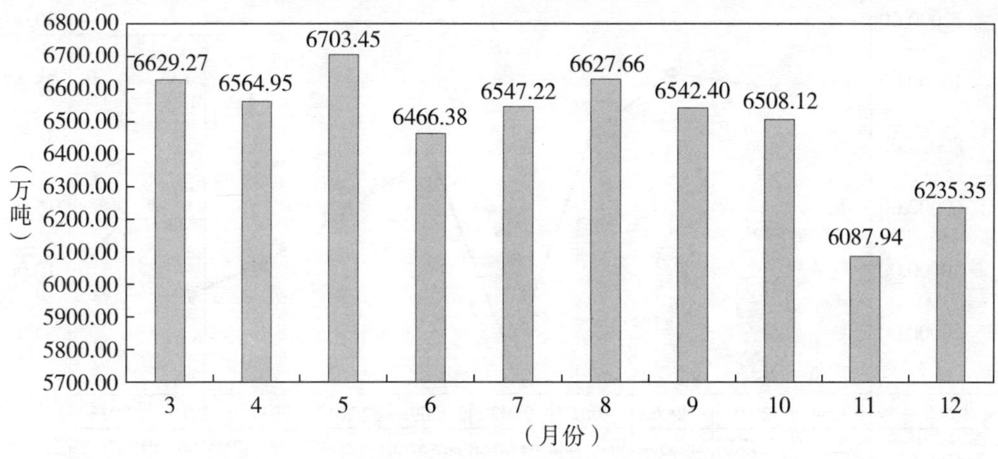

图 1　2013 年我国粗钢行业产量月度增长统计

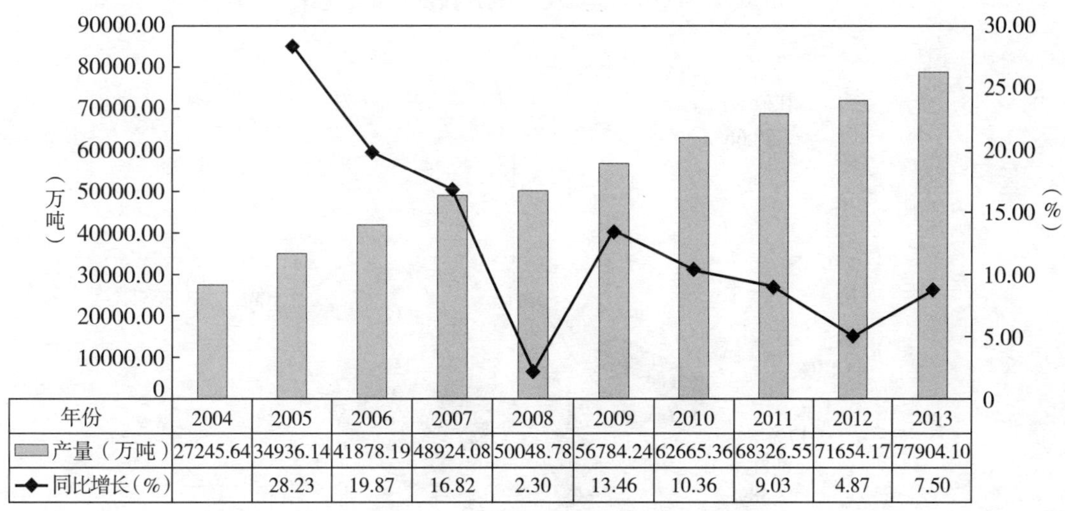

年份	2004	2005	2006	2007	2008	2009	2010	2011	2012	2013
产量（万吨）	27245.64	34936.14	41878.19	48924.08	50048.78	56784.24	62665.36	68326.55	71654.17	77904.10
同比增长（%）		28.23	19.87	16.82	2.30	13.46	10.36	9.03	4.87	7.50

图 2　2004—2013 年我国粗钢产量及其增速统计

（二）钢材产量继续呈现增长态势

据国家统计局统计数据显示，我国钢材产量从 2004 年的 297386887. 92 吨增长至 2013 年的 1067624336. 84 吨，呈现增长态势。

从月份看，日产水平最低点和最高点分别为 12 月的 201 万吨和 2 月的 221 万吨，3—11 月均保持在 210 万吨及以上较高水平。分品种看，重轨产量同比增长 33. 4%；长材型钢、棒材、钢筋和线材增长 12. 5%；中、厚及特厚板增长 3. 0%；冷热轧板带增长 10. 4%；涂镀板增长 11. 4%；电工钢增长 28. 4%；管材增长 7. 7%。分地区看，宁夏、广西、云南、河南、甘肃和辽宁等地粗钢产量增速超 15%；河北、江苏、山东等地同比分别增长 3. 5%、10. 6% 和 2. 7%；贵州和上海等地则有所下降。分企业类型看，中小钢厂粗钢

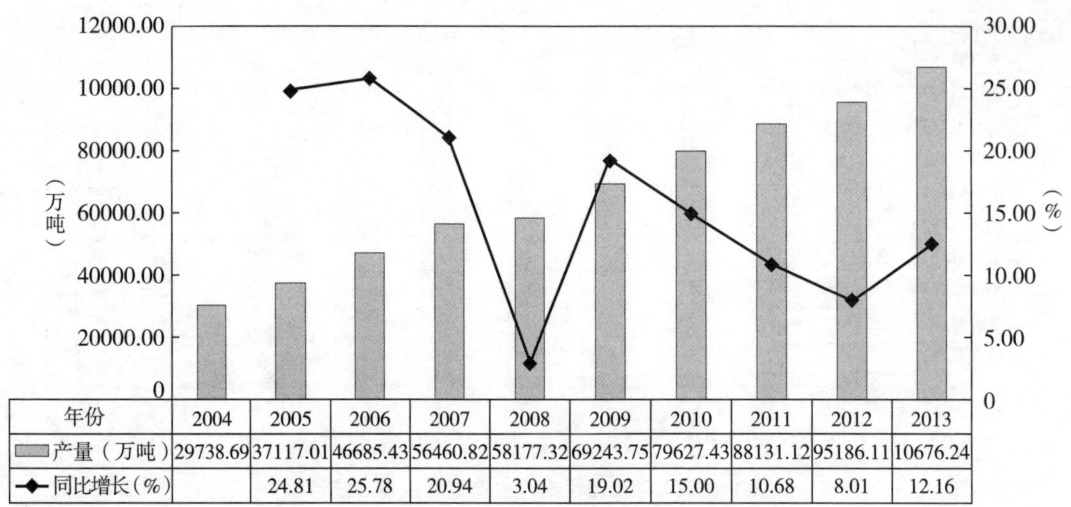

年份	2004	2005	2006	2007	2008	2009	2010	2011	2012	2013
产量（万吨）	29738.69	37117.01	46685.43	56460.82	58177.32	69243.75	79627.43	88131.12	95186.11	10676.24
同比增长（%）		24.81	25.78	20.94	3.04	19.02	15.00	10.68	8.01	12.16

图 3　2004—2013 年我国钢材产量及其增速统计

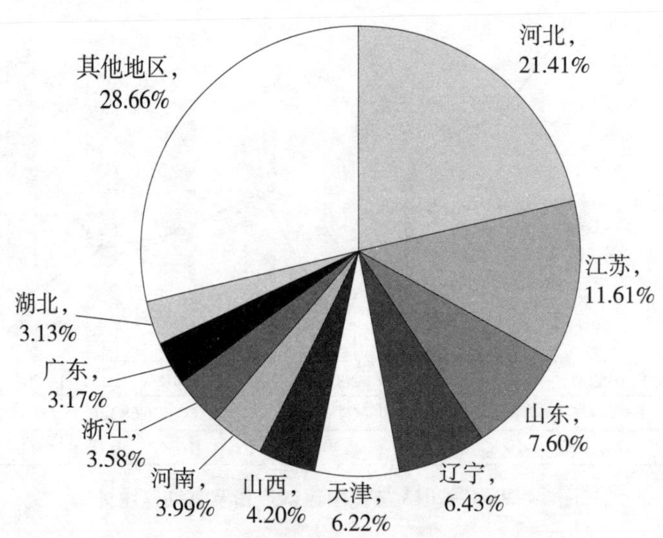

图 4　2013 年我国钢材行业产量集中度分析

产量增幅下降，重点大中型企业是产量增幅的主导力量。2013 年，重点大中型钢厂粗钢产量 6. 28 亿吨，同比增长 8. 0%；中小钢厂粗钢产量 1. 51 亿吨，同比增长 5. 5%，占全国粗钢产量比重为 19. 3%，同比减少 0. 4 个百分点。从增长情况看，中小钢厂粗钢产量增幅比重点大中型企业低 2. 5 个百分点。

从 2013 年全年走势情况看，大致可分为四个运行区间，即 1—2 月上升、3—6 月明显下跌、7—8 月小幅回升和 9—12 月平缓下行。

（三）我国钢材出口量增多，价格波动下行

据海关统计，2013 年，全国累计出口钢材 6234 万吨，同比增长 11. 9%。

进口钢材1408万吨，同比增长3.1%。净出口钢材4826万吨，比2012年增加619万吨，增长14.7%。从出口钢材品种结构看，板材出口量为2764万吨，占全部钢材出口量的比重为44.3%，比2012年多出口68万吨，仅增长2.5%；而长材出口量为2121万吨，占比为34.0%，比2012年多出口611万吨，大幅增长了40.5%。但如果剔除"合金棒线材"和"合金型材"后，长材出口量仅为114万吨，比2012年下降了5.7%。从总体来看，钢材出口对缓解国内供需矛盾作用不大。

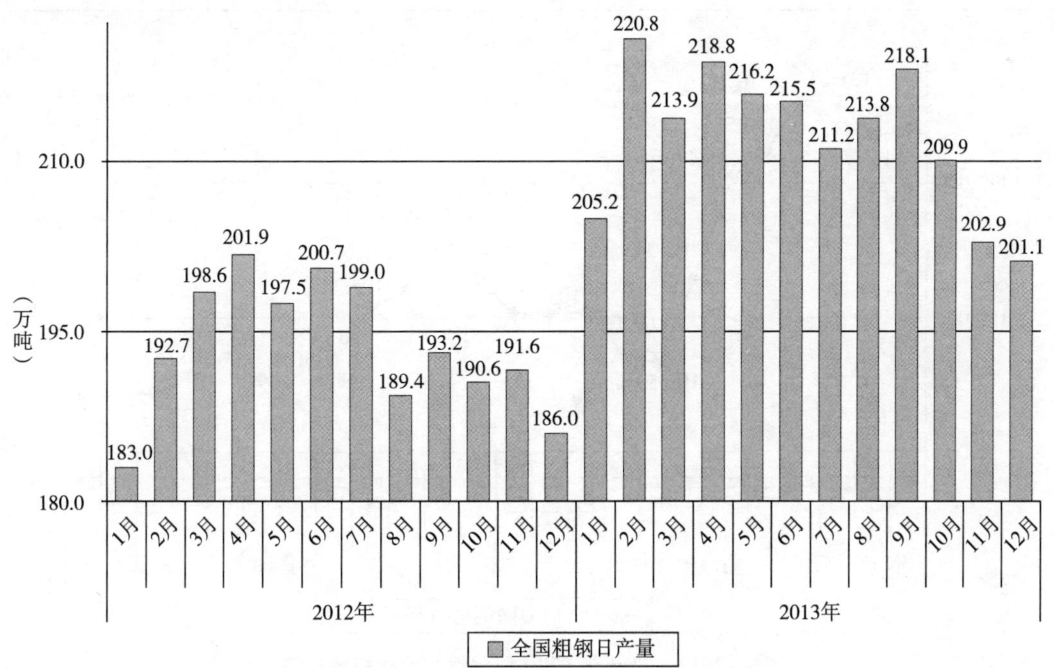

图5 2012—2013年全国粗钢平均日产量变化情况

表3 2013年我国各省市钢材产量统计

地区	产量（吨）	同比增长（%）	地区	产量（吨）	同比增长（%）
全国	1067624337	11.35	河南	42551912	18.73
北京	2190139	-5.59	湖北	33449213	-5.78
天津	66409286	15.41	湖南	19779135	6.5
河北	228615614	8.7	广东	33845226	12.32
山西	44862065	18.15	广西	27906540	30.69
内蒙古	17977424	8.24	海南	269556	29.04
辽宁	68629946	15.32	重庆	12695671	17.72
吉林	15101139	8.55	四川	27852208	21.11
黑龙江	6310003	3.4	贵州	5626194	0.19
上海	23227649	-3.16	云南	20539221	28.19

续 表

地区	产量（吨）	同比增长（%）	地区	产量（吨）	同比增长（%）
江苏	123980005	12.75	西藏	—	—
浙江	38234445	13.08	陕西	15652185	20.24
安徽	31385902	10.48	甘肃	10215670	15.69
福建	27828296	22.21	青海	1308199	-4.15
江西	24638236	2.69	宁夏	1498443	37.29
山东	81091489	4.57	新疆	13953330	10.12

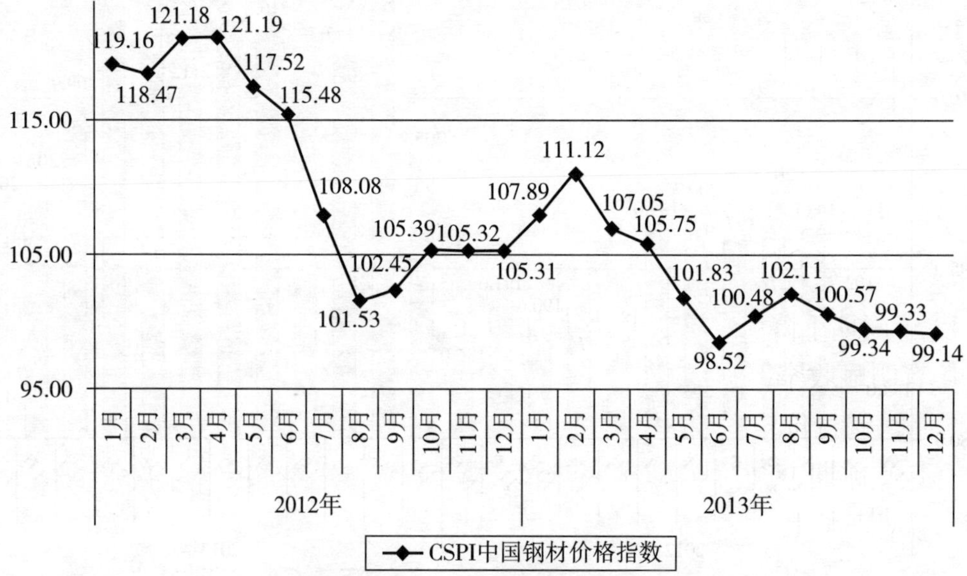

图 6　2012—2013 年 CSPI 我国钢材价格指数走势

出口较快增长，一方面得益于国家出台的一系列促进出口的政策措施；另一方面全球经济状况的逐步复苏也成为促成出口回升的主要动力。最新统计数据显示，自 2013 年 7 月以来，全球制造业 PMI 指数连续六个月实现环比上升，12 月创出自 2011 年 6 月以来的历史新高，达到 53.3%。而欧美等发达国家经济活动也呈现持续回升态势，预示着 2014 年世界经济有望延续危机之后的复苏趋势，有利于钢材市场出口继续增长。

2013 年，我国钢材出口平均价格为 854 美元/吨，比 2012 年下降 70 美元/吨，降幅为 7.6%。从分月情况看，1—5 月出口钢材价格总体呈小幅上升走势，6—8 月明显下降，9—12 月有所回升，如图 7 所示。

（四）钢材价格持续下降，钢材品种结构调整

由于市场上钢材供应大于需求，加上钢材成本下降，我国钢材价格继续

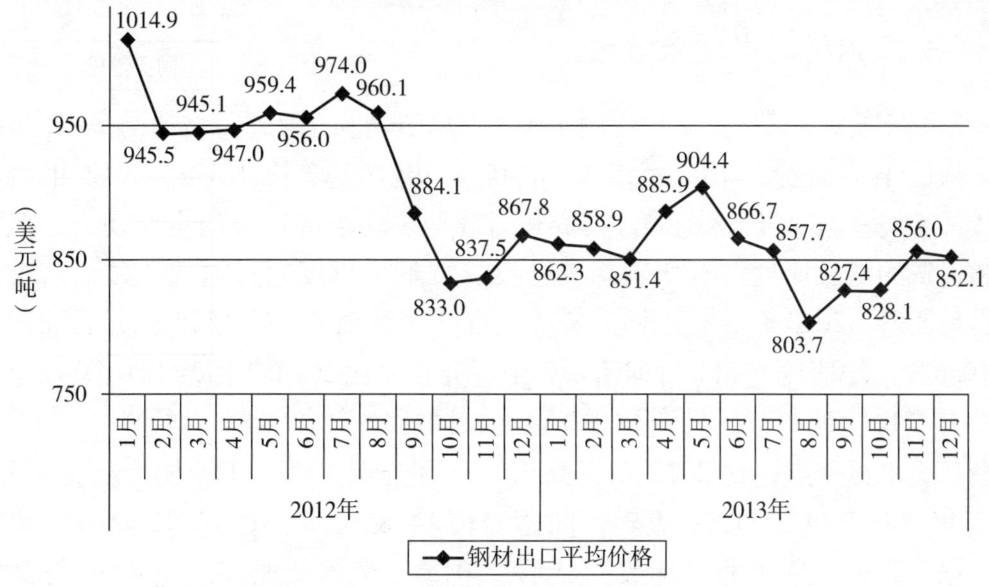

图7　2012—2013 年我国出口钢材平均价格走势

下降。据中国物流信息中心市场监测，截至 2013 年 12 月，钢材市场价格累计比 2012 年同期下降 8.4 个百分点，比 2013 年年初下降 1.5 个百分点，降幅较 2012 年有明显收窄。从钢材价格环比指数变化看，2013 年年初基于对市场的向好预期，钢材价格有小幅上升；但由于产能过剩的压力仍然存在，加之需求增长不及预期，价格出现小幅回落；一直到 7 月，随着消费旺季的来临，钢材价格迎来了上涨周期；进入 10 月，随着淡季的逐步来临，钢材价格开始回落，但降幅在收窄。

全年来看价格变化有四个特点：第一，2013 年的钢材价格涨少跌多，涨的时间短，上涨幅度低，相反，跌的时间长，跌幅大于涨幅；第二，市场出现了建材引领板材市场价格走势，ϕ6.5mm 高线到达高点一两周后，0.5mm 冷轧薄板才出现下降趋势；第三，淡季不淡，旺季不旺，在历年的采购旺季春季和秋季，钢材价格呈现了下跌的趋势，而春节前后和夏季的采购淡季，却出现了钢材价格高点；第四，钢材品种结构调整悄然进行。我国钢材生产企业多数以普通建材和板材为主。金融危机以后，市场需求增速下滑，钢材市场就出现了供大于求、同类钢材品种竞争激烈、价格低位的市场格局。钢材品种出现了可喜的变化，2013 年我国硅钢产量增长了 15.8%，热轧硅钢产品基本被冷轧硅钢取代，2013 年 1—11 月取向硅钢进口大幅减少 25.23%。同时，马钢 350km 高速铁路用车轮用钢即将进入试用阶段，首钢产出 X80 级超厚度管线钢卷板。除此之外，还有宝钢的汽车用高强度超薄带钢、鞍钢的 ϕ5mm 高碳钢拉丝线材等新产品已研制成功或上线生产，有力地支撑了下游行业的发展。

（五）钢材需求增长放缓

据国家统计局数据，2013 年国内生产总值增长 7.7%，增速与 2012 年持平。从近年情况看，2010 年增长 10.4%，2011 年增长 9.3%，2012 年增长 7.7%，经济增长呈回落趋势。投资和消费是拉动经济增长的主要动力，但投资和消费的增长速度均有所下降，且投资贡献率再度超过消费，显示需求增长出现回落。2013 年，全国固定资产投资（不含农户）436528 亿元，同比增长 19.6%，增速比 1—11 月回落 0.3 个百分点，比 2012 年回落 1.1 个百分点；2013 年全国房地产开发投资 86013 亿元，同比增长 19.8%，增速比 1—11 月提高 0.3 个百分点，比 2012 年提高 3.6 个百分点。汽车工业协会数据显示，2013 年汽车产量 2211.68 万辆，同比增长 14.8%，增速比 2012 年有大幅提升。据工业和信息化部统计数据显示，2013 年全国造船完工量 4534 万载重吨，同比下降 24.7%；新承接船舶订单量 6984 万载重吨，同比增长 242.2%。从总体情况看，受下游用钢行业增速影响，钢材需求增长有所放缓。

（六）铁矿石价格基本平稳，其他原燃材料价格明显下降

在钢铁产量保持强劲增长的拉动下，铁矿石价格保持坚挺。2013 年，进口铁矿石（海关）平均价格为 129.03 美元/吨，同比上升 0.28 美元/吨，比 2012 年上升 0.22%；进口铁矿石港口现货平均价格为 960 元/吨，比 2012 年下降 2.5%；国产铁精粉平均价格为 986 元/吨，上升 1.54%。相对于铁矿石价格的高位坚挺，炼焦煤、冶金焦、废钢、炼钢生铁和钢坯价格水平则有较明显的回落，平均价格分别比 2012 年下降了 242 元/吨、276 元/吨、401 元/吨、338 元/吨和 316 元/吨，降幅分别为 16.84%、16.61%、13.50%、9.71% 和 10.30%。原燃材料价格的回落，使钢铁生产成本对钢价的支撑作用有所减弱。

（七）库存冲高回落，后期去库存过程加剧钢价下跌

2013 年年初，全国主要市场五种钢材社会库存量为 1188 万吨，同比下降 2.53%。受后市钢价上升预期影响，钢材社会库存在第一季度迅速上升，至 3 月月末达到了 2193 万吨，与年初相比大幅上升了 84.57%，与 2012 年同期相比也上升了 22.58%；但由于钢价在第二、第三季度持续下跌，贸易商纷纷降低库存，进一步加剧了钢价跌势。

企业库存也呈现回落趋势，幅度比社会库存相对较小。据统计，重点大中型钢厂钢材库存在 2 月月末达到高点 1432 万吨后，3—8 月连续下降，8 月

月末降至年度内最低点1157万吨，同最高点相比累计下降275万吨，降幅为19.20%；自9月至年底，钢材库存停止下降，并在第四季度保持平稳。

钢材社会库存大幅回落，一方面是钢厂因同质化竞争激烈，使出厂价格难以提高；另一方面是由于贸易商为达到降低风险、缓解资金压力的目的，通过低价抛售钢材来降低库存。在钢价低迷的市场态势下，加强了钢价的下跌趋势。

（八）不合理产能布局特征依然明显

前三季度，钢铁产业布局与资源、能源、环境、市场不匹配的现象继续存在，“东多西少”“北重南轻”的特征虽有改善但仍然明显。以长江流域流经的省份为界，长江流域以北地区钢铁产能比重达到62.37%，占比仅较2012年同期微降0.02个百分点，明显大于长江以南地区12.8%的比重。

钢铁行业高密度分布在华北、东北等内陆缺水地区，不仅导致环境压力日益严重，也导致南北市场出现生产力布局和消费布局不合理现象。随着冬季的到来，北方建筑工程施工进度普遍减缓，华北、东北和西北等地的建筑钢材季节性“南下”现象更加明显。“北钢南下”虽然能在一定程度上弥补南方市场的缺口，但增加了运输成本，并且随着后期资源的集中涌入，市场竞争不断加剧，钢材价格整体回落的概率明显增加。

二、2014年我国钢铁市场现状及展望

（一）第一季度钢材市场走势

1. 日均产量仍在高位

据统计局数据显示，2014年3月全国粗钢产量7025万吨，同比增长2.2%；日均产量226.6万吨，高出2013年同期水平。根据中国钢铁工业协会最新统计数据显示，4月上旬重点企业粗钢日产量174.73万吨，增量7.83万吨，旬环比上涨4.69%；全国预估粗钢日产量215.15万吨，增量7.83万吨，旬环比上涨3.78%。日均粗钢产量的继续上涨，表明供给端压力依然较大。中钢协数据显示，钢材市场供应增势仍在持续，意味着后期市场供需矛盾仍难明显改善。

2. 出口增速加快

2014年3月我国出口钢材676万吨，较上月增加196万吨，同比增长

28.03%；1—3 月钢材累计出口 1833 万吨，同比增长 27%。钢材出口增速加快，表明外部市场需求具备增长动力。从国际上 PMI 数据显示，外部需求增速有继续放缓迹象。2014 年 3 月，全球制造业 PMI 为 52.4%，较上月调整后的 53.2% 回落 0.8 个百分点，连续十六个月运行在 50% 以上，但创出近五个月以来低点，表明全球制造业经济活动增速较上月有所放缓。从受调查的主要国家或地区来看，美国、英国和日本的制造业均保持较快增长，但增速均有回调；欧元区制造业增速稍有回调，仍处于复苏区间。新兴市场国家中，印度制造业增速放缓，巴西制造业增速较上月稍有加快，俄罗斯制造业仍处于下降趋势。

3. 下游需求增速回落

据国家统计局数据显示，相关投资数据增速回落，特别是房地产开发投资回落对建筑用钢影响较大。2014 年 1—3 月，全国固定资产投资（不含农户）68322 亿元，同比名义增长 17.6%（扣除价格因素实际增长 16.3%），增速比 1—2 月回落 0.3 个百分点。2014 年 1—3 月，全国房地产开发投资 15339 亿元，同比名义增长 16.8%（扣除价格因素实际增长 15.5%），增速比 1—2 月回落 2.5 个百分点。

从其他用钢需求看，汽车用钢需求仍保持较快增长。中汽协数据显示，3 月我国汽车产销进入传统旺季，汽车产销分别完成 220.17 万辆和 216.91 万辆，比上月分别增长 34.4 万辆和 35.8 万辆，月度产销创历史新高。

此外，基建相关需求增势良好，第一季度，铁路完成固定资产投资 713 亿元、增长 6.4%；公路建设完成投资 1842 亿元，主要是续建项目较多，实现 17.2% 的快速增长。

4. 社会库存继续下降

虽然，钢材产能释放力度依然较大，但社会库存仍处于下降趋势，有利于缓解供需短期压力。截至 4 月 18 日，全国主要市场五种主要钢材社会库存量为 1737 万吨，环比下降 204 万吨，降幅为 10.51%，已连续第 7 周环比下降；同比下降 348 万吨，降幅为 16.68%。

5. 钢材价格仍处下降趋势

据中国物流信息中心市场监测，3 月，钢材市场环比价格指数 98.94%，环比回落 1.06 个百分点，连续三个月环比回落。进入 4 月，随着市场需求的逐步启动，钢材价格有小幅反弹，但整体幅度不大。钢材市场供大于求格局仍未改变的格局下，钢厂降价意愿开始显现。作为建筑钢材企业，沙钢和永钢双双下调螺纹钢的出厂价格。反映出，钢厂看淡未来建筑用钢市场。

（二）全年展望

“稳增长、调结构、促改革”是2014年我国宏观调控的三大着力点，从不同侧面推动我国经济增速企稳回升。受其影响，全国钢材需求状况好于2013年，刺激新增资源，尤其是进口较多增长，全年价格水平相对稳定，不会出现大幅跌落局面。预计2014年我国粗钢产量为8.1亿吨，同比增长3.8%，生铁产量为7.43亿吨，增长3.2%，我国钢材实际消费量为7.15亿吨，同比增3.2%。

1. 产能过剩矛盾仍将持续

据相关机构统计：2014年我国将有37座高炉投产，总容积54253立方米，产能4937万吨，到2014年年底产能达到11.2亿吨，即便考虑到2013—2014年淘汰关停的钢铁产能，预计到2014年年底我国钢铁产能也将达到11亿吨。产能过剩矛盾难以化解。

2. 宏观经济向好提振钢材需求

2014年我国主要经济指标的企稳回升，内外经济环境的改善，对于钢铁及原料需求的提振是不言而喻的。新一年我国制造业形势明显好转，势必增加国内钢材需求。按照2013年我国粗钢需求总量（含直接出口，下同）8亿吨规模测算，即便2014年需求增幅回落至5%，其需求总量也会达到8.4亿吨，甚至更多。

3. 钢材价格总体呈震荡回升态势

预计2014年我国钢材价格震荡扬升，总体涨幅在2%左右。钢材价格继续扬升，将使得钢厂库存升值，效益情况进一步获得改善。但钢材市场供大于求的矛盾短期内难以扭转，钢材价格难以大幅上涨。

4. 企业筹融资难度大，资金风险进一步增大

受国家宏观调控和银行对企业贷款从严控制的影响，2014年，虽然我国继续实施积极的财政政策和稳健的货币政策，但国家严格控制产能过剩行业融资，银行系统严格控制对钢厂的贷款规模和利率。随着金融业的改革和利率市场化的推行，受行业政策、经营状况和资产状况的影响，钢厂筹融资面临着更多的困难。

5. 库存波动将减小

经历了2011—2012年的资金链断裂，钢材贸易商要从银行拿到融资难度已非常大。贸易商囤货待涨的经营模式已经转变为锁定上下游合同，快进快出，小赚走量的模式。在这种背景下，2013年市场预期的钢材和原材料的冬储行情并没有启动。另外，恐慌抛货的单边下跌行情也难以出现，因为无货可抛。从库存变化的角度去看，中间需求对价格的影响减弱，价格波幅会缩小。2013 年库存变动是影响价格的主要矛盾，在 2014 年其将退居为一个次要矛盾。

三、2013 年我国钢铁流通行业发展状况

（一）2013 年我国钢铁流通行业发展的主要特点

1. 钢厂和流通企业钢材直供比例继续提高

2013 年，中国钢铁工业协会会员钢厂在国内销售的钢材中，以直供方式销售的钢材占比达到 36.54%，同比提高了 0.77 个百分点，销售的钢材数量为 19037.62 万吨，同比增加 2310.36 万吨，增幅达到 13.81%。

在中国金属材料流通协会对会员企业的抽样调查中，2013 年这些企业经营的钢材总量中，直供比例平均达到 48.3%，其中一些企业做到了 100% 直供。

2. 钢材加工配送中心建设势头趋缓

据不完全统计，我国已建成的钢材加工配送中心有 300 余家，主要分布在华南、华东、中南部等经济发达地区，涉及品种有冷轧薄板、电工钢、镀锌板、镀锡板、彩涂板、不锈钢板、热轧酸洗板、热轧中厚板等，主要为汽车、家电、电子、建筑、轻工、钢窗、办公设备等行业提供服务。

但由于近几年下游用户需求减缓，钢材加工配送中心产量受到很大影响，有接近一半的企业处于“吃不饱”或停产、半停产状态。同时由于受银行资金的限制，钢铁行业建设加工配送中心的势头得到了遏制。

当前，钢材的加工配送呈现“三高”趋势：①剪切线的技术装备水平越来越高；②产品加工精度越来越高；③加工自动化程度越来越高。

3. 钢铁物流园建设遭遇瓶颈

随着我国钢铁工业的快速发展，钢铁物流园区作为现代钢铁物流产业发展和企业转型升级的重要模式，一度成为行业的热点。我国钢铁物流园区依据业态大致有四种类型：①传统的钢铁交易市场通过设施升级改造以及钢铁贸易商的重新整合，转型为钢铁物流园区；②大型钢铁生产企业为实现专业化、现代化管理而投资建设钢铁物流园区；③钢铁生产企业与流通企业共同投资建设物流园区，实现生产和流通的有效衔接；④钢铁流通企业自主投资兴建的钢铁物流园区。

但随着近几年钢铁行业遭遇严冬、银行收紧对钢贸行业的贷款，致使不少尚未建成和完成招商的钢铁物流园遭受严重打击，建设和运营难以为继。

4. 钢铁电子商务发展迅猛，正改变着钢铁流通业态

2013 年，我国钢铁电子商务也出现了不断创新、快速发展的良好势头，具备了从“星星之火”到“燎原之势”的发展势态，具备了从量变到质变的转型升级的条件。据不完全统计，截至目前，我国国内已上线运营的钢铁电商平台约 40 家，参与者包括钢铁生产企业、大型钢贸企业、物流企业、仓储企业、信息网站等，采取的模式有 B2B（企业对企业）、B2C（企业对用户）、C2C（用户对用户）等。另有近百家企业正在组建电商平台。钢铁电商线上交易氛围也开始活跃，许多线下交易也搬至线上。钢铁电子商务以高效的流通业态，正逐渐改变传统销售模式，现货、期货电子交易正改变着钢铁流通领域的环节。

我国钢铁行业的电子商务日益成熟，在促进钢铁大物流的形成、活跃钢材流通市场、降低物流成本、增加信息的透明度等方面起到应有的作用。

我国钢铁行业电子商务从功能上分，主要有以下四类：一是以钢铁资讯为主；二是以钢铁远期合约为主；三是以钢铁现货交易为主；四是以钢铁产品搜索引擎为主。

从钢材电子商务平台的构建方式上分，主要有以下几种：

（1）门户式钢材电子交易平台。随着钢材生产利润下降，钢厂加大了销售力度，调整营销模式成为各钢厂近期目标，各钢厂积极探索钢材电子商务发展。门户式钢材电子交易平台是基于买断代理模式下构建的，它带有先天的不足：一是不能满足完全市场化要求；二是不能实现消费终端对品种的多层次需求，由面对面交易变为网上交易，只是改变了交易模式，其意义有限。

（2）连锁式钢材电子交易平台。连锁式钢材电子交易平台是利用钢铁流通企业的优势：一是众多的客户渠道；二是“蓄水池”的功能对钢厂全面直销瓶颈的补充。这类平台的建立，首先要求钢厂建立强大的钢材电子商务平台、交易电子化、结算网络化、仓储数码化；除此之外，钢铁流通企业必须具备钢铁电子商务软硬设施要求，同时还应具备多层次销售渠道与配送体系。

（3）钢铁流通企业钢材电子商务形式。我国钢铁流通企业众多，是否建立钢材电子商务平台取决于钢铁流通企业规模，如果钢材销售量在某个地区具有领先水平，产品覆盖范围较广、配套服务体系完备，且本企业营销模式已具备完全市场化要求，建立钢材电子商务平台能水到渠成。钢铁流通企业建立钢材电子商务平台其阻力不仅仅来源于市场的认同，更来源于本企业内部。

（4）第三方钢材电子商务形式。第三方钢材电子商务平台是具有独立法人资格的、能够为多方提供钢铁交易、融资、物流、配送等相关服务的社会化平台。它主要是为钢铁生产企业、流通企业和用户搭建的公共服务平台。

总之，作为一种新型的钢材运营模式，其前景是光明的，它会以不同的运营方式存在于不同的钢材经济体中，其发展规模及速度取决于钢材市场化的认识程度。

5. 钢厂向上下游拓展和延伸的趋势明显加快

近几年，由于市场形势十分严峻，加上钢贸商的资金受限，很多钢铁流通企业采取不与钢厂签订长协或减少协议量，来减轻资金压力，规避市场价格风险。在此状况下，钢厂加快了向下游延伸的动作。钢厂向上下游拓展和延伸就是建立自己的流通渠道，向钢材直供、加工配送、物流园建设等方面延伸。钢厂重视与终端用户企业建立战略伙伴关系，注重建立具有针对性的加工配送中心，加强增值服务。同时，在重点用钢地区和城市设立贸易公司，并努力向国际市场挺进，在海外设立贸易公司，从而不断扩大企业自身产品在国内外市场的份额。

6. 钢铁流通企业两极分化，强者更强，集中度提高明显

2013 年，我国有接近 1/3 的钢铁流通企业承受不了市场和资金的双重压力，选择了关门转行来退出市场，其中上海地区退出市场的钢铁流通企业超过 55%。与此同时，涌现出了一批实力雄厚、模式新颖、规范经营的大中型钢铁流通企业，他们抓住市场大浪淘沙的契机，切实强化流通渠道建设和模式创新，市场份额不断扩大，销售量和销售额不断提高。2013 年，中国金属材料流通协会会员企业中出现了 6 家销售量超千万吨的企业，其中的领头羊——五矿发展股份有限公司超过 4000 万吨。2013 年度钢材销售前五十家的会员企业总销量超过了 1. 7 亿吨，成为行业独领风骚的佼佼者。大型钢铁流通企业通过参股、控股、兼并、联合、合资、合作等多种形式进行资产重组，逐步向服务水平高、国际竞争力强的大型钢铁物流企业发展。

7. 厂商合作新模式不断出现

一是钢厂库位前移，选择具有实力、信誉好、有仓储的大中型钢铁流通企业，借助钢铁流通企业的仓库存放货物。二是新代理制雏形出现。钢铁流通企业代理销售钢厂货物，以市场成交价与钢厂结算，获取佣金。三是股份合作，厂商共同出资在某区域市场设立新公司，双方按股份分成。

8. 企业兼并重组的力度不断加强

近两年来，随着钢铁流通行业业态的转变，人们的思想观念也大有改观，股份合作形式成为企业强强联合的有效手段。表现最为明显的就是：大型国有企业放下了“架子”，寻找合适的民营企业进行入股或控股，而较有规模的民营企业也放弃“被人吃掉”的包袱，主动邀请比自己实力强的企业入股。最为知名的案例就是央企中国铁路物资总公司与民企西本新干线股份有限公司进行的战略重组，双方将共同出资成立合资公司，并逐步收购西本新干线旗下的主要核心资产和业务，谋求共同建设国内钢铁物流中心枢纽。

9. 民营企业“组团”合作形式不断，花样繁多

由于受我国钢铁产能过剩、下游需求减缓、出口受阻等多种因素的影响，众多民营钢铁流通企业深感靠自身的力量应对如此复杂的市场形势压力和风险太大，合作共赢的意愿越来越强烈。于是，就出现了多种形式的“抱团取暖”“组团合作”。最引人瞩目的就是温州市 73 家骨干龙头企业自愿出资 28 亿元组建的温州市金属投资股份有限公司，其投资的温州金属大厦和温州金属现代物流中心两个实体项目已经开始运作。还有很多民企合伙成立投资担保公司，不仅合伙运作项目，还为成员企业的融资提供担保，从而解决了中小企业融资难的问题。

（二）我国钢铁流通行业面临的突出问题与困难

1. 钢铁流通行业的整体宏观经营形势依然极为严峻

一方面，国内钢铁产能严重过剩，过剩的产能将在今后相当长一段时间里不断加剧市场供需矛盾。另一方面，自 2008 年金融危机爆发以来，国际经济形势始终未明显好转，加之国际贸易保护主义抬头，针对我国钢铁出口的一系列反倾销、反补贴政策相继出台，出口外需明显减弱，进一步加剧了国内供需矛盾。由于供大于求，钢材市场维持下行和窄幅震荡趋势，无法保证流通企业的利润空间。

2. 钢铁流通企业融资问题更加严峻

一是银行进一步收紧钢贸融资，很多银行继续收紧对钢铁流通企业的贷款；二是仓单质押融资模式已经被否定，企业缺少融资抵押物品；三是钢铁流通企业自发的联保互保模式不断出现问题，被拖累的企业越来越多；四是钢铁流通企业成立的担保公司遭遇信用危机和资金瓶颈，无法继续有效提供服务。这些问题已经成为行业发展的头等大事，困扰着企业的生存和发展。

3. 钢铁流通企业生存空间不断被挤压

钢铁行业传统的生产企业→流通企业→终端用户的营销模式有所改变，生产企业开始直接面向终端用户延伸供应链，与流通企业抢占终端市场，而大型终端用户在成本压力下也更倾向于主动向钢厂寻求直接采购。国内大型钢厂（如宝钢、武钢等）凭借自身钢材资源和企业雄厚实力的优势，通过发展自身的区域分销和加工配送中心抢夺直接用户，对流通企业直接构成竞争威胁。事实上，钢铁生产企业与流通企业往往竞争多于合作，很少与流通企业一起做市场开发和维护方面的工作。

4. 行业整体服务水平不高

钢铁流通企业普遍以二三级流通企业为主，绝大部分仍处在价格战、赌行情的初级生存状态，业务方式上仍坚持传统贸易模式，随行就市、快进快出、博取差价。行业规范性和自律性不足，部分钢铁流通企业在市场困境中，或各自为政、恶性竞争、抢夺客户，或盲目跟风、大打价格战。同时，由于秩序的缺失，一些企业以次充好、以假乱真的情况屡次被曝光，严重损害了钢铁流通行业的社会形象。

5. “爆仓事件”阴魂未散，并呈逐步蔓延态势

近两年是上海地区银行起诉钢贸商的集中爆发期，仅浦东新区法院民六庭 2013 年一年受理的钢贸类金融案件就有 1100 多件。经过调研分析，该院认为银行将至少又有 1000 余案件起诉。数据显示，2011 年全国钢材贸易贷款 1. 89 万亿元，同期全国贷款总额 54 万亿元。钢材贸易贷款在整个银行贷款中的比例高达 3. 5%。

2014 年 3 月，银监会下发了《关于做好 2014 年不良贷款防控工作的指导意见》，要求银行加强不良贷款余额和比率“双控”管理，增提拨备，充实资本，加大不良贷款处置力度，并提出要及时开展压力测试。同时银行要制定合理的不良贷款余额和比率年度“双控”目标，特别要着力开展对产能过剩行业、融资平台、房地产和钢贸等重点领域、不良贷款快速上升地区以及集团客户和小微企业的信用风险排查与防控。

上海地区“爆仓事件”持续发酵，影响在不断扩大，波及其他省份，不少原本规范经营的企业也受此影响被牵扯进去，影响整个行业的信誉和信心。

6. 行业信誉遭受重创

近几年，由于个别钢贸企业老板跑路和重复质押等违法经营事件的发生，对整个钢铁流通行业造成了极为不利的负面影响。银监会多次发出对钢贸企业严格审批贷款的警示，涉钢银行加紧收贷，企业融资更加困难，银企互不信任加剧。社会上流传的“防抢防盗防钢贸”的顺口溜，使整个钢铁流通行业陷入了前所未有的诚信危机之中，企业更是雪上加霜。社会上谈钢色变，不利于行业恢复信心和转型发展。

7. 流通企业在钢铁价格市场仍然缺少话语权

相对于上游生产企业，钢铁流通企业依然处于绝对劣势，生存空间受到不断挤压。严格来说，时下钢厂与流通企业的代理机制只是一种长期协议关系，实质上是维护钢厂利益的一种不平等的经销模式。在供大于求的背景下，产品的同质化使得钢铁生产企业间以价格战作为最有力的销售武器，这不仅造成流通企业利润空间被进一步压缩，而且库存风险也陡然增加。随着采购和销售价格“倒挂”现象严重，流通企业面临亏损的风险信号愈加强烈。

8. 新模式遭遇新挑战

钢铁电子商务发展十多年来，一直没有成功的案例。首先是平台的定位存在问题，到底“为谁服务、怎么服务”的问题仍然没有解决好，没有真正搭建起钢铁资源拥有者与终端用户交易的平台。其次是大宗生产资料还存在网上网下如何对接、如何配送的问题。钢铁产品配送有一个辐射半径，交易与物流配送仍是亟待解决的现实问题。再次是资金支付和安全问题没能有效解决。很多企业投资建设的电子商务平台不得不面对继续“烧钱”和持续亏损的现状。

钢铁物流园遭遇市场危机，已经建成的钢铁物流园，目前正受到招商难和融资难的双重煎熬。很多企业不愿入驻，银行收紧贷款，这些物流园区苦苦支撑，处境艰难。受此影响，很多钢铁物流园的配套功能无法体现，难以与整个钢铁产业链有效衔接并良好互动。同时，还存在重复建设现象，造成了同质化、低层次竞争，其结果是谁都不好过。

与国外相比，我国钢材加工配送普遍技术含量比较低，简单粗加工比较多，同质化竞争严重，导致很多企业订单吃不饱，大部分钢材加工生产线开工不足，订单减少。有的虽然能够接到订单，但利润大幅减少，仅仅能够维持生存。

9. 钢铁流通企业亏损严重

钢材价格不见起色，钢贸企业融资难或融资成本高，钢材销售量普遍锐减，严重影响了企业大量利润。同时，受钢铁生产企业向下游延伸的影响，钢铁流通企业市场空间和利润空间也相对减少；对于下游终端用户，钢铁流通企业不仅要垫付资金，还要承担价格风险和资金成本。钢铁流通企业亏损率超过90%。

四、2014年我国钢铁流通行业发展趋势

1. 钢厂阵地前移，直供比例在加大

受生产成本高、吨钢利润低、钢贸企业进货量减少和钢厂之间火拼等因素的影响，不少钢厂直接在目标市场设立销售公司或者物流园区，向流通领域延伸的速度在加快。不少钢厂的工作重心由原来的重生产转向重流通。

2. 钢厂库存前移，有利于市场发展

一些中小型钢厂试行库存前置的经营方式，把原本放在厂里过剩的产量，运送到钢材集散地仓库进行销售。在经营中，这些中小钢厂采用“两条腿”走路的方式：一方面，在集散地开设门店，接受预订，按船期发货或销售合作仓库内的库存；另一方面，与当地的钢铁物流企业合作，根据事前的约定，钢厂将货发送到指定仓库后收取一定的预付款，10～15天后再根据这段时间市场行情结算，钢厂会在每吨计价上让出事先约定的销售费用。这种创新的销售方式，抹掉了代订、托盘的资金成本，又将原本钢贸商承担的市场经营风险有效分解，由钢厂、钢铁物流企业和钢贸商共同分担，深受钢贸企业的欢迎。从2013年下半年试行的情况看，库存前置式经营方式将在今后一段时间里大行其道。

3. 厂商合作出现新模式

一是钢厂库位前移，选择具有实力、信誉好、有仓储的大中型钢铁流通企业，借助钢铁流通企业的仓库存放货物。二是新代理制雏形出现。钢铁流通企业代理销售钢厂货物，以市场成交价与钢厂结算，获取佣金。三是股份合作，厂商共同出资在某区域市场设立新公司，双方按股份分成。

4. 有实力的钢贸企业市场份额扩大，话语权在提升

不少具有实力和影响力的钢铁流通企业，紧紧把握市场波动带来的机会，销售量和销售额大幅提升，不断扩大市场份额。同时，他们在与钢厂的合作中，话语权也在逐步提升。

5. 钢材期货市场受青睐

2014年3月21日，热轧卷板期货上市，在钢铁流通业引起较大反响，期货市场越来越受到钢厂和钢贸商的关注，一些厂商将期货市场作为一个避险工具，受到产业链上各方的重视和青睐。越来越多的钢厂和钢贸企业利用期货市场套期保值功能规避市场风险。期货市场具备发现价格的基本功能，给

产业链上的各企业提供了一个套期保值的机会，不少钢贸企业认为时下金融资本大规模融入钢铁产业跨区域套利已成为可能创新的赢利模式。有的钢贸商利用期货平台的避险功能，实现对现货的保值以及升值，使得期货市场成为钢贸企业的运营工具。业内人士认为，伴随着钢材价格的持续下探，钢铁行业的效益不断下滑，而期货市场将起到“保护”作用。

6. 钢铁电子商务在升温

2014 年 3 月 5 日，在全国两会上，李克强总理所作的《政府工作报告》提出要深化流通体制改革，并强调在全国推行“三网融合”，鼓励电子商务创新发展，扩大跨境电子商务试点。对于钢厂来说，电子商务是钢厂开拓钢材流通渠道的重点。相关人士分析，在钢铁行业持续低迷的现状下，发展电子商务已经成为了一种潮流和趋势，约三成的钢铁贸易企业通过电子商务赚取了更大的利润。

7. 钢铁流通业态在变革

当前钢铁流通领域出现的“电商升温、现商降温”的明显反差现象，折射出其深层次问题，这就是如今的钢铁流通业态正在变革。

（1）传统的钢铁贸易模式已不能适应时下的市场环境，钢材贸易已经进入微利时代。在这种市场环境下，钢贸商为了降低经营成本，改变原来的在市场设点，采取直销、直供的订货式贸易模式，不需要进驻现货钢材交易市场，进行票据式销售。因而大批钢贸公司将进驻现货钢材市场的经营点撤销，导致现货钢材市场驻场贸易商锐减。

（2）钢铁电子商务快速崛起，对传统钢铁流通业态造成极大冲击。进入互联网时代，大宗商品的电子商务异军突起。同样，钢铁电子商务、期货市场以崭新的流通业态，正在逐渐替代传统的钢材销售方式，从而导致现货市场的持续降温，借助电商融资功能，资金流、信息流、物流融为一体，提升流通业态。时下，钢贸企业融资难、成本高，成为遏制钢铁流通业发展的一大“瓶颈”；而电子平台的出现，破解了这一“瓶颈”。目前不少电商平台推出融资服务功能，通过嵌入的多种高效率和低成本的融资模式，真正实现链式融资功能；而且电子平台的融资业务标准化、无须联保，只要符合准入条件，即可获得融资服务。大多电子商务平台实现了平台与银行结算系统、仓储物流系统的无缝对接，避开传统钢铁贸易的局限性，真正确保客户在贸易操作上的全程电子信息化。这种集资金流、信息流和物流于一体的电商平台，是对钢铁流通业态的一大提升，也是时下钢铁电商快速发展、日趋兴旺的一个原因。

8. 个性化服务备受青睐

近年来，钢材市场价格长期倒挂，钢贸商库存成本上升，上门订单减少，遭遇生存危机。特别是在发生行业资金危机后，一些钢贸商卷入担保旋涡之中，原本想通过资金运作获利的企业，现如今被紧缩的资金缚住了手脚。而那些做终端的钢贸商，不少都是做得有声有色，而且还能跑到全国各地找订单，扩大了企业经营覆盖面。

首先，钢贸商根据终端客户实际需求，将钢材品种进行细分，专营某一种或数种钢材品种。销售后，钢贸商要注意收集反馈意见，以便为同类型客户提供顾问式销售服务。其次，钢贸商了解终端用料工艺和各种情况，按客户实际需求建立档案，在供料中提供加工配送服务，尽可能使终端客户合理用料，减少坯料加工道序。最后，钢贸商要当好客户采购的参谋，尽可能参与终端客户项目评审会议，通过收集项目相关资料，从用料角度提供专业意见，并根据项目实际用料情况制订加工配送方案。

五、钢铁流通行业发展战略与政策建议

我国钢铁流通行业的发展，离不开政府的指导和支持，离不开行业协会的引领和规范，离不开企业自身的追求和努力。全面提升业态，引导、支持企业加快转型升级和模式创新，是企业升级和转型的需要，是行业发展和转变的需要，更是国家转变经济发展方式和调整经济结构的需要。

1. 完善政策体系，加强行业管理

钢铁流通行业的政策体系主要包括：规范市场流通秩序、流通企业经营行为的法规制度、促进流通现代化的扶持政策、规范工商关系的政策机制，市场流通秩序法律法规、流通企业经营行为的法规制度，以及钢铁流通行业标准体系建设等。行业管理方面：建立健全钢铁流通统计体系、市场监测体系与市场预警机制，加强产业损害预警工作，规范工商关系的政策机制等。

这是一项长期而又艰巨的任务，希望由政府有关部门牵头、行业协会参与，共同推进该项工作有目标、有计划、有实效地开展下去。

2. 强化行业标准化建设，做好标准推广，重树行业诚信

近几年，中国金属材料流通协会配合商务部起草了六项关于金属材料流通行业的标准：《钢铁流通企业经营管理分级评定》《钢材加工配送中心建设与管理规范》《金属材料电子商务平台建设与管理规范》《钢铁流通企业诚信体系建设与管理规范》《钢铁流通行业信息管理规范》和《金属材料仓储技术

与管理规范》，但目前正在推广的只有《钢铁流通企业经营管理分级评定》。

3. 对钢铁流通企业进行分级评定

《钢材流通企业经营管理分级评定》已经由中国金属材料流通协会牵头起草完成，并于2012年通过实施，目前已在全国多个省市开展贯标工作。对钢铁流通企业的经营管理状况进行分级评定，对于推介先进企业、先进理念、先进模式、先进发展思路和方向、培育大中型规范经营企业、促进和规范企业自身的经营行为、鼓励守法经营、诚信经营、淘汰弱小不规范企业、提高产业集中度、解决多年来钢铁流通企业散、小、乱、差等问题，有着积极的推动作用；对于促进我国钢铁流通行业更加规范化、科学化、集中化、现代化地向前发展、促进钢铁行业的业态提升、钢铁产业链的健康发展，必将起到积极的引导作用。

希望在政府的指导和支持下，行业协会牵头建立起规范的评审制度和体系，真正做到公开、公平、公正地评定。

4. 建立人才培训、储备、交流机制和体系，加大行业人才的培养力度

钢铁流通企业要转变发展方式，要转型升级，就必须靠高素质的人才去做，就必须拥有一批专业化、高素质的管理、经营和技术人才队伍。目前，各类人才缺乏正成为行业发展的瓶颈，很多企业因为无法找到适合岗位的人才而困惑。但时至今日，我国钢铁流通行业也没有一个专门为企业发展培训人才的机构和基地。为此，中国金属材料流通协会已在全国金属材料流通行业协会、商会提出了培训行业人才的建议，得到了大多数协会的积极响应。

5. 建立行业数据统计体系和机制

改革开放以来，企业围绕市场自主地开展经营活动，出于对“商业机密”的保护，再加上一些企业发生的不规范经营行为，更不愿意提供企业相关数据信息，因此，钢铁流通行业数据统计越来越难。行业数据的缺失，对于了解和掌握行业发展动态、研究行业发展方向、解决企业经营管理出现的问题、建立行业监测和风险预警机制等方面，带来了极为不利的影响。虽然相关行业协会也在积极推动此事，但至今收效很不理想。

希望建立一个由政府部门牵头、行业协会参与和配合的行业数据统计体系和机制，加强数据统计和研究工作，充分授权给行业协会，强化行业协会的职能，为我国钢铁流通行业的健康发展提供信息支持和数据服务。

6. 建立厂商风险共担机制和体系

建立由钢铁生产企业和流通企业共同参与的、以“佣金式代理制”为主要模式的厂商风险共担机制。建议先试点，后普及；先易后难，分步实施。

7. 鼓励并支持行业新兴业态和模式

随着我国转变企业发展方式的深入，钢铁流通行业在转变与创新等方面也出现了越来越多的新兴业态和模式，比如钢铁物流园、钢材加工配送、钢铁电子商务、钢铁物联网等。希望政府拿出资金和政策，鼓励、扶持、支持企业创新发展，提升业态、加快行业转型升级。同时，针对现有流通行业内存在的资金占用量大，融资途径少的问题，希望国家有关部门以及金融机构能够提供更多更便利的融资途径。

8. 帮助解决钢铁流通企业融资难问题

树立一批具有实力和良好信誉的企业，真正解决好他们的融资难问题。可以在获得银监会支持的基础上，按照获得的 A 级级别给予一定的授信额度。

目前，国际经济形势已出现转好迹象，外部经济体的复苏，不仅为我国经济增长提供了稳定的外部环境，还将有效增加对我国产品的出口需求。同时，中央政府在正确认识当前经济形势、准确判断经济走势的变化、把握好宏观调控的方向、力度和节奏的基础上，将更加注重政策的针对性、灵活性和前瞻性，我国经济增长的基础也将得到明显加强，钢铁行业的发展后劲还依然存在。只要我们认清形势，找出差距，树立信心，苦练内功，积极转变发展方式和经营模式，我们一定能够走出低谷，走向更加美好的明天。

（中国金属材料流通协会　陈雷鸣
中国物流信息中心　武　威）

2013—2014年建筑材料流通回顾与展望

自党的“十八大”召开后，我国经济发展出现了新的变化，节能减排、转型升级成为了主基调。特别是建筑材料行业更是众矢之的。建材行业的能耗过高、排放过度、产能过剩都成为了社会的关注焦点，这也恰恰说明建材行业还有着巨大的发展潜力，在新型城镇化建设中会迎来又一个春天，家居行业也会在城镇化中充分受益。建材流通在建材行业发展中的引导作用越来越显著。

一、2013年建材流通发展回顾

2013年全年规模以上建材工业增加值比2012年增长9.7%，如图1所示，其中四个季度增速分别为9.5%、9.1%、10.1%和10%。总体趋于合理增长区间。建材工业2013年完成主营业务收入6.3万亿元，同比增长16.3%，增速提高2.9个百分点。2013年全国规模以上建材家居卖场销售总额为12481亿元，同比上升0.11%。建材行业整体发展呈“稳中有进”态势。

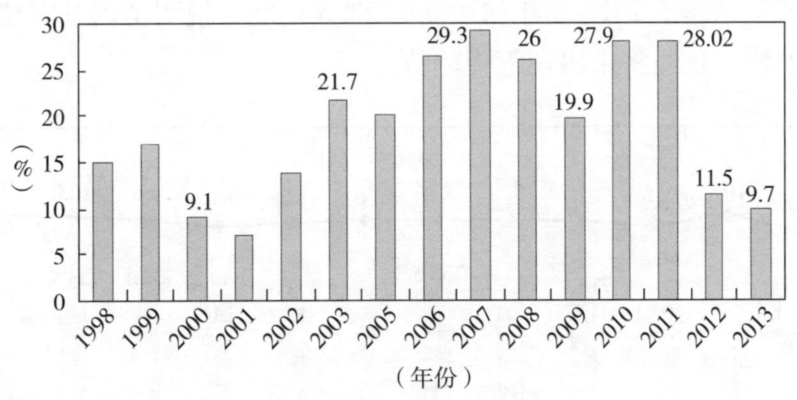

图1 建材工业增加值增长率

（一）2013年建材产品流通发展回顾

从建材工业角度分析，2013年是一个重大的转折点。政府打出“组合拳”化解行业产能过剩，大气污染倒逼企业绿色转型，行业前行的方向逐渐清晰。

水泥、平板玻璃行业遏制产能过剩初见成效，产品价格缓慢回升，建材制品业和深加工行业发展态势良好，结构调整取得了积极进展。2013 年，建材工业实现利润总额 4525 亿元，同比增长 18.2%；平均利润率 7.2%，同比提高 0.1 个百分点，行业资产负债率 53.6%，同比下降 0.8 个百分点；完成固定资产投资约 1.3 万亿元，同比增长 13.8%，增速下降 3.7 个百分点。规模以上混凝土与水泥制品业、建筑用材和轻质建材等制品与深加工行业实现主营业务收入增速均超过 20%，明显高于传统建材行业；产能过剩的水泥、平板玻璃行业固定资产投资分别下降 3.7%、5.8%，可见转型升级对建材行业增长的拉动作用不断增强，行业技术进步持续加强。

由于建材行业品类繁多，各自发展并不均衡，既有纯生产资料产品，也有生活资料与生产资料双属性产品。下面就典型产品分类进行分析：

1. 水泥产量再创新高，抑制产能过剩力度加大

水泥的需求是我国基本建设发展的晴雨表，基本建设的稳步增长支撑了水泥的需求。2013 年在全国基础设施建设、房地产开发、城镇化建设以及新农村建设等各方面水泥需求明显提振的形势下，全国水泥和熟料产量双双增长，再创历史新高。2013 年水泥产量 241440 万吨，同比增长 9.6%，如图 2、图 3 所示。增速比 2012 年的 7.4% 提升 2.2 个百分点，实现利润 765.5 亿元，同比增长 16.4%，但在建材工业利润中同比下降 0.6 个百分点，为 16.9%。水泥虽未改变一品独大局面，但新技术、新材料、深加工等增长拐点已经呈现。水泥产量超越了 2013 年年初预测的 23.5 亿吨，说明全国基本建设步伐后半年有所加快，且经济未出现下降趋势。

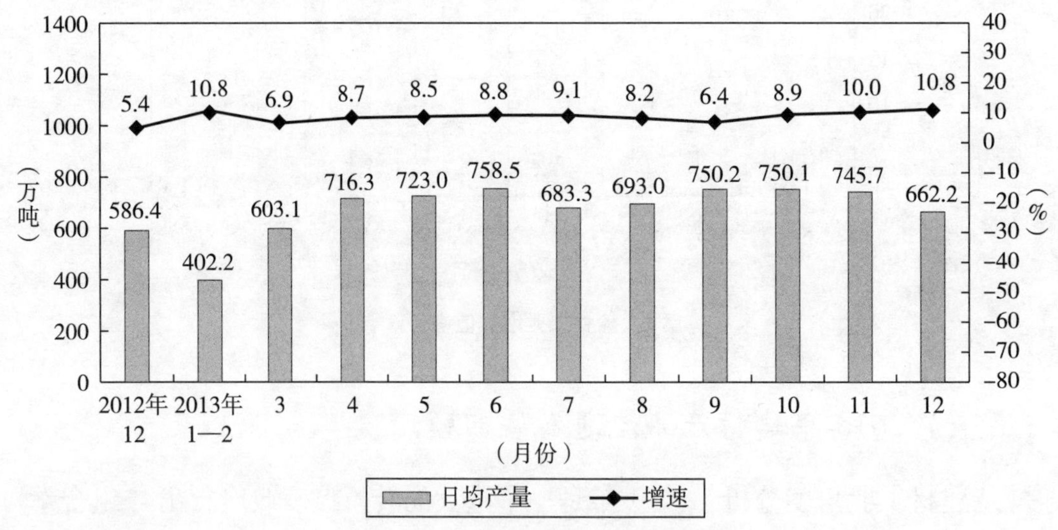

图 2　2013 年水泥日均产量及同比增速

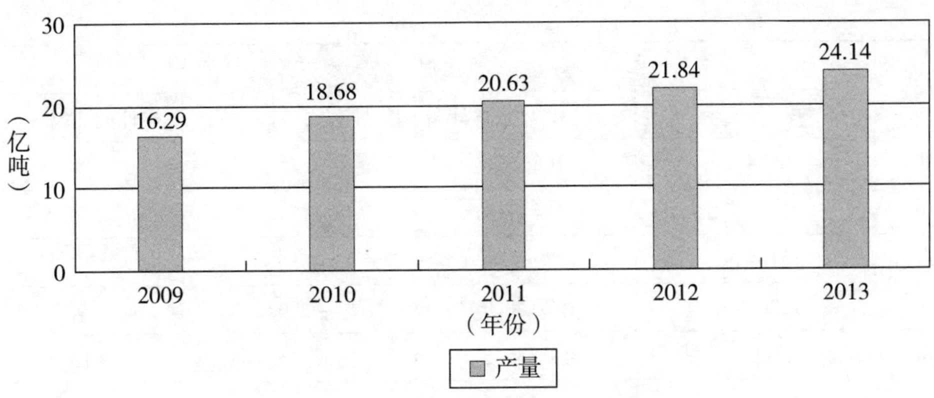

图 3 2009—2013 年我国水泥行业产量统计

从各省水泥产量分析，青海、贵州、宁夏累计同比增长位居全国前三，分别达到 29.67%、25.55%、20.27%；仅上海、河北、辽宁出现同比负增长，其中上海最大为 -5.65%。如表 1 所示。

表 1 2013 年全国各省市水泥产量

地区	水泥（吨）			
	12 月产量	1—12 月止累计	12 月同比增长（%）	累计同比增长（%）
全国	205294999	2414396617	10.78	9.57
北京	714130	9005419	12.45	3.28
天津	731764	9518842	8.64	10.71
河北	7026324	126762393	-6.34	-1.53
山西	3140294	49848490	22.06	1.36
内蒙古	2933645	63957199	31.81	8.57
辽宁	2567748	60052404	29.54	-0.28
吉林	1122145	45029167	-8.58	8.71
黑龙江	1870848	40284816	-8.79	1.95
上海	762179	7503071	8.6	-5.65
江苏	16053514	179918558	9.77	8.69
浙江	11796202	124628707	4.65	7.36
安徽	11561998	121313695	19.24	12.29
福建	6597701	78903689	-3.2	9.15
江西	9631869	92041979	20.66	19.79
山东	13351281	162178122	11.18	5.3
河南	17042757	167644408	21.15	9.3

续 表

地区	水泥（吨）			
	12 月产量	1—12 月止累计	12 月同比增长（%）	累计同比增长（%）
湖北	10574550	110565197	1.26	5.33
湖南	11718871	112646716	8.21	9.18
广东	15134493	133949340	25.5	17.13
广西	11266901	107074836	-2.35	9.51
海南	2071126	19883553	6.45	19.47
重庆	6620598	61269532	15.95	11.59
四川	12348303	138970939	4.99	6.62
贵州	7690098	81405108	10.56	25.55
云南	8755741	90091629	13.53	13.64
西藏	25291	2958180	-77.36	3.19
陕西	7168456	85455171	21.06	13.61
甘肃	2566395	44127246	3.6	16.31
青海	1309319	17862937	44.61	29.67
宁夏	333064	19142796	-26.66	20.27
新疆	807394	50402480	75.75	19.65

从全国各区域来看，如图 4 所示，2013 年华东和中南地区依然是全国生产水泥最多的两个区域，合计生产了约占全国水泥总产量 59% 的水泥，这一比例基本与 2012 年持平。中南地区在区域房地产和基建需求的强力拉动之下，2013 年全年水泥产量同比增长 11.55%。其中，广东省贡献最大，2013 年广东水泥产量增长迅速，全年增速达 17.13%，一改 2012 年增长乏力的局势。

2013 年水泥产能过快增长势头得到初步遏制。水泥产品生产能力初步统计：2013 年年底水泥熟料生产能力 18.6 亿吨，其中，运营新型干法生产线 1586 条，新型干法熟料生产能力 17.7 亿吨，其他工艺熟料能力 0.9 亿吨。年末水泥生产能力 32.9 亿吨，其中，水泥粉磨企业 2061 家，水泥制备能力 13.7 亿吨。水泥固定资产投资已经持续第三年下降。2013 年水泥制造业完成限额以上固定资产投资 1329 亿元，比 2012 年下降 3.7%。

投资新建新型干法生产线 80 条，是 2003 年以来最少的。2013 年增加新型干法生产线 85 条，其中复产 5 条，新建 80 条。新建生产线数量比 2012 年减少 41 条，新建水泥熟料能力比 2012 年减少 5900 万吨。

关停新型干法生产线 37 条，关停数量历年最多。1981 年以来，水泥行业

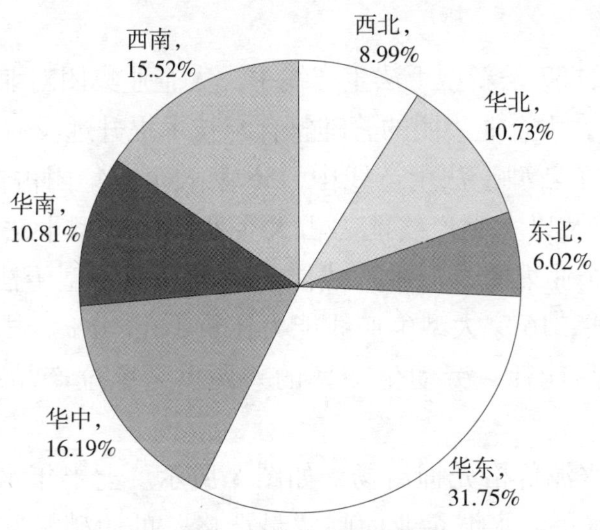

图4　2013年各地区水泥产量占比

累计完成固定资产投资1.1万亿元，1983年以来累计兴建新型干法生产线1756条，形成熟料生产能力18.4亿吨。截至2013年年底，已关停173条（不含复产生产线），关停熟料生产能力7800万吨。2013年关停水泥熟料生产能力5400万吨，其中新型干法生产线37条，熟料生产能力1700万吨，其他工艺熟料3700万吨。关停水泥生产能力6300万吨，其中，关停水泥粉磨企业108家，关停水泥制备能力3200万吨。

水泥能力利用率75.9%，2006年以来首次回升到75%以上。2013年水泥熟料增加能力与减少能力相抵，水泥熟料能力净增5700万吨，比2012年少增长1700万吨，其中，新型干法生产线净增48条，比2012年少增长61条；新型干法熟料能力净增9000万吨，比2012年少增长6700万吨。2013年水泥熟料能力利用率75.1%，与2012年基本持平；水泥能力利用率75.9%，比2012年回升2.2个百分点。

水泥产能过剩压力仍然很大。水泥生产能力（制备能力）增长仍然较快。2013年水泥生产能力净增2.2亿吨，比2012年净增量多7900万吨，其中，水泥粉磨企业净增143家，其中部分为关停窑生产线转为粉磨企业，粉磨企业水泥制备能力净增1.4亿吨，比2012年净增量多4800万吨。水泥行业仍然面临产能过剩巨大压力。

56家企业（集团）年生产能力超500万吨，产业集中度超过70%，企业集团竞争力仍有差距。2013年年底，年生产能力500万吨以上企业和企业集团56家，熟料生产能力占总量71.9%，水泥能力占53.1%。年生产能力1000万吨以上企业和企业集团31家，熟料生产能力占总量65%，水泥能力占48%。

2013年关停的37条新型干法生产线中，大企业集团对兼并重组企业的关停占15条。不过，大企业集团的管理整合与技术提升远没有完成。2013年年底在运营的1586条新型干法生产线中，56家大企业集团占1061条。大企业集团日产4000吨及以上生产线能力占大企业集团新型干法能力平均水平为69.1%，12家大企业集团大型生产线能力占本企业新型干法能力90%以上，两家无大型生产线，16家大型生产线能力比重不足60%。技术装备水平差距的背后是单位产品能耗、劳动生产率的差距，是单位产品成本和竞争力的差距。

2013年全国水泥价格先抑后扬，如图5所示。上半年水泥市场遭遇近5年来的最低价格水平，水泥企业面临“最严格”的脱硝标准，赢利水平大幅下滑。直到第三季度，水泥行情稍有好转。到12月，全国重点建材企业水泥平均出厂价为353.6元/吨，同比上涨3.3%。实现赢利765.5亿元，同比增长16.4%，仍居子行业之首。

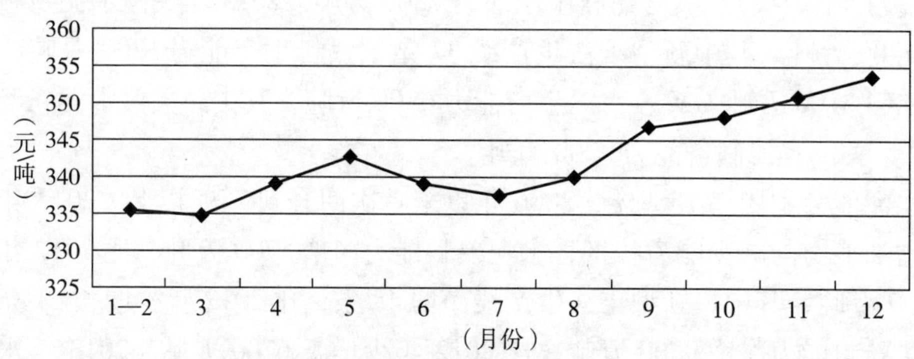

图5　2013年重点建材企业水泥平均出厂价

2. 玻璃市场平缓发展，行业扭亏为盈

玻璃市场反映了我国房地产开发的力度。房地产建设的情况决定了玻璃市场的好坏。2013年玻璃行业整体发展趋势良好，市场走势基本符合季节性周期规律，市场淡旺季特征明显，产量与价格都有所提高，2013年全国平板玻璃产量累计总产量778985836重量箱，同比增长11.21%，如表2所示，玻璃制造业产销率96.6%，同比提高1.1个百分点；重点平板玻璃企业均价63.6元/重量箱，同比上涨4.7%；平板玻璃制造业利润率6.0%，同比提高5.4个百分点。平板玻璃制造业实现利润45.2亿元，玻璃行业一改前两年亏损的局面。这与我国2013年房地产刚需集中释放是相匹配的。

表 2　　2013 年我国各省市平板玻璃产量

地区	平板玻璃（重量箱）			
	12 月产量	1—12 月累计	12 月同比增长（%）	累计同比增长（%）
全国	61504953	778985836	8.89	11.21
北京	—	—	—	—
天津	1918778	21371263	39.03	35.31
河北	6406472	118363610	13.93	8.68
山西	1707391	20652835	1.77	4.53
内蒙古	555313	5216314	74.67	-5
辽宁	1763569	30156921	-32.26	-0.46
吉林	324638	3643958	58.06	2.65
黑龙江	352069	4159595	0.78	4.02
上海	139	2672	-54.28	-29.09
江苏	5078912	59306249	2.16	-1.11
浙江	2336076	35912174	-21.99	8.35
安徽	2212782	33468075	30.28	40.14
福建	4784245	52431848	1.42	5.51
江西	657300	6630400	3.21	1.21
山东	7072627	82797178	4.97	7.49
河南	1272350	11280392	69.12	-5.05
湖北	6940961	81327534	24.53	10.49
湖南	1593571	18327459	-1.52	1.57
广东	7094594	85866440	6.73	18
广西	564787	6381432	4.61	5.02
海南	—	—	—	—
重庆	1282752	12502499	65.41	58.55
四川	3657925	40075392	11.91	7.03
贵州	314815	3635758	158.63	234.3
云南	743035	9970254	26.82	17.51
西藏	—	—	—	—
陕西	1611366	18378526	63.31	35.05
甘肃	508055	6000727	1.45	20.79
青海	495600	6769012	216.27	186.47
宁夏	—	—	—	—
新疆	254832	4357320	-75.55	4.19

由于各地区经济发展的不平衡造成了平板玻璃行业分布和发展的不均衡性。目前，我国平板玻璃行业已形成以广东省为代表的珠江三角洲地区，以上海市、浙江省、江苏省为代表的长江三角洲地区，以北京市、天津市、河北省、山东省为代表的环渤海地区三大板块。2013 年我国平板玻璃分区域产量占比情况如图 6 所示。但从整体上看，玻璃产能仍然过剩。

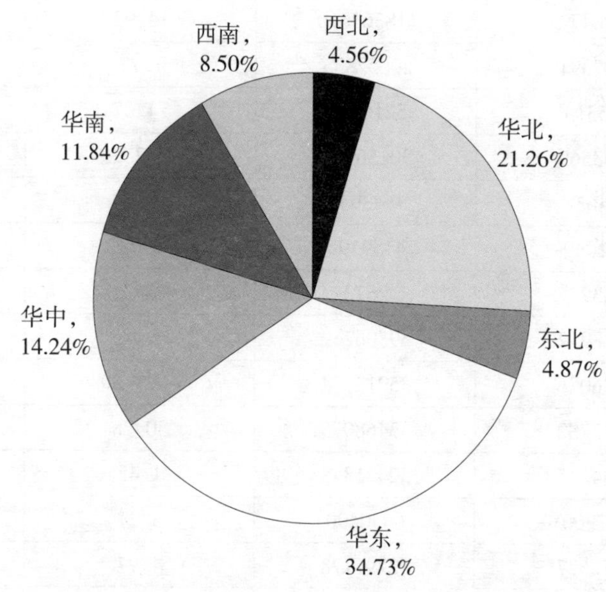

图 6　2013 年我国平板玻璃分区域产量占比情况

2013 年平板玻璃生产能力初步统计：年末平板玻璃生产能力 10. 8 亿重量箱，其中，运营浮法玻璃生产线 256 条，浮法能力 9. 8 亿重量箱，其他工艺能力 1 亿重量箱。浮法生产线增加 30 条，平板玻璃能力增加 1. 07 亿重量箱。平板玻璃行业始终未能摆脱产能、效益交替增长周而复始的怪圈。2009 年以后投资和下游产业需求的拉动，平板玻璃行业效益恢复，也拉动了产能的快速增长。2009 年、2010 年两年，每年平板玻璃生产能力净增长量都在 1 亿重量箱以上。产能的过剩导致行业效益下滑，效益的下滑抑制了产能的过快增长。2011 年以后每年平板玻璃生产能力净增长量减少到 7500 万重量箱左右。2013 年平板玻璃价格和效益有所恢复，当年关停浮法生产线 7 条，关停平板玻璃能力 2800 万重量箱，而增加生产线达到 30 条，其中，新建 24 条，复产 6 条，平板玻璃能力净增 7800 万重量箱，比 2012 年净增量增加 300 万重量箱。

产能过快增长问题将可能再次抬头。2013 年最后一周，全国有 3 条浮法玻璃生产线集中投产和复产。2013 年新建和复产的 30 条浮法玻璃生产线，6

月以后点火 19 条。在建产能中，2014 年 1 月 8 日，已有 1 条迁建生产线点火，还有 4 条在 2014 年第一季度点火。平板玻璃产能过快增长问题再次抬头。

三十年来，平板玻璃行业累计投资 3000 多亿元，截至 2013 年年底，累计兴建浮法玻璃生产线 329 条，累计形成浮法玻璃生产能力 11.4 亿重量箱。2002—2013 年，浮法玻璃生产线累计关停 73 条（不含复产生产线），浮法玻璃生产能力减少 1.9 亿重量箱。2011 年和 2012 年由于行业过剩产能的压力，浮法生产线分别关停 34 条和 14 条，浮法能力分别减少 1 亿重量箱和 3900 万重量箱。2013 年关停浮法生产线仅 7 条，平板玻璃产能再次过快增长，还在于关停生产线和能力步伐的放缓。

能力利用率继续低于 80%。平板玻璃能力利用率自 2012 年跌破 80% 以后，2013 年继续下滑，全年平板玻璃能力利用率 76%，比 2012 年下降 1.9 个百分点，其中，浮法玻璃能力利用率 77.6%，比 2012 年下降 2 个百分点。

在建和可能复产能力 2.9 亿重量箱。截至 2013 年年底，平板玻璃生产线在建项目 48 个，平板玻璃生产能力 1.7 亿重量箱。浮法玻璃停产冷修或停产未拆除生产线约 40 条，涉及浮法玻璃能力 1.2 亿重量箱。

投资基金再次介入平板玻璃行业。继投资基金公司在 2004 年和 2008 年以投资重组方式进入平板玻璃行业以来，2013 年年底在安徽点火投产的一条日熔化能力 600 吨浮法生产线也为某财富投资基金投资。该基金投资的另一条 600 吨浮法生产线计划在 2014 年 3 月点火投产。

建筑技术玻璃产业集中度不足 40%。2013 年年底在运营的 256 条浮法玻璃生产线中，日熔化 600 吨及以上生产线 173 条，能力已经占浮法工艺能力 76.8%，浮法玻璃生产线平均日熔化能力达到 625 吨。浮法玻璃生产线的大型化提升了企业规模结构，但只是单纯的玻璃原片规模扩张，产品质量并没有质的提升，玻璃深加工在大企业集团中发展缓慢，建筑技术玻璃行业产业集中度并没有提升。2013 年年销售额在 10 亿元以上建筑技术玻璃企业和企业集团 25 家，销售额占行业销售总额 39.3%。年销售额在 50 亿元以上的企业和企业集团 7 家，销售额占行业销售总额 23.1%。年销售额超过百亿元的企业集团只有 1 家。

大企业集团中低档浮法玻璃产品同质化竞争激烈。2013 年增加的 30 条浮法玻璃生产线，1.07 亿重量箱浮法玻璃能力，其中，隶属于大企业集团生产线 23 条，能力 8200 万重量箱。大企业集团单纯的平板玻璃规模产能扩张，加剧了行业产能的严重过剩。2010 年平板玻璃年生产能力 5000 万重量箱以上企业集团只有 1 家，2013 年增加到 6 家，能力占平板玻璃能力总量 40.3%。

3. 陶瓷行业运行良好，高度市场化促转型升级

陶瓷行业与我国房地产刚性需求是紧密相连的，在2013年房地产刚性需求集中释放的情况下，陶瓷行业也走出了一个小高潮。根据对全国2634家规模以上的建筑陶瓷和卫生洁具企业统计，全年主营业务收入5873亿元，增长17.31%，其中，1435家建筑陶瓷企业3831亿元，增长17.43%；275家卫生陶瓷企业491亿元，增长20.45%；924家五金卫浴企业1551多亿元，增长16.07%；主要产品产量均有不同程度增长，陶瓷砖产量96.9亿平方米，增长7.8%；卫生陶瓷产量超过2.1亿件，增长约3.3%。全行业各类建筑陶瓷与卫生洁具产品出口总额达到178.7亿美元，比2012年增长22.82%。

全行业规模以上企业2013年实现利润425.5亿元，增长22.27%，全行业平均利润率为7.25%。其中，建筑陶瓷企业利润增长24.55%（2012年增长8.31%），平均利润率为7.60%，比2012年提高0.43%；卫生陶瓷企业利润增长13.67%（2012年下降5.55%），平均利润率为7.70%，减少0.45%；五金洁具企业利润增长19.17%（2012年下降25.43%），平均利润率为6.22%，比2012年提高0.16%。据统计，随着宏观经济环境改善，行业调整结构转型升级步伐加快，2013年企业扭亏为盈效果明显，全行业企业亏损面为7.02%，亏损企业数量减少33.3%，亏损额下降30.35%。随着企业为转型升级做出的投入和节能减排要求的提高、劳动力成本攀升、管理费用增加等因素的变化，2013年企业的运营成本普遍大幅度攀升，全行业平均增长18.1%。

这一轮小高潮中，建筑陶瓷更是一马当先。2013年全国建筑陶瓷产量为96.9亿平方米，同比增长7.8%；其中，瓷质砖为主要品种，产量达68.07亿平方米，同比增长9.7%，如图7所示。

我国是一个幅员辽阔的国家，各地区经济发展的不平衡也造成了瓷质砖行业分布和发展的不均衡性。目前，我国瓷质砖行业已形成以广东省为代表的珠江三角洲地区，以上海市、浙江省、江苏省为代表的长江三角洲地区，以北京市、天津市、河北省、山东省为代表的环渤海地区三大板块。

2013年全国卫生陶瓷制品累计总产量194954566件，同比增长2.99%。我国陶瓷行业的出口情况是我国建材行业出口的风向标。2013年，随着欧美等地区发达国家经济逐步复苏，我国建筑陶瓷与卫生洁具行业的出口延续2012年的强劲增长势头。建筑陶瓷类产品出口额达84.8亿美元，增长26.65%；卫生洁具类产品出口近91亿美元，增长18.18%。除塑料浴缸、马桶座圈及盖板、便器水箱及配件三类产品的出口有不同幅度的下降外，其他品种产品出口额均创历史新高。

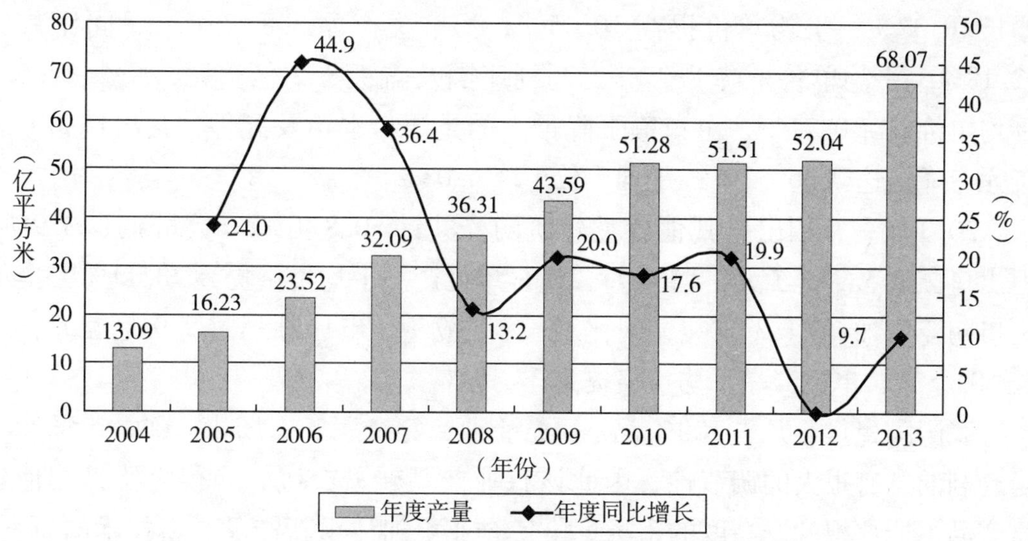

图 7 2004—2013 年我国瓷质砖产量及同比增长情况

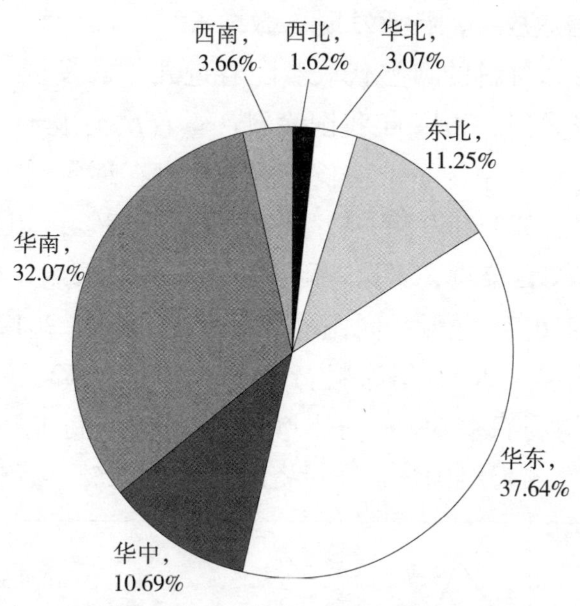

图 8 2013 年我国瓷质砖分区域产量占比情况

陶瓷砖是各类产品中出口额最多且净值增加最多的产品。2013 年，陶瓷砖出口约 11. 5 亿平方米，增长 5. 3%，出口额比 2012 年净增加 15. 4 亿美元，达到 78. 9 亿美元，同比增长 24. 3%，平均单价为 6. 88 美元/平方米，比 2012 年提高 17. 61%。卫生陶瓷出口约 6100 万件，同比增长 10. 5%，出口额 19. 9 亿美元，增长 113%，平均单价为 32. 64 美元/件，提高 92. 79%，是所有产品中出口额与平均单价增幅最大的品种。五金卫浴类产品出口额达 40. 4 亿美元，同比增长 11. 42%，平均单价提高 5. 8%；其中，淋浴房类产品 20. 6 亿美元，增长10.37%，平均单价提高10.45%；浴缸类产品3.8亿美元，同比减少12.18%，平均单价下降8.37%；马桶座圈及盖板3.2亿美元，减少3.0%，平均单价下降0.71%。出口额下降最大的是塑料水箱及配件，共出口3.1亿美元，降幅达到36.52%，平均单价下降4.08%。

2013年，全国出口其他各类建筑陶瓷共计50.8万吨，数量减少3.9%，但出口额近5.9亿美元，增长71.2%，单位产品平均价格提高78.11%。全年出口陶瓷色釉料21.3万吨，同比增长19.07%，出口额超过2.9亿美元，增长60.68%，单位产品平均价格提高34.95%。

我国陶瓷行业几乎100%都是民营企业，完全属于市场化运作，市场经济是趋利的，有很大的调节性，因此该行业产品转型升级、换代之快是其他建材产品不能比拟的。高度的市场竞争使企业更加注重新产品、新技术的研发，同时寻求先进的商业模式来增加企业的销售。

4. 涂料产量增速放缓，行业发展“微增长”

涂料是装饰装修材料的典型代表。随着近几年的发展，我国逐渐成为全球涂料生产和消费大国。2011年我国涂料产量首次突破千万吨大关，随后三年我国涂料产量每年均保持一定增长，但增长率在逐年递减，2013年全年涂料总产量累计达到13033490.34吨，同比增长3.58%，相比2012年增速的11.8%下降了近9个百分点，增速下降至近十年来最低点，如图9所示。2013年行业总产值为3416.78亿元，同比增长9.51%，相比2012年增速的12.4%下降了近3个百分点；2013年涂料行业平均售价2.62万元/吨，同比增长13.42%；行业平均利润率6%，同比增长11.10%，行业进入“微增长”时代。但2013年涂（颜）料固定资产投资增长达28.2%，远远超过产量增速，

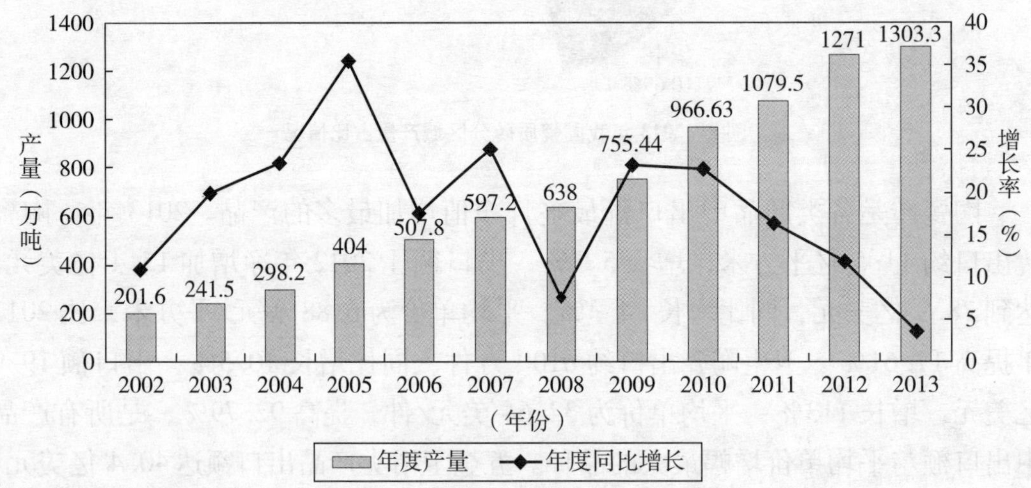

图9 2002—2013年我国涂料产量及增速

行业投资热度仍然不减，可见市场压力逐步增大。

全年广东省涂料产量领跑全国，上海市紧跟第二，江苏省排名第三，前三位的排名与2012年相比没有变化，而山东省取代了浙江省上升到第四位。

众所周知，涂料广泛地应用于各行各业，可以说每个行业的发展都对我国涂料市场的发展起到很大的推动作用。在目前的市场发展中，房地产行业及家具行业对于我国涂料行业发展影响最大。2013年我国房地产行业的大力发展推动了建筑涂料市场的发展，2012年我国建筑涂料产量占涂料总产量的38%左右，2013年我国建筑涂料总产量已超过45%，占据我国涂料总产量的半壁江山。随着二三级城市及城镇房地产行业的大力发展，我国建筑涂料市场发展空间将不断扩大。

另外，影响我国涂料行业发展的关键行业即为家具行业。2013年我国家具制造行业全年销售量同比增长21.0%，其全年主营累计收入6462.8亿元，同比增长14.3%，全年利润累计收入403.9亿元同比增长14.0%。这对我国家具漆行业的发展起到很大的推动作用。

由于我国涂料行业发展观念整体滞后，加上生产成本的不断攀升以及消费者环保观念的增强，以及未来环保部、税务总局和财政部可能“要对产业结构调整指导目录限制类的溶剂型涂料增收消费税”，都使传统涂料企业越来越“无利可图”。再加上涂料行业整体滞后的发展观念，技术研发、赢利能力、国际化经营、品牌影响力并不强大，人力、运输仓储、资金、财务、税费等各要素的投入越来越大，安全、环境、健康等社会责任方面的要求越来越高，涂料工业传统发展方式对这些成本和要求没有承载能力，没有应对措施，没有技术、管理、资本及心理转杯和储存，传统的产能增长动力正逐步衰减，行业拐点即将到来。

（二）2013年建材家居市场发展回顾

全国建材家居市场是建材流通行业的主力军。其发展情况由商务部与中国建筑材料流通协会发布的“全国建材家居景气指数BHI”可以充分反映。2013年全国建材家居景气指数BHI走势，与2012年有着明显的不同，如图10所示。受春节建材家居市场放假时间影响，2013年2月BHI到达近三年最低点，之后连续8个月逐月攀升，10月之后开始走低，最终呈现出一种“淡季不淡、旺季不旺”的市场格局。“淡季不淡”主要是由于2013年有一轮房地产刚性需求集中释放，促进了建材家居市场的销售，重点在6月、7月、8月、9月最为明显；“旺季不旺”究其原因，一是在消费者的日渐理性及行业竞争日益激烈的前提下，建材家居行业日常化的营销和促销使节日淡化；二是各种创新的促销方式，如小区活动、各大展会、线上团购等的出现最终导致市场分流。整体而言，2013 年 BHI 全年走势较 2012 年相对平缓，显现出一定的回暖信号，这恰恰与 2013 年建材工业发展势头相吻合。

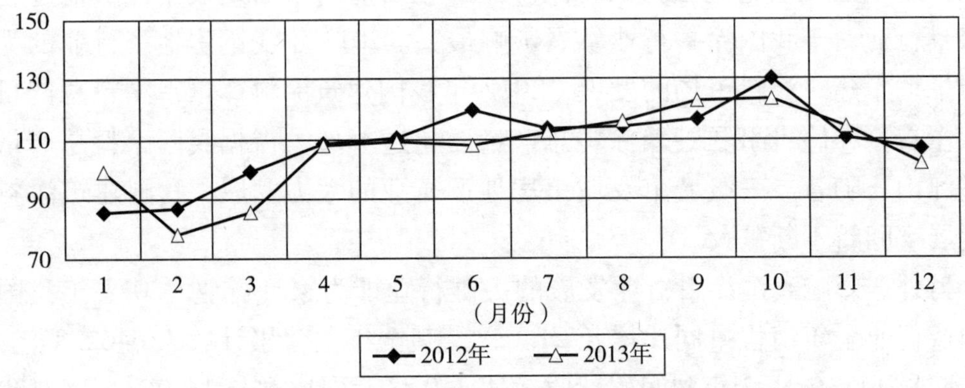

图 10　2012—2013 年全国建材家居景气指数

BHI 由人气指数、经理人信心指数、购买力指数、销售能力指数、出租率指数、就业率指数六项分指数加权统计而成。从各项分指数来看，人气指数表示的是建材家居市场每平方米的顾客人数加权后的指数值，如图 11 所示，2013 年 2 月春节放假期间建材家居市场歇业，致其人气指数跌至全年最低点，而受传统旺季影响 10 月达到全年峰值，整体走势与 2013 年 BHI 走势基本相符。

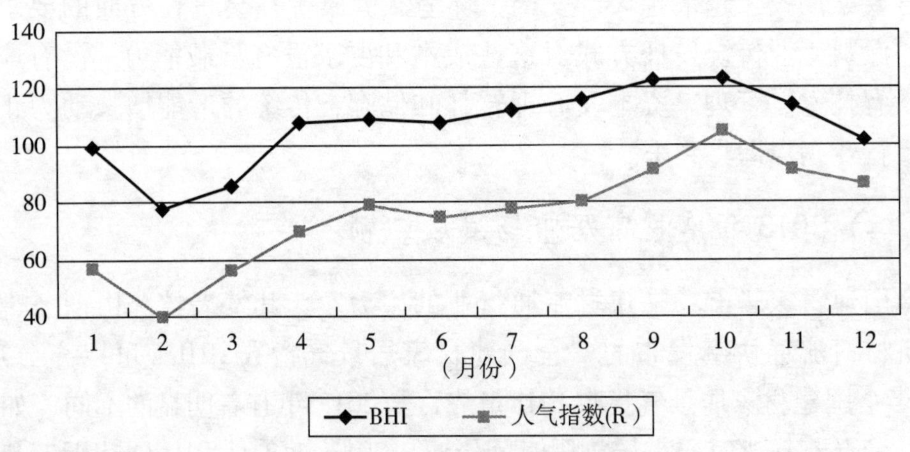

图 11　2013 年全国建材家居人气指数

经理人信心指数则属于 BHI 的先行指数，它表示建材家居市场从业人员对未来市场走势的信心预测，如图 12 所示，2013 年经理人信心指数走势与全年 BHI 走势相比，既有淡旺季峰值又显得跌宕起伏，这表明市场从业人员既对“金三银四”“金九银十”抱有期望，又对目前激烈的市场竞争心有疑虑，加上消费者逐渐理性、追求个性的购物理念，最终使经理人信心指数充满变数。

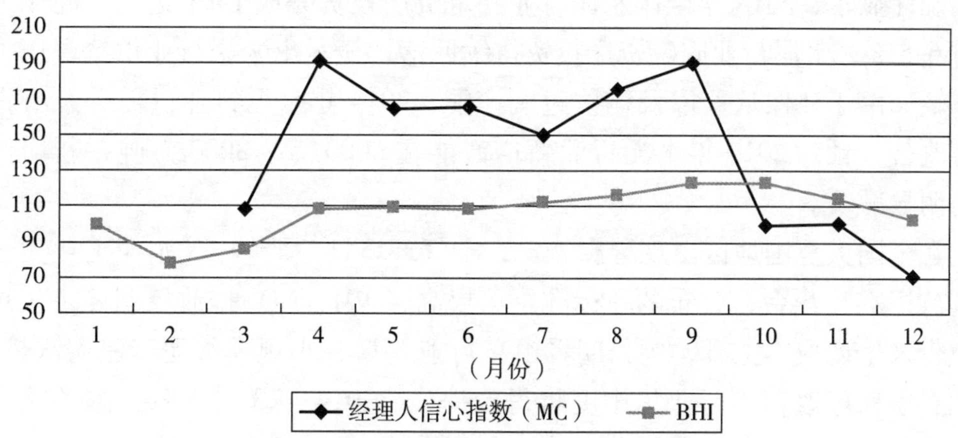

图12　2013年全国建材家居经理人信心指数

从总体上看，2013年在房地产政策调控未加筹码、经济平稳发展等宏观环境下，2013年全国房地产市场规模迎来了一波刚性需求集中释放过程，2013年前11月，全国商品房销售面积同比上升20.8%，同比增速创下近5年新高。受其影响，2013年整个建材家居卖场销售额较2012年有所提高。但由于近年来国内建材家居卖场的盲目扩张，行业恶性竞争日益加剧。2013年东方家园建材超市、祥和之家等卖场相继离开人们的视线，而红星美凯龙、居然之家等大卖场则进一步乘胜追击、抢占市场，建材家居卖场因为过剩而导致竞争惨烈，利润下降。有需求，但竞争惨烈是2013年建材家居市场的写照。

二、2014年建材流通展望

2014年，建材行业将牢牢把握“稳中求进、改革创新”这一总基调，坚持用发展去解决发展中的问题，狠抓化解过剩产能和发展绿色建材两大工程，以化解过剩产能为结构调整着力点，把发展绿色建材作为转型升级总抓手，统筹改造提升传统产业、培育壮大新兴产业和发展生产性服务业三大板块，“三位一体”协同发展，综合运用战略、规划、政策和标准四个手段，更好发挥政府作用，推进节能减排、技术创新、两化融合、结构调整、绿色建材五项任务，促进行业平稳运行，以发展化过剩、以发展促转型、以发展带升级。

（一）2014 年建材产品流通展望

1. 水泥供需关系改善，行业景气度向好

统计显示，2013 年全国水泥行业固定资产投资完成 1421 亿元，同比继续下滑 6.5%。水泥行业固定资产投资持续回落，显示出未来行业供给端压力继续减轻。由于环保从严以及淘汰过剩产能，2014 年水泥行业供需关系将得到显著改善，预计 2014 年水泥行业新增产能在 6000 万～8000 万吨，新增产能压力明显减缓。

在全国大范围地区出现雾霾笼罩，空气环境日益严峻，《水泥工业大气污染排放标准》出台，公布的新标准重点提高了 PM、NO_x 排放控制要求。短期看或带来生产成本上升，中长期看由于行业落后、小规模水泥产能淘汰挤出，行业竞争秩序改善、行业集中度将得到提升。2014 年 3 月 5 日，国务院总理李克强在政府工作报告中指出，2014 年要淘汰 4200 万吨落后产能，确保“十二五”淘汰任务提前一年完成。根据工信部的要求，3 月 31 日前各省级主管部门要提出本地区水泥、平板玻璃工业结构调整方案（2013—2017 年），6 月月底前提出本地区在建违规项目和建成违规项目的具体处理方案，事实上，不少地方也都提出了具体的减能计划，其中，河北省提出到 2017 年将压减 6000 万吨水泥产能、3000 万吨重量箱平板玻璃产能，江苏省提出一律不再审批水泥等过剩行业新增产能项目。可见政府整治过剩产能行业的决心再次彰显。若水泥行业环保从严及化解过剩产能相关政策能够得到较好的落实，将会促进水泥行业的结构调整和供给端压力下降。而从需求端来看，虽然 2014 年的基建投资和房地产投资面临压力，但土地改革、新农村建设和新型城镇化将会对行业发展带来积极信号。

展望 2014 年，全国各区域水泥企业协同效应逐步显现。华北京津冀由于环保压力日趋增大，2014 年将一定程度收缩水泥的供给能力，改善水泥行业供需格局。由于京津冀特殊的地理位置，加上是全国大气污染防治的重点地区之一，京津冀区域内水泥等高耗能行业的产能间歇性强制停产将成为常态。华东区域水泥新增产能有限，2013 年表现好于其他地区，2014 年我们预计新增产能压力不大，环保标准从严执行加速落后产能、小产能淘汰，同时该地区协同机制运行成熟，协同效果明显，水泥价格有望保持高位。2013 年增长最快的西北地区新增新型干法熟料产能 2508 万吨，增速 14.2%。2014 年新增产能仍将主要集中在西北和西南地区，或因区域内行业整合出现新局面，行业景气或将触底反弹。

2. 玻璃供需形势严峻，行业景气度不容乐观

玻璃产品的需求的70%以上与房地产相关，2014年房地产行业的不确定性可能会影响玻璃需求的增长。对于2014年的房地产行业，行业内分歧较大，但已经过去的第一季度房地产表现不尽如人意，国家公布的70个大中城市的房地产价格指数显示，2014年1—2月，房屋新开工面积1.67亿平方米，下降27.4%，绝对规模下降到2011年和2012年以下。从趋势上来看，2014年房地产开发投资仍将保持较大的增长，但未来大概率处于缓慢下行的阶段。前两月土地市场延续2013年年底的火热行情，土地购置面积和土地购置费尽管有小幅同比正增长，但都低于2012年同期水平。土地成交溢价率回落明显，二三线城市更显疲态。如果资金面持续偏紧，融资成本居高不下，市场不明朗，会有越来越多的企业选择大规模调降开工，土地市场也会冷清下来。这对玻璃行业的需求增长构成一定的压制。

数据显示，2013年玻璃行业产能利用率仅为73.1%。2014年国家更加加大力度化解玻璃行业产能过剩矛盾。2014年1月1日，国家将开始执行新的《平板玻璃大气污染物排放标准》；工信部也表示将对环保、能耗、安全实施更加严格的标准，加大对违规行为的处罚力度，严控产能增加，淘汰落后产能。在2017年以前，钢铁、水泥、电解铝、平板玻璃、造船5大行业不再新增任何产能。但2014年平板玻璃新增产能可能超过2013年。目前在建玻璃生产线有46条，主要分布在河北、四川、广东、山东等地，新增产能约1000万吨以上；其中17条已基本建好，具备随时点火条件，这部分的玻璃产能约在360万吨左右。若2013年在建的其余29条玻璃生产线2014年均点火投产，预计2014年新增平板玻璃产能约在1000万吨以上，超过2013年的新增产能。若2014年平板玻璃一直维持弱势，很多在建或者已建成生产线可能会处于观望阶段，不会立刻点火投产，2014年实际新投产产能可能会一定程度低于上述统计数据。

总之，2014年玻璃行业的新增产能压力仍较大，玻璃产品的需求增长可能受制于房地产增速的下滑，供需形势压力较大；此外，2014年天然气价格上涨的概率较大，可能增加其成本压力，预计2014年的玻璃行业景气度不容乐观。

3. 陶瓷内需增长趋平稳，出口增长或提速

陶瓷行业在其自身高度市场化的背景下，对房地产刚性需求有着非常敏感的反应。2014年我国将大力推进城镇化建设，这是陶瓷行业稳步发展的基础，但2013年房地产刚需集中释放带动了陶瓷行业的一个市场高潮，2014年这一高潮将有所退却，增长速度将有所放缓。而陶瓷行业的自身修补能力、自身转型升级能力及抑制过剩产能能力都保障了行业的健康发展。2014 年 4 月 1 日起开始实施的《建筑卫生陶瓷行业准入标准》，从产能规模、产品质量等方面划定行业门槛，更加保障了行业的健康发展。2014 年产品方面围绕着产品技术创新，国内市场上绿色产品、减排产品、节水产品将胜出。

在国际市场上，虽然一些国家对我国陶瓷行业频繁使用反倾销贸易壁垒政策，但我国陶瓷行业健康的机体已经适应了各种冲击。我国陶瓷产品快速的更新换代，随时捕捉着国际不同需求的脉搏。随着美国经济的好转，陶瓷出口会更上一层楼。在国际市场上，品牌战略将抢占先机。

4. 传统涂料势渐微，绿色涂料将创新高

我国是涂料的生产、消费大国，但不是强国。在国内，涂料产业集中度较低，大多为较小的民营企业，以生产传统涂料为主，2014 年由于国家对环保要求的力度加大，民众对环保意识的增强，传统非环保的涂料市场渐趋萎缩，因其技术含量不高，利润空间也将被挤压至成本区。由于城镇化建设的大力推进，家具行业的新发展，对环保绿色涂料的需求将大大增加。随着技术含量不断增加其附加值也在增大，若 2014 年石油不突破 120 美元/吨，则涂料的行业利润还是有增长的空间。

在 2014 年，涂料行业的转型升级、兼并重组将会有新一轮的高潮。这也是我国涂料行业产业集中度不高，企业较为弱小所决定的。全球十大涂料厂商大多集中在欧美，亚洲只有一家，是在日本而不是在中国。因此，整个行业也呼吁一个大型的涂料企业在一个涂料消费最大的国家产生。

（二）2014 年建材家居市场流通展望

2014 年第一季度全国整体房地产市场已经逐渐出现冲高回落的趋势。从全国房地产调控环境看，3 月召开两会期间，中央提出“双向调控”分类指导，着重依靠市场自身调节作用，未出台更加严厉的行政调控政策，大的调控环境继续平稳。从供需双方来看，房地产信贷未明显放松、房价下跌的恐慌情绪逐步蔓延，部分开发商为回笼资金，采取“以价换量”策略，平价开盘项目居多，少数楼盘降价促销，供应有所增加；而多数购房者对后期市场预期不稳，继续保持观望。供需双方之间博弈加剧，3 月住宅市场未现“阳春”旺季，全国住宅均价同环比涨幅继续缩小。数据显示，3 月全国 100 个城市新建住宅平均价格为 11002 元/平方米，环比上涨 0.38%，连续 22 个月环比上涨，不过，涨幅较上月缩小 0.16 个百分点。受第一季度房地产市场影响，全国建材家居市场受到冲击第一季度表现平淡，全国规模以上建材家居卖场1—2月累计销售额为1376亿元，同比下降2.45%。由于房地产市场目前的不稳定性，预测2014年建材家居市场形势仍然严峻，全年可能表现为波峰波谷运动，总体表现或稍差于2013年。以下为2014年建材家居市场几点预测：

1. 电商潮流势不可挡

如果说几年前家居行业对于“电商”还处于“谈论的多做的少”的阶段，2013年传统卖场与淘宝天猫的一番较量，电商大战已然拉开序幕。2013年家居行业电商渗透率不足6%，虽然与传统卖场相比，家居电商的产品在配送中需要与物流有效对接，在安装方面也需要当地的经销商配合完成，电商不能成为只卖产品，不卖服务的商家，线上线下的服务的融合都还值得进一步探索，但长线看好。2013年红星美凯龙的“星易家线下生活馆”、居然之家的网上商城——“居然在线”皆已启动，相信2014年会有更多的家居企业跟进，争取电商平台的主动权。

2. 健康、环保备受关注

2014年适逢传统上“双春兼闰月”的婚嫁好年，婚房装修需求或有增加，加上房改房带来的换房或重装的小高峰，老房改造、健康环保或成2014年的建材家居消费主题。在建材家居产品价格越来越透明的情况下，2014年若要打破“无促销不销售”的市场怪圈，建材家居企业或更加注重营销方式及主题创新，例如，居然之家2月的“关注公共微信号抢红包”活动、博洛尼3月的“尖叫级”环保概念。服务、特色成为品牌竞争的关键。

3. 转型升级大势所趋

长期以来，建材家居卖场野蛮式发展导致总体过剩，“目前行业内2个人维持1平方米卖场租金、人工、利润的局面在一线城市并不鲜见”。迫于生存困境的传统建材家居卖场通过整合优化资源来加强自己的渠道控制能力。2014年开年，红星美凯龙收购吉盛伟邦事件轰动一时，说明传统家居卖场“坐地收租”的模式已经难以为继，国内各大家居卖场正在积极寻求其他出路，想要做大做强，急需转型升级。在机遇与挑战并存的2014年，红星美凯龙收购案或将为中国家居流通领域打开全新的市场格局，促进家居业走向更快速、健康、长远的发展道路。

（中国建筑材料流通协会　秦占学）

2013—2014 年木材与木制品流通回顾与展望

2013 年，在海外市场需求不振、国内经济增速放缓的形势下，我国木材与木制品行业运行总体平稳，各项经济指标保持低速增长，生产增长稳中加快，转型升级稳步推进，但面对全球环保问题及我国木材资源紧缺的制约，以及人工成本、原料成本、生产成本等不断提高的情况下，行业生产经营依旧困难重重、步履维艰，产业经济下行压力也较大。

一、2013 年全国木材与木制品市场回顾

（一）市场运行整体平稳

2013 年，木材与木制品市场经济运行整体平稳，且向好趋势明显。据中国木材与木制品流通协会对全国木制品制造业重点企业采购经理人调查问卷显示，2013 年木制品制造业（不包含木家具）保持持续扩张生产态势，与生产密切相关的原材料采购活动活跃，60% 的企业原材料采购量保持稳步增长，生产经营人员数量增加，行业就业率小幅提高，国内市场需求稳定，但出口市场持续弱势运行。2013 年 12 月，原材料采购量大幅增加，生产经营人员基本持平，国内订单量继续增加，出口订单较大增长，出口市场形势有所回暖，产成品库存明显降低，市场消费需求加强，原材料采购价格仍保持小幅上涨。总体来说，2013 年年底木制品制造业经济增长走稳态势基本确立，出口市场回暖迹象明显。行业面临的突出问题是：木材购进价格偏高且仍在不断上涨，木材供应资源日益紧缺，木材原材料采购困难加大，企业采购成本及生产成本增加，行业利润偏低，资金紧张，回款账期长，融资困难。

（二）行业生产增长稳中加快

在全球经济复苏缓慢，新兴经济体低速增长，国内房地产加强调控，以及要素成本不断上涨等多重因素作用下，2013 年我国木材与木制品行业在生产方面整体呈现稳中加快趋势。

据国家林业局统计数据显示，2013 年国内木材（薪材和原木）产量为

8367 万立方米，同比增长 2.35%，增速比 2012 年提高约 2 个百分点；全国木质家具总产量 2.36 亿件，同比减少 8.46%，降幅扩大 6.32 个百分点，华东、华南地区木质家具的产量分别占同期全国总产量的 49.3% 和 23.8%。据中国木材与木制品流通协会木门窗专业委员会统计数据，全年木制门行业总产销值约为 1040 亿元，同比增长 10.64%，增速比 2012 年扩大 3.82 个百分点。据中国林产工业协会地板专业委员会的不完全统计，2013 年我国木地板产销量约 4 亿平方米，同比增长约 6.0%，增速比 2012 年提高约 11 个百分点；其中强化木地板 2.24 亿平方米，同比增长 6.2%；实木复合地板 9460 万平方米，同比增长 10.0%；实木地板 4250 万平方米，同比增长 1.9%；竹地板 3500 万平方米，与 2012 年基本持平；其他地板 365 万平方米，如表 1 所示。

表 1　　2012—2013 年主要木材与木制品产量

		2013 年	2012 年	同比增减
木材（薪材和原木）	万立方米	8367.00	8174.87	2.35%
木家具	亿件	2.36	2.39	-8.46%
木门	亿元	1040	940	10.64%
木地板	亿平方米	4.00	3.77	6.04%
其中：强化木地板	亿平方米	2.24	2.11	6.16%
实木复合地板	万平方米	9460	8600	10.00%
实木地板	万平方米	4250	4170	1.92%
竹地板	万平方米	3500	3500	0.00%
其他地板	万平方米	365	350	4.29%

（三）外贸规模保持平稳增长

2013 年，在国际市场回暖困难、政治经济环境复杂多变的条件下，我国木材与木制品外贸规模仍然保持了平稳发展态势。其中，进口贸易以较大幅度反弹，出口贸易小幅增长。

全年我国木材与木制品累计进出口总额为 668.04 亿美元，同比增长 8.76%，增速由 2012 年的 -1.02% 提高了 9.78 个百分点。其中，出口总额为 309.32 亿美元，同比增长 4.94%，比 2012 年回落 1.87 个百分点；进口总额为 358.71 亿美元，同比增长 12.28%，增速由 2012 年的 -7.29% 提高了 19.57 个百分点；全年累计贸易逆差为 49.39 亿美元，比 2012 年扩大 24.66 亿美元，增加了一倍，出口市场回暖乏力。分季度看，第一、第二、第三、第四季度进出口贸易额分别同比增长 0. 28%、4. 69%、12. 99% 和 15. 83%；其中，进口额同比增速由第二季度的 8. 56% 快速上升到第三季度的 20% 多，第四季度增速比第三季度小幅增加，出口额同比增速由第二季度的 0. 87% 上升到第三季度的 5. 83%，再上升到第四季度的 10. 58%。纵观 2013 年，我国木材与木制品进出口贸易形势从第三季度开始明显转好。

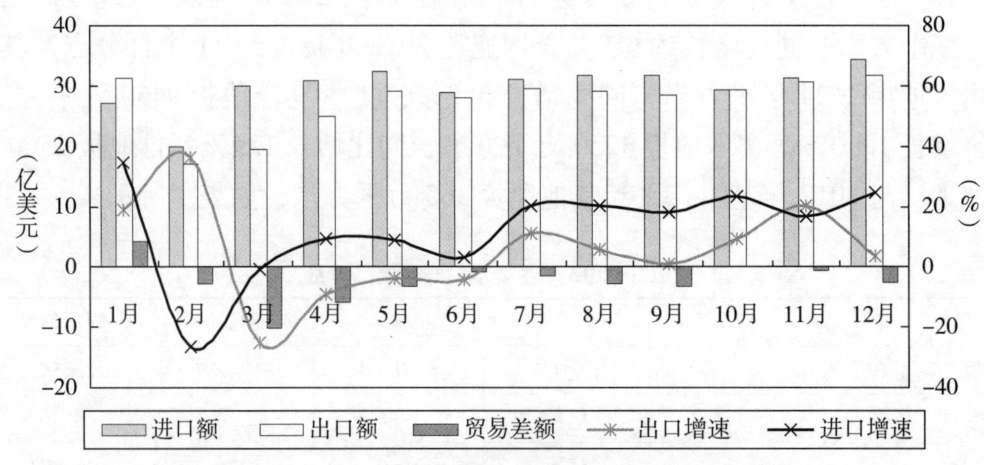

图 1　2013 年我国木材与木制品月度进出口及贸易差额情况

（四）主要木材与木制品市场表观消费普遍小幅增长

我国是木材与木制品生产和消费大国。2013 年，我国原木消费量小幅增长，增幅约在 8% 左右；在主要木制品中，除了木门产品消费量增长仍然较大以外（同比增长 10. 88%，增速回升近 4 个百分点），木家具消费量基本维持稳定，木地板消费量同比反弹约 8 个百分点。整体而言，2013 年我国主要木材与木制品市场消费呈增长态势。

1. 原木市场消费状况

由于 2012 年原木进口量减少，市场消费也相应有所减少。2013 年原木进口较大幅度反弹，全年进口量同比增长 19. 2%，由于国内东北木材限伐，全年木材产量预计基本持平或增幅很小，因此预计 2013 年我国原木市场消费量将达 1. 2 亿立方米，同比将增长 8% 左右。

2. 木家具市场消费状况

2013 年，我国木质家具消费基本维持 2012 年水平。2013 年我国木家具市场消费量为 4465 万件，同比微幅增长 0. 55 个百分点。2013 年我国木家具产量小幅下降，出口量也继续呈现小幅下滑，木家具消费市场基本处于稳定状态。

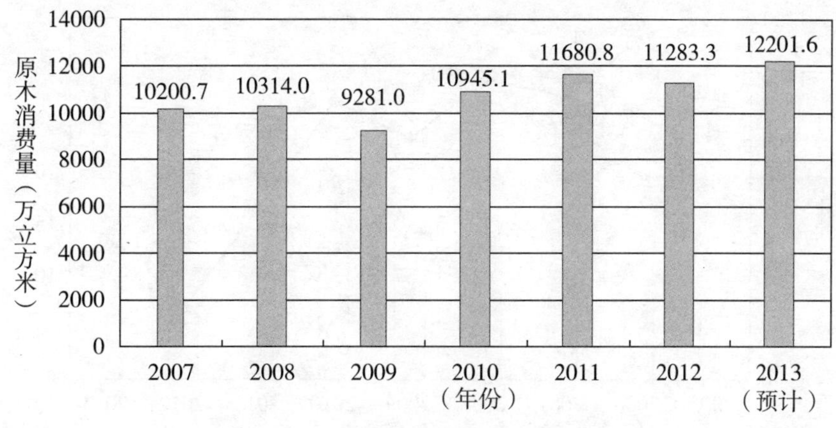

图 2 2007—2013 年我国原木表观消费量

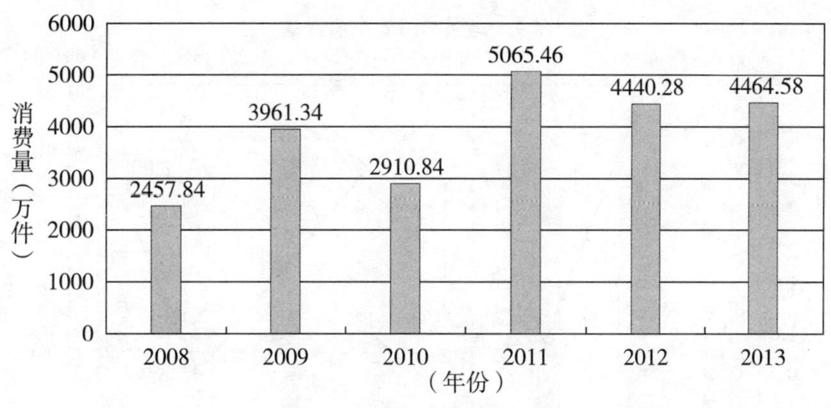

图 3 我国木家具表观消费量

3. 木门市场消费状况

近十年来，我国木门消费一直呈快速递增趋势，说明我国国内木门市场发展空间较大，仍然处于快速发展期。从图 4 可以看出，2005—2012 年，木门消费增长速度呈曲折下滑之势，由 2006 年 32.7% 的增长速度下降到了 2012 年的 6.93%。受大环境的影响，我国木门行业发展速度有明显减缓趋势。2013 年，随着全球经济的缓慢回暖，木门消费值达到 999.38 亿元人民币，增速比 2012 年回升了近 4 个百分点。

4. 木地板市场消费状况

从图 5 可以看出，2013 年我国木地板市场表观消费增长了 8.09%，消费量达到并超过了 2011 年消费水平，全年市场表观消费量约为 3.35 亿平方米。2013 年木地板市场消费量反弹，主要是由于房地产及家装业回暖，促进了木地板行业生产增长，而木地板出口量却小幅下降，从而导致其表观消费量出现回升。

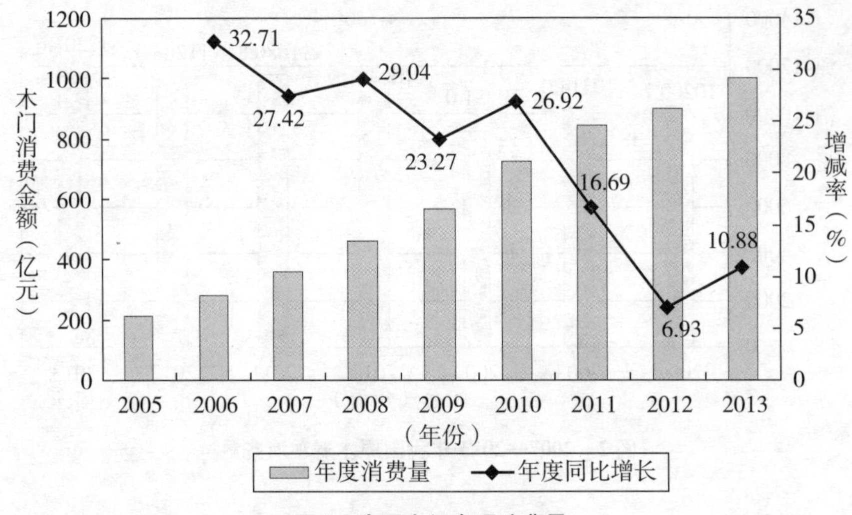

图4　我国木门表观消费量

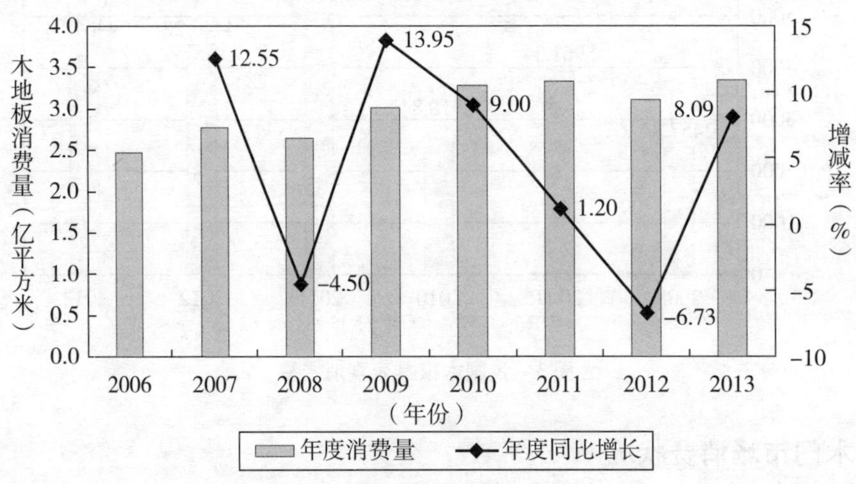

图5　我国木地板表观消费量

（五）全年木材价格持续上升

原木、锯材和木浆、废纸及纸板等原材料价格较2012年都有不同程度上涨，单板、薪材及木片等原材料价格比2012年不同程度下降，尤其是单板价格跌幅较大，其进口单价同比下跌幅度近40%；主要木制品除木地板出口单价小幅下跌2.67%之外，其他主要木制品价格均呈不同程度上涨，有些与2012年基本持稳。2013年全年我国木材进口价格和木材市场价格均呈持续上升态势。

1. 木材进口价格持续上升

2013年，中国木材进口价格综合指数呈稳步上升趋势，从1月到12月综合指数上升12.9个百分点，如图6所示。其中，原木进口价格上升了12个百分点，锯材价格上升了14.3个百分点；针叶木材价格上升了3.2个百分点，阔叶木材价格上升了22.6个百分点。整体而言，2013年原木、锯材进口价格均上涨较大，且锯材进口价格涨幅大于原木涨幅；针叶木材由于2011年进口量价升幅太大，2012年进口价格经市场调整下滑明显，2013年处于平稳运行阶段，相反，阔叶木材进口价格上调幅度相当大。

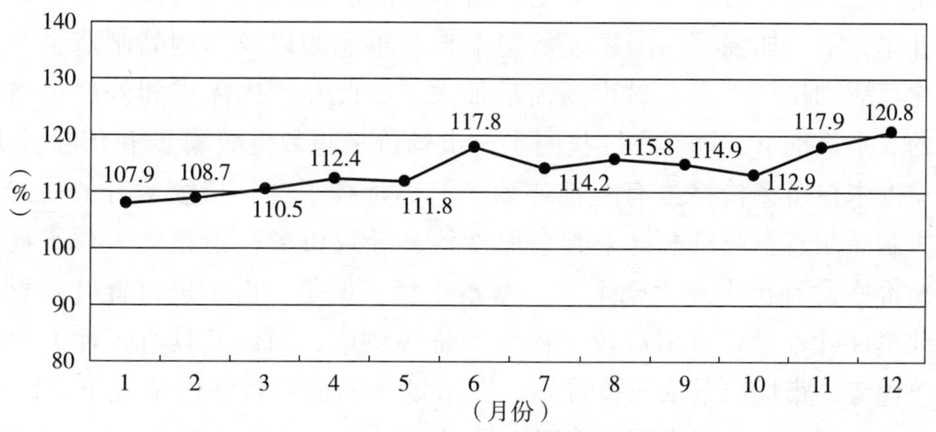

图6 2013年木材进口价格综合指数走势

从2013年全国木材进口价格指数月度涨跌幅走势看，2013年第一季度木材进口价格同比呈下降态势，第二季度开始至年末，木材进口价格同比呈上涨态势，纵观全年，同比涨跌幅呈上升趋势，尤其是第四季度涨幅上升非常明显；全年从环比看，月度指数涨跌幅不是很大，但上涨的多，下跌的少，因此全年木材价格整体呈现上涨，如图7所示。

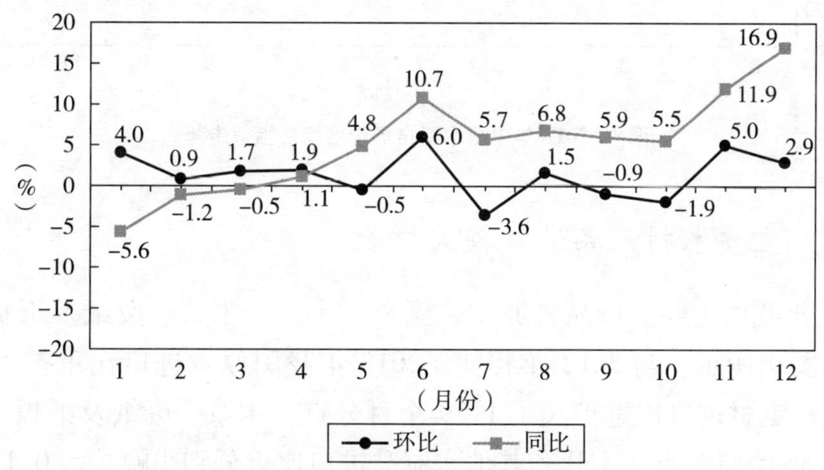

图7 2013年木材进口价格月度涨跌幅

2. 木材市场价格稳步上扬

从中国木材市场价格指数趋势如图8所示，2013年我国木材（原木+锯材）市场价格整体呈不断上升趋势，1—5 月涨势明显，第三季度又进一步推高使 9 月木材综合指数达到全年最高峰 118.3%，第四季度升势略显企稳。全年木材（原木 + 锯材）市场价格综合指数上涨 10.4 个百分点。2013 年木材原材供应紧缺，海外报价节节攀升，导致木材价格持续上涨成为了我国木材市场一个普遍问题，另外，第三季度开始木制品制造业经济稳步回升，企业原材料补库存活动加强，在国家经济稳增长政策刺激以及木制品制造企业原材料补库存活动拉动下，木材市场需求加大，因此在国内需求和外部价格持续上涨的双重推动下，第三季度我国木材市场价格指数继续稳步上升再创新高。第四季度木材市场价格虽有企稳迹象，但仍延续了全年持续攀升的格局。12 月，木制品制造企业对木材采购意愿冷淡，导致市场行情整体表现平稳，因此木材价格没有再出现大幅上涨，基本企稳。但是，由于进口针叶木材，尤其是北美针叶木材具有相对较为稳定的货源供应，而使其具有强而有力的市场竞争优势，市场前景依旧被看好，在市场预期信心较强的情况下，12 月进口针叶材市场价格仍然出现了普遍上扬。

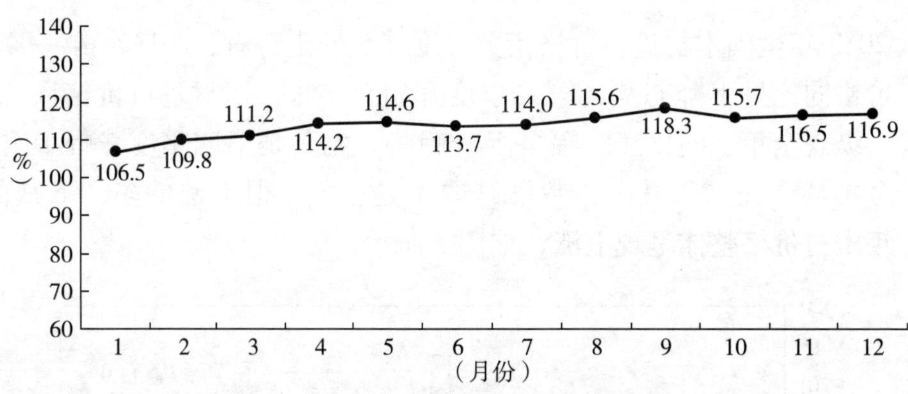

图 8　2013 年中国木材市场价格综合指数走势

（六）主要木材产品进口较大增长

2013 年我国主要进口品种原木、锯材、木片、木浆、废纸及纸板等进口额比例如图 9 所示。与 2012 年相比，2013 年我国原木进口比重扩大了 3.31 个百分点，锯材进口比重扩大了 1.79 个百分点，木浆、废纸及纸板进口比重减小了 5.56 个百分点，木片和其他木制品进口比重分别小幅扩大 0.17 个百分点和 0.29 个百分点。

2013 年，我国共进口木材（原木 + 锯材）7916.45 万立方米（折合原木材积），同比增长 17.99%。其中，进口原木 4515.94 万立方米，同比增长

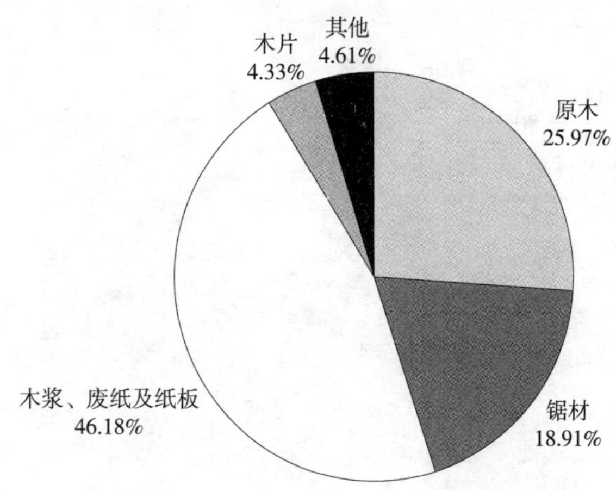

图9 2013年我国木材与木制品进口额比例

19.18%；进口锯材2394.72万立方米，同比增长16.44%；木片进口同比增长20.70%；木浆、废纸及纸板进口同比下降0.93%。

2013年，我国进口木材（原木+锯材）货源地主要国家及所占比重如图10所示。我国主要从俄罗斯、加拿大、新西兰、美国等国进口木材，这四个国家的木材进口量占我国木材进口总量的68.4%。与2012年相比，俄罗斯木材进口量所占比重下降4.2个百分点，加拿大材所占比重下降1.6个百分点，新西兰材所占比重上升1.5个百分点，美国材所占比重上升1.6个百分点。2013年我国进口原木的主要来源地是新西兰、俄罗斯和美国，分别占进口总量的比重为25.47%、22.71%和12.42%；其中新西兰排名从2012年的第二位上升到了2013年的第一位，新西兰原木进口量终于超过了一直稳居我国原木进口排名第一的俄罗斯而成为第一大原木进口国。2013年我国进口锯材的主要来源地是俄罗斯、加拿大、美国和泰国，分别占进口总量的比重为29.34%、28.66%、10.79%和7.92%；其中，俄罗斯锯材进口量超过加拿大成为我国锯材进口来源第一大国。

从我国原木进口地区看，近年山东省、上海市和福建省等地区木材进口增长很快，是木材产业增长的亮点地区，如表2所示。对比2012年，2013年原木进口总量较大幅度反弹，其中，江苏省和山东省原木进口量大幅反弹，分别增长22.8%和31.4%；上海市、福建省和广东省进口量继续以较大幅度单边增长，上海市和福建省进口增速分别达到35.1%和29.8%；内蒙古和黑龙江继续呈现负增长，但降幅分别收窄了21.8个百分点和12.9个百分点，如表3所示；其他地区进口也均以不同程度增长。江苏省是我国原木进口最大的省份，2013年全年进口量为1426万立方米（占我国原木总进口量的

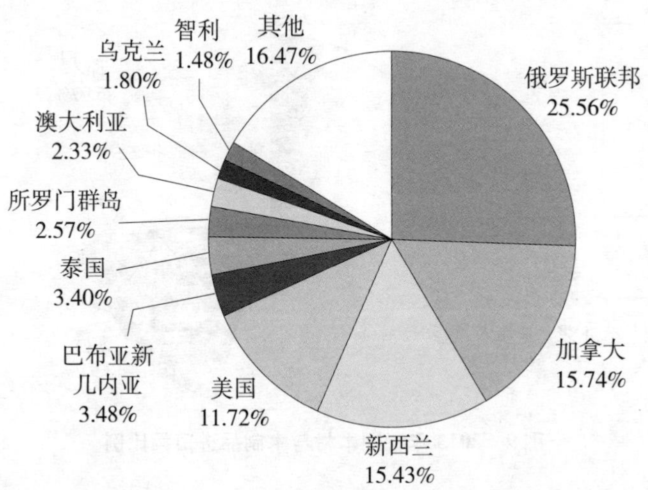

图10　2013年进口木材（原木＋锯材）货源地主要国家及所占比重

31.6%），比2012年增长22.8%。云南省和广东省原木进口单价最高，主要以进口非洲材和东南亚材为主；内蒙古和黑龙江省进口单价最低，这除了这些地区主要以进口价值较低的针叶材为主有关，可能还跟俄罗斯境内的非法采伐及边境交换贸易有关。从我国锯材进口省份和地区看，2013年锯材主要进口省份的进口量普遍增长，其中，广东省和上海市增速均达到并超过35%，可以看出锯材进口地更加集中，发展趋势是逐渐倾向于集中进口，如表4所示。广东省作为家具制造大省，进口锯材468万立方米，占全国锯材进口第一名，其进口平均价格也较高。内蒙古和黑龙江进口单价相对较低，主要用作建筑口料和结构房屋，使用等级较低。

表2　2013年我国原木主要进口省份

省别	2013年（万立方米）	2012年（万立方米）	增减数量（万立方米）	对比增减（%）
江苏省	1426.40	1161.89	264.51	22.77
山东省	750.93	571.49	179.44	31.40
内蒙古	480.85	531.97	-51.12	-9.61
上海市	388.21	287.40	100.82	35.08
福建省	374.38	288.36	86.02	29.83
黑龙江	373.71	374.74	-1.03	-0.27
广东省	220.95	193.49	27.46	14.19
天津市	166.66	146.94	19.73	13.42

表 3 内蒙古和黑龙江两省进口原木变化情况

地区	2007 年（万立方米）	2008 年（万立方米）	2009 年（万立方米）	2010 年（万立方米）	2011 年（万立方米）	2012 年（万立方米）	2013 年（万立方米）
内蒙古	1316. 65	877. 53	775. 6	735. 12	776. 18	531. 97	480. 85
黑龙江	897. 77	751. 52	456. 72	412. 59	431. 73	374. 74	373. 71

表 4 2013 年我国锯材主要进口省份

省别	2013 年（万立方米）	2012 年（万立方米）	增减数量（万立方米）	对比增减（%）
广东省	468. 43	346. 98	121. 46	35. 00
内蒙古	429. 82	405. 48	24. 33	6. 00
江苏省	277. 85	257. 91	19. 94	7. 73
上海市	259. 11	189. 80	69. 31	36. 52
浙江省	176. 53	166. 34	10. 20	6. 13
山东省	163. 42	152. 45	10. 97	7. 20
黑龙江	148. 76	128. 33	20. 43	15. 92
天津市	146. 24	129. 92	16. 31	12. 56
福建省	116. 41	98. 50	17. 90	18. 18
辽宁省	72. 60	67. 23	5. 37	7. 99

（七）主要木制品出口稳中有升

2013 年，木材与木制品出口总金额为 309. 32 亿美元（不含纸及纸板、松香等林产品），同比增长 4. 94%。木制品出口主要以木家具、木框架坐具和胶合板出口为主，其出口值分别占出口总值的比重为 40. 0%、22. 8%和 16. 3%，这三者出口值占总出口值的比重达 79. 1%，如图 11 所示，对比 2012 年，木家具出口值比重下降了 0. 4 个百分点，木框架坐具出口值比重上升了 1 个百分点，而胶合板出口值比重基本没变。

2013 年，我国木家具累计出口 1. 98 亿件，同比小幅下降 1. 09%；出口金额 123. 80 亿美元，同比增长 3. 93%，增速比 2012 年下降 1. 28 个百分点。木框架坐具出口 8973. 52 万件，同比增长 2. 97%；出口金额 70. 61 亿美元，同比增长 9. 99%，增速比 2012 年下降 0. 74 个百分点。木地板出口量额分别同比负增长 3. 91%和 6. 48%。人造板三板中刨花板出口同比增速最大，其出口值同比增速近 40%，且出口量和出口额同比增速比 2012 年分别上升了 16. 57 个百分点和 14. 03 个百分点；胶合板出口量额同比小幅增长，分别同比增长

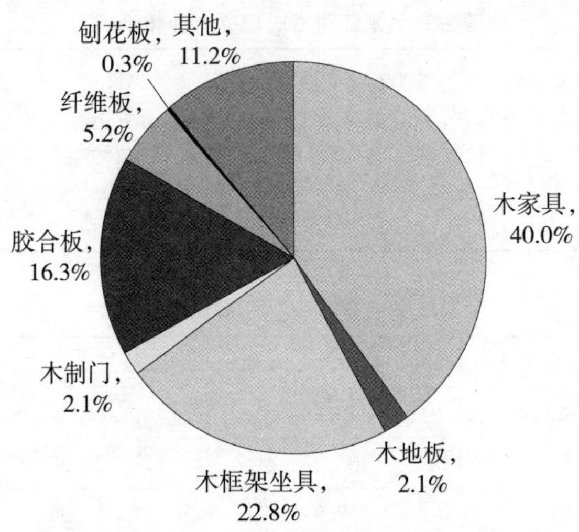

图11　2013年主要木制品出口额比重

2.30%和4.96%，增速比2012年分别下降2.51个百分点和5.55个百分点；纤维板出口量额分别同比负增长6.54%和4.36%，增速比2012年分别降低11.16个百分点和12.25个百分点。木制门出口额同比增速比2012年微幅下降0.1个百分点。总体而言，2013年我国主要木制品出口额同比增幅大大减小，其中，木地板和纤维板还出现了负增长，出口市场形势转弱。2012—2013年我国主要木制品出口情况如表5所示。

表5　2012—2013年我国主要木制品出口量额

		2013年	2012年	同比增减
木家具	出口量（万件）	19767.01	19984.67	-1.09%
	出口额（亿美元）	123.80	119.11	3.93%
木地板	出口量（万吨）	39.91	41.53	-3.91%
	出口额（亿美元）	6.48	6.93	-6.48%
木框架坐具	出口量（万件）	8973.52	8714.44	2.97%
	出口额（亿美元）	70.61	64.20	9.99%
木制门	出口量（万吨）	34.17	32.13	6.37%
	出口额（亿美元）	6.60	6.19	6.75%
胶合板	出口量（万立方米）	1026.34	1003.26	2.30%
	出口额（亿美元）	50.34	47.96	4.96%
纤维板	出口量（万吨）	236.68	253.24	-6.54%
	出口额（亿美元）	15.97	16.70	-4.36%

续 表

		2013 年	2012 年	同比增减
刨花板	出口量（万吨）	16.98	13.52	25.54%
	出口额（万美元）	8836.15	6328.57	39.62%

2013 年美国仍是我国木质家具第一大出口市场，其出口量占我国木质家具总出口量的 33.13%，比重比 2012 年上升了 0.7 个百分点。在出口市场转下行的情况下，出口美国木质家具量比 2012 年仍然增长了 1.02%，如表 6 所示。占据我国木质家具出口市场第二大市场份额的日本国在进一步萎缩，2013 年市场比重比 2012 年下降了 0.75 个百分点，出口量同比 2012 年下降 8.97%。出口到德国、法国和加拿大的木家具量也均减少了。

表 6　2013 年主要出口木制品——木家具前 10 位出口国情况

国家（地区）	2013 年（万件）	2012 年（万件）	增减数量（万件）	对比增减（%）
总计	19764.23	19982.86	-218.62	-1.09
美国	6546.97	6481.03	65.93	1.02
日本	1717.89	1887.12	-169.23	-8.97
英国	1107.90	1103.06	4.84	0.44
澳大利亚	969.53	950.04	19.49	2.05
德国	942.56	962.86	-20.30	-2.11
法国	669.14	716.92	-47.78	-6.66
加拿大	664.87	714.20	-49.33	-6.91
荷兰	538.30	506.57	31.73	6.26
中国香港	467.66	—	—	—
马来西亚	453.60	—	—	—

2013 年我国木家具出口仍以广东为龙头，其出口量占全国总出口量的 31.9%，如图 12 所示，但比重比 2012 年下降了 0.7 个百分点；福建和山东发展较快，在我国出口经济放缓，总体家具出口下降的情况下，其出口量分别增长了 5.54% 和 5.16%，占全国木家具出口比重分别上升了 1.3 个百分点和 0.5 个百分点。值得注意的是，2013 年河北省木家具出口量同比增长了 39.55%，比重增加了 0.5 个百分点。目前，广东省不但木家具出口数量位居全国第一，其出口单价也相对较高，且还在逐渐上升，2013 年广东省木家具出口平均单价比全国木家具出口平均单价高出 36.1 美元，比 2012 年高出 11.65 美元，表明广东省木家具出口附加值在逐渐增加。

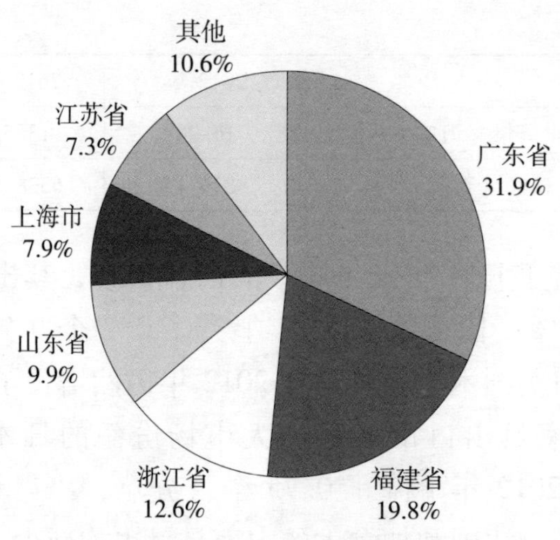

图 12　2013 年木家具出口地区比例

二、2013 年木材与木制品市场发展特点分析

（一）市场调节效应显现，锯材进口比重微降

自 2007 年以来，锯材进口比重逐年上升，2012 年锯材进口比重为 43.5%，比 2011 年上升了 1.6 个百分点，比 2007 年上升 23.6 个百分点，比重提高了一倍多。由于近年锯材进口增速过快，在市场的调节作用下，2013 年锯材进口比重比 2012 年微降了 0.5 个百分点，如图 13 所示。随着世界各国陆续出台政策限制原木出口以及限制非法采伐政策的进一步实施，我国锯材进口比重还会继续缓慢上升。

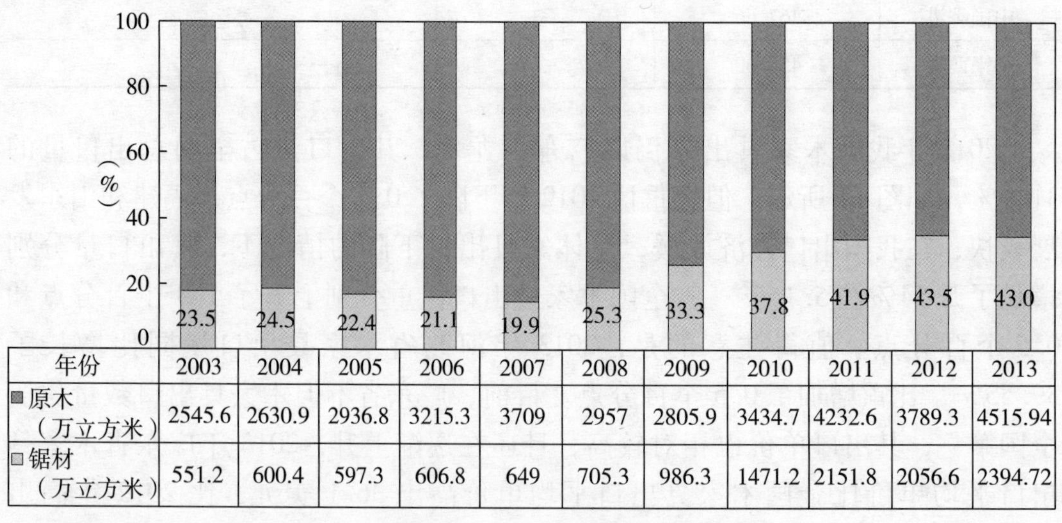

年份	2003	2004	2005	2006	2007	2008	2009	2010	2011	2012	2013
■原木（万立方米）	2545.6	2630.9	2936.8	3215.3	3709	2957	2805.9	3434.7	4232.6	3789.3	4515.94
□锯材（万立方米）	551.2	600.4	597.3	606.8	649	705.3	986.3	1471.2	2151.8	2056.6	2394.72

图 13　我国原木、锯材进口量及进口比例变化

（二）针叶材进口比重再度回升

2003—2013 年的 10 年间，我国针叶木材（包括原木和锯材）进口量增长非常快，如图 14 所示，其进口比重十年提高了 21 个百分点，其中 2009 年针叶木材进口比重比 2008 年就迅速提高了 10 个百分点，达到近 70%。2009—2013 年的 5 年里，针叶木材进口比重基本处在 70% 左右徘徊。针叶材的大量进口是市场的一些盲目行为导致的，市场跟风很严重，部分进口商在不了解市场的情况下，盲目跟风在高价位抢盘接货，也因此导致了国内针叶木材市场积压严重，短时间难以消化。因此，经过 2012 年一段时间的库存消化，2013 年木材进口商又加大了针叶木材的进口量，使其进口比重又回升了 2.1 个百分点。只要我国严重依赖进口木材的现状不改变，木材进口的总量不下降，进口针叶木材的比重就不会下降。

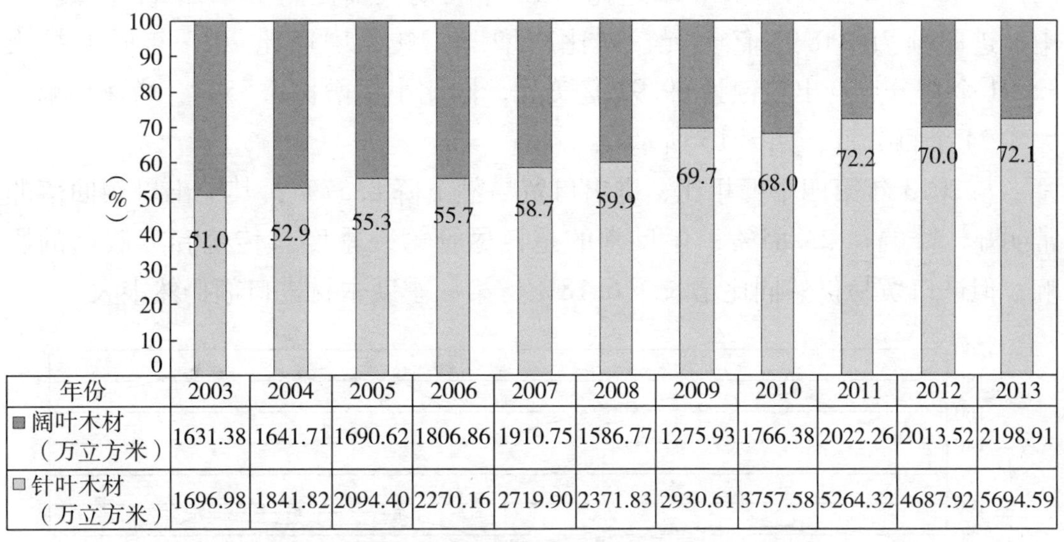

年份	2003	2004	2005	2006	2007	2008	2009	2010	2011	2012	2013
■阔叶木材（万立方米）	1631.38	1641.71	1690.62	1806.86	1910.75	1586.77	1275.93	1766.38	2022.26	2013.52	2198.91
□针叶木材（万立方米）	1696.98	1841.82	2094.40	2270.16	2719.90	2371.83	2930.61	3757.58	5264.32	4687.92	5694.59

图 14 我国针、阔叶木材进口量及进口比例变化情况

三、2014 年木材与木制品市场现状与展望

（一）第一季度木材市场情况

据中国木制品制造行业景气度报告显示，第一季度，木材与木制品行业发展继续呈现向好发展态势，市场稳中回升。木制品生产量平稳增长，内部市场需求稳定，出口市场弱势运行并缓慢回暖，原材料购进价格高位并继续上行。据中国木材价格指数（TPI）报告显示，3 月中国木材市场价格综合指

数为122.9%，第一季度上涨了6.0个百分点，3月中国木材进口价格综合指数为130.0%，第一季度上涨了9.1个百分点，2014年第一季度中国木材价格仍然呈快速上升态势，尤其木材进口价格涨幅明显高于国内木材市场价格涨幅，我国木材与木制品行业原材料成本仍在进一步增加，行业利润还在进一步压缩。对于各细分市场而言，原木、锯材、薄板、木片以及木浆等原材料进口量值均同比大幅增长，木家具、木框架坐具、木地板等附加值相对较高的木制品出口量值均同比下降，胶合板、纤维板、刨花板等附加值相对较低的中间产品出口量值均同比较大幅度增长，综合来说，我国木材与木制品行业原材料供应成本越来越高，木制成品附加值没有相应提高，出口受阻，各产业链利润都较低，行业急需加快转型升级步伐。

1. 进出口贸易规模大幅增长，出口贸易保持小幅增长

2014年第一季度，我国木材与木制品进出口贸易总额为170.86亿美元，同比2013年增长19.68%，增速比2013年同期大幅提高19.4个百分点。其中，进口额为100.95亿美元，同比剧增31.9%，增速比2013年同期扩大32.91个百分点；出口额为69.91亿美元，同比小幅增长5.55%，增速小幅扩大3.74个百分点，如图15所示。

与2013年第四季度相比，进出口贸易额下降8.57%；其中出口额回落非常明显，降幅达23.85%；但反常的是，尽管第一季度有传统春节假期的影响，但进口贸易仍然同比增长了6.18%，第一季度木材进口额仍然很大。

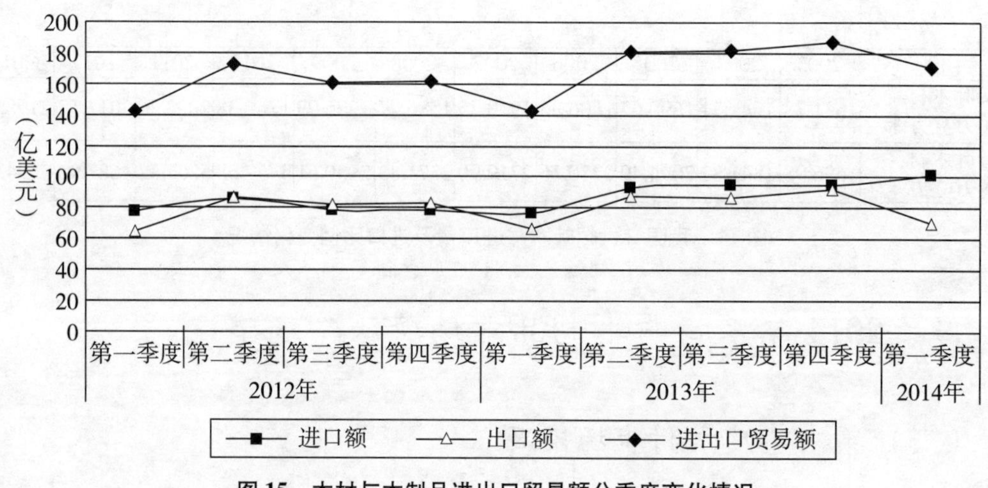

图15 木材与木制品进出口贸易额分季度变化情况

2. 主要进口木材产品进口量价大幅上升，单板进口量剧增价格下降明显

1—3月，主要进口木材产品原木、锯材、木片、木浆、纸及纸板进口均呈现出量价双升的市场繁荣景象，单板进口量和进口额在木材进口中所占比重虽然比较小，但是第一季度单板进口量同比增幅很大，同比增幅达86%，进口单价却同比下降了31%。第一季度原木和锯材进口量分别同比增长31.67%和18.46%，增速比2013年同期分别提高25.94个百分点和15.11个百分点；进口单价分别同比上涨20.48%和12.68%，涨幅比2013年同期分别扩大19.97个百分点和7.74个百分点。分树种看，红松和樟子松原木及锯材进口量值涨幅均较大，涨幅都达40%以上；辐射松原木进口量增长了34.81%，其锯材进口量却同比下降了近10%；柚木锯材进口量减少了45%，柚木原木进口量额却均增加了一倍多；北美栎木木材进口涨幅也较大，栎木原木进口量增速超过60%，栎木锯材进口量增速达27%；红木原木和红木锯材进口量额均增长了一倍多；肉豆蔻木锯材第一季度进口量巨幅增长，增速高达445.5%；樱桃木进口增长也很大。很显然，原木、锯材进口量和进口单价都增长过快，尤其是原木，在进口价格处于高位的情况下，木材进口商还在抬升价格竞相大量进口，这只会导致市场积压严重，市场销售价格难以上涨，价格倒挂现象重现。

同期，木片进口量和进口单价分别同比增长24.31%和5.8%；木浆、废纸及纸板进口量价分别同比增长4.63%和9.77%。

3. 主要木制品出口量值减少，出口市场低迷难以提振

尽管国内外各项经济指标表明，世界经济还正在缓慢复苏，根据美国供应管理协会的数据，2014年2月美国经济持续好转，制造业中木制品行业的增长率排列第二位，家具产量也有所增加；欧盟统计局发布的初步统计数据显示，2013年下半年英国领衔欧盟经济缓慢复苏，欧元区经济温和复苏，其他欧盟国家建筑业也缓慢复苏。然而，2014年来我国木制品出口形势却并不乐观，主要木制品出口量额均有所下降，出口困难较大，回升无力。1—3月，木家具、木地板出口量值均同比小幅下降，木框架坐具出口量额分别大幅下降55%和42%，胶合板出口量虽有约10%的增长，但出口价格却下跌了3%，如表7所示。木制门、纤维板和刨花板出口量额虽然同比有一定增长，但它们的出口份额较小，对我国整体木制品出口经济拉升不大。

表7　　2014年第一季度主要木制品出口统计

项目		1—3月	同比
木家具	出口量（万件）	4167.37	-2.19%
	出口额（亿美元）	25.87	-3.65%
	出口单价（美元/件）	62.07	-1.49%

续 表

项目		1—3 月	同比
木地板	出口量（万吨）	8. 39	-0. 26%
	出口额（亿美元）	1. 36	-4. 48%
	出口单价（美元/吨）	1614. 60	-4. 23%
木框架坐具	出口量（万件）	1919. 82	-54. 94%
	出口额（亿美元）	15. 47	-42. 39%
	出口单价（美元/件）	80. 56	27. 85%
木制门	出口量（万吨）	7. 13	2. 30%
	出口额（亿美元）	1. 46	7. 48%
	出口单价（美元/吨）	2045. 34	5. 06%
胶合板	出口量（万立方米）	233. 30	10. 64%
	出口额（亿美元）	11. 21	7. 38%
	出口单价（美元/立方米）	480. 66	-2. 94%
纤维板	出口量（万吨）	52. 81	6. 38%
	出口额（亿美元）	3. 35	0. 32%
	出口单价（美元/吨）	635. 23	-5. 70%
刨花板	出口量（万吨）	4. 34	47. 11%
	出口额（万美元）	2482. 30	60. 83%
	出口单价（美元/吨）	571. 91	9. 33%

4. 木材价格继续处于上升通道

据中国木材价格指数（TPI）报告显示，2014 年以来，木材价格仍然延续上升趋势。3 月，中国木材市场价格综合指数为 122. 9%，第一季度指数上涨了 6. 0 个百分点，3 月中国木材进口价格综合指数为 130. 0%，第一季度指数上涨了 9. 1 个百分点。2014 年第一季度中国木材价格仍然呈快速上升态势，尤其木材进口价格涨幅明显高于国内木材市场价格涨幅，木材价格倒挂现象明显。

当前，中国已成为世界木材的大卖场，是影响全球原木、锯材贸易的主要力量。2014 年来，由于美国市场木材需求趋势偏冷，销往中国的木材收益更好，因此近期国外木材大批涌进中国，但是国内市场需求并不大，在目前中国经济下行、工程迟迟未开工的现实面前，对于往年 3—5 月为大量采购木材原料的最风光季节，2014 年却并没有给木材经销商带来惊喜。目前，中国木材市场面临的主要问题是原木大量囤积。新年过后，原木库存翻了一倍多，到3月中旬超过450万立方米。同时鉴于美国市场疲软，我国锯材库存也不断上升。因此价格下调将是解决原木供应过剩的主要措施，除非国内建设施工量大增。

另外，中国木材企业海外投资与合作模式也在迅速发生变化。中国林业企业在20个国家中投入了大约13亿美元用于原木采伐和锯材加工，以及木制品制造。过去海外投资方式主要是直接投资，现在企业多采用股票收购、合资、注资等方式购买或租赁林地。虽然2013年及2014年第一季度木材进口量和进口价都呈增长态势，但预计2014年第二季度木材市场将进入严冬，木材价格将出现调整。

（二）全年展望

2014年木材与木制品产业外部发展环境整体有利，但也面临不少挑战。有利因素主要有：从国际看，多数机构预测，2014年全球经济增速将快于2013年，经济运行将缓中企稳。从国内看，十八届三中全会提出全面深化改革，市场配置资源的作用将越发凸显，新型城镇化、农业现代化和基础设施建设、环保产业以及战略性新兴产业的发展，将为木材与木制品产业提供更广阔的市场和新的增长点。面临的挑战主要包括：由于我国木材资源对外依存度较大，目前已达到50%左右，受国际木材贸易量所限及主要木材产材国限制原木出口等影响，将对我国木材与木制品产业形成资源性挑战；木材价格不断上涨，企业生产和流通成本上升，行业利润呈继续下降趋势；木制品出口市场需求回升困难，受产业两头在外影响，严重缺乏价格国际话语权。

综合分析2014年形势，预计2014年木材与木制品产业将呈现稳中有升、稳中向好的势头，行业经济运行总体将保持相对平稳态势，木材价格总体水平持平或反弹，产品结构调整加快，部分行业产能严重过剩矛盾得以缓解，发展质量和效益进一步改善。

针对发展中面临的挑战和问题，木材与木制品产业将牢牢把握“稳中求进、改革创新”这一总基调，坚持用发展去解决发展中的问题。必须加快自身的结构调整和转型升级，重点是加快技术进步和新产品开发，提高产业附加值。加强标准国际化水平和培育新的出口增长点，相关部门应加强引导调控和监管，形成政策合力，营造良好的竞争和发展环境，促进木材与木制品行业持续健康发展。

（中国木材与木制品流通协会　谢满华）

2013—2014 年农机流通回顾与展望

一、2013 年农机市场综述

（一）农机工业稳健增长，增幅趋缓

1. 农机工业领跑机械行业

农机工业领跑机械行业，业务收入持续向好。统计显示，2013 年，累计实现业务收入 3779.8 亿元，同比增长 16.3%，高出全国机械工业销售产值（13.8%）2.5 个百分点，增幅位居 13 个行业第二位。主营业务成本继续以两位数增幅快速增长，2013 年主营业务成本合计达到 3207.57 亿元，同比增长 18.18%，位居 13 个子行业次席。

2. 经济效益保持较快增长

从主要生产企业的经济效益分析，2013 年，我国 2154 家年产值 2000 万元以上的规模农机工业企业累计实现利润 244.16 亿元，同比增长 9.42%，低于平均增幅 6.14%。进入 2013 年，我国农机市场进入转型深水区，行业内部竞争激烈，传统农机行业利润被摊薄，蓝海市场尚未形成新的利润增长点，导致整个行业的利润增幅趋缓。

3. 主要农机具产销量稳步攀升

从 2013 年我国主要农机具销量分析，多数产品呈现出稳中有升的发展特点，除耕整地机械和畜牧水产机械出现不同程度的下滑外，其他行业均呈现出不同程度的增长，年初为大家看好的插秧机、玉米收割机两大热点市场呈现出较大增长，全年累计销售 10.9 万台、7 万台，同比分别增长 19.6%、32.1%。排灌机械受南方旱情的影响，出现飙升，全年累计销售 58 万台，同比增幅高达 41.6%，拖拉机市场稳健运行，全年累计销售各种型号拖拉机 200.1 万台，同比增长 4.41%。其中大中型拖拉机、小型拖拉机累计销售 42.1 万台、158 万台，同比分别增长 1.2%和 5.3%。

4. 农机市场价格稳健运行

从我国部分农机产品价格指数走势分析，基本面走势平稳，波动较小。从主要农机商品的走势看，拖拉机制造业价格环比走势呈现出逐月走低的特

点，场上作业机械波动性较大，尤其进入第四季度出现大起大落的特征，收获机械全年小幅波动，企稳特征突出。

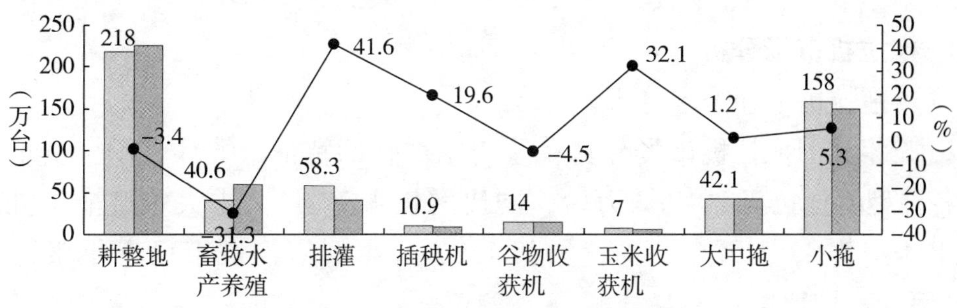

图1 2013 年主要农机具销售情况

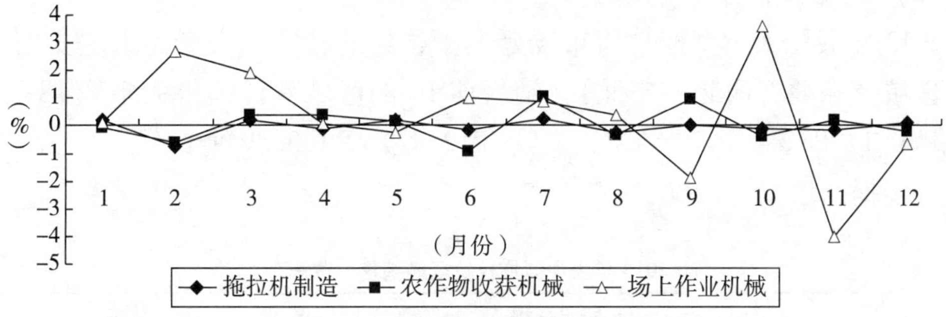

图2 2013 年主要农机商品价格指数

5. 农机出口小幅上扬

2013 年农机进出口市场在国际大环境的综合影响下，呈现出小幅增长的特点。据海关统计，我国农机全年累计实现进出口总额 119. 3 亿美元，同比增长 6%，高出平均增幅 2. 3 个百分点。在全国 13 个机械工业行业中，位居第三位。其中，实现进口额 25. 5 亿美元，出口额 93. 8 亿美元，同比分别增长 2. 2% 和 7. 1%，均高于平均增幅。贸易顺差 68. 3 亿美元。

表 1　　2013 年农机进出口金额一览表　　单位：万美元

序号	名称	出口金额			进口金额		
		2013 年	2012 年	同比	2013 年	2012 年	同比
1	耕整、管理地机械	27405. 2	24856. 2	10. 26%	3151. 2	2515. 98	25. 25%
2	收获机械	14831. 9	18435. 7	-19. 55%	31256. 2	36603. 6	-14. 61%
3	拖拉机	47782. 5	46021	3. 83%	10641. 5	12681. 1	-16. 08%
4	播种、种植机械	2914. 74	2376. 2	22. 67%	8379	8460. 2	-0. 96%
5	园林、公园等机械	75188. 7	75970	-1. 03%	3169. 2	2945. 6	7. 59%
6	挤奶机	668. 46	894. 5	-25. 27%	1093	960. 1	13. 84%
7	农用车	1834. 11	1768. 3	3. 72%	79. 28	160	-50. 44%

（二）热点市场综述

1. 拖拉机市场分析

（1）拖拉机市场需求分析

2013 年我国拖拉机市场保持稳步小幅增长的特征，统计显示，全年累计销售各种型号拖拉机 2019.3 万台，同比增长 4.3%。其中大中型拖拉机市场全年累计销售 42.1 万台，同比增长 1.2%。小型拖拉机市场全年累计销售 177.2 万台，同比增长 5.1%。

（2）拖拉机市场区域分析

2013 年我国大中型拖拉机市场延续了往年的特征，市场需求主要集中在三北区域（东北、西北和华北），销售前 10 的区域累计销售大中拖 28 万台，同比增长 11.08%。占比 66.7%，较 2012 年提高了 3.89 个百分点，市场集中度进一步提高。

表 2　　2013 年大中型拖拉机区域销售一览表　　单位：台

序号	省份	同比分析			占比分析		
		2013 年	2012 年	同比	2013 年	2012 年	差
1	新疆	53846	50740	6.12%	12.78%	12.19%	0.14%
2	吉林	46840	42527	10.14%	11.12%	10.21%	0.55%
3	内蒙古	30749	20278	51.64%	7.30%	4.87%	2.42%
4	河北	26920	23341	15.33%	6.39%	5.61%	0.61%
5	山东	26557	32734	-18.87%	6.30%	7.86%	-2.01%
6	江苏	21766	14086	54.52%	5.17%	3.38%	1.78%
7	辽宁	21737	20640	5.31%	5.16%	4.96%	0.01%
8	河南	20041	27623	-27.45%	4.76%	6.63%	-2.30%
9	黑龙江	17068	7880	116.58%	4.05%	1.89%	2.25%
10	甘肃	15418	13061	18.04%	3.66%	3.14%	0.43%
小计		280940	252908	11.08%	66.70%	60.75%	3.89%
合计		421227	416334	1.18%	100.00%	100.00%	0.00%

（3）拖拉机市场竞争分析

拖拉机市场经过多年的激烈竞争，形成了较为稳定的竞争格局。中国一拖、福田雷沃、常州东风位居前三，同比呈现出不同程度的增长，尤其是东风农机同比增长 18.3%。

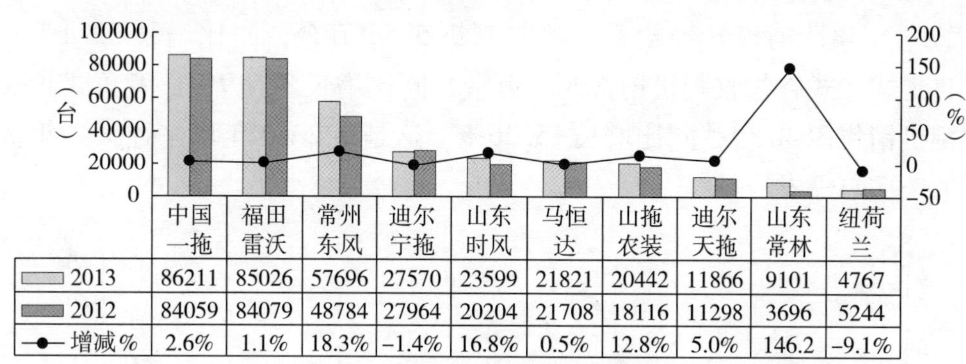

	中国一拖	福田雷沃	常州东风	迪尔宁拖	山东时风	马恒达	山拖农装	迪尔天拖	山东常林	纽荷兰
2013	86211	85026	57696	27570	23599	21821	20442	11866	9101	4767
2012	84059	84079	48784	27964	20204	21708	18116	11298	3696	5244
增减%	2.6%	1.1%	18.3%	−1.4%	16.8%	0.5%	12.8%	5.0%	146.2	−9.1%

图 3 2013 年大中拖市场竞争图

从占比分析，中国一拖、福田雷沃、常州东风三家占据大中型拖拉机市场的半壁江山，2013 年中国一拖和福田雷沃占比均呈小幅下降，常州东风继续保持 1.6 个百分点的增速。

从竞争趋势分析，除传统企业之间的竞争逐年加剧外，新加入者越来越多。中国工程机械巨头譬如三一重工、徐工、中联重科、北方重工等大型工程机械行业纷纷进入或准备进入拖拉机行业。在奇瑞、福田等汽车集团进入农机行业后，北汽集团等也开始瞄准拖拉机行业。在迪尔、爱科、凯斯、纽荷兰、马恒达等农机巨头在中国农机市场大展拳脚之时，新的农机巨头不断涌入。如 2013 年世界农机巨头克拉斯以与中国优秀企业金亿合作的方式登陆中国市场，未来拖拉机市场的竞争将更加激烈，多年形成的稳定竞争格局变数陡增。

2. 收获机械市场分析

（1）收获机械市场需求综述

2013 年，我国收获机械市场在农机补贴政策刺激下，出现较大幅度增长。统计显示，全年销售收获机械 119.75 万台，同比增长 14.02%。在三大粮食作物收割机中，轮式谷物收割机增势迅猛，实现华丽转身；履带式谷物收割机同比出现 30% 以上的大幅度滑坡，玉米收割机增幅趋缓，但 30% 以上的增幅依然成为 2013 年收获机械市场的一大亮点。

从收获机械市场的月度走势分析，全年走势波动较小，走势平稳，除 6 月、7 月出现负增长外，其他月度均在增长通道中运行，说明我国收获机械市场进入稳定发展期。

（2）主要收获机械市场分析

①谷物联合收割机市场。2013 年轮式谷物收割机市场骤然活跃起来，成为自 2009 年以来的又一个新拐点，出现了近年少有的火暴局面。市场调查显

示，2013 年累计销售各种轮式谷物收割机 5. 56 万台，同比增长 32. 4%。其中，自走式轮式谷物收割机销售 5. 2 万台，同比增长 32. 19%，背负式轮式谷物收割机销售 3640 台，同比增长 15. 26%。这是自 2010 年以来连续三年负增长后的一次总爆发。

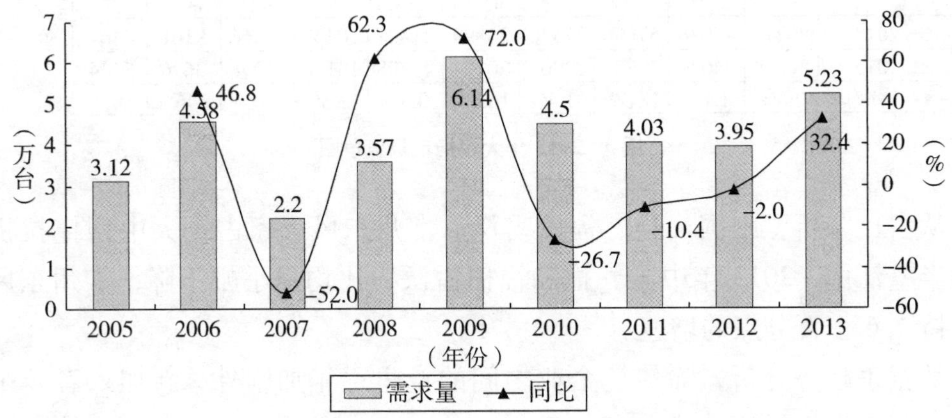

图 4　2005—2013 年轮式谷物收割机市场走势

回顾 2005 年以来我国轮式谷物收割机市场走势，以 2009 年为节点，经历了两个重要发展阶段，第一阶段：2005—2009 年的动荡期，轮式谷物收割机市场走势表现为大起大落、跌宕起伏的特点，年度增幅最大相差 100% 以上；第二阶段：2009—2012 年平台期，2010 年之后形成一个相对稳定需求的平台，年度需求维持在了 4 万台左右。2013 年市场骤然变脸，不仅需求量一举突破 5 万台，而且增幅高达 30% 以上。

②玉米收割机市场。玉米收割机市场发展特点成为 2013 年最有争议的市场。2013 年，我国累计销售型号的玉米收割机 7. 1 万台，同比增长 29. 1%。其中自走式玉米收割机销售 6. 5 万台，背负式玉米收割机 6036 台，同比分别增长 31. 48% 和 3. 68%。

月度走势形同过山车，区域需求冰火两重天。2013 年玉米收割机市场月度需求跌宕起伏，形同过山车。从月度环比分析，玉米收割机市场需求经历了两个高峰期，3 月、7 月，月度环比环增幅分别高达 108% 和 114%。其中 3 月的高峰可以说只有高度没有温度，环比大幅度上扬，但需求量较小，可以视为玉米收割机市场的启动。7 月，成为玉米收割机市场需求高潮的开始，一方面月度需求量高位运行，另一方面，环比逐月下降，这种状况一直持续到 9 月。环比也出现首度负增长，10 月，市场需求进入低谷期，一直延续到年底。

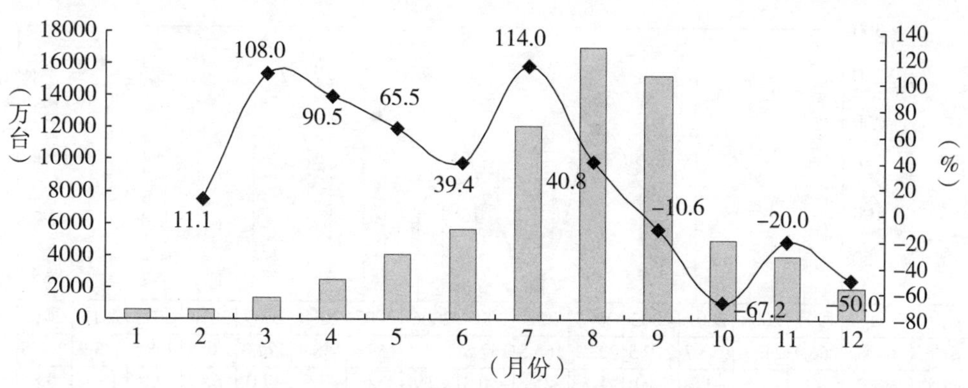

图5　2013年自走式玉米收割机月度环比走势

3. 低速汽车市场分析

2013年我国低速汽车市场随着农村经济的繁荣，保持了持续稳定增长的特点。表现为市场需求小幅增长，需求结构不断优化，需求机型进一步大型化，产品更加适应农村需求等特征。全面深化改革是2014年全国“两会”的主旋律，随着农村改革的不断深入以及相关政策的出台，低速汽车市场将往何处去？成为我们关注的焦点与热点。

（1）市场需求：小幅增长，三轮汽车、低速货车冰火同炉

2013年，我国低速汽车市场在各种利好因素的推动下，继续小幅增长，统计显示，2013年低速汽车总产销量分别达到290.4万辆和289.8万辆，同比分别增长了3.92%和4.04%。稳中有升成为过去一年低速汽车市场的主要需求特点。低速汽车市场经历了20余年的发展，早已进入成熟期，市场刚性需求降低，更新需求成为市场的主要动力。回溯我国低速汽车市场，其高峰期出现在20世纪90年代，年度最高需求量达到300万台以上，但自1999年开始进入衰退期，尤其2004年成为市场下滑幅度最大的年份，之后市场年度需求一直维持在200万台左右，直至2009年开始进入复苏阶段，此后市场需求虽有起伏，但一直在增长通道中运行。

①三轮汽车：继续保持了小幅增长，月度走势飘红。2013年三轮车市场表现出企稳向上的特点，月度走势飘红。统计显示，2013年三轮汽车产销量分别为249.92万辆和249.5万辆，同比分别增长了5.7%和5.8%；低速汽车小幅下降，全国低速货车产销分别实现了40.51万辆和40.26万辆，同比下降了5.84%、5.69%。

②低速货车：小幅下滑，月度走势跌宕起伏。与三轮汽车走势相比，我国的低速货车市场走势并不令人振奋。市场发展经历了两个阶段：第一阶段，1999—2006年，表现为市场需求起伏大，需求量差别大，最高年份与最低年

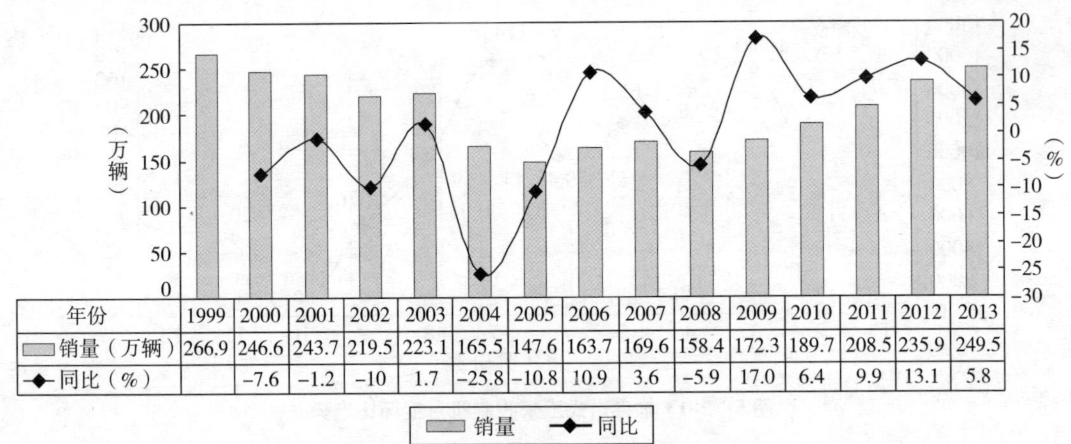

年份	1999	2000	2001	2002	2003	2004	2005	2006	2007	2008	2009	2010	2011	2012	2013
销量（万辆）	266.9	246.6	243.7	219.5	223.1	165.5	147.6	163.7	169.6	158.4	172.3	189.7	208.5	235.9	249.5
同比（%）		−7.6	−1.2	−10	1.7	−25.8	−10.8	10.9	3.6	−5.9	17.0	6.4	9.9	13.1	5.8

图6　1999—2013 年三轮汽车销量走势

份相差 10 余万辆。第二阶段，2007—2013 年，市场年度需求起伏较小，徘徊在 40 万 ~50 万辆，市场进入稳定需求期。但在经历 2010 年市场高峰之后，连续三年出现负增长，下滑幅度收窄，意味着市场进入一个相对的稳定周期。

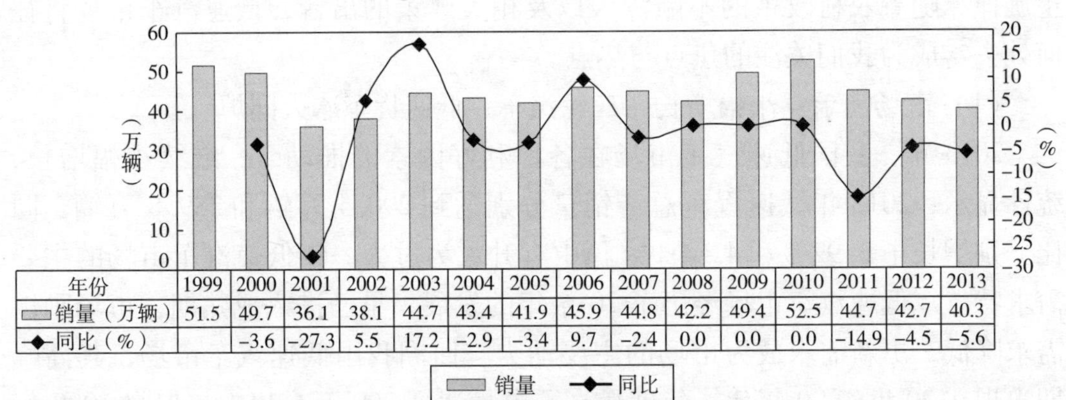

年份	1999	2000	2001	2002	2003	2004	2005	2006	2007	2008	2009	2010	2011	2012	2013
销量（万辆）	51.5	49.7	36.1	38.1	44.7	43.4	41.9	45.9	44.8	42.2	49.4	52.5	44.7	42.7	40.3
同比（%）		−3.6	−27.3	5.5	17.2	−2.9	−3.4	9.7	−2.4	0.0	0.0	0.0	−14.9	−4.5	−5.6

图7　1999—2013 年低速货车销量走势

（2）主流机型突出，需求取向大型化

2013 年，三轮汽车市场需求发生变化，突出表现为以下几个特点：第一，从载质量分析，主流机型一支独大，此趋势进一步加强。统计显示，载质量 500 kg的累计销售 225. 37 万辆，占比 90. 31%，同比增长 10. 76%，占比提高了 4. 04 个百分点。第二，半封闭车型成为热销机型。由于半封闭驾驶室的三轮汽车价格适中、满足部分季节性作业要求，2013 年更受消费者青睐，其所占比例小幅攀升，累计销售 179. 49 万辆，同比增长 10. 81%，占比 71. 93%，较 2012 年提高了 3. 26 个百分点。第三，舒适性成为重要的卖点。自卸车销售 180. 09 万辆，同比增长 6. 33%，占比 72. 17%，较 2012 年提高了 0. 37 个百分点；方向盘操纵机型成为主流，销售 205. 78 万辆，占比 82. 47%，较 2012 年提高了 0.34 个百分点，同比增长 6.23%；电启动方式依然占据主流，占比 67.12%，较 2012 年下滑了 1.96 个百分点，同比增长 2.79%。第四，皮带 + 连体传动机型依然占据需求的制高点，销售 233.34 万辆，占比高达 93.51%，同比增长 6.67%。

从低速货车市场需求分析，2013 年市场需求依然以货车型为主，销售 365795 辆，占比 90.87%，较 2012 年提高了 2.99 个百分点；运输机型销售 36746 辆，占比 9.13%，较 2012 年下降了 2.94%，同比以 28.7% 幅度大幅度滑坡；其他机型同比也出现较大幅度下滑。

（3）市场竞争：三轮汽车企稳，低速货车日趋激烈

2013 年的三轮汽车市场延续了往年的竞争特点：市场竞争格局企稳，市场份额高度集中。市场调查显示，位居前 10 的企业累计销量 246.2 万台，集中度高达 98.7%，较 2012 年提高了 0.2 个百分点。从企业销售位次分析，前 9 位的企业位次没有变化，第 10 位出现调整，山东东方曼商用车有限公司异军突起，进入前 10 强，甘肃兰驼跌出前 10 名。

表 3　　2013 年三轮汽车销量前 9 名企业一览表　　单位：万辆

序号	企业名称	同比分析			占比分析		
		2014 年	2013 年	同比	2014 年	2013 年	同比
1	山东时风	100.63	97.24	3.5%	40.3%	41.2%	-0.9%
2	山东五征	74.22	68.37	8.6%	29.7%	29.0%	0.8%
3	河南奔马	43.83	39.81	10.1%	17.6%	16.9%	0.7%
4	福田雷沃	11.70	9.93	17.8%	4.7%	4.2%	0.5%
5	长葛市世英	6.04	6.79	-11.1%	2.4%	2.9%	-0.5%
6	山东双力	3.24	3.45	-6.1%	1.3%	1.5%	-0.2%
7	汝南县广源	2.50	2.42	3.3%	1.0%	1.0%	0.0%
8	山西卓里	1.58	1.48	6.9%	0.6%	0.6%	0.0%
9	河南葛天	1.48	2.15	-31.4%	0.6%	0.9%	-0.3%
	前 9 名销量	245.21	231.64	5.9%	98.3%	98.2%	0.1%

2013 年低速货车竞争依然十分激烈，市场集中度进一步提升。位居前 10 位的企业销量之和占全行业的 84%，较 2012 年提升了 7.3 个百分点。

从总体形势看，低速货车行业内实力较强的企业阵容已经基本稳定，由于新兴企业的参与，市场竞争将更加激烈。山东黑豹、成都大运跌出了前 10 强，被山东东方曼商和广西钦州力顺所取代，特别是山东东方曼商用车有限

公司异军突起，从名不见经传的企业以2.82万辆的销量跃居第5位。

（4）市场成熟，价格趋稳

低速汽车在农村市场经过了成长期、发展期到成熟期，作为农民发家致富的过渡产品发挥了重要的作用，随着消费群体购买力的提升，产品结构升级、技术升级将成为必然的发展趋势，但作为性价比高的三轮汽车、低速货车以其鲜明的时代特征成为目前农民重要的生产工具。尤其是一些专用车如自卸车、矿用车、抽渣、环卫车特别适合农村及城乡市场。

2013年，原生铁、板材、天然橡胶等主要原材料最高价位出现在1月或2月，之后持续下跌。迫于用工压力，多数企业员工工资在2012年的基础上增长15%~20%，人工成本的强势增长基本抵消了原材料采购下降的成本，因此，从市场上看，低速汽车整车售价与2012年年底相当，略有下行调整。

二、2014年农机市场现状与展望

（一）第一季度农机市场分析

2014年第一季度末农机市场回暖迹象明显，备耕春耕生产所需的农机产品销售情况较好，农机市场端终销售能力增强。2014年3月，农机市场景气指数（AMI）为58.3%，环比上升4.5个百分点，处于景气监测以来的最高点，增速处在适度合理的增长区间。农机行业从业者信心增强，经理人信心指数为62.3%，环比上升2.6个百分点，该指数创新高说明农机市场前景向好。

1. 农机工业行业分析

2014年第一季度，我国农机行业主营业务收入、利润总额继续保持较好的增长态势。统计显示，前3个月，2338家规模农机生产企业累计实现主营业务收入909.6亿元，利润50.2亿元，同比分别增长13.44%和11.35%。主营业务收入高于平均增幅0.76个百分点，利润低于平均增幅11.46个百分点。

每年的第一季度农机市场受三大因素影响较大，一是春节影响，导致市场波动大；二是春季市场影响，我国春季农机市场主要需求均为低附加值的中小型产品，对市场利润影响较大；三是需求季节的影响，第一季度是我国农机市场淡季，导致市场需求走低。

2. 农机工业各子行业分析

2014年第一季度，农机行业各子行业保持了良好的运行态势，统计显示，在13个子行业中，主营业务收入同比除棉花加工机械行业出现14.1%的滑坡外，其他均出现不同程度的增长，有四个行业增幅超过20%，11个子行业增幅在两位数。

从利润总额分析，在13个子行业中，有9个子行业利润同比出现增长，其中8个行业增幅超过平均增幅，增幅超过30%的有三个子行业。有4个子行业利润同比出现下滑，棉花加工制造成为下滑幅度最大的行业。

各个子行业主营业务收入和利润总额的表现与市场密切相连，第一季度，我国农机市场实现开门红，正是得益于多数子行业的良性增长。至于下滑行业，譬如棉花加工机械主要受季节性因素影响较大。

3. 农机价格稳中趋降，品种之间差异较大

2014年第一季度，我国农机商品价格呈现出两个突出特点：一是价格基本面呈现出稳中趋降的走势，在13个子行业中，2月有8个、3月有7个子行业的价格指数呈现出小幅下降；二是各个品种价格变化较大，场上作业机械价格指数2月出现较大幅度下滑，拖拉机价格指数在经历1月大幅度下滑后，2月、3月出现小幅回升，收获机械价格指数走势平稳。这种变化主要是受季节因素影响。

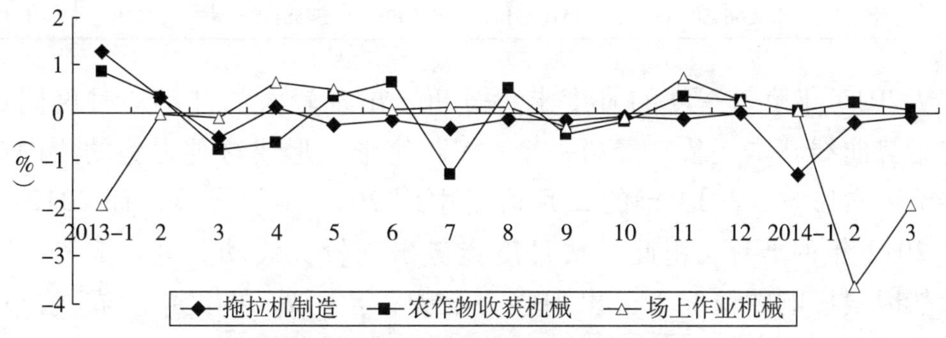

图8　主要农机产品价格指数环比走势

4. 农机进出口市场稳步发展，出口市场大幅度攀升

进入2014年第一季度，我国农机进出口呈现稳步增长的态势，进口出现小幅下滑，出口出现两位数的较大幅度增长。统计显示，前3个月，我国累计实现进出口额321032.1万美元，同比增长11.97%，出口顺差211869.2万美元。其中进口和出口额分别实现54581.46万美元和266450.7万美元，同比增长-1.14%和15.09%。

从部分农机商品第一季度进出口额表现看，耕整施肥机械、收获机、拖拉机、播种种植机械、园艺机械出口额均出现不同程度的增长，其中播种植机械、收获机械出口同比增幅分别达到了38.75%和30.76%。挤奶机、农用自装或自卸式挂车及半挂车同比出现 30.78% 和 56.12% 大幅度下滑。从进口看，耕整施肥机械、园艺机械、挤奶机出现大幅度增长，收获机械、拖拉机、播种及种植机械、农用自装或自卸式挂车及半挂车等商品出现不同程度的下滑。

表 4　　**2014 年第一季度部分农机商品进出口额一览表**　　单位：万美元

商品名称	出口			进口		
	2014 年	2013 年	同比	2014 年	2013 年	同比
耕整施肥机械	11836.15	10071.21	17.52%	1843.42	1050.68	75.45%
收获机械	5288.63	4044.59	30.76%	1189.5	1319.29	-9.84%
拖拉机	9079.66	7390.98	22.85%	1795.9	3231.01	-44.42%
播种及种植机械	1349.03	972.26	38.75%	2868.32	4753.04	-39.65%
园艺机械	35840.76	32038.52	11.87%	489.11	321.42	52.17%
挤奶机	142.75	206.22	-30.78%	795.39	209.33	279.97%
农用自装或自卸式挂车及半挂车	229.97	524.11	-56.12%	5.61	28.73	-80.47%
其他	202683.71	176262.42	14.99%	45594.21	44298.43	2.93%
总计	266450.66	231510.31	15.09%	54581.46	55211.93	-1.14%

从 2014 年第一季度的月度走势分析，出现较大的波动。月度同比与环比走势曲线基本一致，经历一个“V”字形。形成这种走势的原因主要受春节因素影响，2014 年的 2 月恰是中国 2013 年的春节，而 2012 年春节在 2013 年的 1 月，由此导致月度走势出现较大波动。进入 3 月，在没有偶然因素影响的情况下，出现强势反弹，预示着 2014 年的农机出口增长势头较为强劲。

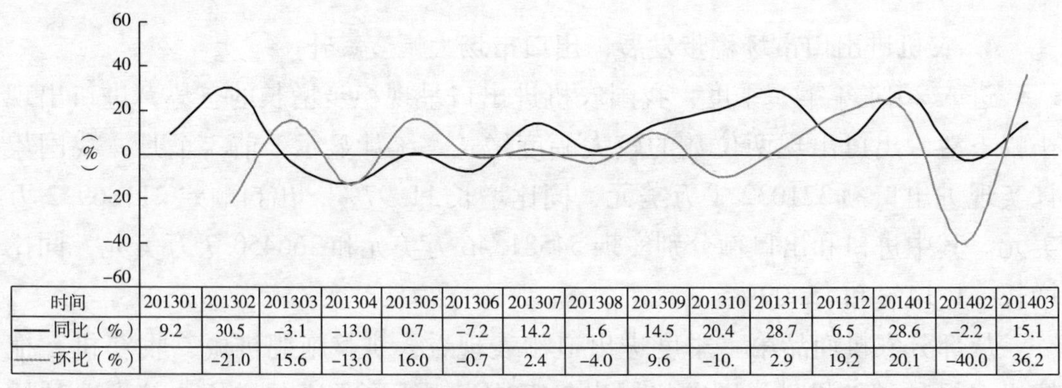

时间	201301	201302	201303	201304	201305	201306	201307	201308	201309	201310	201311	201312	201401	201402	201403
——同比（%）	9.2	30.5	-3.1	-13.0	0.7	-7.2	14.2	1.6	14.5	20.4	28.7	6.5	28.6	-2.2	15.1
——环比（%）		-21.0	15.6	-13.0	16.0	-0.7	2.4	-4.0	9.6	-10.	2.9	19.2	20.1	-40.0	36.2

图 9　农机出口月度走势

（二）全年展望

2014 年我国农机市场进入转型深水区，传统产品诸如拖拉机、收获机械、农用低速汽车等除个别如玉米收割机、插秧机刚性需求依然强劲外，其他子行业将进入转型期，即向大型、高端需求转化，向经济作物、收获后处理机械、山区丘陵机械等转化。必须指出的是这种转化将是一个漫长的发展过程，由此决定了 2014 年农机市场的基本发展特征。

1. 大中拖市场预测分析

大中型拖拉机自 2009 年以来，增幅一直处于下滑态势，这种特点真实的反映了我国大中拖市场的基本特点，即进入平台期，转型成为今后一个市场的基调。

（1）大中型拖拉机市场预测

根据我国大中型拖拉机近年的走势规律，结合今后我国大中拖市场的基本需求特点和需求环境，我们预计今后两年我国大中型拖拉机进入需求平台期，增幅呈递减走势，需求保持高位。需求量小幅回落，需求马力继续高走，突出表现为由存量向质量方向转变。2014 年增幅或将继续下滑，预计与 2013 年持平，产销量在 38 台左右。

（2）小型拖拉机市场预测分析

我国小型拖拉机市场的动力主要来自手扶拖拉机、微耕机、田园管理机等，小型轮式拖拉机近年一直处于跌势，今后会继续沿着下滑通道运行。从小型拖拉机的整体走势分析，以 2013 年小幅增长为标志，或将出现转折，2014 年、2015 年或将保持小幅增长的特点。

2. 收获机械市场预测分析

（1）收获机械总量市场分析

2014 年，预计我国收获机市场需求或将超过 110 万台，增幅较 2013 年或将回落，大约在 4% 左右，呈现小幅增长的特点。

（2）谷物收割机市场分析

轮式谷物收割机市场经过多年发展，从“市场发展”和“产业发展”两个维度来看，中小喂入量收割机已经进入市场成熟、产业成熟期；大喂入量收割机则处于市场成熟、但产业还有待进一步发展期。2014 年，预计这种成熟度格局不会发生变化，也就意味着整体市场不会有太大的起伏。

市场需求量看，2014 年轮式谷物收割机或将小幅下降，下降 10% ~20%，总量在 4.5 万台左右。

从产品需求看，中原小麦主产区需求将会以2013年这种5千克喂入量产品为主，同时可能在补贴政策导向下继续升级到6千克喂入量产品需求。东北地区由于种植结构的调整，6千克以下产品需求下降，而8千克以上大喂入产品需求将继续增长。

从技术发展趋势看，东北大喂入产品向双纵轴流脱分技术发展，中原地区中小喂入产品也将开始向纵轴流技术迈进。

从市场竞争特点看，2014年市场竞争将围绕着产品质量、产品创新展开，技术先进、质量稳定的产品将成为市场竞争的利器，品牌在竞争中依然占据主导地位，竞争格局不会发生本质的变化。受市场低迷的影响，或将触动品牌之间的价格大战。

2014年轮式谷物收割机市场不确定因素众多，利空因素强烈，加之受需求周期的影响，市场需求不容乐观，市场需求有点冷，主要生产企业要根据市场变化组织生产，防止大量库存积压。

（3）履带式水稻机市场分析

我国履带式全喂入水稻收割机市场从20世纪90年代中期开始起步，虽然起步较早，但是市场真正升温还是从2002年开始的，市场突破了1万台，至2005年市场突破4万台，2005—2011年年需求量一直在4万台左右徘徊。2012年在黑龙江和江苏两大市场“井喷”销售的拉动下，市场销量达到6.5万台，增长44%；2013年销售6.3万台，呈小幅下降，下降的主要原因是黑龙江市场下降引起的整体市场下降，2013年黑龙江市场下降30%。

随着全喂入水稻机产品性能的快速提升及用户需求的改变，半喂入水稻机近几年呈现持续回落的态势，2014年预计6000台。

（4）玉米收割机市场分析

玉米收割机市场需求预测：第一，2014年需求总量预计将达到9万台，增幅在30%左右，增幅继续回落；第二，需求结构或将出现进一步调整，4行、3行自走机占比将提高，2行机在黄淮海区域依然会有较大需求，但会加速向小3行机过渡。

3. 低速汽车市场预测分析

2014年我国低速汽车市场面临着良好的发展机遇，新农村建设、城镇化、土地流转等各种利好因素为低速汽车市场的稳健发展提供了良好的政策环境和发展机遇。但考虑到该市场经过近20多年的发展，早已经进入成熟期，市场发展规律性较强，并且面临着卡车、载货汽车等汽车家族大举进军农村市场影响，其发展变数依然较大。

基于以上分析，我们预计2014年的市场或将呈现如下特点：第一，低速汽车总量小幅增长；第二，低速货车市场或将出现反弹；第三，三轮汽车市场增幅继续放缓。

三、农机流通行业发展现状、趋势和政策建议

（一）农机流通行业基本情况

2012年，农机流通销售产值为3310亿元，同比增长16.99%。流通企业10739家，经销点84390家，从业人员共271891人。其中，各类连锁店3000家左右，各类品牌店、专营店1000家左右，具有一定规模的农机交易市场30家左右。

1. 农机经营综合型企业

农机经营综合型企业经营多个厂家多种类型的产品，大多为多个厂家的经销商、代理商，或是一级代理，或是二级代理。一般建有专业大卖场，经营各种大小型农业机械及配件，及汽车、工程机械等各种农村用机电产品。根据销售区域的市场需求特点，其经营的品牌、品种会有所侧重。有的建有覆盖面比较广的销售网点，有的建有某品牌的专卖店，有的建有交易市场，有的建有连锁店。其特点为：经营品种齐全，综合服务能力较强，规模相对较大，覆盖面较广，抗风险能力较强。特别是那些由原国有公司一直走过来的省、地级公司，虽然大多数已改制，由于其经营管理较好，经营时间较长，是老牌企业，用户比较了解，认知度和信任度高，在该地区颇有影响力，是该地区农机销售服务不可或缺的渠道。如黑龙江省农业机械有限责任公司、广东省农机总公司、吉林省吉峰金桥农机有限公司、江苏盐城农机公司、河北衡水农机总公司、山西省长治市农机总公司，2012年销售收入分别达15.26亿元、10亿元、6.8亿元、6.5亿元、4亿元、2.5亿元，已成为当地的龙头骨干企业。

2. 农机连锁经营企业

农机连锁经营在我国起步较晚，经过几年的实践与探索有较快发展。到2012年，有各类连锁店3000家左右。目前比较知名的有江苏苏欣农机连锁有限公司、吉峰农机连锁有限公司、江苏三农农业装备有限公司、江苏利华农机连锁有限公司。这些企业近年相继实施农机流通品牌经营服务战略，发展连锁经营。特别是吉峰农机连锁呈快速发展势头，已经成为跨省区经

营的大型农机连锁企业。到 2012 年年底，吉峰农机连锁在全国建有 200 多家连锁直营店、2000 多家连锁加盟店；江苏苏欣农机连锁有限公司有 40 家连锁店；江苏三农农业装备有限公司有 50 家连锁店；江苏利华农机连锁有限公司有 15 家连锁店。上述连锁企业共有连锁店 2308 家，占全国的 77%。

3. 农机品牌专营店

农机品牌专营店是由农机生产企业授权特许经营，经销商按照农机生产企业制定的统一的建店标准及运营规章制度等文件进行建设和运营，实现整机销售、配件供应、售后服务、信息反馈、技术培训“五位一体”功能，只销售单一品牌的销售服务店。有些店现阶段只有整机销售、售后服务、配件供应等四项功能，后续工作逐步增加信息反馈、技术培训等功能。这种营销模式由大型农机生产企业和农机流通企业合作建立。这些大型生产企业的产品，或是大中型农机产品且产品线较长，或是科技含量较高的产品，或是市场集中度较高，主要有一拖、福田、常柴、久保田、迪尔、国机集团等企业。目前，品牌专营店数量较少，到 2012 年，有各类品牌专营店 1000 家左右，占厂家的经销网点的比例还比较低，主要分布在农业大省或农机化水平较高的部分省份。据中国农业机械流通协会调查统计，到 2012 年年底，中国一拖各类东方红品牌店约 200 个，主要分布在河南、江苏、安徽、新疆、山西、广东；福田雷沃重工建有各类品牌店 387 个，主要分布在山东、河南、河北、安徽、新疆、黑龙江、陕西、江西、湖北；苏州久保田品牌店 20 个，主要分布在江苏、安徽、浙江、江西、辽宁、湖北、湖南、广东、河南、福建等省；常柴在全国建有 158 个专营店。这些主流企业共有品牌店 771 个，占全国的 77%。

目前，绝大多数规模不大的农机流通企业，主要业务也是品牌代理，但不具备“五位一体”功能，许多只有销售业务，无售后服务、技术培训等服务功能。

4. 农机经销点

农机经销点是从事农机经营的工商个体户，主要从事农机配件销售，其数量大、分布范围广，特点是：

（1）占据了农机配件销售市场的绝大多数份额。

（2）经营地点一是在乡镇、县城路的街边，或集中经营的农机一条街上；二是集中在全国各大农机交易市场内。全国有众多大大小小的农机配件交易市场，其中最有名的规模最大的是河北庞口农机配件城。

（二）农机流通渠道的模式

当前，国内大多数农机制造生产企业实行的是经销商经销或代理和厂内直接销售等多渠道并存，以经销商经销或代理为主渠道。即农机流通的主渠道是：生产企业为起点，中间环节是经销商，终点是用户。经销商是广大的农机流通企业。对于生产厂家而言，经销商分一级代理、二级代理。流通渠道的主要模式如图 10 所示。

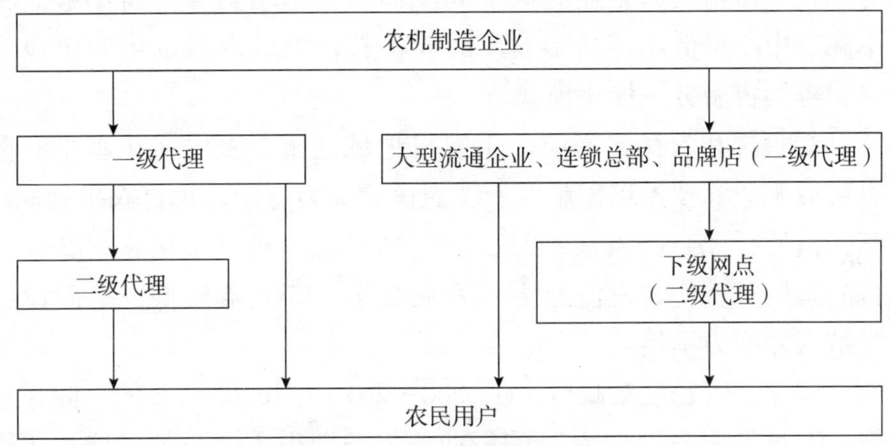

图 10　农机产品流通渠道主要模式

农机制造企业直接将产品销售给用户的直销模式虽然目前较少，但随着农机合作社的兴起，农机制造企业重视农机合作社这种大客户，直销模式将逐渐增多。

（三）存在的主要问题及其原因

1. 主要问题

农机流通组织化程度低、售后服务能力弱、配件流通秩序不规范、人才青黄不接、信息化建设滞后等制约农机流通的发展。

农机流通组织化程度偏低主要表现在：企业数量众多，规模普遍偏小；市场集中度较低，且市场集中度指标值逐渐降低；流通领域过度进入，市场管制和约束还显薄弱；连锁化经营发展迅速，但仍然缺乏成熟和稳定；交易市场逐年增多，但仍需规范经营和集约发展；行业运行效率长期处于低位水平。

售后服务方面，落实“三包”规定有差距，“三包”期外服务无保障，配件供应无保障。

从业人员老龄化，中青年较少，学历、文化水平不高，专业技能水平较低，人才匮乏、断层，青黄不接。

2. 主要原因

目前存在的问题，与农机流通的特征密切相关，其主要原因有：

第一，受农机工业发展水平的影响。①农机产品故障率较高，给售后服务带来了很大的难度。②生产企业数量多，规模小，中小型低端产品产能过剩，恶性竞争现象严重，营销管理不规范，经销商设立过多、混乱。③生产企业普遍不强，留给流通企业利润空间不高，技术培训等支持不够。④生产集中度不高、中小型低端产品多、产品线不长，难以发展以生产企业为中心的品牌专卖等销售服务一体化模式。

第二，受农村和农民的影响。①农村地域辽阔、农民文化水平有限，加大了农机售后服务和技术培训难度。②农民购买力有限，销售农机利润小。

第三，流通行业自身发展不足。①门槛过低，过度市场化。②连锁、配送、农机品牌店等现代农机流通方式发展缓慢。③效益较低，基础设施投入不足，吸纳人才能力不足。

第四，国家监管和政策缺位。①2000—2010 年长达 10 年的时间，行业无主管部门。②虽是服务“三农”的行业，但长期得不到政策支持。③法人企业和个体工商户销售配件征税方式不同，配件市场容易混乱。④补贴经销商条件过低，监管不严。

（四）农机流通行业的发展趋势

随着农机流通发展环境的优化，尤其是农业机械化的加速发展、农机工业结构的调整、农机市场需求和农机消费主体的变化以及农民用户消费理念的不断更新，都将深刻影响农机流通行业的发展，引发农机流通行业深层次的变革。近年来，农机流通行业在为农服务方面发生了巨大的变化，服务的价值逐步体现、服务的观念逐步加强，流通促进生产、服务生产、引导消费的功能逐步显现。生产与流通互为依托，紧紧围绕农业生产结构的调整，以服务“三农”为中心，贴近市场、适应市场、驾驭市场，努力为广大农村、农民提供先进、适用、经济、可靠的农机产品和优质的售前、售中、售后服务。通过服务提高产品和品牌的市场竞争力，通过服务获取更好的经济效益和社会效益，在农机流通行业获得广泛的共识。综观国内外相关流通领域发展的成功经验，推动未来农机流通领域向经营规模大型化、经营品种多样化、经营领域扩大化、经营手段现代化、经营管理信息化、经营品牌化发展是大势所趋。

1. 农机流通企业将走向大型化、品牌化

拥有大型流通企业是市场经济发育成熟的重要标志，大型化是我国企业集团规模发展的基本方向，农机流通领域也不可能例外。只有大型流通企业才能肩负起组织、调节农机生产与农机市场活动的责任。随着国家对农机流通企业扶持力度的不断加大，农机流通行业将加速整合的步伐，大型化、集团化的农机流通企业将在市场中占主导地位，品牌化的发展道路将成为大型农机流通企业的发展趋势。农机流通企业除了注重销售品牌农机产品之外，更加重视创建自身的农机流通服务品牌建设。通过加强自身建设，提高服务能力、维修能力和服务意识，达到提高农机流通效率和提高服务质量的目标，从而打造优质、高效的农机现代流通服务品牌。农机流通服务品牌的形成，意味着企业具有强大的客户号召力和市场竞争力，是一笔看不见、摸不着的巨大财富。

2. 发展农机连锁是提高农机流通行业组织化程度的重要手段

连锁经营是目前国际上以及国内成熟流通行业中普遍使用的运营方式，在我国农机流通领域发展虽然时间不是很长，但其优越性已经凸显出来，例如：集中采购、统一配送、规模经营，实行规范化、标准化与专业化经营管理，有利于降低费用，净化流通秩序，提高企业效益。同时，连锁经营也是杜绝假冒伪劣商品的治本之策，对整顿和规范市场经济秩序具有良好的作用和效果。经过几年的实践与探索，农机连锁经营作为我国农机流通领域一种新型的运营方式和现代商业组织形式，在改变农机流通“小、散、乱、弱、缺”的行业格局，打破条块分割，建立统一、开放、有序的大市场，实现农机生产、流通、消费的有机结合，形成适应社会化大生产要求的大流通方面，有着极其重大和深远的意义。吉峰农机的快速发展在农机流通领域起到了示范作用，带动了农机流通的连锁风潮；老牌农机公司江苏苏欣近年重视连锁经营的发展，稳扎稳打，稳步推进，企业不断壮大。实践证明了农机连锁经营强大的生命力，逐渐成为中国农机流通业未来发展方向之一。

3. 发展农机品牌经销店是推进销售服务一体化的重要营销模式

营销的目标定位在于发展用户，推广产品，实现利润，为服务提供对象；服务的目标定位在于提高客户满意度和忠诚度，为市场发展质量提供保障。营销和服务均需落实于营业渠道中。在经济社会快速发展的今天，各行各业都在推行一体化服务，农机流通也不例外。我国农村地域宽广、农民多，而农机又是技术性强的产品，农机操作需要培训，农机维修需要专业人才，农机配件也多为“专有”。为农民提供从产品供给、操作培训、“三包”服务和以后的配件供应、维修甚至机械报废回收等一体化服务，既方便农民消费者，提高农机使用效益，还能为经营者拓宽业务范围和利润空间。

农机品牌经销店是集整机销售、配件供应、维修服务、信息反馈、技术培训“五位一体”的新型营销模式。它不仅是农机经销模式的一种创新，也有助于农机企业强化品牌意识、提升竞争力，使农机销售向规模化、专业化、专营化、标准化方向发展，并且有助于改善流通环境、增强企业售后服务能力、规范农机维修配件市场经营秩序、提升流通现代化水平。

对于消费者来讲，新型农机品牌经销店的优势在于能够使农机使用者放心选购、安全使用，用一站式服务的模式满足购机用户的不同需求。良好的产品形象、过硬的产品质量、完善的售后服务、良好的知名度和美誉度、较高的市场占有率能够越发使得营销服务一体化的经营理念深入人心，品牌力量逐步彰显，加快新型农机品牌经销店建设发展势在必行。

4. 农机交易市场向品牌化、现代化方向发展才有生命力

我国农机交易市场经过近二十年的发展，目前已经成为农机流通领域的重要流通业态。但要加强统筹规划，引导合理布局，进一步强化功能，努力建成农机新技术与新机具展示中心、品牌农机聚集交易中心、农机信息交流中心、农机物流配送中心、农机检测与维修服务中心、农机培训中心和农机管理服务中心。同时，要强化有形市场和无形市场的结合，要创品牌市场、特色市场，实施品牌扩张，要逐步实现交易手段现代化。

（五）加快农机流通发展的政策建议

（1）加强行业管理。制定农机现代流通体系建设专项规划和农机流通发展政策；出台农机流通企业准入、退出机制；完善行业法规和标准；开展“农机品牌销售店”、“农机品牌售后服务中心”、“农机流通人才培训试点”等试点示范项目。

（2）加强行业基础工作。健全统计分析制度；加强信用体系建设；加大对专业人才培训的支持和指导。

（3）落实相关扶持政策。①将农机流通基础设施建设纳入“中央财政促进服务业发展专项资金”和“国债资金”支持范围，支持“农机流通服务品牌工程”、“农机流通信息化工程”、“农机流通人才培训工程”实施。②加大金融支持力度，完善税收优惠政策。比照国家农业产业化龙头企业和西部大开发企业的税收优惠政策，将农机流通“龙头”企业所得税税率降至15%。把农机维修配件纳入免征增值税范围。③在建设用地上给予减征30%～50%土地出让金，土地使用税减半的优惠。

（4）发挥行业协会作用。发挥各级农机流通协会在规划制定、政策建议、资质认证、信用评价、规范市场行为、统计与信息、国际交流与合作、人才培训、咨询服务、展览展示等方面的中介作用，成为政府与企业联系的桥梁和纽带。

（中国农业机械流通协会 张华光 李贵元）

2013—2014年汽车流通回顾与展望

2013年以来，世界经济形势错综复杂，国际金融危机爆发已整整五年，受多重因素影响，中国经济增长有所放缓，引起广泛关注。随着各项政策措施的实施，当前中国经济发展的基本面是好的，经济运行总体是平稳的。主要经济指标普遍回升，市场信心增强，社会预期向好，全年经济社会发展的预期目标得到了实现。但我们应当看到，我国经济增长的内外部环境仍然十分严峻，在努力增加出口的同时，继续扩大内需、促进社会消费仍是非常重要的。

一、2013年我国汽车市场发展总体概述

（一）新车市场逐步回暖

2013年，我国全年累计生产汽车2211.68万辆，同比增长14.76%，销售汽车2198.41万辆，同比增长13.87%，产销同比增长率较2012年分别提高了10.2个和9.6个百分点。其中，乘用车产销1808.52万辆和1792.89万辆，同比分别增长16.50%和15.71%，产销同比增长率较2012年分别提高了9.52个和8.84个百分点；商用车产销403.16万辆和405.52万辆，同比分别增长7.56%和6.40%，同比较2012年分别提高12.25个和12.30个百分点。基本型乘用车（轿车）销售1200.97万辆，同比增长11.77%；运动型多用途乘用车（SUV）销售298.88万辆，同比增长49.41%；多功能乘用车（MPV）销售130.52万辆，同比增长1.6倍；交叉型乘用车销售162.52万辆，同比下降27.98%。

2013年1—4季度，我国汽车销量同比增长分别为13.11%、11.40%、14.24%和17.36%。

2013年各月汽车产量均在百万辆以上，月最高产量出现在12月；产量最低的月份出现在2月。

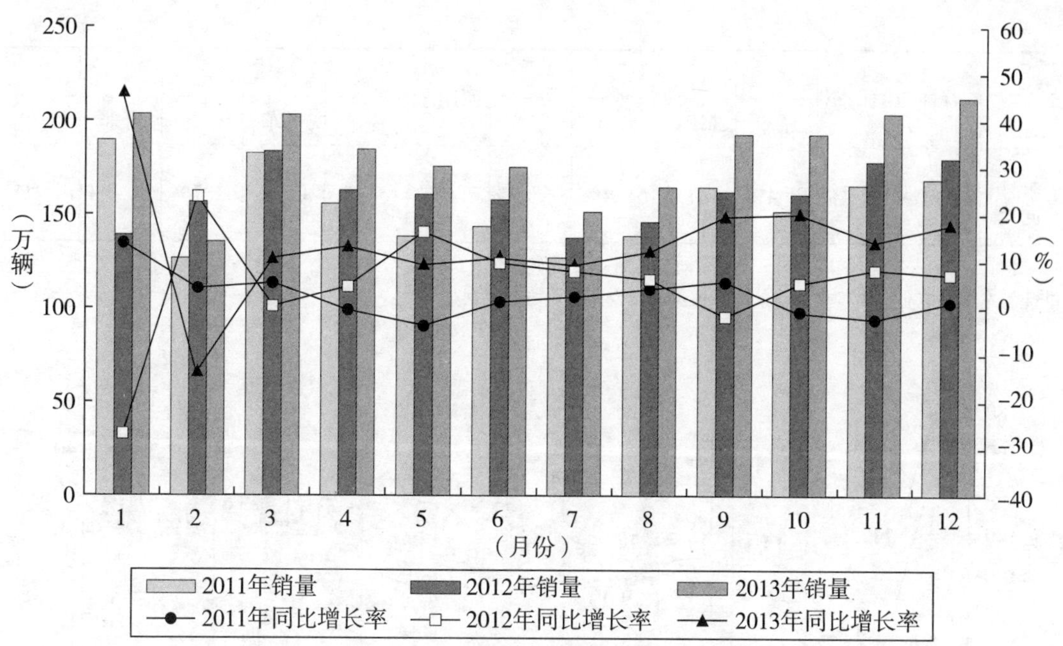

图 1　2011—2013 年月度汽车销量变化情况

表 1　　2013 年各月国内汽车产量增减变化情况　　单位：万辆

	总计	乘用车	轿车	MPV	SUV	交叉	商用车	客车	货车	半挂	客非	货非
1 月	196.5	162.1	111.5	10.3	23.6	16.7	34.4	3.8	24.8	1.5	0.7	3.6
2 月	134.7	110.5	73.8	7.9	16.1	12.6	24.2	2.4	17.3	1.3	0.3	2.9
3 月	208.5	165.7	109.5	11.9	25.2	19.2	42.8	3.9	30.4	2.9	0.7	5.1
4 月	189.9	149.9	100.7	10.2	23.1	15.9	40.1	4.3	27.4	2.4	0.7	5.3
5 月	178.1	142.0	95.6	8.7	23.2	14.5	36.1	4.1	24.0	2.2	0.8	5.0
6 月	167.4	136.3	92.3	8.4	23.3	12.4	31.2	4.5	19.8	2.1	0.7	4.1
7 月	158.3	129.9	87.9	7.5	24.2	10.3	28.5	3.7	19.4	1.5	0.6	3.3
8 月	167.7	138.8	94.5	9.8	24.5	10.0	28.9	3.6	19.4	2.0	0.6	3.4
9 月	192.7	157.6	105.1	12.3	28.0	12.3	35.0	4.3	23.4	2.6	0.7	4.0
10 月	191.6	159.2	104.9	14.0	27.6	12.6	32.4	3.9	21.4	2.4	0.6	4.2
11 月	213.4	178.3	117.5	15.4	31.7	13.7	35.1	4.7	22.3	2.8	0.7	4.7
12 月	213.8	178.2	116.6	15.8	32.1	13.7	35.6	5.4	22.2	2.6	0.9	4.7
全年累计	2211.7	1808.5	1210.1	132.2	302.6	163.7	403.2	48.3	270.5	26.2	8.1	50.1

续 表

	总计	乘用车					商用车					
			轿车	MPV	SUV	交叉		客车	货车	半挂	客非	货非
累计同比	14.8%	16.5%	12.4%	170%	51.4%	-27.8%	7.6%	13.4%	3.3%	42.1%	-0.1%	14.1%

注：MPV：多功能乘用车；SUV：运动型多用途乘用车；交叉：交叉型乘用车；半挂：半挂牵引车；客非：客车非完整车辆；货非：货车非完整车辆（根据中国汽车工业协会数据整理）

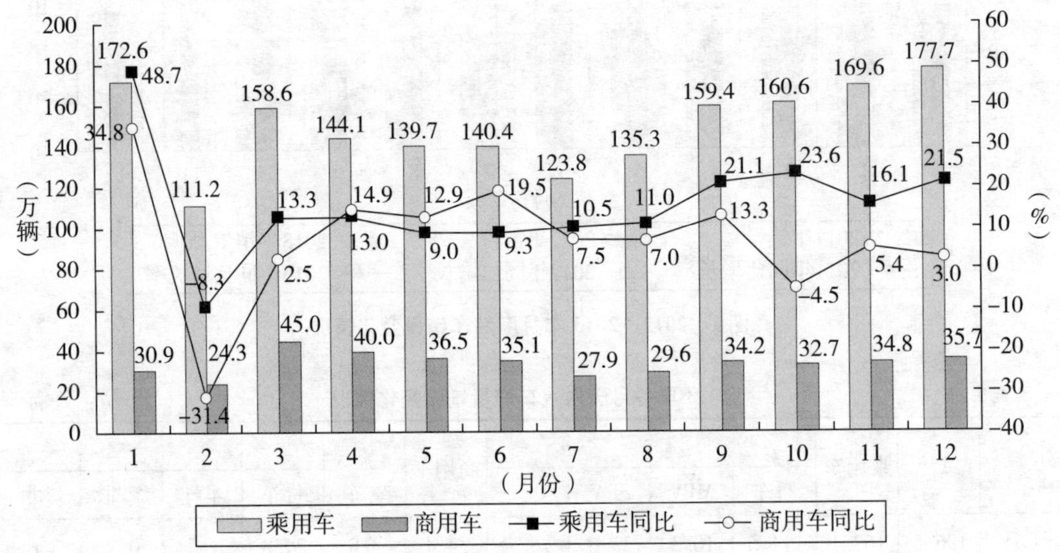

图2　2013年各月汽车主要品种销售情况

1. 各细分市场特点

（1）1.6升及以下排量乘用车市场稳定发展

2013年，1.6升及以下排量乘用车市场占有率略有回落，小排量汽车市场占有率逐步回升。2013年，1.6升及以下排量乘用车全年共销售1192.37万辆，同比增长14.73%；占乘用车销售市场的66.51%，较2012年下降0.69个百分点；占汽车销售市场的54.21%，较2012年增长0.31个百分点。

（2）SUV市场保持高速增长

2013年全国SUV累计销量303.97万辆，占狭义乘用车总销量的18.6%，同比增长50.8%。其中，城市型SUV实现了240万的销量，同比增速达到53.0%，对整个SUV市场的增长率贡献达到45.2个百分点，占SUV市场的份额高达86.8%，与豪华SUV和越野型SUV相比，无论在绝对销量还是在增长速度等方面，前者均体现出其“大哥大”级别。从实际上，这种市场需求特

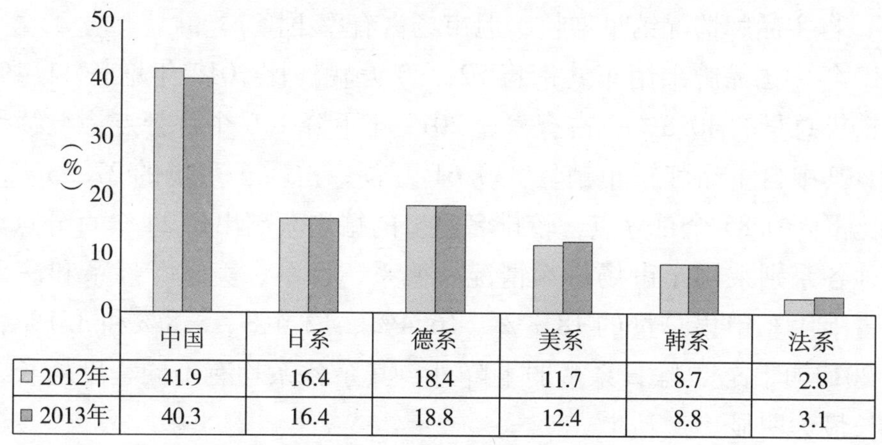

	中国	日系	德系	美系	韩系	法系
2012年	41.9	16.4	18.4	11.7	8.7	2.8
2013年	40.3	16.4	18.8	12.4	8.8	3.1

图3　乘用车系别市场份额比较

征也是可以理解的，毕竟 SUV 的主要使用道路环境还是城市道路，而消费者对于 SUV 的越野性能需求并不高；同时，豪华 SUV 虽然是消费者都想要的，但由于经济实力的有限及现实原因，也使其难以成为市场主流。

（3）商用车市场回暖

2013 年商用车产销分别完成 403. 16 万辆和 405. 52 万辆，比 2012 年分别增长 7. 6% 和 6. 4%。行业形势由 2012 年的下降转为增长。商用车行业在 2010 年达到历史最高点后，2011 年和 2012 年连续两年下降，2013 年恢复增长态势。其中，货车（含货车非完整车型、半挂牵引车）产销分别完成 346. 85 万辆和 349. 63 万辆，比 2012 年分别增长 7% 和 5. 8%。在经历了 2012 年的惨淡之后，借助国家的各项利好政策，货车市场在 2013 年迎来了复苏。其中，重型、轻型货车销量高于 2012 年，增速分别为 21. 7% 和 3. 6%，增长贡献度分别为 71. 7% 和 34. 1%，成为拉动货车增长的主要动力；中型和卫星货车销量低于 2012 年，分别下降 1. 8% 和 4. 1%。

（4）汽车整车出口有所回落

2013 年，我国汽车整车累计出口 87. 24 万辆，同比下降 6. 4%，其中，乘用车出口 48. 60 万辆，同比下降 7. 7%；商用车出口 38. 64 万辆，同比下降 4. 7%。2013 年，全国汽车商品累计进出口总额为 1458. 72 亿美元，同比增长 4. 1%。

（5）企业经济效益持续向好

2013 年 1—11 月，17 家重点企业（集团）累计完成工业总产值 2. 27 万亿元，同比增长 18. 1%。累计实现主营业收入 2. 56 万亿元，同比增长 16. 2%；完成利税总额 4507. 93 亿元，同比增长 24. 7%。

（6）自主品牌情况销量增长，但市场占有率下降

2013 年中国品牌乘用车共销售 722.20 万辆，比 2012 年增长 11.4%，占乘用车销售总量的 40.3%，占有率比 2012 年下降 1.6 个百分点，继续呈现下降趋势。其中自主品牌轿车销售 330.61 万辆，占轿车市场的 27.53%，市场份额同比下降 0.85 个百分点，较排名第二的德系车高出 3.24 个百分点。

其他各系别乘用车市场份额情况，德系、日系、美系、韩系和法系乘用车分别占乘用车销售总量的 18.8%、16.4%、12.4%、8.8% 和 3.1%，市场份额与 2012 年比较，除日系微弱下降外，其余各系均有不同程度增长，其中美系增长最为明显。

（7）大企业集团产业集中度进一步提高

2013 年，6 家汽车生产企业（集团）产销规模超过 100 万辆，其中上汽销量突破 500 万辆，达到 507.33 万辆，东风、一汽、长安、北汽和广汽分别达到 353.49 万辆、290.84 万辆、220.33 万辆、211.11 万辆和 100.42 万辆。前 5 家企业（集团）2013 年共销售汽车 1583.11 万辆，占汽车销售总量的 72.0%，汽车产业集中度同比增长 0.4%。

我国汽车销量前十名的企业集团共销售汽车 1943.06 万辆，占汽车销售总量的 88.4%，汽车产业集中度同比增长 1.4%。

2. 汽车市场由一线城市迅速向二三级城市扩展

汽车市场由一线城市向二三线城市转移，是目前我国汽车市场的主要特征。从目前市场容量以及厂商关注程度看，一线城市汽车市场容量及销售服务网络相对饱和，2013 年，随着大多一线城市的限牌、限购、治堵等措施的实施，加速了汽车市场向二三线城市拓展的进程。二三线城市的人口比例占到了全国总人口数量的 88.8%，消费潜力巨大，将逐渐成为我国汽车市场发展的主导力量。

随着汽车市场增长的重心向二三线城市转移，众多车企也将渠道拓展的重点放在了二三线城市。合资品牌、营销战线迅速向二三线城市下沉；自主品牌、网络布局主要放在以县城为代表的二三四线市场上。因此，今后一段时期，二三四线市场将是厂商的主战场。

（二）二手车市场进入新的发展阶段

与新车市场相比，应该说二手车市场没能按照预期轨迹发展，相比预测的增长率要低一些。据中国汽车流通协会对全国 400 余家重点二手车交易市场统计，2013 年全年共交易二手车 520.33 万辆，同比增长 8.60%，其中，乘用

车交易 352.43 万辆，同比增长 13.44%；商用车交易 144.22 万辆，同比增长 0.21%。

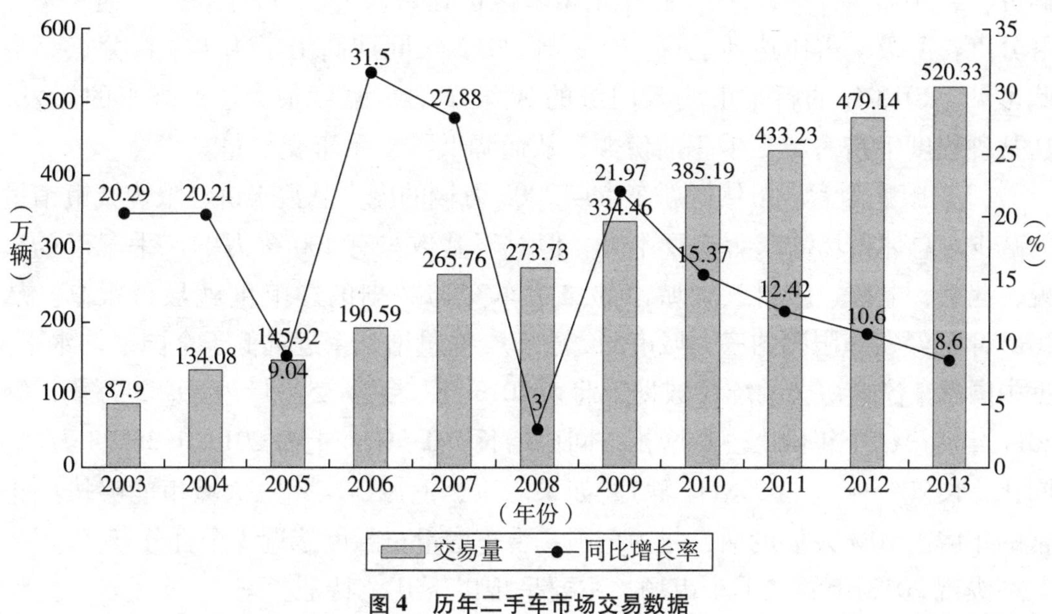

图 4 历年二手车市场交易数据

之所以市场发展低于期望值，主要因素有三个：

（1）限迁因素。全国大部分城市对二手车迁入的限制，不但限制了二手车的跨区域流通，同时，也会影响到二手车终端销售价格，从而引发消费者"惜售"，二手车市场活跃度下降。随着各地空气质量的不断恶化，大部分城市对二手车迁入持抵制态度，而且标准越来越高，截至 2013 年 8 月，全国共 292 个城市对外地转入车辆有排放标准规定，其中，三级以上标准的城市有 269 个，北京、天津、山东、浙江、河南、黑龙江、内蒙古 7 个省、自治区、直辖市 144 个城市要求迁入二手车排放标准达到国Ⅳ以上。其中，北京要求迁入机动车的排放标准达到"京Ⅴ"。也就是说，基本上没有多少车辆能够迁进京城。近日，业内传出消息，唐山、邢台等河北省的几个城市二手车迁入标准提高到了"国Ⅴ"。

（2）"跷跷板"效应。入门级新车需求与二手车需求之间存在一定的替代效应，也就是新车市场与二手车市场之间的跷跷板现象。虽然说汽车开始大范围走进普通家庭，但汽车的普及程度仍然不高。据国家统计局发布的数据计算，2012 年，我国千人汽车保有量仅为 80.8 辆，乘用车千人保有量仅为 44.23 辆，也就是说平均每 100 人中只有不到 4 个半人拥有家用小汽车，汽车保有率仍然处于较低水平。同时，二手车又具有质量与价格的不确定性，二手车市场还存在信息不透明、经营不规范的问题，众多消费者在购买决策时仍然会首选入门级家用汽车。据对2013年乘联会提供的基本型乘用车销售数据分析，2013年1—11月A级车销量增速达到20.05%，高于轿车增速8.9个百分点，A级车占比达到了60.2%，比2012年同期高出了4.7个百分点。由此可见，2013年的新车市场入门级的A级车的贡献度最大。A级车的爆发，从某种程度上挤占了二手车的份额，从而降低了二手车交易量。

（3）限购因素。虽然说新车市场2000万辆的庞大基数来讲，限购城市销量的减少对总体市场需求影响度不大，但对于基数只有400多万的二手车市场来说，北京、上海、广州三大城市的二手车交易数据的影响度就显得很高。从2013年已经实施限购的三大城市的二手车交易量增长率远远低于全国平均水平。据中国汽车流通协会的统计数据，北京2013年二手车交易量为69.53万辆，继2011年后第二个年份出现负增长，同比增长-0.5%；上海2013年38.73万辆，同比增长2.14%（少298111辆）。如果北京、上海、广州三大城市能够按照正常的年增速10%发展的话，将为全国二手车增量贡献度接近3个百分点。

纵观2013年的二手车市场，主要呈现以下几个特征：

1. 乘用车仍是二手车交易的主流

统计结果显示，2013年，二手乘用车共交易352.43万辆，同比增长13.44%，高于整体二手车交易总量增长率4.84个百分点，二手乘用车占交易总量的67.74%，比2012年度提升2.9个百分点。在乘用车中，轿车交易304.94万辆，同比增长11.63%，高于整体二手车交易总量增长率3.03个百分点，轿车占市场总量的58.61%，相比2012年同期，这一比例也有所提升，提升幅度为1.6个百分点；MPV交易22.47万辆，同比增长18.89%，占交易总量的4.32%，占比与2012年相比增加了0.38个百分点；SUV交易16.68万辆，同比上涨50.48%，占交易总量的3.21%，占比与2012年相比增加了0.9个百分点，SUV的表现与新车需求相呼应；交叉型乘用车交易8.34万辆，同比增长10.64%，占交易总量的1.60%，这一比例与2012年同期相比也有小幅攀升（如表2所示）。

表2　2013年各车型占总交易量的份额　　单位：%

车型分类	乘用车				商用车		其他车	农用车	挂车	拖车
	轿车	MPV	SUV	交叉型	货车	客车				
2013年	58.61	4.32	3.21	1.60	12.84	14.87	1.45	0.20	0.87	2.03
2012年	57.01	3.94	2.31	1.57	13.67	16.37	1.79	0.29	0.83	2.21

2. 二手车交易规模较大的区域增长缓慢

2013 年二手车交易量排在前十位的省市均出现增长缓慢的情况（如表 3 所示）。2012 年交易量排在第二位的山东省，由于全省二手车迁入标准陡然提高到了国Ⅳ排放，二手车市场出现了整体负增长，其排位也被挤到了第四位。而过去一直交易量不是太大的省市，倒是出现了较快增长。2013 年二手车市场增长率排名前五位的区域分别为山西 99.67%、湖北 76.84%、广西 52.71%、吉林 38.73%、河北 36.24%。之所以能够出现如此高的增长率，不排除有统计口径方面的因素，还有 2009 年、2010 年进入家庭的汽车这些地区开始逐步流入二手车市场的因素。当然，在这些地区的基础数据较低，客观上造成了较高的增长比例。

表 3　交易量排名在前 10 位的省市交易量与同比增长率

省市	累计交易（辆）	同比增长率（%）
广东	844658	5.83
四川	490778	5.24
北京	488952	4.83
山东	461074	-6.76
上海	387307	2.14
河南	381243	7.15
浙江	323324	15.65
辽宁	218437	-2.14
云南	189116	3.04
天津	168716	8.15

3. 场内交易仍是二手车市场发展现阶段的主要流通方式

调查显示，场内交易约占 90% 以上。

4. 品牌二手车业务发展迅速

据汽车生产企业二手车联席会提供的统计数据，2013 年共置换二手车 40.93 万辆（其中未包括上海通用、一汽大众、奔驰、宝马 4 个品牌的置换数据），同比增长了 34.07%（扣除了不可比因素）；认证二手车零售 3.55 万辆，同比增长 43.98%。以上数据表明，2013 年是品牌二手车发展较快的一年，无论是置换量还是认证量都有了较快的增长。促成品牌二手车快速成长的因素有很多，归结起来主要有两个最主要的因素。一是我国汽车市场已经从以新增需求单边拉动过渡到了新增需求与置换需求共同作用阶段，二手车置换已经成为新车销售的重要手段，而且，随着汽车市场的深入发展，二手车置换对新车销售的贡献度将会逐年提升；二是品牌经销商开始逐渐注重汽车服务链的后端利润的挖掘，二手车置换进入了汽车经销商重点培育的业务。也就是说，如果说以往品牌二手车业务是由厂商推着走，现如今，品牌二手车业务则成为经销商的主动行动。

尽管二手车市场的发展还存在诸多问题，如税收政策问题、二手车牌证管理问题、临时产权登记问题、二手车交易主体的培育和发展问题、二手车市场的进一步规范问题、诚信经营等问题，但随着汽车保有量的大幅度增加和汽车市场及政策环境的不断改善，以及以上问题的逐步解决和突破，二手车市场必将迎来一个较快的发展阶段，创建一个全国统一的二手车大市场与大流通时代已经来临。

（三）汽车进出口市场增减各异

2013 年，进口汽车市场需求进一步放缓，全年上牌 110 万辆，同比增长 11% 左右；市场供给延续了 2012 年的调整态势，但数量仍然过大，全年海关进口量达 117. 1 万辆，同比增长 7. 3%。

同时，2013 年整个行业进口汽车呈现库存过高、价格优惠加大等“以价换量”的特征。行业库存压力仍较大，截至 11 月，行业库存处于 3. 2 个月（即不购入新车的前提下，库存出售完毕需 3. 2 个月），其中经销商库存深度近 3 个月；12 月进口汽车市场优惠幅度达 9%。

在进口汽车市场中，SUV 依然是绝对主导车型，市场份额在 60% 左右，进口与上牌同比均实现正增长；小排量进口车市场份额明显增加，1—11 月 3. 0L 以下份额达到 89. 2%，其中 1. 5 ~ 2. 0L 排量区间提升 5. 7 个百分点，超过 1/3 的份额。

2013 年汽车累计出口 92 万辆，出口金额 119. 9 亿美元，同比分别下降 6. 7% 和 5. 4%。其中，轿车出口 42. 4 万辆，同比下降 14. 3%。四轮驱动越野车出口 0. 3 万辆，同比下降 37%。

（四）汽车后市场及新型服务方式将成为新的增长点

消费者消费热情的全面升级，使得汽车个性化需求持续呈现旺盛状态。从某种意义上讲，当消费者完成了汽车的购买，则意味着汽车消费新的开端。汽车维修、保险、用品、装饰、改装等后市场服务前景广阔。据国家保监会

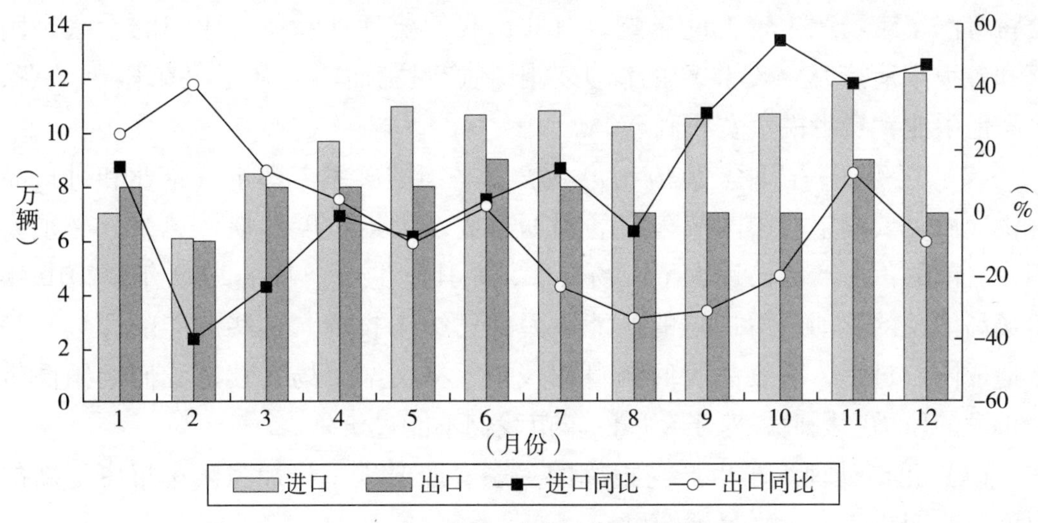

图5 2013年各月汽车进出口变化情况

统计，汽车保险目前已成为我国财产保险业的主险，年保险额达到3700亿元，占整个财产险的80%；而汽车用品及装饰市场的产销量也逐年大幅度提升。数据显示2013年，我国汽车用品市场总量已达5000亿元，汽车用品生产和销售企业已分别达到2万和7万多家，每年的新品推出量在3000个系列以上。汽车消费时代和城市化进程使得汽车用品行业发展极其迅速，市场规模增速惊人。

由于汽车后市场的服务空间广阔，以及丰厚的利润回报，加之消费者个性化消费的偏好，因此，拓展汽车后服务市场是汽车市场发展的必然，是汽车厂商、经销商与消费者共同的需求。

（五）正确处理几大关系，推动汽车市场可持续发展

总的来看，2013年我国新车产销双双突破2000万辆，已处于总量较高的阶段。汽车市场已开始出现国际成熟市场的一般特征，即汽车市场增长已由单一的新增需求驱动，逐步转变为新增需求与置换需求的两轮驱动特征；新车市场与二手车市场的联动作用进一步凸显；市场竞争十分激烈，买方市场初步显现。

当前，要推动汽车市场的稳定可持续发展，最重要的是要把握和处理好以下几大关系：

（1）正确看待汽车消费与环境、能源、交通的关系。目前我国已进入汽车消费时代，汽车市场的发展对环保、交通、能源等方面带来了极大的压力，限购、限行、限迁等抑制汽车消费的地方性政策逐步向更多大中城市扩散，

这将对汽车市场产生较大的影响，对此，我们要理性看待，我们的看法是国家和各级政府应从汽车生产的源头来限制产量，而不是从下又来限制消费，更不能限制消费者的消费权利。

（2）正确把握产能、供应与市场需求平衡的关系。即生产企业和进口品牌供应商，要调整对中国汽车市场预期过高、供给过度的惯性思维。必须看到，目前的汽车产能已远大于市场需求，尤其是生产企业在2009年、2010年市场高增长的驱动下而扩建的产能，大都已竣工投产。这些产能的释放，势必造成网点过密，引发品牌间的自相残杀，将会给市场尤其是我们经销商带来很大的压力。因此，对于今后的车市我们不能过于乐观。

（3）正确处理汽车生产与报废的关系。即要进一步加强汽车报废更新的力度，改变重生产、轻报废的思想。

（4）积极建立和推动新车市场与二手车市场的联动关系。改变现在二手车交易量较少、二手车流通不畅，对新车销售贡献度不高的现状。

（5）大力推动汽车消费与汽车金融的紧密关系。汽车金融对汽车产业和汽车市场的发展的杠杆作用越来越凸显。目前来看，推动中国汽车市场向前稳定发展的车轮有两个，一个是提高二手车交易量、搞活二手车流通；另一个则是做好包括汽车消费信贷、汽车融资租赁在内的汽车金融服务。在美国、欧洲、日本等比较成熟的市场，汽车消费60%～70%依赖于汽车金融服务。汽车经营销售的最主要方式就是分期付款与融资租赁，这两种模式的市场份额达到70%，尤其是美国，汽车消费信贷占汽车销售总额的80%，对新车销售的贡献度达到50%，拉动新车销售800万辆，同时，以融资租赁形式销售的新车也达到30%。而在我国目前只有大约14%的车辆是通过汽车消费贷款购买的，而融资租赁销售的汽车占比则更小，与发达国家的差距很大。汽车消费信贷、汽车融资租赁作为促进汽车生产、销售和刺激汽车消费的最有效的汽车金融服务工具，在我国本应该得到蓬勃发展，但由于融资租赁机构资金实力不强、融资能力有限、整体的社会信用体系缺失、融资租赁风险控制难度较大、得不到法律法规的应有保护和支持等各种客观因素的限制，目前处于一种探索发展状态，滞后于汽车市场的发展。这需要我们共同努力，大力发展汽车金融服务，以促进汽车市场的稳定发展。

（6）积极营造和建立良好的零供关系。核心是调整汽车供应商与经销商关系严重失衡的问题，明确各自的权利和义务，同舟共济、和谐共赢，真正发挥各自的市场主体作用。

二、2013年汽车流通行业的发展变化

从汽车流通行业看，随着中国汽车工业和汽车市场的进步与发展，汽车流通行业也得到了健康稳定的发展。新车销售、二手车交易、有形市场建设、汽车后市场服务等汽车流通服务链条、服务方式和服务业态不断完善，行业的规范管理进一步加强，现代化流通水平不断提升，为我国汽车产业的发展、汽车市场的繁荣、促进国民经济发展方式的转变，尤其是在当前经济形势下，为拉动内需、扩大汽车消费等作出了卓越贡献。2013年，大多数汽车经销商在商业模式的探索、经营服务的创新、经营结构的调整、品牌的整合、企业的重组等方面取得了较好的业绩，推动了行业的发展，并出现一些变化：

（1）行业企业多品牌经营、跨地经营、多网点经营、网络化经营正逐步成为国内汽车销售的主流趋势。

（2）经销商企业之间的兼并重组及申请上市步伐虽有所放缓，但行业的上市融资企业呈逐年增多的趋势。

（3）汽车流通业的社会贡献不断提高、社会责任感越来越增强。

近年来，对中国汽车流通行业来说，企业社会责任早已不是一个陌生的话题。很多优秀卓越的汽车流通企业都加入到积极履行社会责任的队伍中来。服务社会、回馈社会的汽车流通企业与日俱增，尤其在当今汽车市场的大环境下，虽然汽车流通企业面临着巨大压力，但支持公益事业的发展没有停止，参与的公益活动也引起了社会上的广泛关注，更多新颖的公益活动层出不穷。如庞大汽车、广汇汽车、中升集团、利星行汽车、润华集团、广东物贸、天津浩物、上海永达汽车、盈众控股、海南嘉华控股、利丰集团、辽宁惠华汽车、大连旧机动车交易市场等，在扶贫助学、关爱残障、环境保护、节能减排、赈灾济困、关爱儿童、倡导社会文明等方面做出了许多可歌可颂的公益活动，体现了我们行业的奉献、博爱精神。

（4）改革创新转型升级正在行业全面展开。目前，汽车流通行业认真贯彻执行党的十八大和十八届三中全会精神，改革创新转型升级正在行业全面推进，同时实施两大战略，实现纵横发展，做好三个方面的工作，使企业做大做强。

①积极转型变革，上抓产品资源，下盯市场和消费者，实施纵向发展战略。在当前买方市场开始显现时，广大汽车经销商要适应市场的发展变化，加速企业由资源销售型向销售服务型的转变。在抓好上游产品资源的同时，

紧盯市场和消费者，树立服务意识，注重服务品牌建设，诚信经营，精细做好销售服务工作，以赢得市场和消费者。

②创新服务模式，延展服务链条，实施横向经营战略。经销商要坚持以“转型升级”为主线，实施新车销售、二手车置换、后市场服务等主营业务并举。同时积极探寻新的利润增长点，大力发挥金融杠杆对汽车销售、服务的促进作用，推行消费信贷、融资租赁、汽车保险、汽车维修、汽车用品、装饰等多种营销服务模式，有条件的企业还根据不同业务适时导入电子商务，创新经营。同时以投资回报为前提，调整经营结构和赢利结构。

③练好内功，搞好企业内部资源的整合，提升自身竞争力。同时，根据市场发展和企业实际情况，掌控好扩张的步伐，包括兼并和新建网络。

三、2014 年我国汽车市场展望

（一）第一季度汽车市场走势

1. 汽车产量大幅增长

1—3 月，汽车生产 589.2 万辆，同比增长 5.6%。其中，乘用车生产 479.9 万辆，同比增长 5.5%；商用车生产 109.3 辆，同比增长 5.9%，总体呈大幅增长态势。

表 4　　2014 年各月国内汽车产量增减变化情况

	1 月（万辆）	2 月（万辆）	3 月（万辆）	1—3 月累计（万辆）	累计同比（%）
总计	205.1	163.8	220.2	589.2	9.2
乘用车	171.1	133.9	174.8	479.9	9.5
轿车	108.9	85.3	110.0	304.3	3.2
MPV	16.6	14.4	19.1	50.1	66.7
SUV	31.5	24.2	31.7	87.4	34.6
交叉	14.1	10.0	14.0	33.1	-21.5
商用车	34.1	29.9	45.3	109.3	7.8
客车	4.1	3.1	5.2	12.4	6.1
大型客车	0.5	0.3	0.7	1.5	-5.2
中型客车	0.7	0.3	0.5	1.5	-5.1
轻型客车	2.9	2.5	4.0	9.4	10.4
货车	30.0	26.8	40.1	96.9	8.0

续　表

	1月（万辆）	2月（万辆）	3月（万辆）	1—3月累计（万辆）	累计同比（%）
重型货车	6.3	6.5	9.9	22.7	24.8
中型货车	2.2	1.9	3.0	7.0	-10.1
轻型货车	16.9	14.5	21.5	53.0	8.8
微型货车	4.6	3.9	5.7	14.2	-5.4

2. 汽车销售形势较好

1—3月，汽车销售592.23万辆，同比增长9.18%，增幅较2013年同期略有减缓。其中乘用车销售486.95万辆，同比增长10.09%；商用车销售105.28万辆，同比增长5.13%。

在乘用车方面：1—3月，乘用车四大类细分品种只有交叉型乘用车表现低迷，其他三大类品种累计销售447.22万辆，同比增长14.10%，高于乘用车行业总体增幅4.01个百分点。1—3月，轿车销售311.51万辆，同比增长4.66%；多功能乘用车销售48.87万辆，同比增长57.77%；运动型多用途乘用车销售86.84万辆，同比增长37.08%；交叉型乘用车销售39.73万辆，同比下降21.08%。

在商用车方面：1—3月，客车和货车销售同比呈稳定增长。其中客车销量增幅略有提升；货车销售结束2013年下降，呈小幅增长。1—3月，客车销售12.86万辆，同比增长10.55%。其中：大型客车销售1.54万辆，同比下降4.64%；中型客车销售1.57万辆，同比下降3.43%；轻型客车销售9.75万辆，同比增长16.17%。货车销售92.42万辆，同比增长4.42%。其中：重型货车销售20.29万辆，同比增长20.24%；中型货车销售6.67万辆，同比下降8.88%；轻型货车销售51.23万辆，同比增长4.41%；微型货车销售14.23万辆，同比下降6.67%。

3. 1.6升及以下排量乘用车市场份额下降

1—3月，1.6升及以下乘用车销售326.59万辆，占乘用车销售市场的67.07%，比2013年同期下降3.09个百分点；销量同比增长5.25%。

4. 自主品牌乘用车销量同比下降

1—3月，自主品牌乘用车共销售188.53万辆，同比下降1.5%，占乘用车销售市场的38.7%，占有率同比下降4.5%；其中，自主品牌轿车共销售71.5万辆，同比下降17.7%，占轿车销售总量的23%，占有率同比下降6.2%。

5. 销量排名前十位的汽车生产企业

表5　　2014年1—3月车型前十家生产企业销量排名

排名	汽车		乘用车		商用车	
	企业	销量（万辆）	企业	销量（万辆）	企业	销量（万辆）
1	上汽	151.46	上海大众	51.24	北汽福田	17.03
2	东风	93.08	一汽大众	43.38	东风公司	12.57
3	一汽	75.2	上汽通用五菱	43.09	江淮	8.76
4	长安	67.54	上海通用	42.38	金杯股份	7.63
5	北汽	59.06	北京现代	28.42	一汽	7.03
6	广汽	23.39	重庆长安	28.24	江铃	5.89
7	华晨	21.46	东风日产	21.26	上汽通用五菱	5.19
8	长城	18.78	长安福特	19.65	重汽	4.95
9	江淮	14.39	神龙	16.52	重庆长安	4.11
10	奇瑞	10.9	东风悦达	15.59	南汽依维柯	3.26
合计（万辆）	535.26		309.77		76.42	
份额（%）	90.38		63.61		72.59	

6. 汽车进口同比保持增长，出口继续走低

1—3月汽车累计进口31万辆，进口金额135.2亿美元，同比分别增长42.5%和52%。其中，轿车进口10.2万辆，同比增长25.1%；四轮驱动越野车进口13.1万辆，同比增长48.8%。

1—3月累计汽车出口20万辆，同比下降9.3%，出口金额26.6亿美元，同比增长0.9%。其中，轿车出口9.1万辆，同比下降12.7%；四轮驱动越野车出口0.1万辆，同比增长1.4倍；货车出口6.1万辆，同比下降11.4%。

7. 汽车价格稳中略升

据国家发展改革委员会价格监测中心对全国36个大中城市监测，第一季度全国汽车市场受需求拉动，价格先扬后抑，总体小幅走高。至3月价格比2013年年底累计上涨0.02%，第一季度国产汽车价格同比上涨0.66%。乘用车与商用客车价格走势略有分化。

商用车价格波动上行，第一季度商用车价格比2013年年底累计上涨0.53%，同比上涨2.05%。其中，商用货车价格比2013年年底累计上涨2.23%，同比下降0.10%。细分车型中，轻型、中型、重型货车价格分别比2013年年底累计上涨0.05%、4.82%和1.34%，其中，轻型、重型货车价格

均略高于2013年同期水平，中型货车价格同比则下降1.82%。商用客车价格比2013年年底累计下降0.58%，同比上涨3.60%。细分车型中，大型客车价格比2013年年底累计下降0.90%，同比上涨4.92%；轻型客车价格则比2013年年底累计上涨0.40%，同比下降0.34%。

乘用车价格小幅下降。第一季度乘用车价格比2013年年底累计下降0.38%，同比下降0.51%。细分车型中，基本型、运动型乘用车与微型客车价格分别比2013年年底累计下降0.60%、0.25%和0.17%，其中基本型乘用车与2013年同期价格水平持平，运动型乘用车与微型客车均略低于2013年同期价格水平。

（二）全年展望

1. 2014年乘用车销量平稳增长

据预测，2014年中国汽车市场全年总销量约2374万~2418万辆，增长率为8%~10%。据不完全统计，2014年约有300余款新车上市，由此可以看出市场热度只增不减的趋势。此外，前两年汽车企业纷纷拓展三四线甚至五六线市场，无论是从产品打造还是渠道网络布局建设方面都已基本完成，2014年中国汽车乡镇市场应该会迎来一个大幅上升的高峰。但区域限购和低速电动车或被认可等诸多不确定因素，对汽车流通行业具有一定影响。

2. 二手车市场潜力巨大

中国二手车市场还有巨大的增长空间。经过多年发展，不少曾经的新车已经使用超过5年，由于房产、汽车限购政策的实施，为换新车不得已要出售自己的旧车，这将促使二手车交易更加的活跃，以北京为例，由于实行限购政策，北京的二手车交易量已经超过新车。由此预测，2014年我国二手车交易市场需求会处在刚需阶段。

3. 进口车市场保持平稳增长，豪华车市场下探二三线城市

我国经过数十年的高速增长，经济上取得了长足的进步，人民生活水平得到极大提高，人民对于高品质生活的向往也前所未有。基于以上原因，2014年我国进口车市场依然会紧盯过往的二三线城市，但那里是一般被认为是自主品牌的战场，随着汽车增速放缓、汽车限购政策等，豪华品牌在固守一线城市的同时，开始向二三线市场开拓。对于汽车厂家来说，谁抓住了二三线市场，谁就有可能占有更多的市场份额，限购政策令一线城市销量难有提升。越来越多的汽车厂商进行了品牌策略调整，加快向二三线市场营销布局的步伐。

2014 年随着越来越多的厂商布局二三线城市，以及二三线车市购买力的增强，豪车将顺势抢滩这些新兴区域市场。这样的趋势下，自主品牌以及实力不强的合资品牌将面对更大的竞争压力。2014 年中国宏观经济仍面临转型压力，进口车市场的需求总量及结构继续受行业政策影响，市场增速进一步放缓，预计 2014 年进口汽车市场需求增长 7% ~10% 。

4. 汽车后服务市场空间广阔

汽车后市场服务包括维修保养、二手车、保险、装饰美容、汽车改装、汽车娱乐、道路救援等多项业务，意味着更多的发展机会。同时，汽车租赁市场作为汽车后市场重要组成部分，近一两年发展迅速，市场机会突现，前景广阔。

5. 汽车产业整合加速，即将进入“蜜月期”

2013 年 11 月，北汽集团以不足 1 亿元的价格兼并重组江西昌河汽车。根据双方协议，北汽将持有江西昌河 70% 股份，到 2017 年年底计划累计投资约 130 亿元，实现整车产能 50 万辆，全产业链年营业收入达到 500 亿元。随着进一步的发展，北汽还将继续扩大昌河汽车的产业规模，建设合资新基地和自主品牌战略基地，使昌河达到产销整车 100 万辆、实现全产业链 1000 亿元的营业收入，进入“百万千亿”企业级别。北汽成为继广汽后，又一家通过并购重组加速发展的车企。

汽车产业振兴规划中明确提出，鼓励一汽、东风、上汽、长安（四大）等大型汽车企业在全国范围内实施兼并重组；支持北汽、广汽、奇瑞、重汽（四小）等汽车企业实施区域性兼并重组；并制定了“新建汽车生产企业和异地设立分厂，必须在兼并现有汽车生产企业的基础上进行”的政策红线。相比四大，北汽、广汽等企业在并购重组方面走在了前列，而在即将到来的 2014 年，则是联姻后的“蜜月期”。

总之，2014 年的我国汽车市场仍然是充满机遇和挑战的一年，是市场增速回归正常的一年。预计我国国产新车市场将保持 8% ~10% 的增长；二手车市场增速将会达到 15% ，交易量将突破 600 万辆；进口汽车增长率将会保持在 7% ~10% ，达到 130 万辆；汽车后市场的增长将在 25% 以上，汽车用品等市场容量将接近 6000 亿元。

（中国汽车流通协会　肖政三
中国物流信息中心　王宏亮）

2013—2014 年煤炭流通回顾与展望

2013 年，受诸多因素影响，我国煤炭行业的“黄金十年彻底终结”，煤炭产能快速释放，产量过剩成为常态。经济增长动力不足，煤炭需求不旺。国际煤价低于国内，进口煤炭快速增长，对国内煤炭市场雪上加霜。市场继续呈现疲软态势，总量宽松，结构性过剩。煤炭市场价格持续低迷，行业经济效益大幅下降，企业经营困难。2013 年也是深化市场改革的重要一年。国务院办公厅“关于深化电煤市场化改革的指导意见”全面实施，取消了电煤重点合同，实现了电煤价格并轨。由太原、大连东北亚、陕西、秦皇岛、徐州、内蒙古等煤炭交易中心形成的全国煤炭交易市场合作机制。2013 年年底，国家审批制度的改革，取消了煤炭生产许可证和煤炭经营许可证。

展望 2014 年，由于我国工业经济进入紧缩期，对能源需求减少。因此，煤炭市场需求呈现偏弱格局；同时，煤炭增产动能较强、运能空间可调、进口量高位波动。由此可以预计，2014 年我国煤炭市场将表现为产能和产量过剩态势，煤炭价格在低位震荡，有创新的可能。

一、2013 年煤炭市场回顾

（一）产能平稳增长，产销增速均有回落

2013 年，全国原煤产量前低后高，全年同比基本持平略有增长。据煤炭运销协会数据，2013 年全国煤炭产量完成 37 亿吨左右，产量增速由前 10 年年均增加 2 亿多吨，首次降至 5000 万吨左右。全年我国煤炭累计新增资源总量为 39.7 亿吨，同比仅增长 1%。

上半年，由于经济增长不及预期，煤炭需求增长较慢，再加上煤炭进口持续增长，下游行业不断去库存，煤炭价格持续走弱，部分不具备区位优势和资源优势的煤企被迫停产、减产，全国原煤产量回落明显。进入下半年，特别是 9 月之后，在经济企稳回升、国际煤价快速反弹、下游用户加大补库力度等多重因素作用下，国内煤价逐步止跌回升。由于前期价格大幅走低致

使大部分中小煤矿停产，但国有煤矿产量仍然保持稳定的增长。而中小煤矿开采方便，随着市场行情好转，中小煤矿在短时间内迅速恢复生产，煤炭产量逐步回升，全国原煤产量累计同比降幅不断收窄。

（二）需求恢复性好转，供需整体宽松

宏观经济在2013年第二季度快速探底回升，第三季度之后保持平稳增长。全年火电、粗钢、水泥等主要下游产品整体需求形势明显好于2012年同期，煤炭需求出现恢复性增长。2013年全国煤炭消费量36.1亿吨左右，但煤炭消费增幅由前10年年均增长9%左右下降到2.6%左右。

其中，火力发电量全年累计完成42152.5亿度，同比增长6.9%，增速比2012年加快6.3个百分点。水电共累计完成7890.5亿度，同比增长7.2%，增速比2012年大幅下滑18.6个百分点。

冶金行业中生铁产量累计完成70897万吨，同比增长6.2%，增速比2012年提高2.5个百分点；粗钢产量累计完成77904.1万吨，同比增长7.5%，增速提高4.4个百分点；钢材产量累计完成106762.2万吨，同比增长11.4%，增速提高3.7个百分点。

建材行业，水泥产量累计完成241439.6万吨，同比增长9.6%，增速加快2.2个百分点。化肥行业产量累计完成7153.6万吨，同比增长4.9%，增速下降6个百分点。

虽然2013年火电、粗钢、水泥产量增速较2012年明显回升，但从前几年的增长情况来看，增速仍处于较低水平。可以说2013年煤炭需求只是出现了恢复性增长，从长期趋势来看，煤炭需求增长仍将呈逐步放缓态势。

表1　2013年与煤炭相关的部分工业产品产量生产完成情况

品种	单位	2013年	同比（±%）
火力发电量	亿度	42152.5	6.9
粗钢	万吨	77904.1	7.5
水泥	万吨	241439.6	9.6
化肥	万吨	7153.6	4.9

数据来源：国家统计局工业司

（三）市场价格持续下行，年末快速回升

2013年我国煤炭市场价格经历了暴涨暴跌行情。全国煤炭价格延续2012

年的跌势，价格指数由年初的170.7下降至9月末的157.8，10月上旬以来略有回升，12月27日达到161.8，比9月末上升4点，比年初下降8.9点，比2011年高点下降41.2点。

首先第一季度后，由于下游用户，特别是电厂用户持续去库存，煤炭进口保持较快增长，即便产量下降，也未能扭转市场观望心理，煤价长期弱势运行。虽然面对煤企的求救，多地政府出台减免税费、煤电互保、建立煤炭市场价格波动调节基金等政策措施，甚至限制外来煤炭入境，但煤价下行似乎仍未见底。另外，在市场处于僵持之时，受澳元等贬值、国际市场采购需求减弱等因素影响，6月国际煤价大幅下挫，国内煤价遭遇最后一击，煤炭价格出现暴跌，环渤海地区5500大卡动力煤价跌破600元/吨，煤价重回五年前。

8月、9月之后，随着下游电厂、贸易商等企业提前冬储存煤，煤炭需求形势好转，同时国际煤价回升，市场观望氛围逐步扭转，主要动力煤企业不断上调价格，市场煤价逐步止跌趋稳，并在11月呈现快速大幅上升的势头。

进入12月，随着前期的大量补库，电厂库存普遍回归，下游煤炭拉运需求逐步转弱，困扰沿海运输的压港问题也明显缓解，港口装卸效率提高，船舶周转逐步加快。前期煤炭价格持续上涨有市场炒作的因素，缺少实际的需求支撑，煤价上涨动力已经明显不足。但是，由于正处于冬季用煤旺季，沿海动力煤价格还是出现了惯性上涨，但涨幅趋缓。截至2013年年底，5500大卡动力煤价格涨至年初630元/吨价格。

据海运煤炭网数据显示，截至12月25日的一周，环渤海5500大卡动力煤平均价格攀升至631元/吨，较11月27日上涨55元，涨幅达到9.5%，比10月16日的年内低点，上涨了100元/吨，短短两个月涨幅达到19%。和一月末相比上涨了3元，基本回到了年初的价位水平。截至12月25日的一周，秦皇岛港5800大卡、5500大卡，动力煤最低平仓价分别为655元/吨、630元/吨，与11月27日相比，每吨分别上涨50元、55元，涨幅分别为8.3%和9.6%，和10月末相比每吨分别上涨了75元和85元，和年初相比每吨仍下降5~10元不等。

据中国物流信息中心监测的煤炭价格指数来看，全年国内煤炭市场价格累计同比下降16.49%，累计比年初下降4.7%。其中，烟煤、无烟煤累计同比分别下降16.37%和16.98%，累计比年初分别下降5.46%和1.81%。

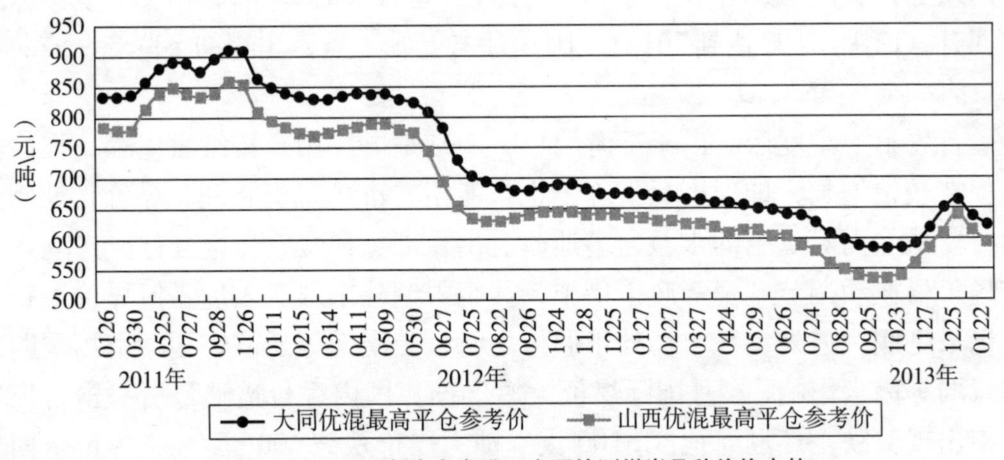

图1　2011—2013 年秦皇岛港口主要检测煤炭品种价格走势

表 2　　**2013 年 12 月流通环节煤炭价格指数**　　单位：%

	12 月			累计	
	比 11 月	比 2012 年同期	比年初	比 2012 年同期	比年初
原煤	113. 30	95. 90	98. 37	83. 51	95. 30
烟煤	114. 10	96. 09	98. 01	83. 63	94. 54
无烟煤	110. 24	95. 14	99. 77	83. 02	98. 19

国际方面，由于欧元贬值和原油价格下跌，国际动力煤市场表现低迷，全年价格整体处于下行通道，在第三季度末、第四季度有所反弹。截至 12 月末，澳大利亚 BJ 动力煤价格指数为 86. 3 美元/吨，较年初下降 7. 76 美元/吨，下跌 8. 35%，较 7 月 10 日的年内低点上涨 9. 19 美元/吨，上涨 11. 9 个百分点。理查德港动力煤价格指数为 85. 17 美元/吨，较年初下降 3. 49 美元/吨，下跌 3. 94%，较 9 月 13 日的年内低点上涨了 13. 52 美元/吨，上涨 18. 9 个百分点。欧洲 ARA 三港市场动力煤价格指数为 82. 97 美元/吨，较年初下跌 4. 13 美元/吨，下跌 4. 75%，较 6 月 28 日的年内低点上涨了 9. 08 美元/吨，上涨 12. 3 个百分点。

煤炭国内海运费用分航线来看，截至 12 月 31 日，秦皇岛至张家港航线 2 万 ~3 万吨船舶的煤炭平均运价为 42. 5 元/吨比 11 月末下降 22 元/吨，和年初相比每吨上涨 7. 3 元；秦皇岛至上海航线 4 万 ~5 万吨船舶的煤炭平均运价为 38. 1 元/吨比 11 月末下降 21 元/吨，和年初相比每吨上涨了 9. 8 元；秦皇岛至宁波航线 1. 5 万 ~2 万吨船舶的煤炭平均运价为 42. 1 元/吨，比 11 月末下降 21. 2 元/吨，和年初相比每吨上涨 6. 9 元；秦皇岛至广州航线 5 万 ~6 万吨船舶的煤炭平均运价为 47. 5 元/吨，比 11 月末下降了 14. 6 元/吨，和年初

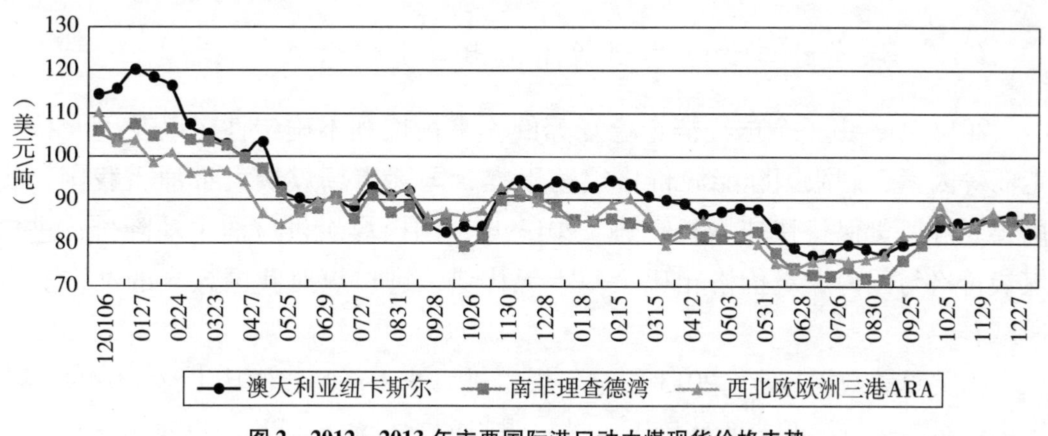

图2 2012—2013年主要国际港口动力煤现货价格走势

相比每吨上涨11.9元。

（四）铁路和港口煤炭发运量同比正增长

2013年全国港口煤炭发运量同比继续正增长，日均环比运量增长明显；全国铁路煤炭运量自6月以来出现正增长，日均环比增长明显。从总体上看，2013年煤炭运输能力满足运输需求、略显宽松。据统计，全国铁路累计发运煤炭23.2亿吨，同比增加5810万吨，增长2.6%。其中电煤16.1亿吨，增长1.3%。主要煤运通道中，大秦线全年完成煤炭运量4.45亿吨，同比增长4.5%；侯月线完成1.86亿吨，增长5.2%。

（五）煤炭市场库存创10年新高

产地、中转地以及发电企业等产业链各环节库存一直持续高位。从主要地区国有重点煤矿库存情况来看，2013年国有重点煤矿库存均值为4330万吨，2012年全年平均库存值为3724.1万吨，相比之下，重点煤矿平均库存增加605.9万吨，处于历史高位。煤矿库存大幅增加，进一步验证了2013年国内煤炭市场行情低迷、销售困难的局面。

截至2013年年底，煤炭企业存煤约8400万吨，同比增加70万吨，比2011年同期增加约3000万吨；重点发电企业存煤8159万吨，同比增加46万吨，增长0.6%，平均可用19天。主要港口煤炭库存3443万吨，同比减少562万吨，下降14.1%。其中北方七港的月末库存为2537万吨，同比减少238万吨，下降2.2%。从库存总量来看，三个环节库存总计为20002万吨，同比减少446万吨。

（六）煤炭进口量继续创新高，出口小幅增长

2013 年，由于全球经济企稳复苏的不平衡性和不确定性，以及美元持续走弱等因素，刺激国际能源价格震荡下挫，国际市场煤炭大量涌入我国，我国煤炭进口量保持快速增长态势。2013 年，国内煤炭供应商主动降价，进口煤炭价格与国内煤炭价格相比已基本无优势，进口煤对我国煤炭的冲击力有所减轻。

海关总署数据显示，2013 年全年煤炭进口 3. 3 亿吨，同比上涨 13. 4%。在国内煤炭需求持续低迷的环境下，进口煤炭的大量涌入对我国煤炭市场形成较大冲击。2013 年 11 月，国务院下发了《关于促进煤炭行业平稳运行的意见》，明确要求研究完善差别化煤炭进口关税政策，鼓励优质煤炭进口，禁止高灰分、高硫分劣质煤炭的生产、使用和进口，这将有利于优化煤炭进口结构。

同时在铁路运量难以满足用户要求，以及国内煤炭价格略高的情况下，用户也纷纷将新增需求瞄准进口煤炭，大量增加进口，并补充货源的不足。用煤企业选择进口煤，不仅由于进口煤物美价廉，价格优势突出，更重要的是可以压低国内市场煤价格，进而提高买方的议价能力。随着煤炭进口数量超常增长，进口煤炭的流向和消费布局从以前的两广地区，向北扩展到上海、山东、东北，向西进入华中地区湖南、湖北、四川及安徽。进口煤用户也由贸易商扩展到煤炭企业、电力企业等。

临近年末由于全球煤炭主要消费国家冬季耗煤季节到来，国际煤价一直保持涨势，我国煤炭进口量虽仍维持高位，但同比均有所萎缩。2013 年我国煤炭累计进口 2. 67 亿吨，同比增长 14%。累计进口均价 96. 9 美元/吨，同比下降 2. 6 美元/吨，比年初下降了 3. 6 美元/吨。

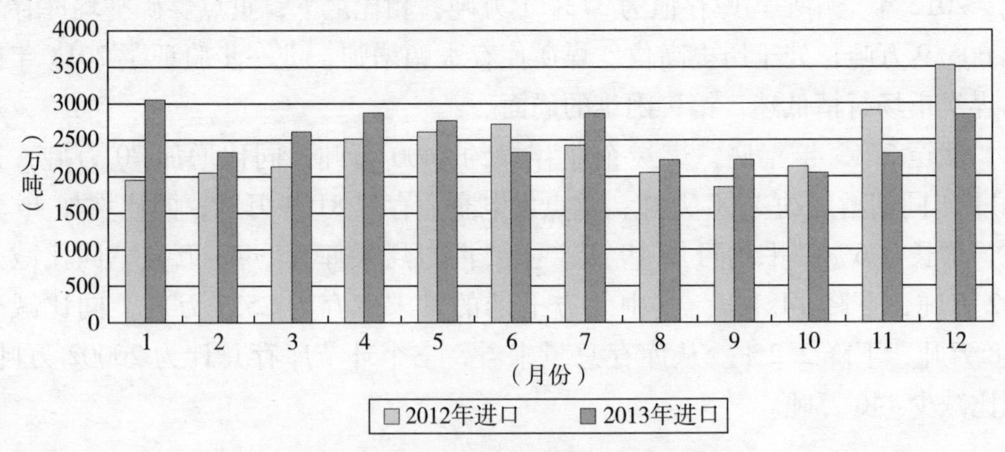

图 3　2012—2013 年我国煤炭月度进口量

由于国际市场价格的相对低位，2013 年我国煤炭出口量持续保持低增长势头。全年单月出口量均为突破 85 万吨，月度出口量最低点出现在 10 月，仅为 40. 4 万吨。全年我国煤炭累计出口 746. 7 万吨，同比下降 19. 4%。累计出口均价为 141. 9 美元/吨，同比下降 29. 4 美元/吨，比年初下降 23. 1 美元/吨。2013 年我国煤炭累计实现净进口 25967. 8 万吨。

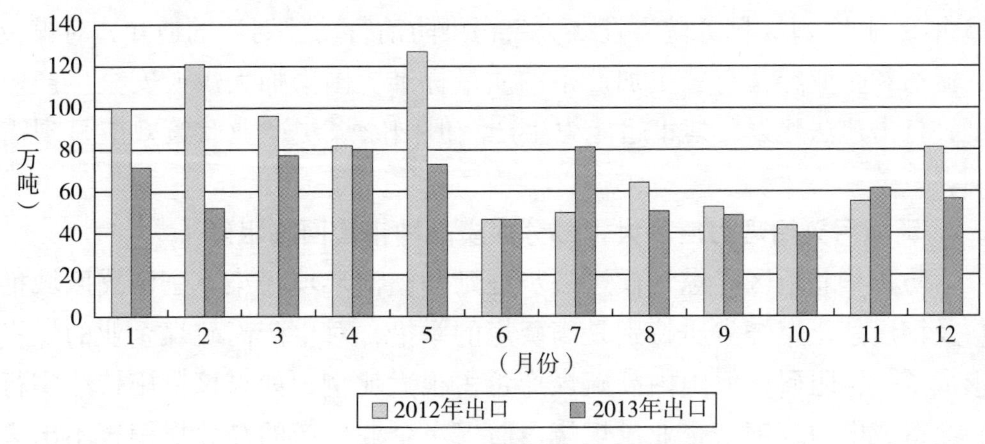

图 4　2012—2013 年我国煤炭月度出口量

从进出口当月均价的走势图中不难看出，第一季度进出口价格有上下波动，第二季度、第三季度进出口价格基本均呈现持续弱势下行走势，进入第四季度进口价格仍呈下行走势而出口价格有所上扬。

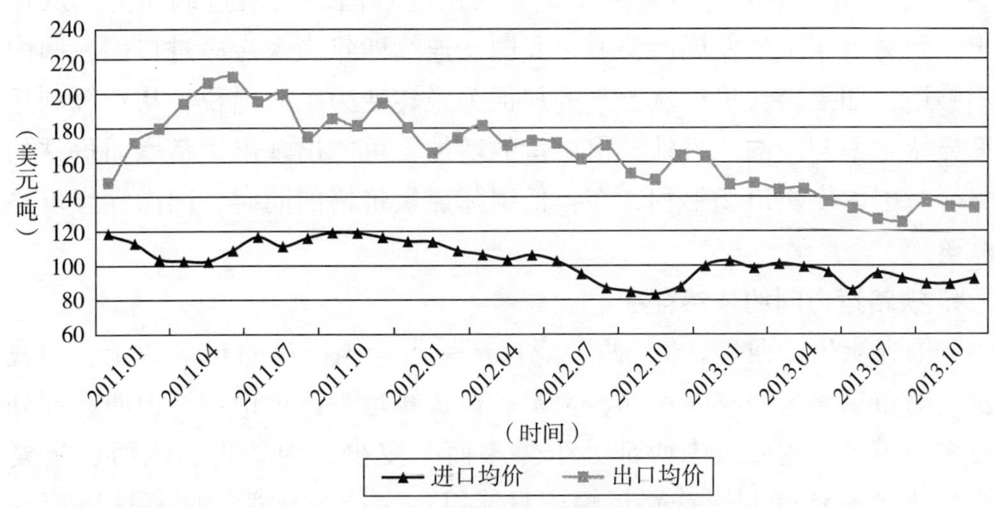

图 5　2011—2013 年我国煤炭进出口当月均价走势

二、2013 年影响煤炭市场发展的主要因素

1. 产能过剩，去库存需要时间

目前的产能过剩不再是以小煤矿多为主的过剩，而是以大型现代化煤矿为主的过剩。大型企业前几年整合的矿井已进入产能释放阶段，消化难度大。2013 年 9 月 12 日，国务院下发《大气污染防治行动计划》的通知，对煤炭生产、流通和企业经营有着更加严格的质量标准。国家加大煤矿安全生产监察力度，打击违法建设，禁止超能力生产。但国家煤炭产业政策效应显现需要时间。

2. 环境污染治理力度加大，部分煤炭品种销售面临阻碍

为防止华北地区雾霾气候进一步蔓延和整治环境污染，京津冀区域推出电厂及钢厂禁止燃烧劣质特别是高硫煤的举措，对生产高硫煤企业的煤炭销售形成了一定阻碍，但国内高硫煤产量占很大比例，如果该措施持续实行下去，会造成电力或钢铁企业没煤烧，而煤炭企业生产的高硫煤销售不出去的供需脱节现象。要解决此问题，采取的措施是煤炭供给方实施更先进的洗选脱硫技术，或者煤炭需求方的生产工序严格脱硫。

3. 煤炭出口政策面临演变，影响煤炭市场与价格

2013 年年底，有消息称有关部门正在研究取消煤炭出口暂定关税，2014 年煤炭出口将恢复零关税，此举意在缓解国内煤炭过剩压力。从煤炭进出口贸易近年来的发展趋势看，我国已连续四年为煤炭净进口国，国内资源不够用，如果煤炭出口从原来的加征关税转变为出口退税，从资源利用的角度显然是不合理的。另外，出口量的增加，可能出现出口量增而价跌的情形，会对国内煤炭市场不利，在拉低国际煤炭价格的同时，国内煤炭价格也将跌落。

4. 铁路运力制约依然存在

我国煤炭生产西移，“三西”煤炭产量占全国产量的 60% 以上，但我国煤炭运输布局尚未西移。目前，大秦、朔黄线运力已近饱和，山西北部处于车皮多而煤少，内蒙古中西部处于煤多而车皮少，内蒙古、陕西、宁夏三地煤炭生产基地受制于铁路运输，只能以运定产。尽管近两年铁道部在西部开工了一些运煤铁路，但很多项目已经因为缺乏资金而停工，延缓了建设进度。2013 年煤炭铁路运力不会有较大提高，铁路运力制约将依然存在。

三、2013年煤炭流通企业发展情况

2013年煤炭市场继续低迷，煤炭价格大幅波动下行，需求不旺，对燃料流通企业造成直接冲击。燃料流通企业整体上销售收入下降，经营成本上升，经济效益下滑。面对严峻形势各燃料流通企业，创新升级经营模式，持续提升发展质量，严控经营风险，积极求实开拓，部分企业仍然亮出好的业绩单，也有些企业仍举步维艰。

北京金泰集团公司积极面对经济下行压力，围绕“转重心，调结构，强改革，抓落实，增活力，提效益”的工作主线，调整结构，深化管理，潜心经营，科学决策，防控风险，发展质量持续提升，保持了良好势头。2013年年底，公司资产总额达到125亿元，较年初增加7亿元，增幅为6%；全年实现收入总额122亿元，同比增加22亿元，增幅为22%；利润总额1.2亿元，同比增加2773万元，增幅为30%。其中，燃料物流实现收入41.4亿元，占公司收入总额的34%，同比增加3.49亿元；交易型物流实现收入26.6亿元，占公司收入总额的22%，同比增加12.7亿元；汽贸物流实现收入13.7亿元，占公司收入总额的11%，同比增加3.7亿元；旅游饭店业实现收入24.6亿元，占公司收入总额的20%，同比增加2000万元；物业经营业实现收入6.2亿元，占公司收入总额的5%，同比增加5000万元；其他城市服务业共计实现收入9.5亿元，占公司收入总额的8%，同比增加1.41亿元。

燃料物流面对行业市场和利润大幅下降的不利因素，千方百计想办法、寻出路，不断扩大市场销售额。落实北京市政府“减煤换煤、清洁空气”要求，积极做好优质煤替代工作，为9个区县供应优质煤7万余吨。煤炭销售巩固老客户，积极开发优质新客户；大力拓展远郊区县集中供热市场，全年供应煤炭55万吨，同比增长近60%。油品小额批发销售，加强与中石油、中石化等单位的合作，销量同比增长30%。油品运输业务，加强与中油首汽公司的合作，收入同比增长45%。

天津国际新能源公司“以变应变，变中求强”，科学确定发展战略，全面整合发展资源，不断创新经营思路，形成了煤炭、油品和新能源三大能源板块的战略定位，实现了业务运作模式的重大转型。经济效益和经营规模实现快速发展。2013年实现销售收入240亿元，完成年计划133%，同比增长70.21%；实现利润6000万元，完成年计划100%，同比增长42.11%；实物量1500万吨，完成年计划125%，同比增长50.6%；进出口额完成56000万

美元，完成年计划112%，同比增长81.75%。天物燃料公司抢抓市场机遇，调整经营方式“抓大放小”，煤炭一部与北方联合电力所属电厂进行供应电煤的战略合作，全年供应电煤291.79万吨，实现销售收入9.75亿元。天物燃料公司积极开拓海外资源市场，煤炭二部在进口印尼煤和朝鲜无烟煤的基础上，重点开发与青岛利源好公司合作代理进口煤炭业务，已签订200万吨的代理协议，下半年代理进口电煤52万吨，实现销售收入2亿元。

广东省燃料公司强化稳健思想，经营逆势而上，整体经营层次上了一个新台阶。收入与利润同比均大幅上升，实现规模与效益双增长，取得了较好的业绩：实现营业收入49.8亿元，同比上升27%；考核利润5374万元，同比增加68%。客户群在不断扩大，经营模式不断在丰富，销售区域、经营平台得到有效扩充。石化业务也逐渐形成了业务主线，经营品种在不断丰富，对公司销售规模作出了贡献。

煤炭业务已经形成广州港和高栏港两个市场辐射区，在这两个港区公司分别占据了重要的市场地位：广州港2013年的销售量比2012年增长近40%，其中煤炭一部创造了单月销售30万吨新纪录，在高栏港的市场份额公司已占据港口业务的30%。两个市场辐射区全面带动公司市场煤业务的延伸扩展，全年销售市场煤150万吨，比上一年增93%，终端客户及二级经销商已经突破200家。省外市场业务版图在全国不断在扩大，已经从原来的贵州、河北、山东扩展到山西、湖北、新疆和秦皇岛，到目前为止，上下游大型国有煤企、电厂客户分别增加6家和11家，成为新的业务增长点。

山东黑马集团科学判断形势，确定“求实以快取胜”的指导思想，全体干部员工齐心协力，攻坚克难，集团各产业取得了长足发展。全年实现经营交易额267亿元，同比增长6%，上交税金6835万元。突出发挥德州黑马八里庄煤炭物流园的区位和设施优势，实施接卸、销售“两条龙”以及农业、工业、电力、接卸、管理、车辆“六条线”作战，在改革方面狠下工夫，展开大决战，彻底打好煤炭翻身仗。集团再次被评为全国燃料行业信用等级3A级企业；获得省级商贸流通业专项扶持资金80万元；黑马集团被列为2014年全市服务业发展重点企业。

广州市燃料公司对内深化企业改革，强化风险管控、拓宽融资渠道、完善人事管理；对外积极开拓业务，创新经营模式，扩大规模效益。全年公司实现经营总收入23.09亿元，完成年度预算的135.83%，完成进取指标的107.40%；利润总额4261万元，完成年度预算的134.97%；归属于母公司所有者净利润3191万元，完成年度预算的132.79%，剔除非经营损益的净利润

2522万元，完成年度预算的123.93%。煤炭分公司坚持“一手抓风险防范，一手抓业务拓展”，一是加强风险防控，认真监管好从合同草拟到业务结算每一个环节的风险节点，安排专人跟踪落实，进行实时监控，做好对应收款的监督和追收工作。二是坚持“开拓创新，谋求发展”，努力开拓煤炭及其他贸易经营业务，积极与中石油、中钢、珠江电力等大型企业开展煤炭业务，深入山西、广西、新疆、贵州和云南等地开拓业务，同时积极探索废纸、铁矿石、焦炭等业务。三是创新观念，探索新的经营模式，逐步摆脱原有“两头在外”的模式，利用企业的品牌和信誉开展业务，提高资金的利用率。

浙江物产环保能源股份有限公司秉持以“质量效益为中心，结构变革为核心，强转型、提素质、保增长”的指导思想，按照“转型创新、优化结构、精确管理、目标达成”具体工作要求，不断提升管理，创新转型升级，经营规模不断扩大。2013年公司购进煤炭3740.52万吨，同比增长1.02%，其中进口煤130.33万吨，转口165.23万吨。公司销售煤炭4058.05万吨，同比增长11.09%，完成预算任务的108.21%。供电量7.26亿度，同比减少5.49%，完成年度预算的109.16%；供气量242.21万吨，同比增长7.33%，完成年度预算的101.98%。神华海运两艘船共运行55航次，同比减少5个航次，营运率达93.8%；货运量80.31万吨，同比减少6.33%，完成年度预算的92.3%。公司通过落实各项清库减亏计划，共清理老库存151.28万吨。截至12月，公司通过加强与供应商的合作，建立长期稳定的战略合作关系及争取价格优势，打响物产品牌，开拓业务平台，采购十大供应商煤炭1464万吨，占总采购量的48.76%。公司通过不断全面提升和优化服务能力和水平，实现销售五大电力集团及其他主要电厂共671.38万吨。同时，公司通过不断精细化操作，开拓浙江省内市场，实现浙江省内销售1294万吨，同比增长21.9%。

公司通过制订转型升级方案，对原有的贸易模式进行梳理，创新提升。传统的做库供、博行情、搬砖头、赚差价等简单、粗放的煤炭经营模式已难以为继，必须转变经营理念，转换经营模式。公司确定了煤炭贸易向“集购分销、供应链服务、煤炭加工服务、代理、物流集成运作、期限结合”六个模式转型，同时继续大胆探索创新优化经营模式，降低成本、规避风险、扩大市场，使公司真正成为以客户价值为导向的供应链集成服务商。

江苏省燃料总公司围绕“稳中求质”的主线，进一步明确发展思路，注重发展质量和效益，努力在逆境中谋求发展，在危机中寻找机遇。立足主业抓市场、稳中求质抓效益、优化资源抓合作、逆势而为抓机遇、同心协力抓发展。2013年公司与同煤集团煤炭运销朔州秦港销售公司等六家单位共同出资组建混合所有制江苏东晟同朔能源有限公司；合资公司充分发挥各股东方在人才、资源、销售、物流等方面优势，提升合作层次和水平，实现双赢，共同发展。

泰德煤网凭借在煤炭供应链方面的优势，大力拓展业务渠道，丰富产品结构和服务模式，取得了长足的发展。在2013年以突破业务规模为主要目标，实现了销售量1550万吨，营业收入达到61亿元。泰德煤网煤炭供应链核心能力不断提高，江海联运业务常态化，前端基地建设快速发展，国际煤渠道日趋成熟。在网络建设方面，进一步完善了覆盖煤炭产业链的采购渠道、储配基地及分销网络建设，大力开展前端基地布局、库存前移、铁路煤发运、地销、供应链金融等业务，使泰德煤网煤炭供应链网络向广度和深度不断发展。

昆明赫威实业有限责任公司工作思路清楚，目标明确，稳而有序，为公司的发展提供了重要保障。全年各类商品销售收入61250万元，其中，成品油销售收入46550万元，煤炭销售收入7963万元，石油焦销售收入6737万元，全年税前利润704万元。全年各类商品销售数量20.72万吨，其中：成品油销售数量5.64万吨，煤炭销售数量8.70万吨，石油焦销售数量6.39万吨。

河北省燃料经销有限公司2013年销售实物量143.5万吨，其中，煤炭101万吨，焦炭31万吨，铁精粉、钢坯等11.5万吨，实现销售收入8.2亿元，较好地实现了以煤炭经营为主，围绕煤炭相关上下游产业广泛拓展业务领域的目标。上海动力燃料公司、济南燃料公司等企业在促进环保的水煤浆业务和居民生活煤供应等方面持续多年做出积极的努力。

四、2014年煤炭市场基本预测

（一）第一季度煤炭市场运行情况

2014年第一季度，煤炭市场产业景气度继续回落。由于春节因素导致电厂日耗煤较低，用户采购积极性不高，煤炭供应商不断降低报价。春节过后，由于节前用户采购量较少，社会煤炭库存整体出现了快速下滑。同时，节后用电量和耗煤量快速回升，社会补库需求逐步升温，促使煤价降幅收窄。

1. 产量增速稳中小幅下滑

据煤炭运销协会数据显示，第一季度煤炭产量累计完成85800万吨，比2013年同期小幅下滑0.1%。前3个月我国煤炭累计新增资源总量94196.4万吨，同比增长0.3%。

由于煤价持续下跌，当前我国煤价已处于六年来低点，山西、陕西以及内蒙古等煤炭主要产区很多小型煤矿面临产能过剩、需求低迷和银行信贷萎缩等一系列问题。其中，内蒙古煤炭生产企业受到的冲击最大，因为他们不仅远离沿海买家，很多煤矿还远离铁路和港口，不得不依赖昂贵的汽车运输，致使内蒙古地区中小煤矿停产的就有七八成之多。

表 3　　2014 年第一季度我国煤炭资源情况

品种	时期	国内生产（万吨）	同比（±%）	进口（万吨）	同比（±%）	出口（万吨）	同比（±%）	新增资源（万吨）	同比（±%）
煤炭	累计	85800.00	-0.1	8396.4	5.1	197.1	-3.5	94196.4	0.3

数据来源：煤炭运销协会，国家海关总署

3 月，国内煤价的下跌导致进口煤的价格优势迅速减弱，加上国际海运费上涨和人民币持续贬值，进口煤到岸价显著提升，甚至高于国内煤炭到岸价。在同国内煤炭竞争过程中逐渐处于劣势。

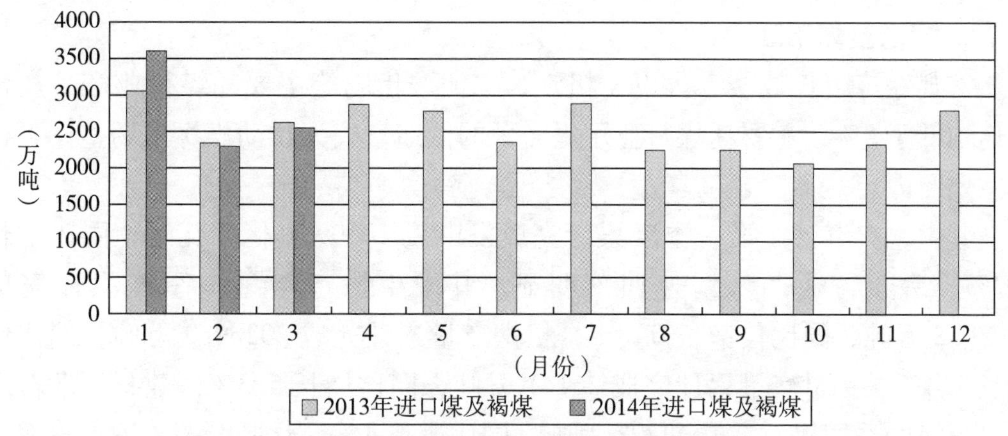

图 6　2013—2014 年第一季度我国煤炭月度进口量

3 月我国煤炭进口量继续呈下降走势，本月进口量 2529.4 万吨，同比下降 2.8%，第一季度累计进口煤炭 8396.4 万吨，同比增长 5.1%。3 月煤炭当月进口金额为 19.6 亿美元，同比下降 15.7%，当月进口均价为 77.4 美元/吨，同比下降 21.9 美元/吨；第一季度煤炭累计进口金额 67.8 亿美元，同比下降 7.3%，累计进口均价为 80.8 美元/吨，同比下降 20.4 美元/吨。

出口方面，3 月我国煤炭出口量仅为 73.6 万吨，同比下降 5.2%，第一季度，煤炭出口总量为 197.1 万吨，同比下降 3.5%。3 月出口金额为 9625.8 万元，同比下降 17%；累计出口金额为 25641 万美元，下降 18.6%，累计出口均价为130.1美元/吨，同比下降24.6美元/吨。第一季度，我国煤炭已累计实现净进口8199.3万吨。

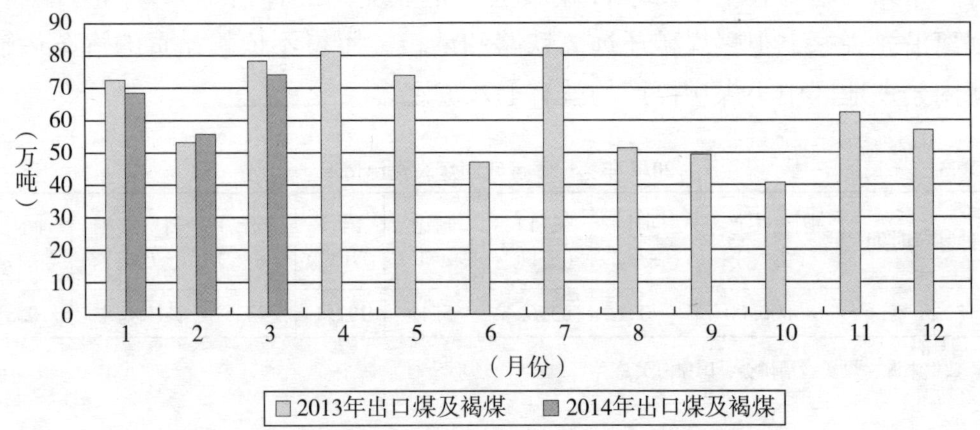

图7 2013—2014年第一季度我国煤炭月度出口量

从近两年的煤炭进出口当月均价走势来看，基本上进出口价格都是持续下行的格局，2014年第一季度，进口均价继续下滑，而出口均价则有趋稳回升走势。

2. 需求整体不旺

宏观经济增长放缓，火电、粗钢、水泥、化肥等主要耗煤行业产品产量增速均低于5%，主要耗煤行业用煤需求的低迷，成为拉动煤炭市场整体下行的主要原因。

其中，火电行业第一季度累计完成发电量10609.1亿千瓦时，同比增长4.7%。冶金行业产量增速回落明显，其中生铁产量第一季度累计完成17970.2万吨，同比仅增长0.1%；粗钢产量累计完成20269.9万吨，同比仅增长2.4%；钢材产量累计完成26141万吨，同比增长5.3%。建材行业，水泥产量第一季度累计完成44728万吨，同比增长4%。化肥第一季度产量完成1666.4万吨，同比增长1.3%。

3月，煤炭运输形势转好，下游拉运煤炭积极，南北航线运输繁忙。随着国内大型煤企连续下调煤价，国内煤再受青睐。加之，大秦线检修在即，下游电厂积极增补库存，到达北方港口的拉煤船舶明显增多，北方港口煤炭发运数量创2014年以来月度新高。

截至3月末，我国主要港口存煤4019万吨，环比减少341万吨，月环比下降7%，同比减少480万吨，下降10%。其中，北方7港存煤2760万吨，环比减少551万吨，月环比下降16%，同比减少251万吨，下降8%。到4月1日，大秦线的配套港口（秦皇岛、国投曹妃甸、国投京唐港）合计存煤

1205 万吨，较 3 月 1 日减少了 295 万吨；其中，秦皇岛港存煤 586 万吨，较 3 月 1 日下降了 119 万吨；曹妃甸港存煤 461 万吨，较 3 月 1 日下降了 123 万吨；国投京唐港存煤 158 万吨，较 3 月 1 日下降了 53 万吨。各大港口后续预报船舶依然很多，北方发煤港口和相关铁路的煤炭运量将继续保持高位，由此来看，港口的高库存压力已经基本消除，市场有望进入平稳运行阶段。

3 月末，煤炭企业存煤 8700 万吨，环比增加 200 万吨，月环比增长 3%，同比增加 493 万吨，增长 6%。全国重点电厂存煤 6947 万吨，环比减少 239 万吨，月环比下降 3%，同比减少 447 万吨，同比下降 6%。按 3 月电厂耗煤水平测算，库存可用天数仍维持在 18 天以上。从库存总量来看，三个环节库存总计为 19666 万吨，月环比下降 372 万吨。

3. 市场价格降幅趋缓

随着第一季度以来我国煤炭市场价格的持续下行，进口煤受到国内煤价大幅下挫的压制。电力企业为了准备夏季煤炭消费旺季的到来，将提前释放补库存的需求，同时大秦线定于 4 月初开始的春季检修，也将在一段时间减少环渤海地区的煤炭发运量。综合各种因素，3 月中下旬开始，港口煤价下行力度明显缩小，市场煤炭价格出现企稳迹象。

据海运煤炭网数据显示，3 月 26 日环渤海 5500 大卡动力煤综合平均价格为 530 元/吨，比前一报告周期下降 3 元/吨，价格指数的环比降幅由前一期的 5 元/吨缩小到了 3 元/吨，近 4 个报告期以来降幅持续收窄。截至本期，价格指数已经连续 11 个报告周期下降，累计下跌 101 元/吨，降幅达 16.0%。秦皇岛港动力煤 5500 大卡发热量动力煤价格为 525 ~ 535 元/吨，5800 大卡发热量动力煤价格为 570 ~ 580 元/吨，和 2 月末相比每吨下降幅度在 30 元左右。

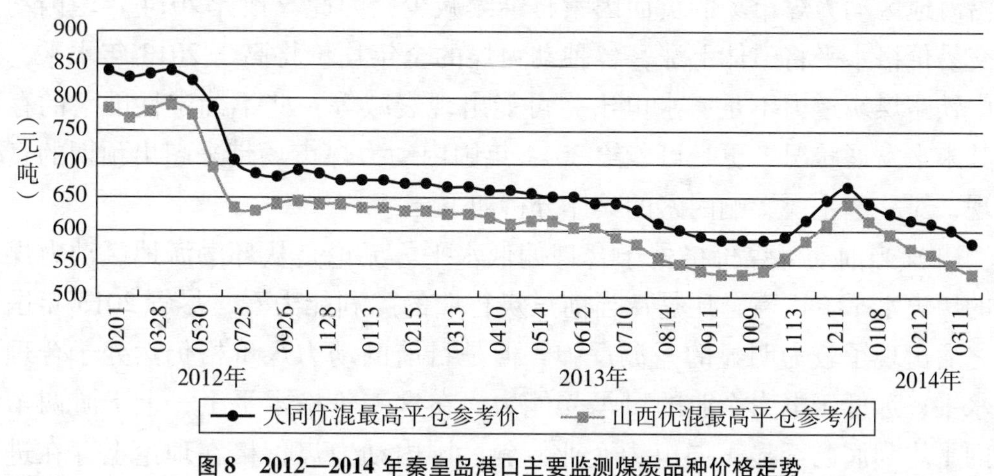

图 8 2012—2014 年秦皇岛港口主要监测煤炭品种价格走势

据中国物流信息中心监测，3月流通环节煤炭价格指数月环比下降5.27%，同比下降12.01%，累计比年初下降8.88%。其中烟煤环比下降5.19%，同比下降12.32%，累计比年初下降9.43%；无烟煤环比下降5.57%，同比下降10.83%，累计比年初下降6.82%。

表4　2014年3月流通环节煤炭价格指数　单位：%

	3月			累计	
	比2月	比2013年同期	比年初	比2013年同期	比年初
原煤	94.73	87.99	86.36	92.07	91.12
烟煤	94.81	87.68	85.63	91.96	90.57
无烟煤	94.43	89.17	89.17	92.49	93.18

国际煤价方面，欧洲市场动力煤需求低迷，南非动力煤价格也继续承压，三大港口煤价继续年初开始的整体震荡下行走势，均继续维持在80美元/吨以下。截至3月28日，澳大利亚纽卡斯尔港动力煤价格指数74.07美元/吨，较上周同期下跌1.03美元，跌幅为1.37%；南非理查德港动力煤价格指数73.1美元/吨，较上周同期下跌1.34美元，跌幅为1.8%；欧洲ARA三港市场动力煤价格指数75.61美元/吨，较上周同期下跌1.15美元，跌幅为1.5%。

（二）全年煤炭市场展望

2014年沿海地区动力煤市场或有良好表现。尽管2014年经济增长水平尚具不确定性，但是增长是确定无疑的，除此之外，影响国内动力煤市场特别是沿海地区动力煤市场的负面因素将继续减少，因此，预计2014年国内动力煤交易价格水平将整体上涨，各种动力煤的全年均价将高于2013年水平，而其中铁路煤炭运力不足、水电出力可能出现衰减等一些不确定性因素的存在及其未来发展状况，更是可能给2014年国内动力煤市场带来超出预期的良好表现，对一些主要影响因素的具体分析如下：

（1）当前动力煤价格处于合理偏低水平。无论是从环渤海地区动力煤价格的历史水平方面看，还是从当前煤炭行业的赢利能力看，尽管2013年国庆节之后出现了较为明显的一波反弹，但是目前的动力煤价格仍然处于合理偏低水平，远低于电力企业的可承受能力，在这一价格水平上，上下游两个行业的平均利润已经显著向电力企业倾斜，国内动力煤价格在理论上存在进一步回升的要求。

（2）2014 年沿海地区的新增铁路煤炭运力或显不足。综合来自各方面的信息表明，2014 年面向国内沿海地区的新增铁路煤炭运力十分有限，一旦供求关系出现好转或将再度成为困扰制约煤炭供求的“瓶颈”。

①“大秦线”煤炭运力在 2013 年已经饱和。原本设计为每年 1 亿吨煤炭发运能力的大秦铁路，经过 2003 年以来不断的“挖潜”、扩能和技术改造，在 2012 年的煤炭运能已经被提高到了 4.5 亿吨，2013 年大秦线的实际煤炭发运量达到 4.46 亿吨，考虑到春、秋两次进行检修对运力发挥的影响，2014 年大秦铁路的煤炭目标运量为 4.6 亿吨，仅比 2013 年增加了 1400 万吨，表明其煤炭运能已经再无潜力可挖。

②“蒙冀铁路”投入运行的日期被严重拖后。原本已经被拖后、预计在 2014 年年底投入运行的“蒙冀铁路”，因为投资等多方面原因，投入运行的日期已经被再度后移，预计 2015 年年底之前难以发挥作用。

③“朔黄铁路”难当重任。一方面，2014 年“朔黄铁路”的煤炭发运量将比 2013 年增加 5000 万 ~ 6000 万吨，达到 3 亿吨左右，增量有限；另一方面，“朔黄铁路”属于神华集团的自有铁路，其他煤炭生产和贸易企业难以利用，其作用的发挥还将受制于沿线电力企业消费状况和相关接卸港口煤炭周转能力等问题，因此难以扭转 2014 年沿海地区的新增铁路煤炭运力不足局面。

④诸如京秦、京原、丰沙大等其他面向环渤海部分港口的原有铁路线路的煤炭发运能力，在 2014 年也难有更好发挥。

（3）水电生产状况是 2014 年国内市场运行的重要变数。中国电力企业联合会的统计显示，2011 年，全国平均降水量比常年偏少 9%，受此影响，当年水电发电量比 2010 年下降了 3.5%，占全国发电量的比重为 14.0%，也是近二十年来首次出现负增长；2012 年，全国来水形势显著改善，促使当年全国水电发电量高速增长，同比增长了 29.3%，占全国发电量的比重也迅速提高到了 17.4%。据测算，由于 2012 年水电超发，当年节约的电煤消费总量可能达到 7500 万吨左右，对当年国内动力煤市场来说可谓“雪上加霜”；2013 年，全国春季来水状况依然偏丰，所以尽管 2013 年同期基数较高，但是水电却继续保持增长局面，占全国发电量的比重也维持在较高水平。

但是，在多年水电生产的历史上，极少出现连续三年丰水的局面，按此规律，2014 年全国降水偏枯的概率较大，并且似乎已经有所体现，当前全国秋汛的来水形势明显不及往年。

面对经济增长对电力消费的“刚性”需求，一旦 2014 年春季来水偏枯，电力供应的重心必然转向火电，届时，电煤的消费和需求将被激活，动力煤的交易价格必然将被推高。

（4）2014年进口动力煤的增长动力不足。2014年进口动力煤的增长动力不足的主要原因有，其一，经过持续了近五年的快速增加，进口动力煤的基数已经较大，考略到国际市场的资源承受能力，未来继续增长的空间已经变小；其二，进口动力煤将受到国家加强进口煤炭质量管理的一系列政策和措施的冲击和影响，2013年11月18日，国务院办公厅下发了《关于促进煤炭行业平稳运行的意见》（国办发〔2013〕104号），提出了“加强煤炭进出口环节管理”等要求，在已经要求将进口褐煤纳入法定检验目录的同时，进一步要求“研究完善差别化煤炭进口关税政策，鼓励优质煤炭进口，禁止高灰分、高硫分劣质煤炭的生产、使用和进口。”为落实这一意见，此后的2013年12月中旬，国家发改委对外公布了《煤炭质量管理暂行办法》（征求意见稿），拟针对劣质煤尤其是劣质进口煤实行严格控制，上述一系列措施将抑制进口动力煤的增加，有利于促进内贸动力煤的需求增长和价格回升；其三，印尼能源部近期已经确定将2014年印尼将煤炭产量控制在3.9亿~3.95亿吨，与2013年产量基本持平，将对印尼煤的进口价格形成支撑，不利于我国进口动力煤的增加；其四，有消息表明，煤电双方已经就2014年的中长期电煤价格水平及其调整机制、合同数量等问题达成一致意见，从而可能削弱主要电力企业在2014年对动力煤进口增长的需求。

（5）煤炭产能释放的负面影响或将得到削弱。煤炭价格下降的近两年来，煤炭产能过剩成为困扰国内动力煤市场的主要问题，但是，产能过剩倾向正在因为多项相关政策的出台和落实受到削弱。

一方面，为落实2013年10月12日国务院办公厅《关于进一步加强煤矿安全生产工作的意见》（国办发〔2013〕99号），国家安监总局要求到2015年年底前，关闭目前全国年产9万吨以下煤矿7501处中的2000处以上，必然会直接降低或缓和国内煤炭产能过剩压力。

另一方面，11月18日，国务院办公厅又下发了《关于促进煤炭行业平稳运行的意见》（国办发〔2013〕104号），提出“坚决遏制煤炭产量无序增长”，为落实这一意见，此后的2013年12月8日，国家能源局下发了《关于建立煤矿生产能力登记和公告制度的通知》，要求“严厉查处超能力生产行为”“任何部门和单位不得下达可能造成煤矿超能力生产的经济指标。煤矿年度原煤产量不得超过登记的生产能力，月度原煤产量不得超过月度计划的110%；无月度计划的，月产量不得超过登记的生产能力的1/12。”从而也会降低或缓和国内煤炭产能过剩压力，有利于内贸动力煤价格回升。

最后，环境保护和治理问题已经成为中央政府的工作重点之一，鉴于国内能源供应和消费结构难以在短时间内发生转变，环保的高压态势必将从抑制高硫、高灰等不利于环保要求煤炭的生产、流通和消费着手，从而也会降低或缓和国内煤炭产能过剩压力。

（6）2014 年中长期电煤合同价格及其定价机制将影响现货价格水平。有消息表明，煤电双方针对 2014 年中长期电煤合同价格的谈判已经结束，并且基本上就价格水平及其调整机制、合同数量等一系列问题达成一致意见。综合现有消息看，2014 年中长期电煤季度基础价格水平，将确定性的、明显高于 2013 年和 2014 年第一季度的低点，从而将有利于促进 2014 年环渤海地区动力煤价格比 2013 年出现整体性回升。

综上所述，预计 2014 年煤炭供应能力在 40 亿吨左右，全年产量在 38 亿吨左右，增速 2.7% 左右，进口煤与国内煤还有一定差价，外加汇率变化作用，印尼、澳大利亚等煤炭出口国货币持续贬值等因素，我国进口仍将保持较大规模，初步预计全年净进口在 3 亿吨左右。

2014 年煤炭总量宽松，结构性过剩还不会发生根本性改变。但不排除个别煤种部分时段供应出现稳中趋紧情况。上半年，煤炭市场供需总量宽松，结构性过剩态势还难以改变，全社会库存维持高位，企业经营仍将面临较大困难和风险，下半年，煤炭供给或趋于总体平稳，行业经济运行或将小幅回升，但仍面临很多不确定因素，经济运行的压力依然存在。

（中国物流信息中心　张　喆
中国燃料流通协会　李会军
中国煤炭城市发展联合促进会　袁　远）

2013—2014年石油流通回顾与展望

2013年，世界各国经济走势出现分化，美国经济稳步复苏、日本经济在政策刺激下向好转变；欧元区经济总体上依旧疲软、新兴经济体增速有所回落。在此背景下，全球油品需求整体上较为低迷，而同时，油品供给保持宽松，尤其是美国等非欧佩克国家石油产量增幅明显。据美国能源情报署的预计，2013年年底美国原油产量突破800万桶/天，创1988年以来的新高。受油品市场供需宽松影响，2013年国际油价整体上涨幅减弱或下跌，截至12月31日，WTI较年初上涨了5.7%，而布伦特则较年初下跌了1.5%；我国原油全年平均进口价格较年初下降了1.1%，较2012年同期下降了4.3%。分阶段看，受供需形势、地缘政治形势变化、全球量化宽松货币政策等多重因素影响，国际原油价格呈现出“先抑后扬再跌”的“倒N形”走势，上半年国际油价低位震荡，7月以来出现大幅上扬，而9月中下旬以来，伴随着中东紧张局势缓解，油价上涨动力不足，加之市场对美国债务谈判的担忧，油价转升为降。

展望2014年，在改革红利释放、经济结构调整持续推进的大背景下，宏观经济将延续“稳中向好”的发展态势，工业经济在平稳运行中仍面临下行压力、物流运输将保持平稳较快增长、汽车行业仍将保持较快销量水平，在这些因素综合影响下，2014年我国油品需求将保持平稳增长，据中国石油集团经济技术研究院的预测，2014年国内石油需求增速4%左右，达到5.18亿吨。同时，供需仍将保持宽松格局，原油国产量和原油净进口量分别增长2%和7%左右。而受成品油调价机制改进影响，国内成品油价格波动将与国际原油价格走势较为一致，全年平均价格与2013年基本持平或小幅下降。

一、2013年石油产品市场运行基本特点

（一）资源供给保持增长，但增速回落

2013年，我国经济结构调整持续推进，GDP增速稳中小幅回落，全年可比增长7.7%，宏观经济运行整体上由“稳中趋缓”向“趋稳向好”转变。

在此背景下，全年原油和成品油供给仍保持平稳增长，但增速均出现不同程度的回落。据国家统计局《工业生产统计快报》和国家海关总署《海关统计快报》的资料显示，2013 年，原油资源（国内生产 + 进口）4.90 亿吨，同比增加 2.4%，增速较 2012 年回落 2.2 个百分点；成品油加工量 4.79 亿吨，同比增长 3.3%，增速较 2012 年回落 0.4 个百分点。

1. 原油供给保持增长，原油对外依存度再创新高

2013 年，国内累计生产原油 2.08 亿吨，同比增长 1.7%，增速较 2012 年回落 0.2 个百分点；分月来看，2 月受春节因素影响，产量最低，当月生产 1600.5 万吨，而 10 月产量最高，当月生产 1806.9 万吨，全年各月平均产量 1735.0 万吨。进口方面，2013 年，我国原油进口 2.82 亿吨，同比增长 4.0%，增速较 2012 年回落 2.8 个百分点；分月来看，2 月进口数量最少，当月进口 2078 万吨，而 12 月进口量最大，当月进口 2678 万吨，全年各月平均进口量 2357.3 万吨。

由于进口量增速继续高于国内原油产量增速，我国原油对外依存度再创新高。如表 1 所示，2013 年我国原油对外依存度达到 57.72%，较 2013 年上半年上升 0.37 个百分点，较 2012 年上升 0.79 个百分点，较“十二五”之初的 2011 年上升 1.93 个百分点，较“十一五”之初的 2006 年大幅上升 12.71 个百分点。

表 1　原油资源对外依存度变化情况

年份	进口量（万吨）	表观消费量（万吨）	净进口量（万吨）	对外依存度（进口量占表观消费量%）
2013	28195	48846	28033	57.72
2012	27102	47607	26859	56.93
2011	25378	45490	25126	55.79
2006	14518	32252	13884	45.01

注：本表依据国家统计局提供的《工业生产统计快报》和海关总署提供的有关统计资料整理

表观消费量 =（国内生产量 + 净进口量）净进口量 =（进口量 - 出口量）

对外依存度 = 进口量 ÷ 表观消费量 × 100%

2. 主要成品油供给保持较快增长，增速回落

2013 年，我国原油加工量 4.79 亿吨，同比增长 3.3%，增速较 2012 年回落 0.4 个百分点。

分品种看，2013 年汽油产量 9833.3 万吨，同比增长 9.5%，增速较 2012 年回落 0.8 个百分点。柴油全年产量 17272.8 万吨，同比增长 0.3%，增速较

2012 年回落 2 个百分点。煤油全年产量 2509.6 万吨，同比增长 16.4%，增速较 2012 年回升 2.7 个百分点。

（二）供需宽松平衡、汽油与柴油需求增势差异明显

2013 年，受经济结构调整、工业经济增速回落、节能减排以及空气污染治理等因素影响，我国成品油市场总体保持宽松平衡，但从结构上来看，汽油和柴油终端需求增长存在明显差异，汽油消费仍保持较快增长，而柴油消费相对低迷。

汽油方面，虽然受交通拥堵、空气治理等影响，部分城市推出汽车限购、限行等政策措施，但 2013 年，汽车销售仍保持快速增长，11 月、12 月纷纷刷新月度产销新纪录，带动汽油消费保持快速增长。据中国汽车工业协会的数据显示，2013 年，我国汽车 2198.41 万辆，同比增长 13.9%，增速较 2012 年回升 9.6 个百分点。

柴油消费则受到多种因素影响，需求保持平稳增长，但增速回落。首先，工业经济增速回落。2013 年，规模以上工业增加值同比增长 9.7%，增速较 2012 年回落 0.6 个百分点。其次，物流需求规模增速稳中回落。据初步预测，2013 年，全社会物流总额 200 万亿元左右，按可比价格计算，同比增长约 9.5%，增幅比 2012 年回落约 0.3 个百分点。从结构上看，根据交通运输部的统计数据，2013 年 1—11 月，公路货运周转量累计同比增长 12.6%，增速较 2012 年同期回落 4.1 个百分点；水路货运周转量累计同比增长 6.7%，增速较 2012 年同期回落 1.5 个百分点。

此外，受煤炭、有色金属等行业产能过剩影响，2012 年，全国采矿业投资增速大幅放缓，2013 年继续维持这种低增速态势。2013 年全国采矿业累计完成投资 14750 亿元，同比增长 10.9%，较 2012 年回落 0.9 个百分点。采矿业固定资产投资减缓，矿采加工等行业将出现减速，这就弱化了柴油的需求增长。

（三）国际油价先抑后扬，呈“倒 N 形”走势

2013 年，受供需形势、地缘政治形势变化、美国债务上限谈判、全球量化宽松货币政策预期变化等多重因素影响，国际原油价格呈现出“先抑后扬再跌”的“倒 N 形”走势，上半年国际油价低位震荡，第三季度止跌大幅上扬，而 9 月中下旬以来，油价转升为降，呈现震荡格局。

具体来看，上半年，由于世界经济复苏乏力，尤其是新兴经济体经济下行压力明显，包括中国在内的新兴经济体经济增速回落，引致全球石油需求

不旺、供需宽松，同时，中东、北非等主要产油地区地缘政治局势相对平静，美元指数波动中有所走强，这些因素综合作用导致国际油价低位窄幅震荡。1—6月，WTI原油期货价格平均为94.3美元/桶，同比下降约4%，布伦特原油期货价格平均为107.9美元/桶，同比下降约5%。而进入第三季度，受利比亚、叙利亚等政治局势动荡、欧美夏季用油高峰以及中国经济企稳回升等诸多因素带动，国际油价大幅上扬，9月6日，WTI原油期货价格突破110美元/桶。而9月中下旬以来，伴随着中东紧张局势缓解，油价上涨动力不足，加之市场对美国债务谈判的担忧，油价转升为降。

从我国的原油进口情况看，2013年全年原油进口平均价格有所下降，单位进口成本略有回落。根据海关总署提供的统计资料，1—12月，我国原油平均进口价格为779.1美元/吨，同比下降4.3%。12月当月，原油平均进口价格为782.7美元/吨，与11月基本持平。

表2　　中国原油进口平均价格变化情况

时期	进口量（万吨）	同比（±%）	进口金额（亿美元）	同比（±%）	平均进口价（美元/吨）	同比（±%）
2013年	28195	4.0	2196.5	-0.5	779.1	-4.3
2013年上半年	13817	-1.4	1078.7	-8.9	780.7	-7.6
2013年1—3月	6897	-2.3	555.2	-4.7	805.0	-2.4
2012年全年	27102	6.8	2206.7	12.2	814.2	5.1

注：表1、表2依据国家海关总署提供的《海关统计月报》资料整理，平均进口价为当年进口金额除以当年进口量

与原油价格走势较一致，2013年我国成品油平均进口价格同比也有所回落，煤油、柴油、燃料油价格均存在一定程度的下降，其中，燃料油降幅最为明显。根据海关统计快报数据计算，1—12月，成品油平均价格为806.5美元/吨，同比下降2.7%。分品种看，燃料油平均价格为642.7美元/吨，同比下降8.1%，降幅最为明显；煤油和柴油平均价格分别为987.8美元/吨和938.7美元/吨，同比分别下降3.6%和2.9%。

表3　　2013年12月主要成品油进口价格及指数　　单位：美元/吨，%

指标 品种	12月			累计		
	平均价	比11月	比2012年同期	平均价	比2012年同期	比年初
成品油	896.2	109.1	100.0	806.5	97.3	103.9
煤油	992.8	100.6	96.9	987.8	96.4	96.4

续 表

指标 品种	12月			累计		
	平均价	比11月	比2012年同期	平均价	比2012年同期	比年初
柴油	81.4	98.7	104.5	938.7	97.1	100.2
燃料油	620.7	99.3	100.1	642.7	91.9	103.6

（四）国内油价2013年较上年小幅上涨

在供需形势和国际油价影响下，国内成品油价格较年初有所下降，但较2012年仍小幅上涨，成品油价格调整周期缩短、调整频率加快，全年汽油价格8次上调、6次下调，而柴油价格6次上调、8次下调。全年价格走势相对平稳，除4月外，各月价格环比变化幅度均在3个百分点以内。

具体来看，2013年，流通环节成品油价格累计较年初下降0.6%，而较2012年上涨0.1%。在结构上，柴油价格累计较年初下降1.2%，而较2012年上涨1%；汽油价格累计较年初上涨0.1%，而较2012年上涨1.2%；煤油累计平均价格与年初基本持平，而较2012年下降6.5%。从油品单价来看，截至12月末，流通环节柴油平均价格为8420元/吨，93#无铅汽油为9614元/吨，97#无铅汽油为10263元/吨，燃料油价格为5012元/吨。

表4　2011—2013年各月主要成品油市场价格指数　单位：%

产品	年份	指标	1月	2月	3月	4月	5月	6月	7月	8月	9月	10月	11月	12月
成品油	2011	环比	101.1	101.5	105.0	103.8	101.1	99.5	98.7	99.4	100.4	98.6	100.5	100.1
	2012		99.9	102.2	103.9	102.4	97.0	93.5	96.0	102.6	105.7	99.9	98.6	99.1
	2013		99.7	102.4	99.2	96.7	97.4	98.7	100.7	101.4	102.4	97.9	100.1	100.2
	2011	同比	115.0	117.6	121.2	119.0	119.8	122.1	121.9	120.8	120.3	114.5	111.8	110.0
	2012		108.6	109.3	108.2	106.7	102.4	96.2	93.6	96.6	101.7	103.1	101.1	100.1
	2013		99.9	100.1	95.5	90.6	91.0	96.2	100.9	99.5	95.9	83.2	95.5	100.1
其中：柴油	2011	环比	101.5	101.5	103.0	104.0	101.0	99.7	98.6	99.3	100.7	98.1	100.3	100.1
	2012		99.9	102.2	103.9	102.2	96.7	92.8	95.9	103.9	106.5	99.6	98.5	98.9
	2013		99.1	102.9	98.6	96.4	97.2	98.4	101.6	101.9	102.9	97.4	100.7	99.4
	2011	同比	119.1	121.6	123.3	121.8	123.3	126.1	125.1	123.3	122.3	112.8	110.0	108.0
	2012		106.3	107.0	107.9	106.0	101.5	94.4	91.8	96.1	101.6	103.2	101.3	100.1
	2013		99.4	100.1	95.0	89.6	90.1	95.6	101.3	99.3	95.9	93.8	95.9	100.9

续　表

产品	年份	指标	1月	2月	3月	4月	5月	6月	7月	8月	9月	10月	11月	12月
汽油	2011	环比	100.9	101.8	108.0	103.4	101.4	99.4	99.1	99.3	99.9	98.6	100.0	99.89
	2012		99.9	102.3	104.3	103.1	97.7	94.6	95.9	100.8	105.1	100.5	98.9	98.7
	2013		99.6	102.0	99.9	96.6	97.3	99.3	100.7	101.8	102.6	97.7	99.8	100.5
	2011	同比	111.4	114.7	121.8	117.4	117.2	118.5	119.1	118.5	118.2	116.0	114.2	112.0
	2012		111.0	111.6	107.7	107.4	103.5	98.5	95.3	96.7	101.7	103.6	102.5	101.2
	2013		100.9	100.6	96.3	91.2	90.9	95.6	100.5	100.9	97.2	66.0	95.5	101.2
燃料油	2011	环比	100.6	100.9	103.8	104.0	100.8	98.8	97.7	99.9	100.3	101.0	102.5	101.1
	2012		99.7	101.5	102.9	101.3	96.0	92.9	97.1	102.8	104.0	99.7	97.7	101.5
	2013		102.4	101.0	99.4	98.3	98.6	98.4	97.1	98.4	99.4	100.5	98.5	102.0
	2011	同比	109.2	107.8	110.8	112.7	113.3	117.0	117.4	117.5	119.3	116.8	111.6	111.6
	2012		110.7	111.4	110.5	107.6	102.5	96.5	95.9	98.6	102.3	101.0	96.3	96.7
	2013		99.3	98.8	95.4	92.7	95.1	100.8	100.7	96.4	92.1	92.9	93.7	93.5

注：本表数据依据中国物流信息中心市场监测调查资料统计，价格为流通环节市场批发价格

二、2014年石油产品市场走势预测

（一）国际油品市场走势预测

从原油需求方面看，2014年全球经济复苏势头仍将呈现分化走势，但整体上仍将保持温和增长。其中，发达国家经济结构调整取得一定进展，系统性金融风险明显降低，美国等经济体将保持稳健的复苏态势，欧元区经济也有望进一步好转。同时，新兴经济体受美国量化宽松政策退出、经济结构调整等因素影响，经济增速存在下行压力，但仍将保持较快增长。据国际货币基金组织预测，2014年世界经济将增长3.6%，增速较2012年提高0.7个百分点，其中，发达经济体增长2%左右，而新兴和发展中经济体增长5.1%左右。经济形势的整体向好转变将带动全球原油需求稳中小幅增长，据国际能源署预测，2014年，全球原油需求将增加110万桶，同比增长1.2%。

从原油供给方面看，由于全球石油生产能力大幅提高，因而，石油供给较快增长、供需宽松仍将是2014年油品市场运行的基本趋势。首先，欧佩克成员国的石油生产剩余产能大幅上升，根据美国能源情报署预测，2014年欧佩克原油剩余产能仍将达到368万桶/天，大大超过过去十年平均约250万桶/天的水平。其次，非欧佩克国家的石油生产能力和供给能力大幅提高。美国能源情报

署预计2014年美国原油产量将达到845万桶/天，再创历史新高，加上非常规资源的开采和转化，美国石油产量将达到1322万桶/天，同比增长8.3%。此外，加拿大、苏丹、巴西等国的石油产能也有望增加。

从国际油价方面看，2014年，供需基本面将是国际油价的主导因素，因此，在供需宽松背景下，国际油价上涨动力不足。此外，伊朗核问题谈判重启、美国暂停对叙利亚发动战争，中东紧张局势有望得以缓解，油价爆发性上涨的可能性较小；随着美国经济的稳健复苏，美元币值可能走强，也将压低油价。在上述因素作用下，全球油价将呈现窄幅震荡走势，全年油价甚或小幅下跌。

（二）国内油品市场走势预测

1. 宏观经济走势分析

从经济发展的中长期趋势来看，当前我国经济仍处于调整过程中，企业经营模式的转变、产业结构的调整仍将继续，在调整过程中经济运行仍存在一定的下行压力，据此判断，2014年经济增速出现明显回升可能性较小。从多方面来看，经济平稳增长的基础更为坚实。

（1）政策效应与改革红利将进一步释放。2013年已出台的一系列稳增长的政策措施在2014年会进一步显现。十八届三中全会、中央经济工作会议以后，以简政放权、增强内生增长动力、激发市场活力为目标的各项改革措施会陆续推进。

（2）需求增长具有新的支撑。从投资来看，虽然房地产投资呈现出由快速增长回归适度较快增长的趋势，政府对投资的主导作用还会进一步下降，但在城镇化加快过程中，铁路、城市地铁和公共设施、环境治理、网络宽带等领域存在较大投资潜力；简政放权、放宽准入，有利于激发民间投资热情。在这些支撑因素作用下，预计投资增速不会出现明显回落。

总体上看，预计2014年经济运行将呈现一“稳”一“好”两个基本特点。“稳”是经济增长底部趋稳，预计增速在7.5%左右。“好”主要体现在改革深入推进，内生增长动力增强，市场活力提高，经济运行的稳定性、协调性增强；经济结构进一步调整优化。

2. 影响石油需求的行业走势分析

从工业经济运行走势看，2014年，受经济结构调整、资源能源环境约束、部分行业产能过剩的影响，工业经济仍将面临着下行压力。从结构上看，东部地区工业增速稳中微降，而在产业转移和工业化、城镇化加速发展的推动下，中、西部地区将延续较快增长态势。综合来看，预计2014年规模以上工业增速将在9.5%左右，与2013年相比，增速稳中出现小幅回落。

从物流运输来看，2014年，在宏观经济结构持续调整的背景下，物流业整体上将保持平稳运行态势，物流转型升级继续推进。“增速减缓、调整加快、分化明显”仍将是物流运行的主基调。其中，钢铁、煤炭等大宗商品物流需求仍将较为疲软，增速难有明显改善，而快递速运、物流平台、一体化物流、供应链管理等高端物流业态有望保持快速增长。预计全社会物流总额，按可比价格计算，增长9%左右。

从矿采加工来看，2012年以来，采矿业累计完成投资增速延续回落走势。2013年，受煤炭、钢铁、有色金属等行业产能过剩影响，全国采矿业累计完成投资同比增长10.9%，增速比全社会固定资产投资增速低8.7个百分点，这就意味着，矿采加工等相关行业增速或将延续回落走势。

而从汽车行业来看，据中国汽车工业协会预测，2014年汽车运行走势仍较乐观，预计汽车全年销量为2374万~2418万辆，增长率为8%~10%。

在宏观和行业因素综合影响下，预计2014年我国油品需求将继续保持平稳增长。原油方面，据中国石油集团经济技术研究院的预测，2014年国内石油需求增速4%左右，达到5.18亿吨。成品油方面，汽油消费需求仍将保持较快增长，而柴油消费呈现稳中小幅增长。同时，供需仍将保持宽松格局，原油国产量和原油净进口量分别增长2%和7%左右。而受成品油调价机制改进影响，国内成品油价格波动将与国际原油价格走势较为一致，全年平均价格与2013年基本持平或小幅下降。

（中国物流信息中心 曾庆宝）

2013—2014 年再生资源流通回顾与展望

一、2013 年再生资源回收行业发展现状

2013 年，我国国民经济运行总体平稳，呈现稳中有进、稳中向好的发展态势。同时，经济运行存在下行压力，部分行业产能过剩问题严重，生态环境恶化等突出问题仍没有得到缓解。再生资源市场需求不旺，再生资源价格持续低位震荡。

（一）总体分析

1. 回收总量基本情况

截至 2013 年年底，我国废钢铁、废有色金属、废塑料、废轮胎、废纸、废弃电器电子产品、报废汽车、报废船舶八大类别的主要再生资源回收总量约为 1.60 亿吨，同比下降 0.2%。其中，降幅最大的是废塑料，同比下降 14.6%；增幅最大的废弃电器电子产品，同比增长 38.3%。

表 1　　2012—2013 年我国主要再生资源类别回收利用

序号	名称	单位	2012 年	2013 年	同比增长%
1	废钢铁	万吨	8400	8570	2.0
2	废有色金属	万吨	530	562	6.0
3	废塑料	万吨	1600	1366.2	-14.6
4	废纸	万吨	4472	4377	-2.1
5	废轮胎	万吨	370.3	375	1.3
	其中：翻新	万吨	45.3	50	10.4
	再利用	万吨	325	325	0.0
6	废弃电器电子产品				
	数量	万台	8264	11430	38.3
	重量	万吨	190.7	263.8	38.3
7	报废汽车				
	数量	万辆	132.3	187.5	41.7
	重量	万吨	249	274.4	10.2

续 表

序号	名称	单位	2012 年	2013 年	同比增长%
8	报废船舶				
	数量	艘	340	351	3.2
	重量	万轻吨	255	250	-2.0
9	合计（重量）	万吨	16067	16038.4	-0.2

2013 年，根据对全国 31 个省、市、自治区的 970 家典型再生资源回收企业调查，再生资源回收量为 4327.47 万吨，同比增长 6.1%；销售量较回收量增加了 41.46 万吨。

2. 回收总值基本情况

2013 年，八大品种再生资源回收总值为 4817.1 亿元，同比下降 11%。其中废塑料降幅最大，同比下降 15.9%，废弃电器电子产品增幅最大，同比增长 22%。

表 2　　2012—2013 年我国主要再生资源类别回收价值

序号	名称	单位	2012 年	2013 年	同比增长（%）
1	废钢铁	亿元	2226	1928	-13.4
2	废有色金属	亿元	1027	996	-3.0
3	废塑料	亿元	1056	888	-15.9
4	废纸	亿元	830.3	744.1	-10.4
5	废轮胎	亿元	88.9	75.8	-14.7
6	废弃电器电子产品	亿元	57.2	69.8	22.0
7	报废船舶	亿元	63.8	55	-13.8
8	报废汽车	亿元	64.2	60.4	-5.9
9	回收总值	亿元	5413.4	4817.1	-11.0

3. 主要品种进口基本情况

2013 年，我国废钢铁、废有色金属、废塑料、废纸、报废船舶五大类别的再生资源共进口 4537.1 万吨，同比下降 16.7%。其中降幅最大的是报废船舶，同比下降 36.1%，降幅最小的是废纸，同比下降 2.8%。

表 3　　2012—2013 年我国主要再生资源进口情况

序号	名称	单位	2012 年	2013 年	同比增长（%）
1	废钢铁	万吨	497	380	-23.5
2	废有色金属	万吨	745	687	-7.8

续 表

序号	名称	单位	2012 年	2013 年	同比增长（%）
3	废塑料	万吨	887.8	788.2	-11.2
4	废纸	万吨	3007	2923.6	-2.8
5	报废船舶	万轻吨	310	198	-36.1
6	合计（重量）	万吨	4970	4537.1	-16.7

注：1. 废有色金属进口是指含铝废料、含铜废料、含锌废料
2. 我国进口废有色金属实物量按36%的比例折算

（二）行业结构分析

（1）从企业性质来看，再生资源行业中，民营企业占企业总数的80%，占就业总人数的75%左右，是再生资源回收行业的主体，国有企业和三资企业所占比例较低。

（2）从行业分布地域来看，再生资源回收企业多集中于华东地区、华南地区和西南地区，以上三个区域聚集了我国80%左右的再生资源回收企业。在回收和销售数量方面，广东、天津、江苏、浙江等沿海省市处于领先地位。以废钢行业为例，为了尽量压低废钢铁的回收成本，废钢加工配送企业主要集中在我国东、中部地区，废钢铁回收量大的区域一般具有以下几个特征，如几省交界，铁路、水路运输便利等。截至2013年年底，我国已有60余家废钢铁加工企业被评为废钢铁加工配送中心和示范基地。另外，进口废钢主要集中在沿海地区，浙江、江苏、广东三省约占全国废钢进口总量的94%。

（三）行业效益分析

2013年，我国主要品种再生资源回收总量较2012年同期略有下降，回收总值也出现了下降，再生资源回收行业亏损较严重，受年初采买价格偏高，国内市场价格持续下跌等因素影响，再生资源销售乏力，大量库存积压，资金占用大且周转不灵，再加上贷款受限、劳力、相关费用成本大幅增加，企业、行业呈现大面积亏损状态。

（四）行业现代化程度

再生资源回收，即是以节约资源减少废物排放为目的，将已使用过的废物材料回收加工再利用以创造新价值的过程。再生资源产业不同于其他传统产业，在实现经济效益的同时更要兼顾环境效益和社会效益，是一门集经济、

技术和社会管理于一体的系统工程。建立现代再生资源回收体系，对于提高资源利用率，实现经济可持续发展具有重要作用。近年来，在良好的产业政策环境下，再生资源回收行业的现代化程度得到了明显的提升，主要体现在以下几个方面：

1. 废钢铁产业装备水平继续提高，促进设备制造业发展

近年来，我国废钢铁产业装备水平提高较快，形成了以工厂化机械加工为主的生产方式，废钢铁破碎生产线和大型剪切机引领废钢铁产业装备的发展方向。到2013年年底，我国已有废钢铁加工配送中心和示范基地60家，已配置1000马力功率以上的废钢铁破碎生产线40余条，大中型门式剪切机30余台。呈现出国内设备为主导，中外合资、国外设备为辅的格局。湖北力帝和江苏华宏，成为国内废钢铁破碎机和各种型号剪切机、打包机的龙头企业。废钢铁防辐射检测设备和装载设备的应用不断增加。

2. 数字化分拣技术逐步应用于废塑料的回收利用

目前，国内仍有不少家庭式的小作坊，他们采用人工分拣的方式来分拣不同类型的塑料、不同颜色的废料和带金属的塑料。针对手工分拣不同种类塑料的现状，市面上已开发出利用近红外线及中红外线分选技术，将卤素光（近红外线）照射在被送进分拣的物料上，把每个不同材质的物料产生的不同反射光转化为电子信号，实现数字化，再与预设在电控程式内的塑料光谱进行高速对比，利用气力喷嘴把需要留下的物料挑选出来，并把其他杂质剔除，经此机器分选后的物料，其混杂程度由原本的30%降至0.05%。目前，这种分拣技术在欧洲发展得较为成熟。

（五）行业贡献度分析

再生资源回收，有利于节约资源、保护环境，转变经济发展方式。随着工业化、城镇化、信息化发展速度的加快，消费结构不断升级，资源消耗量迅速增加，废弃量大幅攀升。回收利用好这些再生资源，对于我国在未来较长一个时期转变经济发展方式，实现经济、资源和环境效益相统一，全面提升生态文明水平具有重要的促进作用。以废钢铁的回收利用为例，2013年我国废钢铁回收量为8570万吨，替代相应的原生资源，相当于节约3008万吨标煤，减少二氧化碳排放7219万吨。

再生资源回收，有利于增加就业岗位，带动经济社会发展。目前，我国再生资源回收企业已达10多万家，从业人员约为1800万人。截至2013年年底，已有3批共90个城市列入试点，运用中央财政服务业发展专项资金，支持试点城市新建和改扩建51550个网点、341个分拣中心、63个集散市场，同时支持了123个再生资源回收加工利用基地建设。北京、上海等试点城市推动自助废弃物交售、回收热线等新型回收模式。再生资源回收体系的建设对于增加就业岗位，带动经济社会发展意义重大。

（六）各主要品种分析

1. 废钢铁回收情况分析

2013年全国粗钢产量77904万吨，同比增长8.7%。同年，我国回收废钢铁为8570万吨，同比增长2%。其中，企业自产废钢铁3850万吨，同比增长5.5%；社会采购废钢铁4650万吨，同比增长5.2%；进口废钢铁380万吨，同比增长2.7%。

2013年，钢铁企业无法摆脱低价格低效益的困扰，尽管废钢铁价格一再下降，仍未能唤起钢厂多使用废钢铁的积极性，不少钢厂继续把少用废钢铁作为降低成本的一项重要措施。短流程的电炉企业采用热铁水代替废钢铁炼钢，已成为主流趋势。

2. 废有色金属回收情况分析

2013年我国十种有色金属产量达到4029万吨，同比增长9.9%。同年，我国废有色金属工业主要品种（铜、铝、铅、锌）总产量为1073万吨，同比增长3.3%。其中废铜产量约275万吨，与2012年持平；废铝产量约520万吨，同比增长8.3%；废铅产量约150万吨，同比增长11.1%；废锌产量128万吨，同比下降9.7%。国内回收的主要品种有色金属量合计562万吨，与2012年持平。其中：回收废铜117万吨，回收废铝295万吨，回收废铅150万吨。

2013年，中国共进口含铜废料437万吨，同比下降10.1%，金额为138亿美元，同比下降8%；进口含铝废料250万吨，同比下降3.5%，金额为39亿美元，同比下降4.9%。进口含铝废料自2011年以来已连续三年持续下跌。

3. 废塑料回收情况分析

2013年，我国国内塑料制品累计总产量6188.7万吨，同比增长7.04%。据估算，2013年我国废塑料回收量约为1366.2万吨，同比下降14.6%。

为保护环境、保护土地资源、促进产业发展，广东、山东、河北、浙江等主要废塑料聚集地继续对废旧塑料回收加工行业进行环保整顿，在规范行业发展的同时，当年国内的废塑料回收也受到了一定影响，呈现下降趋势。另外，为加强固体废物监管，打击洋垃圾走私，我国海关开展了为期十个月的“绿篱”专项行动，受此影响，2013 年我国进口废塑料 788.2 万吨，同比下降 11.2%，总货值 60.5 亿美元，同比下降 5.5%。

4. 废纸回收情况分析

据中国造纸协会数据显示，2013 年，我国累计生产纸及纸板 10110 万吨，同比下降 1.4%；表观消费量为 9810 万吨，同比下降 2.4%；人均消费量为 72.5 公斤，同比下降 2.0%。2013 年，国内回收利用废纸 4377 万吨，同比下降 2.1%。

据国家统计局统计数据显示，2013 年我国规模以上造纸及纸制品业主营业务收入 13471.6 亿元，同比增长 9%；利润总额 749.6 亿元，同比增长 10.4%；主营活动利润 750.9 亿元，同比增长 8.4%。制浆造纸及纸制品业企业数量为 7158 家。其中：纸浆制造业 61 家，造纸业 2903 家，纸制品制造业 4194 家。

5. 废轮胎回收情况分析

初步统计，2013 年我国新增全钢胎年生产能力 1500 万条、半钢胎生产能力 1 亿条。我国全钢胎总产能已达到 1.65 亿条，半钢胎年产能已达到 6 亿条。2013 年我国废旧轮胎回收量约为 375 万吨，其中，用于生产再生胶的废轮胎约为 300 万吨，用于生产橡胶粉的废轮胎约为 25 万吨，翻新旧轮胎约为 1400 万条。

截至 2013 年年底，从事废旧轮胎资源循环利用的企业已发展到 2000 余家，初步形成了以旧轮胎翻新、废轮胎生产再生橡胶、橡胶粉及应用三大业务板块为主的废旧轮胎循环利用的工业体系。

6. 废弃电器电子产品回收情况分析

2013 年，家用电冰箱生产 9340.6 万台，同比增长 10.6%；房间空气调节器生产 14332.9 万台，同比增长 11.6%；家用洗衣机生产 7201.9 万台，同比增长 8.2%；计算机和彩电产品产量分别达到 3.4 亿台和 1.3 亿台。2013 年，我国五种主要废弃电器电子产品的回收量约为 11430 万台，约合 263.8 万吨。其中废电视机回收量为 3850 万台；废电冰箱回收量为 1279 万台；废洗衣机回收量为 1265 万台；废房间空调器回收量为 1830 万台；废微型计算机回收量为 3406 万台。

2013 年 12 月 2 日，财政部、环境保护部、发展改革委、工业和信息化部联合发布第三批废弃电器电子产品处理基金补贴企业名单。至此，我国已有 91 家处理企业纳入处理基金补贴企业名单，涉及 27 个省、市、自治区，年处理能力超过 1 亿台。

7. 报废汽车回收情况分析

2013 年，我国汽车市场延续 2012 年发展态势，保持平稳增长，国产汽车产销量双双超过 2100 万辆，分别为 2211.68 万辆和 2198.41 万辆，同比增长 14.76% 和 13.87%。2013 年，国务院印发了《关于印发大气污染防治行动计划的通知》（国发〔2013〕37 号），要求加快淘汰黄标车和老旧车辆，加快了机动车的报废速度，2013 年我国报废汽车回收量为 135 万辆，同比增长 22.7%，摩托车回收量为 52.61 万辆，同比增长 136%，拆解重量为 274.4 万吨，同比增长 10.2%。

我国报废汽车回收拆解行业随着国民经济的发展稳步推进。2013 年全国获得拆解资质的企业数量达 576 家，同比增长 5.5%，报废汽车回收网点已覆盖全国 70% 以上的县级行政区域。

8. 报废船舶回收情况分析

国家统计局数据显示，2013 年我国民用钢制船舶产量为 6146.8 万载重吨，同比下降 21.5%。受国内经济增速趋缓、废钢市场需求不旺和价格下行等因素影响，2013 年，我国主要拆船企业拆解船舶累计 351 艘，共计 250 万轻吨，同比下降 2%。其中，进口废船吨位与 2012 年相比下降近一成；由于国内船东及航运公司淘汰更新老旧船舶的步伐明显加快，国内废钢船成交并拆解的数量明显增加，比 2012 年增长近 2 倍。

二、存在的问题及原因分析

（一）回收效率偏低

目前，我国废塑料的回收率为 25% 左右，废电池回收率不足 30%，我国再生资源回收率偏低，主要原因就是行业集中度不高。由于大部分回收企业规模较小、分布零散，再生资源要经过几次周转，才能到分拣中心。而从分拣中心到生产企业，有时也要经过 2～3 次的再聚集，再生资源循环的速度和数量被大打折扣。以回收废铅酸蓄电池为例，发达国家一般只有数家或十多家大企业从事废弃铅酸蓄电池的回收利用，而我国分别有数百家回收企业。小企业受限于规模小、技术水平不高等因素，不但资源利用效率不高，还容易造成二次污染，需要国家采取措施促进行业健康发展。

（二）行业发展不规范

再生资源回收行业大部分品种，都缺乏产品技术标准、质量分类标准和检测标准，尤其是废纸、废塑料等品种，这种情况尤为突出。如我国废塑料分类一直没有统一的国家标准，也没有统一的检测办法，不仅带来高昂的交易成本，也无法满足再生利用企业的用料需求。少数大型回收企业虽然制定了自己的质量标准，凭借稳定的货源和良好的品质获取有利的谈判地位，但仍然存在买卖双方标准不统一的矛盾。因而制定明确科学的分类标准和质检手段，不仅有利于交易过程的简化，也有利于增大回收利用企业的选择空间。

（三）行业监管体系不完善

再生资源行业涉及政府多个部门，各部门政策扶持力度较大，但由于各个部门对再生资源行业实行分段、分块、分类管理，每个部门出台的政策只针对某一方面或某一环节，政策连续性、协调性、配套性较差，尚未形成统一、高效的行政监管体系。

三、2014 年展望

（一）对行业发展环境及相关因素分析

2014 年，中国经济“稳中求进，改革创新”的总基调，决定了国内经济平稳运行的发展趋势。政府加大对新型城镇化建设，基础设施建设，铁路建设，节能环保产业的投资力度，预示着 2014 年对工业原料的需求将保持小幅增长。

2014 年，我国再生资源回收行业发展仍然面临艰难复杂的局面。从价格看，受国际大宗商品价格走势影响，国内市场主要再生资源价格仍将低位震荡，企业经营环境仍不乐观。从利润看，由于价格震荡、生产成本刚性上升、能源资源环境压力持续增加，很难再出现前些年两位数的高速增长。从投资看，随着国家产业结构调整和化解产能过剩政策的出台，企业固定资产新建项目投资速度和数量都明显下降，投资增速和利润增速都将进一步放缓，符合结构调整方向的资源、深加工投资仍有增长空间。

（二）全年展望

2014 年，我国主要品种再生资源回收总量预计将达 1.6 亿吨，与 2013 年回收总量基本持平。分品种看：

1. 废钢铁

钢铁工业面临化解过剩产能和环境治理两大任务，钢企加快“转方式、调结构”的步伐，但短期内高成本、低效益的运行趋势很难明显改善。2014年钢材市场预计仍将在低迷中运行，不会出现大的改观。

废钢铁产业受国内外经济环境和钢铁工业转型的影响，废钢铁利用企业仍需在困境中艰难应对，维持生存。

2014年粗钢产量预计将达8.1亿吨，同比增长3.8%，增长率较2013年同期回落3.7个百分点。按粗钢产量8.1亿吨，炼钢废钢综合单耗110千克/吨测算，需要消耗废钢铁8910万吨，较2013年增加340万吨，同比增长4%。重点钢企废钢铁利用量的下滑，废钢铁国内市场价格相对国际市场价格的倒挂，必然导致2014年进口废钢数量的减少。

2. 废有色金属

2014年，再生有色金属总体形势不会明显好转，我国再生有色金属产量增长率将维持在2%左右，总产量将为1100万吨左右，国内回收量将比2013年有所增长，但增幅较小。

伴随着经济社会的快速发展，目前我国已逐步进入资源循环大周期，大量汽车、家电等机电产品面临淘汰或报废，为再生有色金属产业的快速发展提供了基础条件。按照《再生有色金属产业发展推进计划》的要求，到2015年，再生有色金属产业规模和产量比重将明显提升，预处理拆解、熔炼、节能环保技术装备水平将大幅提高，产业布局和产品结构将进一步优化，节能减排效果和综合利用水平将显著提升。

3. 废塑料

废塑料的回收利用能够有效缓解对于石油的需求，具有强替代性，成为了人类面对有限资源和无限市场需求的最佳选择。据预测，2007—2020年全球塑料需求量年均增长率为1.7%，也就是说，为生产塑料，每年需多开采石油1.7%。原料和产品关系的失衡，必然会造成全球塑料产业链的失衡。据估算，2014年我国废塑料回收量将达1500万吨，回收利用率约为25%左右，可以有效缓解资源压力。

4. 废纸

预计2014年全年国内制浆和造纸生产量和消费量将达到：纸及纸板生产总量约10100万吨，与2013年基本持平，全国纸浆消耗总量9900万吨左右。规模以上造纸及纸制品业主营业务收入、利润总额、主营活动利润都将出现小幅下滑。国内回收利用废纸将达4400万吨。

5. 废弃电器电子产品

2014年，我国废弃电器电子产品回收利用行业将继续稳步发展。随着进入废弃电器电子产品处理补贴名录企业数量的增加、补贴资金的兑现，预计2014年，废弃电器电子产品的拆解数量将迈上一个新台阶。按照社会保有量测算，2014年，我国电视机、电冰箱、房间空调器、微型计算机的回收量将达1.2亿台。

2014年，不同种类废弃电器电子产品处理量不均衡的现象将有所缓解。在财政部出台的处理量20%最低限额的要求下，2014年，最难回收的房间空调器的数量将有所上升。

6. 废轮胎

2014年是我国产业结构调整和经济增长方式转变向前积极迈进的一年，废轮胎回收利用行业的发展也将受到诸多因素的影响。

随着社会客货车保有量的增长，预计2014年轮胎翻新量将达1700多万条，废轮胎循环利用量将达350多万吨，全年废旧轮胎回收量将达380多万吨，载重轮胎翻新率将提高到25%，巨型工程轮胎翻新率将提高到30%，特巨型轮胎翻新将进行实质性工业化试验，轿车轮胎翻新率将实现零的突破。

7. 报废汽车

2014年全国报废汽车回收数量预计将达到165万辆，同比增长22.2%，报废摩托车回收数量预计将超过60万辆，同比增长14.1%，企业经营效益将进一步提高。

2014年以下四个因素将对报废汽车回收拆解行业产生较大影响：一是政府实施的强制淘汰“黄标车”，将促进机动车报废数量的增加；二是新修订的《报废机动车回收拆解管理条例》有望出台，报废汽车回收拆解行业经营管理将进一步加强；三是报废汽车回收拆解行业税收政策有望调整，给企业减负将落到实处；四是拆解材料市场价格低位回升，拆解可回用零部件再利用率有望提升，将拉动报废汽车回收拆解企业经济效益的提高。

8. 报废船舶

当前，短期内还难以从根本上扭转航运市场运力过剩的局面。国务院为促进船舶、钢铁等几大产业结构性的调整，先后颁布了《船舶工业加快结构调整促进转型升级实施方案》、《关于化解产能严重过剩矛盾的指导意见》，明确了“保增长，调结构”的经济政策，这些政策的出台，将有利于调整钢铁和制造业等产业结构，淘汰落后产能，鼓励老旧运输船舶提前报废更新。

受铁矿石期货和废钢铁价格下跌以及人民币汇率阶段性贬值和长期升值预期等诸多因素影响，预计2014年报废船舶拆解量将大幅下降。

（中国物资再生协会 崔 燕）

2013—2014 年橡胶流通回顾与展望

2013 年的天然橡胶价格继续走低，延续 2012 年的下跌趋势，供需关系的失衡，库存攀升都是造成胶价进一步下跌的重要因素。以上海地区云南国营全乳胶为例，2013 年最高价 26000 元/吨，最低价 16500 元/吨，2013 年度均价在 20329 元/吨，较 2012 年均价同比下跌 5098 元/吨，跌幅 20. 5%。2013 年中国橡胶消耗量为 830 万吨，比 2012 年增长 13. 7%。其中，天然橡胶 420 万吨，增长 21. 7%；合成橡胶 410 万吨，增长 6. 49%。

2014 年中国橡胶消耗增幅或低于 2013 年，预计全国橡胶消耗增长 10% 左右，达到 900 万吨以上。其中，天然胶增长 14% 左右，约 480 万吨；合成橡胶增长 5% 左右，约 430 万吨。天然橡胶价格持续低迷对橡胶制品行业并非有利，只有营造合理的上下游价格产业链，才是实现共同可持续发展的路径。

一、2013 年橡胶市场回顾

（一）新增资源快速增长

据中国物流信息中心统计测算，2013 年，天然橡胶累计新增资源 330. 6 万吨，比 2012 年同期增长 11. 7%，增幅比 2012 年同期扩大 7. 1 个百分点。

1. 产量保持较快增长

2013 年，我国天然橡胶产区天气状况良好，虽然部分沿海地区受热带风暴和台风“海燕”影响，割胶量略有减少，但总体来说影响不大。2013 年天然橡胶产量呈现平稳较快增长的走势。初步统计，全年天然橡胶累计产量 83. 6 万吨左右，同比增长约 6. 5%。

2. 进口量整体呈快速增长走势

据海关统计，2013 年全国天然橡胶进口量为 247 万吨，同比增长 13. 5%，增幅比 2012 年同期扩大 9. 9 个百分点，增长较为明显。从全年来看，进口量大致呈现出“两头高，中间低”的走势。各月之间同比增幅波动较大，年初受春节影响在达到 85. 3% 的高点后快速回落，3 月、4 月有所缓和。5—9 月受国内库存高企影响，进口量大幅低于2012年同期。10月后逐渐回升，年末再次冲高，同比增幅超过60个百分点。

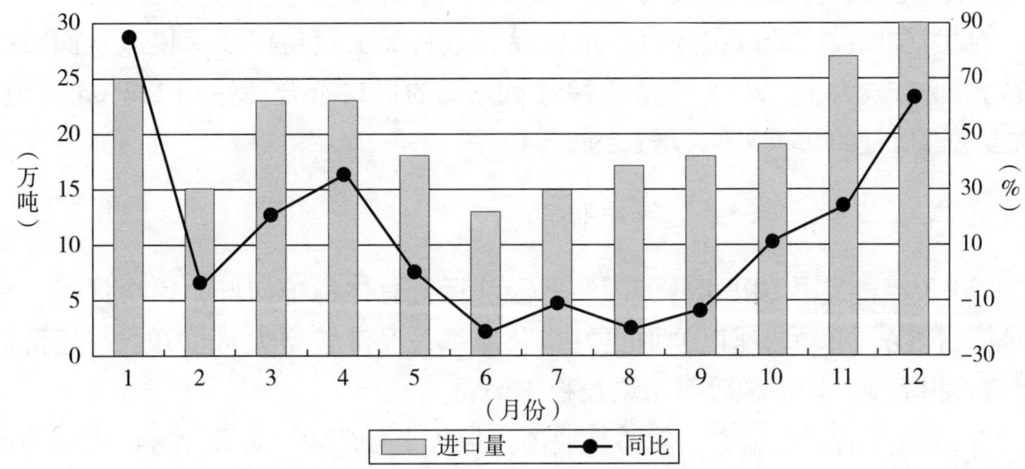

图1 2013年我国天然橡胶各月进口情况

2013年合成橡胶进口增速较为平稳，全年累计进口152.7万吨，比2012年增长6.2%，增幅较2012年同期扩大5.7个百分点。分月来看，除前两个月受春节影响波动较大外，其余月份波动较为平稳。2月、6月、7月及9月，进口量同比下降，其余月份较2012年同期都有不同程度增长。

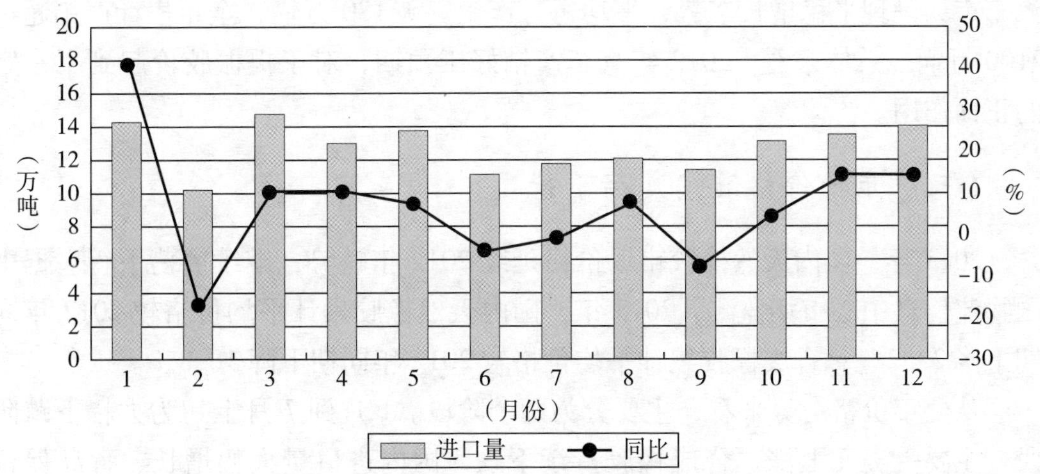

图2 2013年我国合成橡胶各月进口情况

我国合成橡胶的进口主要来源于韩国、日本、美国和俄罗斯，以及中国台湾等国家和地区。2013年，来自这5个国家和地区的进口量合计达到92.74万吨，约占总进口量的72.50%，增长约3.80%。

我国合成橡胶进口主要集中在青岛、南京、上海、天津以及黄浦等海关。2013 年来自这 5 个海关的进口量合计达到 95.33 万吨，约占总进口量的 74.52%，增长约 6.12%。

我国合成橡胶进口主要以一般贸易、进料加工贸易以及保税区仓储转口货物贸易方式为主。2013 年这 3 种贸易方式的进口量合计达到 122.03 万吨，约占总进口量的 95.39%，增长约 8.24%。

（二）消费需求增长稳中偏弱

2013 年，我国 GDP 增长 7.7%，经济运行总体稳中向好，成功打破“硬着陆”担忧，主动减速以换取更好增长质量，经济转型大幕拉开。与经济低速增长相适应，国内橡胶需求增长稳中偏弱。

从主要下游行业来看。轮胎行业出口形势十分严峻。近几年，国内轮胎出口屡屡受制，一方面，由于前几年投资过热，轮胎出口成为企业生存的唯一出路，竞争激烈导致轮胎品质量良莠不齐，且出口利润微薄；另一方面，国际贸易环境恶化导致轮胎出口形势恶化。我国企业屡次遭遇国外贸易保护政策，从欧洲的标签法、美国的特保案，到巴西、印度等地区的反倾销等。国内橡胶行业深受其害，下游轮胎出口受到限制，外需减弱，橡胶消费随之低迷不振。

从轮胎的国内需求角度来看，起主要作用的是汽车产量。2013 年，我国汽车市场呈现平稳增长态势，平均每月产销突破 180 万辆，全年累计产销超过 2100 万辆。总体来看，2013 年汽车产销好于预期，对于提振胶价起到了一定的正面作用。

（三）市场价格继续震荡下行

2013 年，国内天然橡胶市场价格延续 2012 年跌势，继续震荡下行。据中国物流信息中心市场监测，2013 年，国内天然橡胶累计平均价格较 2012 年同期下降 22.2%；合成橡胶累计平均价格较 2012 年同期下降 18.8%。

从全年价格走势来看，主要分为两个阶段。1 月到 7 月上旬为大幅下跌阶段。主要受美元上涨、合成橡胶持续下跌、国内进口量大幅增长、青岛保税库进口天然橡胶库存居高不下等因素影响，国内外市场价格持续下跌，屡创 2009 年以来新低，截至 7 月中旬，泰国 RSS3 价格 2490 美元/吨，国产标准胶（SCRWF）上海市场价格 16200 元/吨，与年初最高价格相比，跌幅分别达 26.7% 和 37%。7 月中下旬到 12 月底为宽幅震荡阶段。主要受美国经济逐步复苏、国内制造业数值企稳回升、橡胶轮胎制品需求转旺、合成橡胶价格上

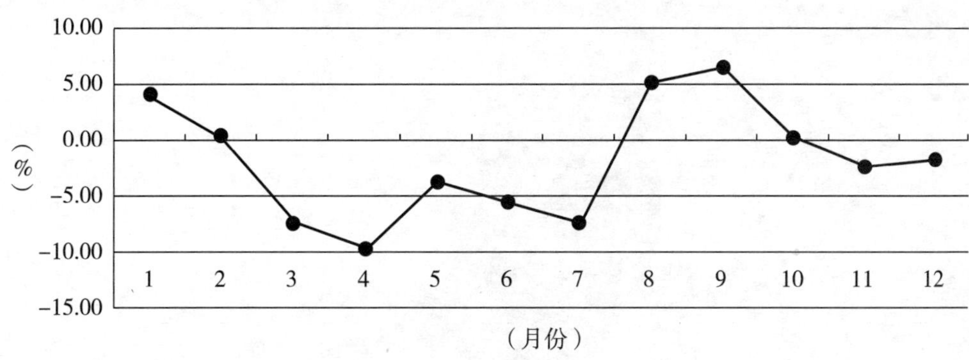

图3 2012年各月我国橡胶市场价格走势

涨等因素影响，国内外天然橡胶市场价格结束连续跌势，在相对低价区域宽幅震荡。泰国RSS3围绕2490～2715美元/吨、国产标准胶（SCRWF）上海市场价格围绕16200～19700元/吨大幅波动。

具体来看，国内主产区，国产标准胶（SCRWF）海南电子商务中心销售平均价格为19392元/吨，同比下跌5105元/吨，全年合计成交10459吨；云南电子商务中心销售平均价格为17751元/吨，同比下跌7421元/吨，全年合计成交50200吨。

国际主产区，泰国RSS3平均价格为2780美元/吨，同比下跌631美元/吨，最高价为3395美元/吨，最低价为2470美元/吨；印尼SIR20平均价格为2510美元/吨，同比下跌611美元/吨，最高价为3140美元/吨，最低价为2175美元/吨；新加坡期货市场的到期RSS3现货月平均价格为2780美元/吨，同比下跌597美元/吨，最高价为3375美元/吨，最低价为2450美元/吨。

国内主销区，国产标准胶（SCRWF）上海市场平均价格为19987元/吨，同比下跌5342元/吨，最高价为25700元/吨，最低价为16200元/吨；青岛市场平均价格为19829元/吨，同比下跌5513元/吨，最高价为25800元/吨，最低价为16200元/吨；天津市场平均价格为20021元/吨，同比下跌5604元/吨，最高价为25800元/吨，最低价为16400元/吨。

（四）再生橡胶进出口分析

1. 再生橡胶进口数据分析

2010年再生胶进口总数量达19034吨，进口总金额1988万美元，同比增长38.68%。2011年再生胶进口总数量达22300吨，进口总金额2707万美元，同比增长17.15%，2012年再生胶进口总数量达24032吨，进口总金额2753万美元。2013年再生胶进口总数量达35659吨，进口总金额3497万美元。

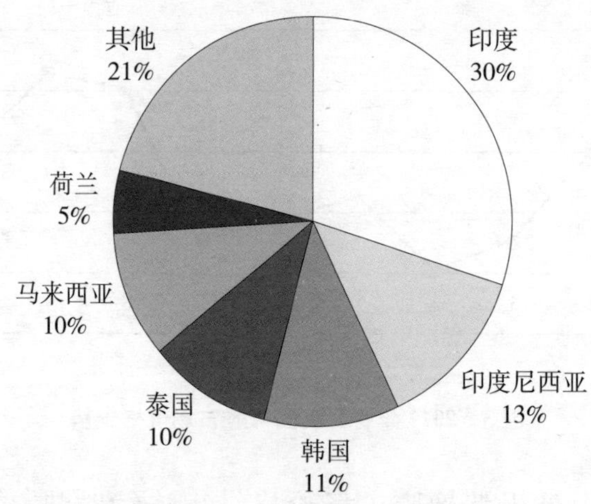

图 4　2013 年我国再生橡胶进口情况

2013 年我国再生橡胶最大的进口产销国是印度，占整个进口总量的 1/3，其次是印度尼西亚、韩国、泰国等。从图 4 中可以看出，我国主要的进口量多集中在亚洲地区。

2. 再生橡胶出口数据分析

2010 年再生胶出口总量为 75079 吨，出口总金额 6610. 2 万美元，同比增长 108. 04%。2011 年再生胶出口总量为 91650 吨，出口总金额 8387. 7 万美元，同比增长 22. 07%。2012 年再生胶出口总量为 86790 吨，出口总金额 9107. 6 万美元。2013 年再生胶出口总量为 84041 吨，出口总金额 9204 万美元。

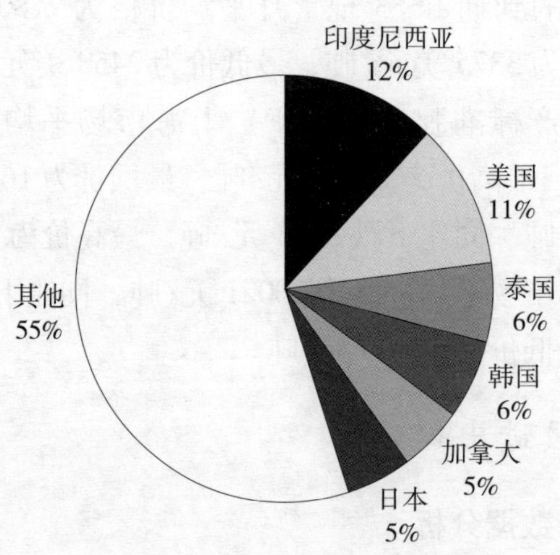

图 5　2013 年我国再生橡胶出口情况

我国再生橡胶出口国家众多，各国所占比例较小。出口量比重最大的国家是印度尼西亚，其次是美国，出口量前六位的国家整体占比 45%。

（五）橡胶库存不断攀升

2013年年底，ANRPC天然橡胶库存总计增加了7.13万～99.28万吨，同比增加7.74%。其中，泰国期末库存增加至52.5万吨，印尼增加至13.82万吨，中国增加至11万吨，马来西亚略减至16万吨。

2013年青岛保税区库存成为业内备受关注焦点，随着全球供应量的加大，保税区的库存也是不断攀升，在2013年4月底创出了36.85万吨的历史高位。自2011年8月以来青岛保税区橡胶库存迅速攀升，总库存从当时的8.73万吨升至2013年4月底的历史高位，不到两年的时间增长幅度达322%。

昆明橡胶仓库基本呈现爆满状态，除了库存量较大的国营胶厂外，云南当地大中型民营胶厂整体库存压力也较大，大中型民营胶厂库存在上千吨比较正常，小型胶厂对库存控制较好，但也基本几百吨很普遍，而且库存的成本较高，亏损幅度较大，以民营标二为例，大部分库存成本都在15000～16000元/吨水平，而当前民营标二的交投价格只有13200～13500元/吨水平。而在供应淡季的情况下，去库存化市场备受期待，当前由于国内拥有大量的现货库存，且轮胎厂对未来行情缺乏信心，所以轮胎厂采购情绪不高，且多按随需采购，整体并不利于库存的消化。

（六）贸易融资阻力大，民营胶厂经营困难

在国内资金面相对充足的状况下，市场关注度较低，企业融资渠道通畅，“融资胶”操作会相对较少；而在国内资金面偏紧的情况下，“融资胶”则会吸引企业的参与。一方面是因为操作难度并不大，另一方面可以降低融资成本，这使市场上出现了单纯以融资为目的的进口胶。但一方面随着胶价持续下跌，融资胶风险加大，同时国家外管局公布的20号文件旨在打击虚假贸易融资，银行在开立信用证方面也有所控制；外汇局对区内美金胶交易结汇限制，同时对审批单也有所控制。

胶价连续三年的跌势，让以橡胶加工为主营业务的胶厂经营越来越困难，尤其是广大的民营胶厂。国内民营胶厂发展迅速，据统计，云南地区2012年民营胶种植面积620万亩，产量为25.83万余吨，分别占全省的74%和66%，比2004年增长192%和195%。海南省橡胶加工厂超过100家，其中民营橡胶加工厂有87家。海南省现有民营橡胶加工厂，总设计能力约30万吨，加工规模大小不一。由于自身产品无法进入期货交割，套期保值功能受限，同时国外胶大量的进入中国对国产胶产生强大冲击，另外，国家对环保力度要求加

大，使得民营胶厂必须增加环保的投入，成本压力倍增，经营困难。国内民营胶厂经营困难给了国营巨头整合资源的契机，很多民营胶厂已经成为国营胶厂的“代工点”。

（七）橡胶及其制品行业经济运行情况

1. 我国橡胶行业2013年经济运行情况

2013年，橡胶行业现价工业产值、销售收入基本扭转了2012年持续下滑的颓势，同比均实现小幅增长；出口交货值仅保持住正增长，全年处于低迷态势，行业整体效益状况较好，但不同专业差异较大。

据对行业内重点企业的统计，2013年完成现价工业产值3459.30亿元，同比增长3.80%；实现销售收入3325.26亿元，同比增长2.73%；实现出口交货值1003.81亿元，同比增长0.84%。

2013年，天然橡胶等大宗原材料价格从年初的相对高位大幅下挫，同期轮胎等橡胶制品的销售价格也跟随原材料价格的走势持续向下。汽车产销同比实现两位数的增长，对行业的拉动效应明显。外部环境趋于改善，美、欧经济复苏在波动中逐步加强，同时人民币兑美元汇率屡创新高。在外部因素的影响下，橡胶行业经济运行呈现以下特点：

（1）行业现价工业产值同比实现小幅增长。

根据统计，2013年行业现价工业产值同比增长3.80%，虽然较年中期的5.02%增幅有所收窄，但与2012年的几乎零增长相比较，扭转了一直向下滑落的颓势。

（2）行业销售收入同比小幅增长。

2013年行业销售收入同比增长2.73%，全年呈现微弱向好的态势，并强于2012年的增长幅度，也基本遏止了持续下滑的趋势。

（3）轮胎等橡胶制品产量实现较大幅度的增长。

与现价工业产值、销售收入的态势不同，轮胎等橡胶制品的产量实现较大幅度的增长，明显高于2012年度同期的增长幅度，且普遍的高于产值和销售收入的增长幅度。其中轮胎产品产量同比增长9.05%，较2012年时产品产量增幅高出7.05个百分点，较同期轮胎现价工业产值增幅高出6.99个百分点，较销售收入增幅高出9.92个百分点。

（4）行业出口交货值仅实现微幅正增长。

根据统计，行业出口交货值同比增幅为0.84%，全年出口态势低迷，增幅低于2012年度增长幅度。

2. 2013 年轮胎行业经济运行分析

2013 年轮胎企业整体开工较 2012 年走高，一是扩产下的产量释放；二是低价位原料不断刺激高负荷开工；三是全年赢利水平相对可观。高产量必然推动价格竞争白热化，自第二季度开始价格战拉开帷幕，延伸至第三季度。金九银十的如期，扭转了价格下滑局面，出现两月连涨局面。日渐饱和的市场格局下，需求疲软局面凸显，2013 年多地经销商整体销量出现下滑，交投形势不乐观，但依托于原材料低价位优势，同量的利润有所提升。

产量增收入降，效益增长放缓。2013 年，全国轮胎产量 5. 29 亿条，同比增长 12. 5% 、其中，子午胎产量 4. 76 亿条，增长 14. 9% ，斜交胎 0. 53 亿条，下降 5. 4% ，子午化率达 89% 。在子午胎产量中，全钢胎 1. 07 亿条，增长 12. 6% ；半钢胎 3. 69 亿条，增长 15. 7% ，全国子午胎增幅与汽车增幅接近。轮胎产值 2237. 45 亿元，增长 2. 1% ；轮胎销售收入 2112. 58 亿元，下降 0. 9% ；轮胎出口交货值 756. 85 亿元，下降 2. 0% ；轮胎产成品库存货值 12 月末 160. 41 亿元，下降 2. 0% 。

二、2014 年橡胶市场展望

（一）第一季度橡胶市场情况

1. 新增资源量快速增加，进口同比继续增长

3 月，国内天然橡胶主产区基本处于停割期，下旬云南部分胶园重新开割，有零星产量。国际产区方面，因受干旱天气影响，泰国、印尼和马来西亚的天然橡胶产量出现大幅下滑，但我国天然橡胶进口量并未受到影响，同比继续保持增长。据海关总署统计，3 月天然橡胶进口 27 万吨，环比增长 42. 1% ，同比增长 15. 6% ；合成橡胶进口 14 万吨，环比增长 26. 6% ，同比下降 6. 1% 。总体来看，3 月天然橡胶新增资源量继续保持快速增长态势。

2. 消费需求低位保持平稳，暂无明显改观

从橡胶市场的宏观环境来看，3 月，中国制造业采购经理指数（PMI）为 50. 3% ，较 2 月微升 0. 1 个百分点。该指数结束连续三个月回落，新订单、生产等主要分项指数均有小幅回升，但回升幅度低于往年同期水平，回升力度有所偏弱，显示 2014 年我国经济运行开局平缓，但仍处在“合理区间”。

从橡胶市场下游行业情况来看，汽车产销形势较好，月度产销创新高。3 月，汽车生产 220. 17 万辆，环比增长 34. 41% ，同比增长 5. 59% ；销售

216.91 万辆，环比增长 35.84%，同比增长 6.58%。第一季度，我国汽车产销保持稳定增长，分别为 589.17 万辆和 592.23 万辆，同比增长 9.16% 和 9.18%，增幅较 2013 年同期略有减缓。轮胎方面，3 月轮胎企业开工率较高，山东东营地区数家轮胎厂日产量达到万条以上。但轮胎市场年后表现并未达到预期水平，经销商销售压力增大。在需求增量有限，进口不断增加的情况下，庞大的橡胶库存给市场造成难以规避的巨大压力。据统计，青岛保税区橡胶库存 3 月依然保持快速增长，截至 3 月 14 日，橡胶总库存达到 35.38 万吨，与 2 月底相比，短短半个月时间增加了 1 万吨。

3. 天然橡胶市场价格跌幅明显收窄

据中国物流信息中心市场监测，2014 年 3 月，国内天然橡胶综合平均价格环比下降 4.94%，环比跌幅在连续两个月扩大后出现明显下降，较 2 月收窄 3.09 个百分点；同比下降 32.47%，同比跌幅较 2 月收窄 1.73 个百分点；合成橡胶平均价格环比下跌 3.92%，跌幅较 2 月扩大 3.26 个百分点；同比下降 15.77%。

具体来看，国内市场方面，国内产销两地国产标准胶（SCRWF）现货价格整体呈现先抑后扬走势，上旬小幅下跌，中下旬小幅反弹，成交量较 2 月有所增加。国产标准胶（SCRWF）上海市场平均价格为 14605 元/吨，环比下跌 613 元/吨，最高价为 15100 元/吨，最低价为 14000 元/吨；青岛市场平均价格为 14490 元/吨，环比下跌 645 元/吨，最高价为 15000 元/吨，最低价为 13900 元/吨；天津市场平均价格为 14681 元/吨，环比下跌 666 元/吨，最高价为 15300 元/吨，最低价为 14200 元/吨。

国际市场方面，泰国 3 号烟片胶（RSS3）和印尼 20 号标准胶（SIR20）价格窄幅震荡上扬。泰国 RSS3 平均价格为 2288 美元/吨，环比上涨 122 美元/吨，最高价为 2355 美元/吨，最低价为 2205 美元/吨；印尼 SIR20 平均价格为 1942 美元/吨，环比上涨 25 美元/吨，最高价为 2000 美元/吨，最低价为 1890 美元/吨；新加坡期货市场的到期 RSS3 现货月平均价格为 2273 美元/吨，环比上涨 129 美元/吨，最高价为 2337 美元/吨，最低价为 2180 美元/吨。

（二）2014 年橡胶行业展望

2014 年春天的脚步早已来临，但是中国橡胶行业却无丝丝春意，尤其是天然橡胶、合成橡胶的现货贸易商正经历寒冬，下游制品企业采购意兴阑珊，期货、现货市场价格跌跌不休。截至 3 月 14 日，上海地区国营全乳胶价格下跌 2700～15200 元/吨，跌幅 15.08%；华北地区齐鲁丁苯橡胶 1502 下跌 1500～

11700 元/吨，跌幅 11. 36%；山东地区燕山顺丁橡胶 BR9000 下跌 1800 ~ 11000 元/吨，跌幅 14. 06%，现货持仓的贸易商多数已被套牢，宏观面外强内弱、投资面去泡沫化成为影响市场的重要原因，然而，商品的价格是由商品本身的价值决定的，由于供需基本面的改变而引起的价值变化，才是橡胶下跌的最根本原因。

目前国内天胶货源供应主要来源有三部分：国产、进口、库存。2014 年新胶上市预计在 4 月底、5 月初，但国内老胶消化情况不容乐观，2012 年的全乳胶、标二胶仍在市场上广泛流通，云南、海南两大产区老胶库存达 30 万吨左右。国内最大的橡胶集散市场青岛保税区库存持续高位，天胶总量达到 40 万吨左右，而上海期货交易所的仓单库存也高达 20 万吨，加上 2012 年、2013 年的国储局收储，目前国内天然橡胶显性库存约有 100 万吨左右，接近年表观消费量的 30%，庞大的库存成为压制天胶价格的沉重负担。

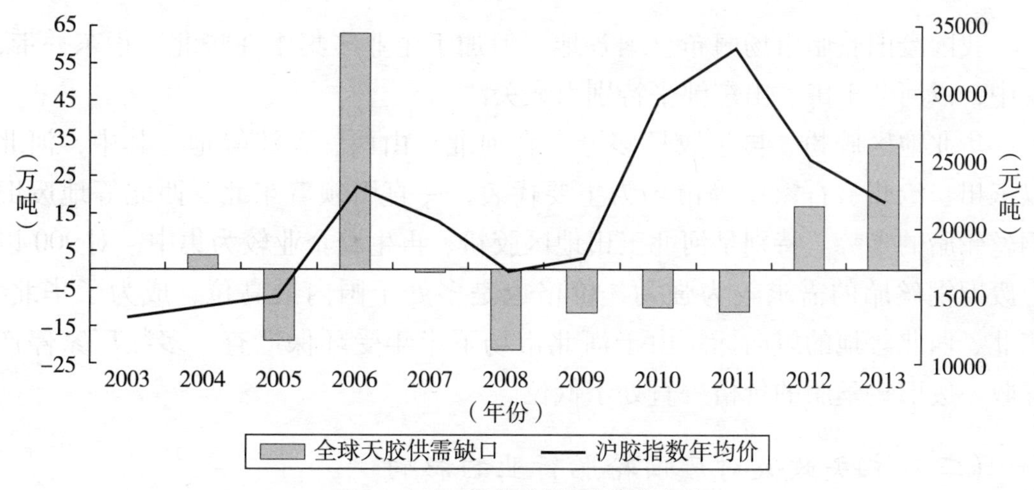

图 6 全球天然橡胶供需与价格走势

回归橡胶行业自身的基本面来看，ANRPC 预计 2014 年天然橡胶总产量同比增长 2% 左右，供应过剩或超 50 万吨以上，天然橡胶价格面临进一步下行的压力。德国朗盛、日本瑞翁、俄罗斯西布尔等世界合成橡胶巨头纷纷在亚洲扩能和新建装置，国内合成橡胶企业不仅要面临激烈的内部竞争，还要迎接来自全球合成橡胶巨头的挑战，使得原本打算通过出口缓解国内供需压力的计划遭受打击，石化企业开工难以维持高位，在与天然橡胶争夺有限市场份额的情况下，性价比或成为重要影响因素。总体来看，橡胶行业供需基本面的扭转仍需时日，2014 年是金融市场充满风险的一年，不仅仅是天然胶基本面利空压制带来胶价进一步下跌的风险，同时金融风险也有可能会对胶价产生重要影响。

三、橡胶资源循环利用行业发展现状

橡胶广泛应用于工业、农业、国防、航天、运输、日常生产、生活用品等领域，我国是世界第一橡胶消费大国，但又是一个橡胶资源短缺的国家，75%以上的天然橡胶和45%以上的合成橡胶依赖进口。自2002年以来，我国已超过美国成为世界第一大橡胶进口国，自此以后，我国一直保持第一大橡胶进口国的地位。作为国家四大战略资源之一，橡胶资源对外依存度超过石油、铁矿，居对外依存度之首。在我国橡胶资源消费中，70%用于轮胎生产。近些年来，废轮胎橡胶资源再利用已成为我国橡胶资源配置中的重要组成部分，为弥补我国橡胶资源短缺作出了重要贡献。

（一）废旧轮胎市场格局分析

我国废旧轮胎市场遍布全国各地，但加工企业多集中在华北、华东一带，其中，以河北玉田、山东邹平特别引人关注。

华北地区胶粉、再生胶厂多分布在河北、山西、天津等地，其中，河北以玉田、沧州、石家庄等市场为主要代表，一直引领着东北、西北等地废旧钢丝轮胎的走势。特别是河北玉田地区胶粉、再生胶企业较为集中，对900以上废旧钢丝胎的需求较为强劲，价格也是多处于国内最高位，成为了华北、东北、西北等地的风向标。由于河北市场下半年受环保严查，多数厂家停产停收，废旧钢丝胎的价格一直处于低位。

（二）相关政策对废旧轮胎行业的影响

从国家产业政策上看，近几年，废旧轮胎行业受到国家重视，先后出台了一系列政策，给行业发展带来了机遇。

表1　近年来废旧轮胎行业有关政策

年份	行业重点政策
2010	《废旧轮胎综合利用指导意见》 《中国资源综合利用技术政策大纲》
2011	《“十二五”资源综合利用指导意见》
2012	《国家再生资源综合利用先进适用技术目录（第一批）》 《轮胎翻新行业准入条件》 《废轮胎综合利用行业准入条件》

续 表

年份	行业重点政策
2013	《废旧轮胎综合利用行业准入公告管理暂行办法》 《战略性新兴产业重点产品和服务指导目录》

近几年，废旧轮胎综合利用行业逐渐引起关注，行业的问题也全面暴露在大家的视野里，随着各地政府加大对行业的整顿力度，2012 年 7 月工信部公布的《轮胎翻新行业准入条件》和《废轮胎综合利用行业准入条件》以及 2013 年 3 月，工信部印发了《废旧轮胎综合利用行业准入公告管理暂行办法》将会成为各地政府整改参考的依据，也将对 2014 年的行业运行产生重大影响。

四、橡胶资源循环利用行业发展面临的问题与建议

（一）橡胶资源循环利用行业面临的问题

1. 法律法规亟待完善

由于相关的法律法规和产业政策不够完善，国家标准和行业标准也不够健全，致使废旧轮胎的回收、加工处理、再利用处于自由发展态势，导致了行业的无序发展和企业的运营困难。这也是造成我国橡胶资源浪费和二次环境污染的主要原因。

2. 废旧轮胎回收体系不健全

目前我国还没有建立规范的废轮胎回收体系，90% 以上废轮胎是由民间个体自发收购自由交易。废轮胎回收后不能完全进入正规加工处理企业，给土法炼油和小再生橡胶生产提供了原料来源；而回收经营者的无序竞争，一方面使得有限的废轮胎资源得不到规范、合理地回收利用，另一方面层层倒卖和转运既浪费了运输资源，又推高了废轮胎回收的市场价格。

3. 生产经营方式粗放，节能减排指数较低

受市场和利益的驱动，“三小”企业（小翻胎、小再生橡胶、小橡胶粉）依靠落后的生产技术和工艺，采取低成本、低价格和低附加值的粗放式生产经营方式，形成了高能耗、高排放的现状，对市场秩序形成冲击，特别是土法炼油生产屡禁不止。

4. 多因素导致成本上涨

目前影响我国橡胶工业成本上涨的主要因素是，橡胶价格大幅波动，环

保和节能减排投入、劳动力费用和物流成本高等，这些因素致使企业效益大幅度降低。劳动力成本和水、电、气生产成本不断上升，将导致轮胎企业经营更加困难。

（二）发展战略与政策建议

1. 加强监督管理，规范市场秩序

进一步推动废旧轮胎综合利用的相关立法工作，加快制定废旧轮胎综合利用有关的规章和措施，以及实施《轮胎翻新行业准入条件》、《废轮胎综合利用行业准入条件》等产业政策，将废旧轮胎综合利用纳入法制化轨道。加快推进全行业社会信用评价体系建设，引导企业良性发展。建立并不断完善废旧轮胎综合利用标准体系，加快实施废旧轮胎综合利用标准化。

2. 继续争取国家政策支持，促进轮胎工业健康发展

建议国家适时将《绿色轮胎技术规范》行业自律标准升级为行业或国家标准，使我国绿色轮胎尽快市场化；从法律法规方面维护遵纪守法企业的合法权益，从政策上支持鼓励绿色轮胎生产企业，对主动淘汰落后产能的企业给予政策扶持；对轮胎试验场建设用地和资金等方面给予支持。

3. 进一步深化改革，夯实基础

提升核心技术水平和生产自动化水平，改造传统轮胎工业，轮胎企业要从依靠劳动力转向依靠智力，提高生产效率和产品质量，降低资源、能源消耗，实现绿色制造。真正把轮胎品质做到卓越和创新；实现营销增值销售，扩大品牌影响力，使消费者满意。

4. 实施创新驱动发展战略，促进行业转型升级

经过多年的发展，我国已建起比较完整的橡胶循环利用工业体系，已成为全球最大的橡胶消费大国，但不是橡胶工业强国。发展中不平衡、不协调、不可持续的问题仍然突出，主要表现在企业规模小而且分散，产品结构不尽合理，经济发展方式比较粗放，产能过剩，低价倾销，税负过重，企业效益低，技术开发能力不强，综合竞争能力弱等深层次问题。国内外环境新变化，要求把推动发展的立足点转到产品结构调整和经济转型上来。新形势下产品结构调整的核心是提升产品技术含量和产品附加值，由以往的成本和价格竞争，转向质量、技术、品牌和服务为核心的竞争，由主要依靠资源要素的大规模投入转向创新驱动。

5. 实现橡胶行业绿色发展

目前，绿色发展、低碳发展已成为重要的国际潮流，绿色经济、低碳技术在世界科技和产业结构变革中扮演着越来越重要的角色。面对日趋强化的环境约束，我们必须强化危机意识，坚持绿色发展，建设资源节约型和环境友好型企业是行业转型升级的必然选择。

6. 发挥行业协会作用

行业协会应积极协助政府部门加强行业管理与服务工作，建立和完善废旧轮胎加工处理的各项基础管理工作，强化统计分析制度，加强行业自律，建立能耗与回收利用率计算方法等标准体系，开展废旧轮胎综合利用从业人员在职教育和培训。

（中国轮胎翻修与循环利用协会　李树仁
中国物流信息中心　董　昱）

2013—2014 年散装水泥流通回顾与展望

2013 年在经济稳中求进的政策方针指引下，全国经济呈现了企稳回升的总趋势。全国水泥生产量、散装水泥供应量、预拌混凝土及预拌砂浆产量持续稳步增长。全国平均水泥散装率有所提高，散装水泥、预拌混凝土、预拌砂浆“三位一体”产业呈平稳、协调发展趋势。

一、2013 年全国散装水泥发展概况

（一）总体发展情况

2013 年全国散装水泥累计供应量为 134897.87 万吨（其中，大中型水泥企业供应量为 116506.47 万吨，占 86.37%），年增长量 16767.93 万吨，比 2012 年增长量 11375.99 万吨多增长 5391.94 万吨；年增长率为 14.19%，增长速度比 2012 年 10.66% 提高 3.53 个百分点。提前实现散装水泥供应量“十二五”规划目标。

同期水泥年生产量为 241439.6 万吨（含西藏），同比增长 21083.5 万吨（2012 年同期数用国家统计局调整后的数据），年增长率为 9.6%，增速比 2012 年 5.84% 提高 3.76 个百分点。散装水泥增长速度快于水泥增长速度 4.59 个百分点。

据中国水泥协会初步统计，2013 年全国新增投产水泥熟料生产线 72 条，全年新增水泥熟料年设计产能 9430 万吨。截至 2013 年年底，全国新型干法生产线累计 1714 条，设计熟料产能达 17 亿吨。2013 年水泥行业实现利润 766 亿元，同比增长 16.43%，利润是历史第二高位年，仅次于 2011 年，国家经济和水泥行业结构调整初见成效。

2013 年全国平均水泥散装率达到 55.94%，比 2012 年年底 54.14% 提高 1.8 个百分点（如图 1、图 2 所示）。

（二）区域散装水泥发展情况

主要从东、中、西三个部区，以及华北、东北、华东、中南、西南、西

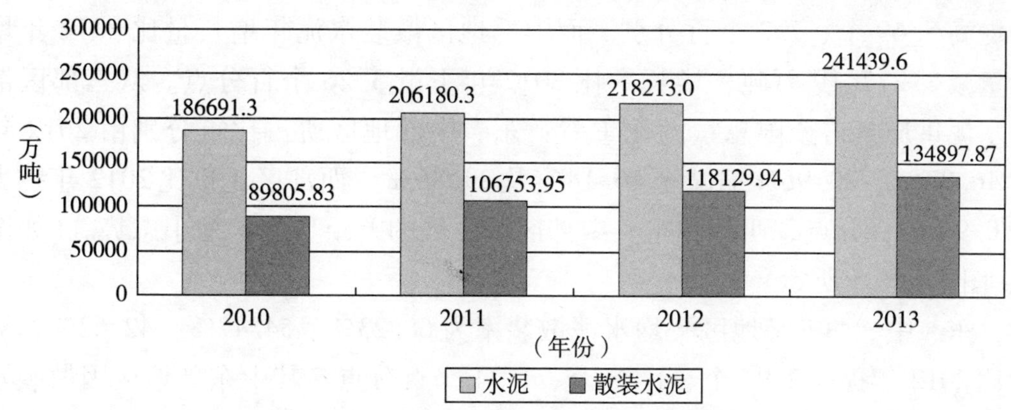

图 1 2010—2013 年全国水泥、散装水泥发展情况

表 1 2013 年度全国三部地区水泥、散装水泥发展情况对比

地区	水泥产量	同比增长（%）	散装水泥供应量（万吨）	同比增长率（%）	占全国比重（%）	散装率（%）
全国	241439. 6	9. 60	134897. 87	14. 19	100. 00	55. 94
东部地区	91230. 4	6. 94	62244. 25	12. 17	46. 14	68. 23
中部地区	73937. 4	9. 29	40274. 40	13. 79	29. 86	54. 47
西部地区	76271. 8	13. 18	32379. 22	18. 84	24. 00	42. 62

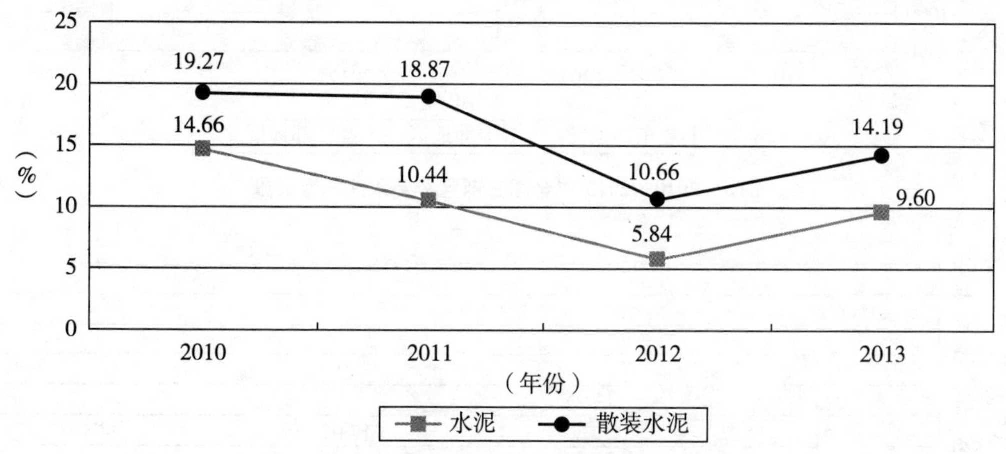

图 2 2010—2013 年全国水泥、散装水泥同比增长率

北六个地区进行分析。

（1）东部地区水泥散装率快速提高，中部地区散装水泥发展速度减缓

2013 年东、中、西三部区散装水泥年增长量分别为：6754. 82 万吨、4879. 54 万吨、5133. 57 万吨，其中：东、西部地区比 2012 年分别多增长 3375. 96 万吨、2293. 17 万吨，年增长率为 12. 17%、18. 84%，分别比 2012

年提高 5. 69 个、7. 2 个百分点。而中部地区散装水泥年增长量比 2012 年增长量减少 277. 19 万吨，增长率比 2012 年下滑 3. 26 个百分点。从三部区散装水泥供应量占全国总量的比重看：东、中部地区所占比重分别由 2012 年的 46. 97%、29. 96% 缩减至 46. 14% 及 29. 86%，西部区比重比 2012 年扩大了 0. 93 个百分点，西部和东、中部区域发展的差距呈逐年缩小态势。（如图 3、图 4、图 5 所示）

东、中、西三部地区平均水泥散装率为 68. 23%、54. 47%、42. 62%，分别比 2012 年提高 2. 97 个、1. 28 个、1. 74 个百分点。其中东部地区因散装水泥年增长量 6754. 82 万吨高于水泥年增量 5918 万吨，故而本地区水泥散装率比 2012 年提高 2. 97 个百分点，其水泥散装率超过全国平均水泥散装率 12. 29 个百分点。

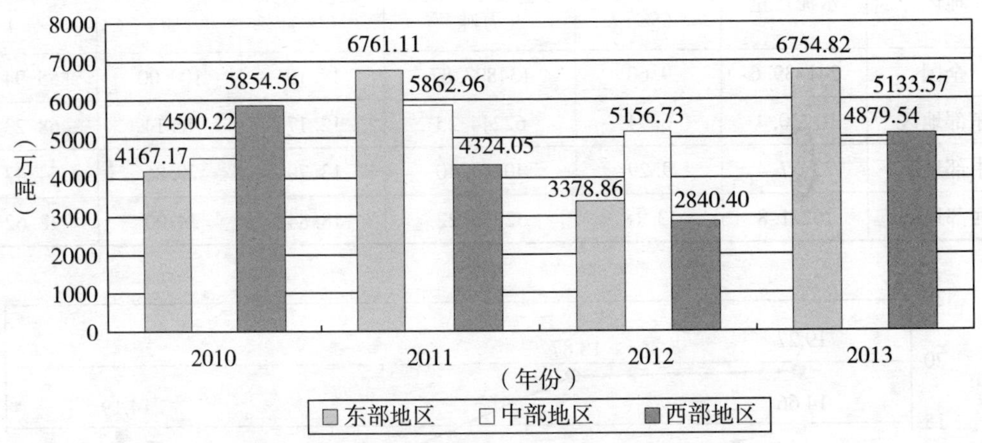

图 3　2010—2013 年全国三部区散装水泥年增长量

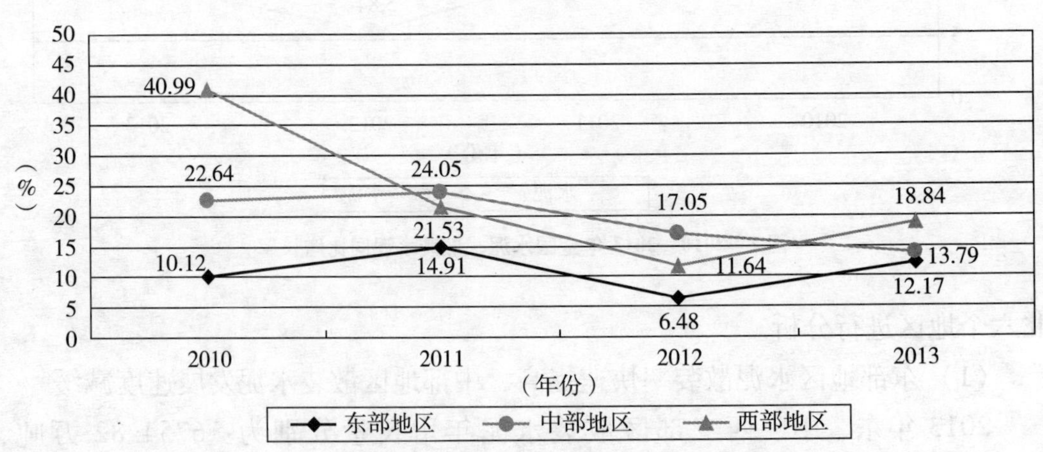

图 4　2010—2013 年全国三部区散装水泥增产率

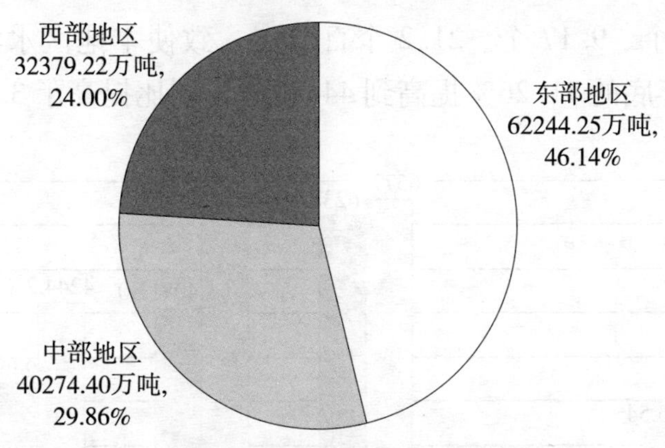

图5　2013 年全国三部区散装水泥量及占比

（2）全国六地区散装水泥供应量及平均水泥散装率均有所提高

表 2　　2013 年度全国六地区水泥、散装水泥发展情况对比

地区	水泥产量	同比增长率（%）	散装水泥供应量（万吨）	同比增长率（%）	占全国比重（%）	散装率（%）	散装率提高点
全国	241439. 6	9. 60	134897. 87	14. 19	100. 00	55. 94	1. 80
华北地区	25909. 1	1. 98	15076. 69	10. 20	11. 18	58. 19	3. 73
东北地区	14536. 6	2. 96	7136. 88	6. 54	5. 29	49. 10	0. 35
华东地区	76648. 9	9. 39	53633. 63	13. 16	39. 76	69. 97	2. 28
中南地区	65176. 4	10. 40	33861. 67	13. 70	25. 10	51. 95	0. 98
西南地区	37469. 6	12. 77	15484. 43	18. 41	11. 48	41. 65	1. 70
西北地区	21699. 0	17. 30	9704. 57	29. 44	7. 19	44. 72	3. 46

从表 2 可以看出：

①华北地区散装水泥年增长量超过水泥增长量，水泥散装率提高显著。

华北地区散装水泥年增长量超出水泥年增长量 892. 54 万吨（主要原因是河北省散装水泥年增长量为 990. 27 万吨，而水泥产量却是负增长，同比减少 133. 6 万吨），致本区水泥散装率显著提高，由 2012 年的 54. 46% 提高到 58. 19%，提高了 3. 73 个百分点（如图 6 所示）。

②西北地区散装水泥年增长率大幅高于水泥增长率，水泥散装率快速提高。

西北地区散装水泥年增长率为 29. 44%，高于水泥年增长率 12. 14 个百分点（如图 8 所示），主要是受本地区甘肃、宁夏、青海三省区散装水泥的增长速度较快影响，其年增长率分别为 45. 16%、43. 72%、37. 93%，比 2012 年分别提高16.48个、9.17个、21.2个百分点。致使本地区水泥散装率提高较快，由2012年年底的41.26%提高到44.72%，同比提高了3.46个百分点。

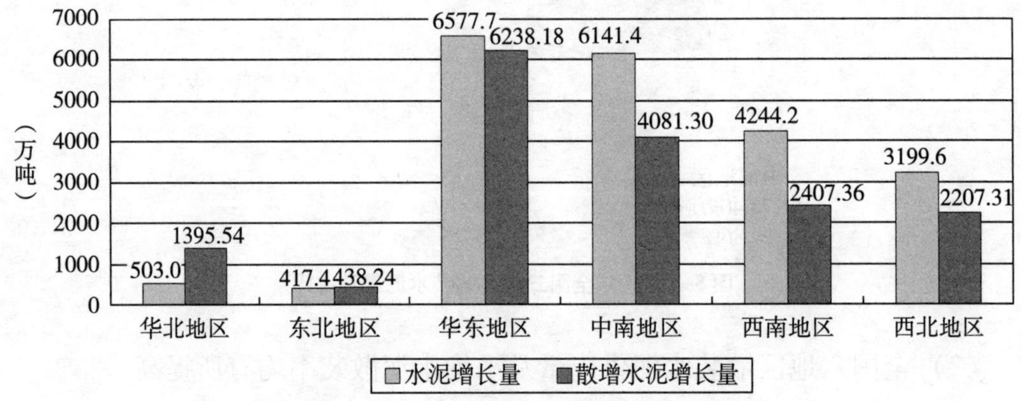

图6　2013年全国六地区水泥、散装水泥年增量对比

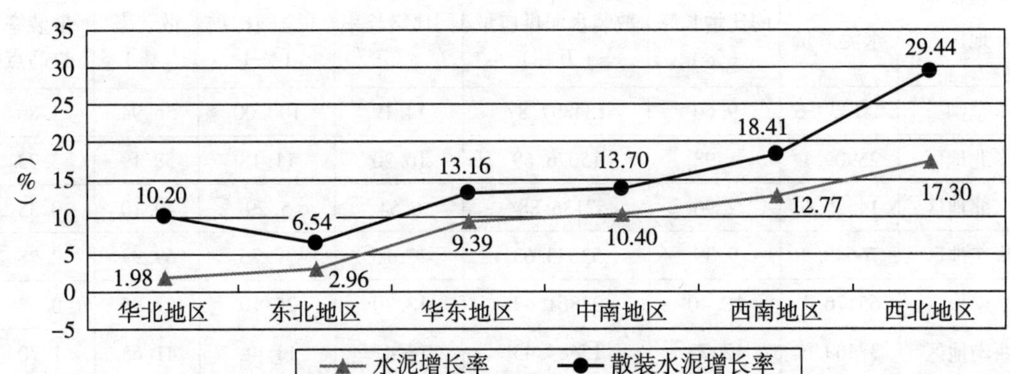

图7　2013年全国六地区水泥、散装水泥年增长率对比

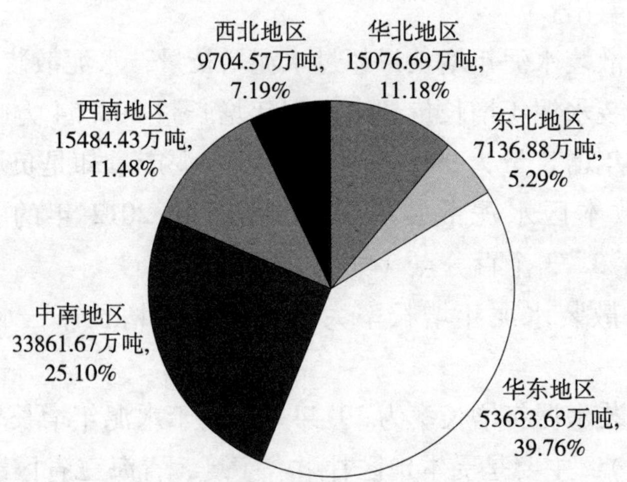

图8　2013年全国六地区散装水泥量及占比

（三）农村散装水泥发展情况

2013 年年底，全国农村散装水泥销售点已发展到 7775 家（其中，水泥生产企业建网点 4616 个，其他投资建点 3159 个）同比增加 485 家，增长 6.65%，其中东部地区有销售点 2969 个，同比增加 138 个；中部地区有 3801 个，同比增加 243 个；西部地区 1005 个，同比增加 104 个。散装水泥销售网点年销售散装水泥 18327.67 万吨，同比增加 521.2 万吨，增长 2.93%。

2013 年农村散装水泥使用量为 28831.94 万吨（其中，农村预拌混凝土使用 11169.47 万吨，水泥制品使用 5808.14 万吨），同比增加 3963.38 万吨，增长 15.94%，占全国散装水泥使用量（124927.04 万吨）的比重由 2012 年的 22.9%提高到 23.08%。农村散装水泥使用率为 44.06%，比 2012 年 40.67%提高 3.39 个百分点。

（四）散装水泥物流设施装备发展情况

2013 年年底全国拥有散装水泥发放库 17490 个，同比增加 420 个，增长 2.46%；库容量 5241.67 万吨，同比增加了 788.61 万吨，增长 17.71%；有中转库 1971 个，本年增加 19 个，增长 0.97%，库容量 392.22 万吨；有固定接收库 30841 个，同比增加 3822 个，增长 14.15%；库容量 1466.99 万吨，比 2012 年年底增加 251.94 万吨，增长 20.73%。

2013 年年底全国拥有散装水泥专用汽车 47094 辆，增加 3253 辆，增长 7.42%；装载量 161.11 万吨，增加 18.38 万吨，增长 12.88%；拥有散装水泥罐 104778 个（其中，农村拥有量为 31052 个，比 2012 年增加 1610 个，增长 5.47%），装载量为 446.56 万吨，同比增加 41.92 万吨，增长了 10.36%；拥有散装水泥专用运输船 3099 艘，增加 1217 艘，增长 64.67%，装载量为 341.28 万吨，同比增加 159.76 万吨，增长 88.01%；拥有铁路运输专用罐车 4358 节（其中，自备车 646 节，路用车 3682 节）同比减少 597 节（其中，自备车同比减少 351 节，路用车减少 276 节）；另据铁路有关部门的统计，2013 年年底全国有铁路散装水泥运输集装箱 3060 只，与 2012 年同期持平。全年运输量为 63.31 万吨。

（五）发展散装水泥对节能减排的综合效益评估

2013 年全国散装水泥供应量为 134897.87 万吨，据测算，可节约标准煤 3099.41 万吨，减少粉尘排放 1355.72 万吨，减少二氧化碳排放 8058.53 万吨，减少二氧化硫排放26.35万吨，实现综合效益607.04亿元。

（六）全国散装水泥使用量的构成

2013年全国散装水泥使用量为124927.04万吨，同比增加16348.63万吨，增长15.06%。其中，预拌混凝土使用量为60799.11万吨，同比增加7965.16万吨，增长15.08%；预拌砂浆使用量854.48万吨，同比增加293.56万吨，增长52.34%；水泥制品使用量20077.63万吨，同比增加2012.45万吨，增长11.14%；分散用户用43195.82万吨，同比增加6077.46万吨，增长率16.37%（如图9所示）。

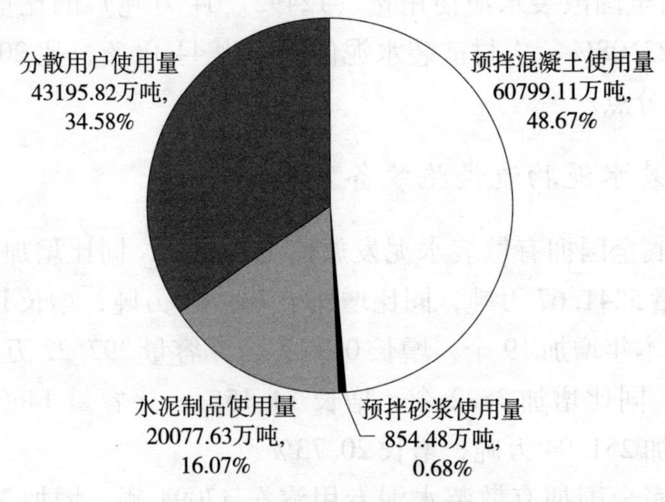

图9　2013年散装水泥使用结构

二、2013年散装水泥相关行业发展概况

（一）全国预拌混凝土行业发展情况

1. 预拌混凝土行业概况

2013年全国有预拌混凝土生产企业9100个，比2012年年底增加1214个，增长15.39%；年设计生产能力527333.77万立方米，同比新增产能47048.21万立方米，增长9.8%；全年生产预拌混凝土191718.94万立方米，比2012年164519.06万立方米增加27199.88万立方米，增长率为16.53%，比2012年增长率11.26%提高5.27个百分点；产能利用率为36.36%，比2012年34.25%提高2.11个百分点（如表3、图10、图11、图12所示）。

表 3　　2001—2013 年历年预拌混凝土产量情况

年份	2001	2005	2009	2010	2011	2012	2013
供应量（万立方米）	9592. 70	36854. 57	82899. 19	112883. 66	147873. 66	164519. 06	191718. 94
增长量（万立方米）	2760. 60	7449. 34	15139. 74	29984. 47	34990. 00	16645. 40	27199. 88
增长率（%）	40. 41	25. 33	22. 34	36. 17	31. 00	11. 26	16. 53

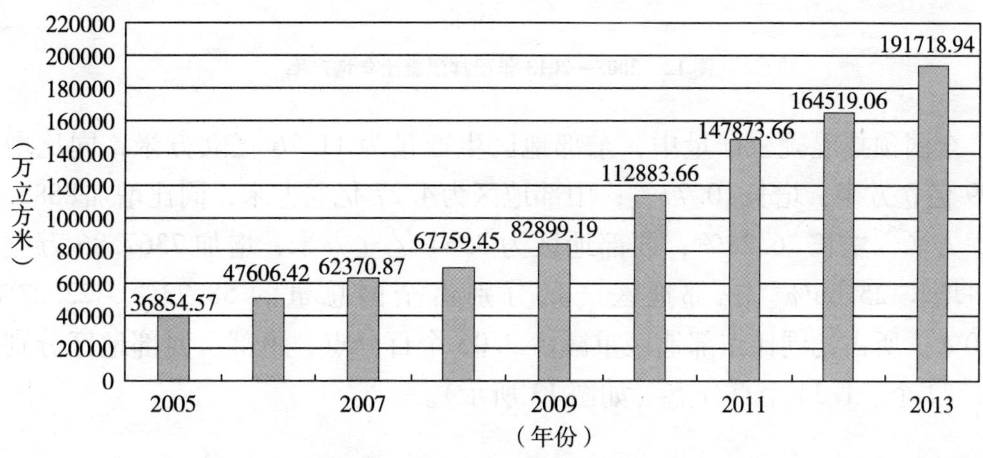

图 10　2005—2013 年预拌混凝土产量

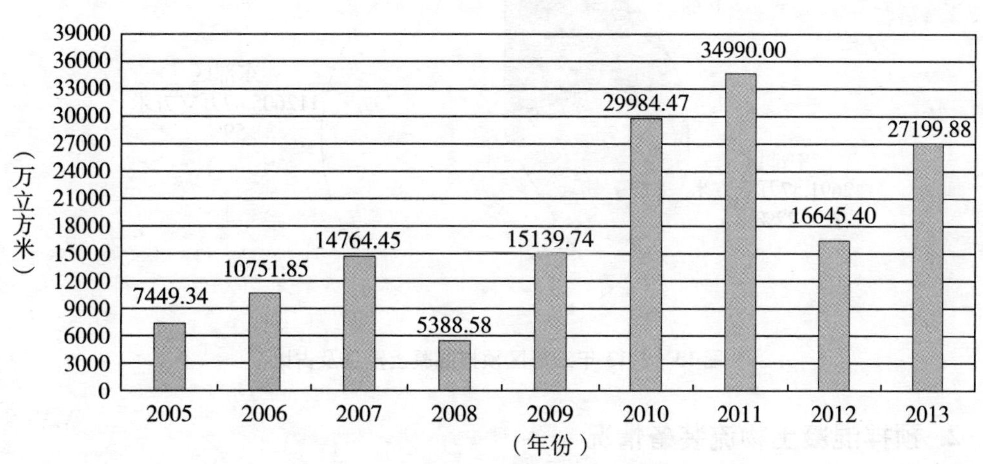

图 11　2005—2013 年预拌混凝土年增产量

全国生产预拌混凝土使用散装水泥 60799. 11 万吨，同比增加 7965. 16 万吨，增长 15. 08%，占同期散装水泥使用量（124927. 04 万吨）的 48. 67%；利用固体废弃资源 26605. 66 万吨，同比减少 2787. 05 万吨，下降 9. 48%。

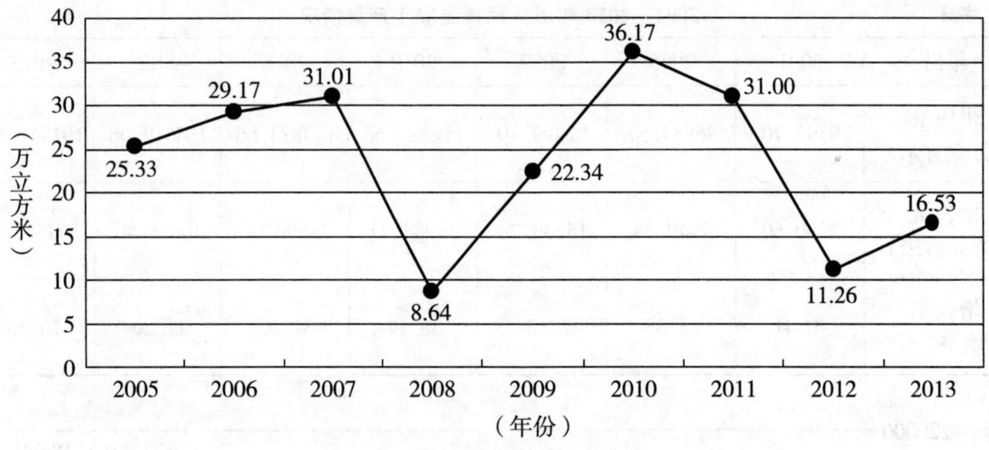

图 12　2005—2013 年预拌混凝土年增产率

全国预拌混凝土产量中，东部地区生产量为 11.26 亿立方米，同比增加 1.09 亿立方米，增长 10.77%；中部地区为 4.27 亿立方米，同比增加 8885.64 万立方米，增长 26.28%；西部地区为 3.64 亿立方米，增加 7367.86 万立方米，增长 25.36%。三部地区产量分别占全国总量的 58.73%、22.27%、19.0%。所占比同比东部地区重减少 3.06 个百分点，中部、西部地区分别提高 1.72 个、1.34 个百分点（如图 13 所示）。

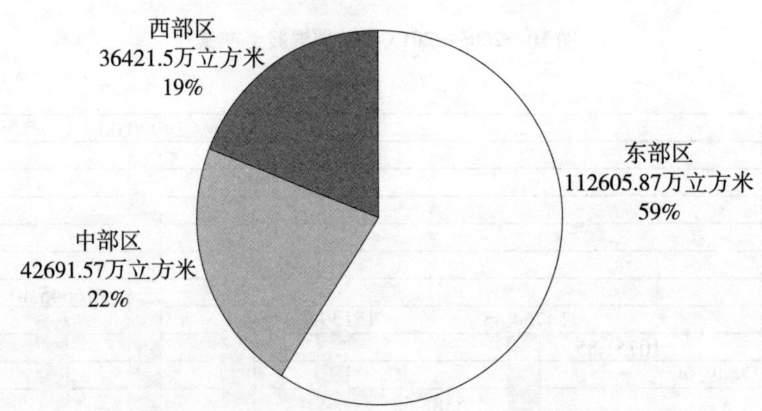

图 13　2013 年三部区预拌混凝土产量及占比

2. 预拌混凝土物流装备情况

2013 年年底全国拥有预拌混凝土搅拌车 143075 辆，同比增加 16372 辆，增长 12.92%；搅拌容量 138.56 万立方米，比年初增加 20.46 万立方米，增长 17.32%。有预拌混凝土泵车 28726 辆，同比增加 5829 辆，增长 25.46%；泵送能力 219.36 万立方米，比 2012 年年底增加 49.75 万立方米，增长 29.33%。

（二）全国预拌砂浆行业发展情况

1. 预拌砂浆产业概况

2013 年全国 25 个省、自治区、直辖市（内蒙古、海南、甘肃、青海、宁夏除外）有普通规模以上预拌干混砂浆生产企业 687 家，比 2012 年年底增加 141 家，增长 25.82%；年设计生产能力 21646.08 万吨，新增产能 5321.28 万吨，增长 32.6%。全年生产普通预拌干混砂浆 3392.21 万吨，同比增加 1155.52 万吨，增长 51.66%（如图 14、图 15 所示）。

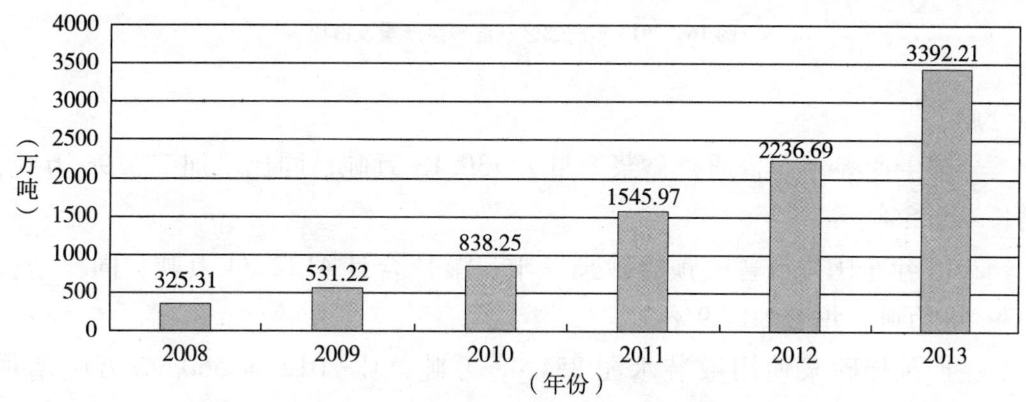

图 14 2008—2013 年普通干混砂浆产量

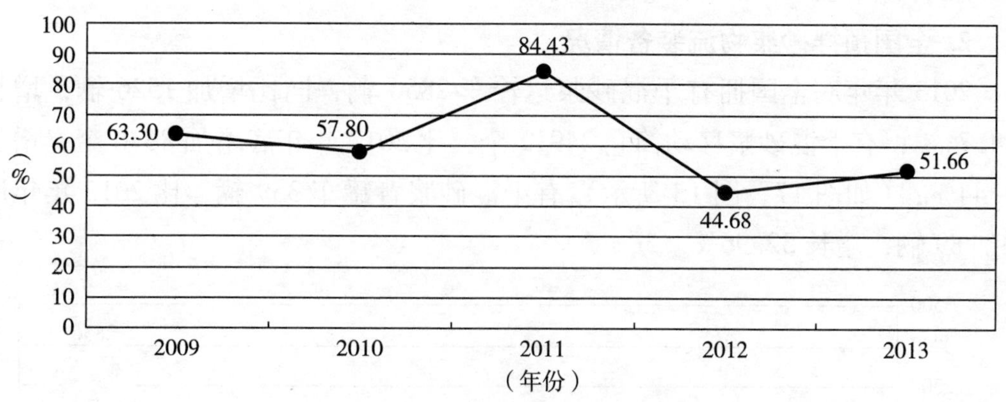

图 15 2009—2013 年普通干混砂浆年增长率

其中，东部地区生产普通预拌干混砂浆 2304.79 万吨，同比增长 801.96 万吨，增长 53.36%；中部地区生产 444.5 万吨，同比增长量为 124.8 万吨，增长 39.04%；西部地区生产 642.92 万吨，同比增长量为 228.76 万吨，增长 55.24%，三区产量分别占全国总量的 67.94%、13.11%、18.95%（如图 16 所示）。

全国干混砂浆平均产能利用率为 15.67%，比 2012 年 13.7% 提高 1.97 个

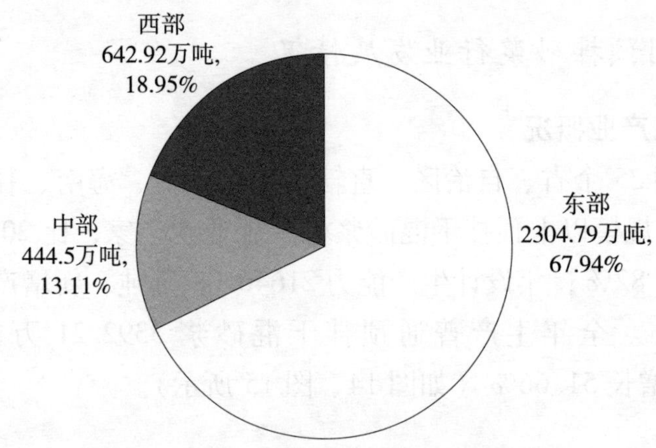

图 16　2013 年三部区干混砂浆产量及占比

百分点。

全国生产湿拌（普通）砂浆产量为 730. 13 万吨，同比增加 223. 96 万吨，增长 44. 25%。

2013 年全国生产普通预拌砂浆（干、湿）合计 4122. 34 万吨，同比增长 1379. 48 万吨，增长 50. 29%。

生产预拌砂浆使用散装水泥 854. 48 万吨，比 2012 年 560. 92 万吨增加 293. 56 万吨，增长 52. 34%；利用综合固体废弃物 770. 42 万吨，比 2012 年 591. 36 万吨增加 179. 06 万吨，增长 30. 28%。

2. 全国预拌砂浆物流装备情况

2013 年年底全国拥有干混砂浆运输车 2856 辆，同比增加 1526 辆，增长 114. 74%；有干混砂浆移动筒仓 24912 个，比 2012 年年底增加 8676 个，增长 53. 44%；（如图 17、图 18 所示）有干混砂浆背罐车 359 辆，比 2012 年年底增加 89 辆，增长 32. 96%。

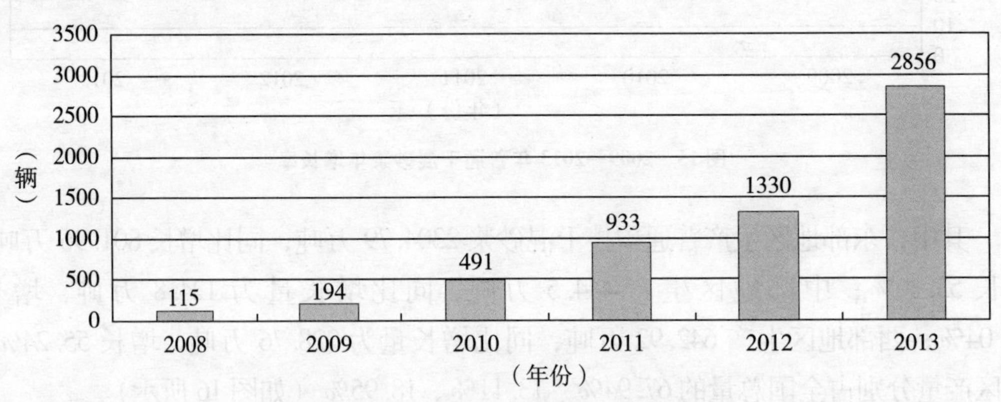

图 17　2008—2013 年干混砂浆运输车辆情况

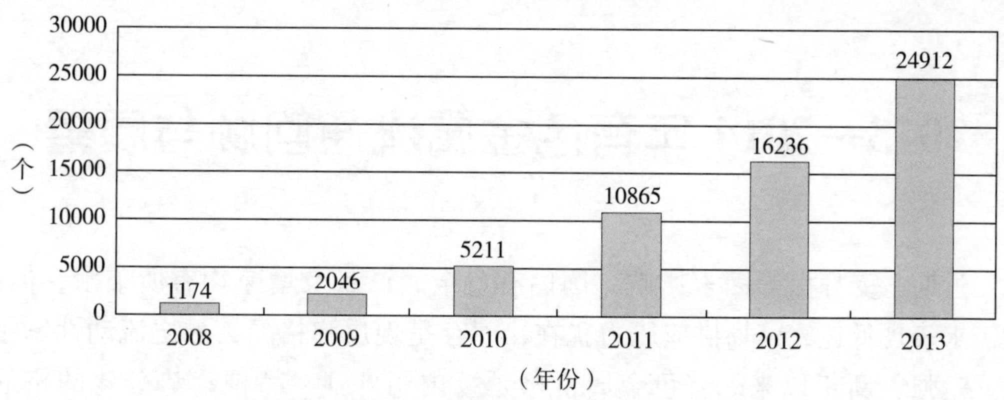

图 18　2008—2013 年干混砂浆移动筒仓发展情况

3. 预拌砂浆产业发展存在的问题

预拌砂浆产业开始加速发展，但产业发展不够协调，全国各地发展差距大的现象比较突出。全国平均产能利用率仅为 15.67%，各地发展不平衡、产能利用率低，其主要原因是产业发展中的一些技术瓶颈制约着预拌砂浆优越性的充分体现，致使建筑工程推广应用预拌砂浆难度大。此外，适合我国国情的产业发展模式仍处于探索阶段。进一步完善政策措施，各有关部门监管到位，行业组织积极引导，是促进预拌砂浆快速发展的迫切任务。

三、2014 年散装水泥行业展望

党的十八届三中全会提出了“紧紧围绕建设美丽中国深化生态文明体制改革，加快建立生态文明制度，健全国土空间开发、资源节约利用、生态环境保护的体制机制，推动形成人与自然和谐发展现代化建设新格局”。发展散装水泥，是落实这一战略决策的重要措施之一，是推进水泥流通体系现代化、实现施工现代化的必由之路。随着国家对工业结构特别是水泥产能过剩及水泥工业结构的优化调整，以及发展散装水泥各项政策的完善落实，散装水泥产业将继续保持持续、稳定的发展态势。

（中国散装水泥推广发展协会　孙　岩）

2013—2014 年有色金属流通回顾与展望

近期，受环保等因素影响，国内有色金属产量及增速均有所下滑，但终端需求表现低迷，市场供应压力犹在，库存呈现反弹格局，加之流动性紧张、美元走强，新年以来，有色金属价格延续内弱外强、品种走势分化的格局。展望后市，美联储在未来的货币政策将随着美国经济数据的好转而出现反转，美元存在整体走强的压力，同时，中国经济增速稳步回落，后期有色金属价格整体走势趋弱。但春节过后，我国的现货需求或将有所好转，价格有望迎来一波弱势反弹。

一、2013 年有色金属市场回顾

（一）生产增速下滑

近期，因环保核查严格，12 月开始陆续有冶炼厂歇炉停产，厂家采购量开始大幅缩水，特别是中小冶炼厂多数都受到环保问题的困扰，加之北方天气因素的制约，华北地区提前检修停炉的较多。此外，价格下滑，利润逐步减少，厂家的生产积极性趋于下降。数据显示，1—11 月，有色金属冶炼和压延加工业利润总额1122.6 亿元，同比增长1.3%，增速较1—10 月减缓0.1 个百分点；主营活动利润1235.9 亿元，同比下降7.8%，降幅较1—10 月扩大1.8 个百分点。因此，12 月以来国内有色金属冶炼行业开工率明显下降，产品产量及增速都出现明显下滑。据国家统计局最新数据显示，2013 年12 月我国十种有色金属产量达347 万吨，环比11 月减少了4.9%，与2012 年同期相比增长2.3%，增速较2012 年同期大幅减缓了14.4 个百分点；当月日均产量为11.2 万吨，是9 月以来的最低点。

（二）需求进入淡季

房地产方面，2013 年大中城市房价再度强势上涨，涨幅大幅超过年初当地政府的调控目标，房地产泡沫化的趋势越来越明显。房地产业对经济的发展起到了重要的推动作用，但是随着房地产市场超速发展，大量资源流向房地产行业，并且导致实体经济成本上升，利润空间明显下降，国内经济结构明显失衡。数据显示，2013 年 1—12 月全国房地产新开工面积同比增长 13.5%，增速比 1—11 月提高 2 个百分点，但仍处于较低水平；房地产销售面积同比增长 17.3%，增速已经连续 8 个月回落，显示房地产市场火热度有较为明显的降温，未来房地产行业投资高增长的态势恐难以持续，这将削弱有色金属的需求增长预期。另外，春节前后，地产行业开工率不高，有色金属的需求将大幅下降。

汽车方面，2013 年我国汽车工业销量增长较快。据中汽协数据，2013 年我国汽车销售突破 2000 万辆，再创历史新高，比 2012 年同期增长 13.9%，增速大幅提高 9.6 个百分点。2014 年，宏观经济总体稳定、汽车消费刚性需求依旧存在，加之新型城镇化推进催生出新的购车需求，汽车销量有望保持良好的增长态势。不过，受春节效应影响，2 月汽车销量一般处于年内最低点，汽车行业对有色金属需求的拉动作用有限。

家电方面，销售增速明显放缓。国家统计局最新发布的数据显示，12 月我国家用电器与音响器材零售总额为 715 亿元，同比增长 10.9%，增速较 2012 年同期减缓 0.4 个百分点。另据中华全国商业信息中心的统计数据，12 月全国百家重点大型零售企业家用电器零售额同比增长 4.7%，增速较 11 月放缓 5.7 个百分点。

（三）库存触底回升

从目前的市场情况来看，春节之前各厂及各持货商急于在春节假期来临之前完成本月销售任务，积极出货，市面上流通货源增多，但是下游消费疲软，伴随寒冷冬季的来临，下游建筑、交通、机械等行业处于低迷局面，下游加工企业处境艰难，新增订单并不乐观，总体有色金属消费十分的黯淡。春节将至，与往年相比，2013 年年底下游并未有明显的备货情况，大部分仍是维持现买现用的操作模式。且由于终端需求的乏力，下游开工率并不高，部分已提前进入休假状态。因此，近日各有色金属品种库存出现触底回升的态势，不过当前各品种库存仍在低位，特别是铜市可流通库存量已经处于历史低位，对价格仍有明显的支撑。

表 1　　近期上期所主要品种库存变化情况

	12 月 6 日	12 月 13 日	12 月 20 日	12 月 27 日	1 月 3 日	1 月 10 日	1 月 17 日
铜（吨）	141533	143153	131128	125849	125654	122189	131563

续　表

	12月6日	12月13日	12月20日	12月27日	1月3日	1月10日	1月17日
铝（吨）	199722	194688	190868	181644	186710	193420	195381
铅（吨）	88626	89191	89560	90209	89707	90391	89741
锌（吨）	228058	228657	238226	238723	241724	240356	245524

（四）价格先扬后抑

12月以来，基本金属价格迎来一波震荡反弹行情。月初美联储褐皮书表示美国经济继续以“小幅至温和”的速度增长，市场对美国经济强劲复苏的信心大过于对退出QE的担忧，加上中国制造业数据持续向好，金属探低回升。此后公布的中美经济数据利好，加上美两党在债务问题上达成一致，美元一度跌破80点整数关，金属获得推动力，呈现阶梯式上行，其中以铜锌镍表现最为明显，伦铜从7000美元/吨附近一路上行，一度触及7300美元/吨高点。不过，随着18日美联储宣布缩减购债规模，美元强势反弹，铜、铝市场的反弹戛然而止，价格转入盘整格局，但铅、锌市场借助强劲供需基本面的推动仍持续飙升。圣诞节休市结束后，美国公布经济数据优良，IMF宣布上调美国经济增长预期，美股不断刷新高位，而美元一度承压于80点关口，基本金属市场上演了一轮年末逼空行情，价格纷纷拉高，录得高位，伦铜更是突破7400美元关口。月末，LME铜、铝、铅、锌分别收于7360美元/吨、1800美元/吨、2219美元/吨、2055美元/吨，较上月末分别上涨4.3%、2.6%、6.7%和8.9%。

国内市场方面，相对于外盘的整体强势，国内现货市场表现却相对滞涨，特别是进入12月中旬后，各个企业逐渐进入年末财务结算关账中，期货现货交投都在趋淡，期货商平仓了结减少头寸，冶炼厂清库存，为完成年内指标做最后冲刺，现货商逢高换现，市场出货积极主动，但基于年末资金压力，下游多以按需接货为主，畏高心理凸显，所以，市场供大于求特征明显，价格反弹有限。不过铜、铅、锌等品种表现强劲，特别是伦铅伦锌引领国内铅锌价居高不下，冶炼厂在不受到资金困扰和结算束缚的影响条件下，惜售挺价，价格表现较为强势。特别是在年底，央行重启逆回购，缓解钱荒安抚市场信心，在西方圣诞休市之际，国内游资上演了一轮年末逼空行情，以铜为代笔的基本金属纷纷拉高，月末均收于高位，但铝、锡则受自身基本面的拖累，未能更随大盘走高，反而继续震荡下探。以上海长江有色金属现货市场为例，12 月 31 日 1#铜报收 52170~52220 元/吨的月内最高点，较月初上涨 2.5%；当日 1#铅、0#锌、1#锌、1#镍分别报于 14150~14300 元/吨、15200~16200 元/吨、15150~15200 元/吨、95600~96600 元/吨，较月初分别上涨了 2.2%、1.9%、2.0% 和 2.5%，但铝、锡则分别较月初下跌了 1.1% 和 0.5%。

二、2014 年展望

3 月，受到中国信贷违约忧虑、资金紧张以及乌克兰局势拖累，同时产品供应持续增加以及下游需求恢复不及预期也对价格形成拖累，有色金属价格一路狂跌。4 月以来，随着经济面向好，加之北半球需求旺季来临，价格超跌反弹，逐渐企稳。展望后市，有色金属价格存在进一步走升的可能，不过需要警惕的是新兴经济体的增速放缓带来的需求回落，或令价格的上涨空间有限。

（一）第一季度有色金属市场运行情况

1. 产品供应平稳增加

（1）产品生产稳中趋升

从历年情况来看，春节过后冶炼厂将逐渐开启，照常理来讲 3 月国内冶炼企业开工率应会有所上升，产品产量明显增长，但 2014 年以来生产企业生产意愿并不强，部分行业反而出现新增减产检修量超过复产量的情况。出现这种情况主要是受三方面的因素影响：一是近期产品价格仍未出现明显反弹，持续疲弱的价格水平令企业生产继续处于亏损区间；二是春节复工后，部分产品沪伦比值低，进口矿远离进口平衡点，加之国内矿山企业推迟开工，精矿供应趋紧，在冶炼企业的原料库存本就较低的情况下，开工受影响较大；三是目前国家对环保的力度越来越大，有色金属冶炼行业均属重污染行业，受制于环保压力，开工受限。在开工率整体偏低的情况下，3 月国内有色金属产品产量增长有限。据国家统计局数据显示，3 月国内十种有色金属产量为 354 万吨，同比增长 7.1%，增速较 2014 年 1—2 月加快 1.0 个百分点，但较 2013 年同期减缓 2.8 个百分点。同期日均产量为 11.4 万吨，较 1—2 月增加 0.3 万吨。主要品种方面，3 月国内精炼铜产量为 594075 吨，同比增长 7.8%；当月原铝产量为 198 万吨，同比增长 12.9%，增速较 2013 年同期加快 1.9 个百分点。

（2）产品进口逆势增长

由于国内供过于求局面较为明显，虽外盘价格出现反弹，但国内市场表现相对滞涨，致使内外盘比价连续下行，进口亏损严重，不过数据显示，3月国内各主要有色金属品种进口量除原铝外，仍呈现环比明显上升的态势，令国内市场供应压力进一步加大。海关数据显示，3月国内精炼铜进口324383吨，环比2月增加16.1%，同比增长48.24%；同期精铅进口量为52吨，较2月激增48吨；3月精炼锌及锌合金进口量为76002吨，环比激增68.1%；当月未锻压镍进口12082吨，增长53.8%，精炼锡及合金进口量为964吨，较2月增加703吨；当月原铝进口量为41281吨，较2月减少15852吨。在2月和3月比价出现大幅亏损的情况下，国内有色金属进口仍逆势激增，值得关注。一方面，很有可能是进口长单滞后到港的原因；另一方面，还有可能是融资的缘故，比如融资铜。尽管人民币双向波动区间扩大，以及进口亏损高企，但是原先签订的进口订单不得不接受亏损到港。从目前的市场情况来看，后期国内有色金属产品进口仍将保持增势。

2. 需求未实质性改善

国家统计局数据显示，3月，规模以上工业增加值同比实际增长8.8%，比1—2月加快0.2个百分点，但较全年同期减缓0.1个百分点；当月社会消费品零售总额19801亿元，同比名义增长12.2%，同比减缓2.5个百分点。均低于市场预期。3月，投资增速继续放缓，1—3月，全国固定资产投资同比下滑0.3个百分点至17.6%，连续6个月下滑。

初级消费：统计局数据显示，3月国内铜材产量为147.5万吨，同比增长13.7%，增速较2013年同期减少3.2个百分点；当月铝材产量为382.8万吨，同比增长16.8%，增速大幅减缓13.3个百分点。

终端消费：从各主要终端行业来看，除房地产市场继续低迷外，汽车和家电市场出现明显回暖，总体来看有色金属的终端需求仍受基建及房地产投资增速走低的拖累，整体仍旧趋淡。

（1）第一季度房地产处于明显的下行趋势，且3月下滑加速

国家统计局数据显示：2014年1—3月，全国房地产开发投资15339亿元，同比名义增长16.8%，增速比1—2月回落2.5个百分点；1—3月，房地产开发企业房屋施工面积547030万平方米，同比增长14.2%，增速比1—2月回落2.1个百分点；房屋新开工面积29090万平方米，下降25.2%，降幅收窄2.2个百分点；1—3月，房地产开发企业土地购置面积5990万平方米，同比下降2.3%，1—2月为增长6.5%；1—3月，商品房销售面积20111万平

方米，同比下降3.8%；降幅比1—2月扩大3.7个百分点；1—3月，房地产开发企业到位资金28731亿元，同比增长6.6%，增速比1—2月回落5.8个百分点。3月，房地产开发景气指数为96.40，比上月回落0.51点。从数据来看，2014年房地产市场面临较大的下行风险，房地产开发投资增速持续减缓，商品房销售面积降幅还在扩大，房屋新开工面积降幅依然超过25%，到位资金增速更是滑落到个位数，销量乏力及资金紧张，将继续打击房地产企业投资热情，对有色金属市场也将产生不利影响。总体来看，由于房地产投资增速出现跳水，整个有色金属行业下游需求仍显疲弱。

（2）汽车行业迎来“阳春”

受到传统的销售旺季、杭州限牌和商用车产销回暖等一系列因素影响，3月全国汽车产销量均超过200万辆，刷新2014年1月销售纪录，再创历史新高。据中国汽车工业协会发布的数据显示，3月汽车产销分别完成220.17万辆和216.91万辆，比上月分别增长34.4%和35.8%，比2013年同期分别增长5.6%和6.6%，均创新高。第一季度中国汽车产销分别完成589.17万辆和592.23万辆，比2013年同期均增长9.2%，增速比2013年同期分别下降3.6和4个百分点。另据中国汽车流通协会最新发布数据显示：3月经销商综合库存系数为1.38，环比下降41%，同比下降15%。4月，随着“清明节”“五一”等小长假的到来，加上各城市春季车展举办和新品上市也将使4月的汽车市场会有良好表现，汽车市场将更加活跃，预计市场需求仍有上升空间。

（3）家电市场稳中趋升

国家统计局最新发布的数据显示，3月，我国家用电器与音响器材零售总额为553.8亿元，同比增长13.0%。1—3月，零售总额为1607.1亿元，同比增长9.2%；另据中华全国商业信息中心的统计数据，第一季度，家用电器零售额同比增长1.8%，增速较2013年同期放缓0.4个百分点。其中，3月零售额同比增长8.9%，增速较2013年同期提高0.9个百分点；另外，3月国内家电市场进入换季潮，最大看点就是空调市场的启动，数据显示：3月国内空调销量增速10.5%，其中内销出货增速27%，表明渠道商备货意愿较强，受益于销量出货增长、原材料价格下降以及产品升级等因素，白电的赢利能力稳步提升；6月世界杯的开幕也将刺激部分液晶电视需求释放，彩电出货量有望好转。在家电行业量增承压的背景下企业转型提效，第一季度，家电行业整体业绩保持了较为稳定的增速。

3. 市场库存仍处高位

从2013年开始，全球市场就开始疯狂地演绎一场从伦敦到上海“搬运”

有色金属的戏码：各有色金属产品库存不断从伦敦金属交易所（LME）被“挪移”到上海期货交易所（SHFE）以及上海保税区，加之国内市场资金紧张，有色金属价格持续下跌，2月春节后补库需求不明显，旺季不旺淡季更淡导致2014年以来国内各主要有色金属产品库存延续增长态势。不过，4月以来，随着人民币的持续贬值和国内资金价格的下行，包括内外价差扩大，都显著提升了有色金属融资的成本，导致融资库存逐步流出，上期所铜、铅、锌库存出现连续下降的趋势，但整体仍处高位。而我们认为融资库存的逐步流出，更多的将会是在国内市场被抛售，难以重新回流至国际市场，这无疑将给国内市场的供给端带来持续的压力。

表2　　近期上期所主要品种库存变化情况

	3月7日	3月14日	3月21日	3月28日	4月4日	4月11日	4月18日
铜（吨）	207230	213297	209901	193725	172370	142671	132477
铝（吨）	309654	326929	351047	371085	381349	396703	405508
铅（吨）	84312	83033	80937	80422	80303	78263	77848
锌（吨）	269802	273700	272739	269942	268026	261407	253626

4. 价格超跌之后反弹

3月，国内外重要事件叠加，风险窗口打开，有色金属价格加速触底。受到中国信贷违约忧虑、资金紧张以及乌克兰局势拖累，同时下游需求恢复不及预期也对价格形成拖累，伦铜、伦铅、伦锌等色金属价格更是一路狂跌。月初，乌克兰政治动乱导致黄金原油被推高，金属遭到避险资金的抛售，承压下滑，伦铜下泻跌破7千美元。此后，中国融资信用违约可能蔓延扩大引起市场恐慌，而铜恰恰是近几年用于融资的主要载体，加之美联储或提前升息引发美元大涨。伦铜在单边抛压中出现跳水下泻行情，直接失守6500美元关口。不过本月伦镍市场表现抢眼，逆势独强，市场连续发酵印尼原矿禁止的消息，延续强势劲扬之态，伦镍被多头连续推高，国内金川公司也多次上调镍出厂价。同时锡价也受供给面紧张影响有所上扬，而伦铝价格则因3月下旬一波超跌反弹行情拉动，而整体平均价格略高于2月。据中国物流信息中心市场监测显示，3月，LME三个月期铜、铅、锌平均价分别为6646.61美元/吨、2079.99美元/吨、2008.98美元/吨，较2月分别下跌6.4%、2.3%和0.9%；当月LME三个月期铝、锡、镍平均价分别为1746.31美元/吨、23063.70美元/吨、15697.15美元/吨，较2月分别上涨0.5%、1.3%和10.2%。国内市场方面，有色金属受国际市场和期货市场影响，价格大幅回落，当月环比下降4.10%，降幅较上月扩大1.06个百分点。

进入4月，第一周，美国数据表现优良，提振美股持续反弹，标普连续刷新历史新高；智利北部发生强度地震引起海啸，市场对铜未来需求有担忧，铜价跳涨，上触6734美元，但欧洲公布数据偏弱，市场对欧央行宽松预期增加，欧元回落，美元被动反弹，对大宗商品形成反弹抑制作用，有色金属价格基本止跌。本月第二周，美联储公布会议纪要基调温和，美元连续跳水，美股反弹，金属整体受到激励返升，尤其是镍、锡、铝表现强劲。印尼政策发酵未止，伦镍延续强势反弹，国内金川公司周内连续四次调价，累计上调13000元/吨，涨幅远高于伦镍；印尼计划通过控制焊锡丝尺寸实施更严格的焊料出口政策，伦锡周内大涨近2%；而伦铝前期持仓量飙升，为伦铝上涨给予动力支持，伦铝几度领涨基本金属。从第三周以来，宏观市场多空交织，利好大多来自美国经济数据，周内耶伦讲话再次显露宽松态度；中国第一季度GDP数据好于预期，且国务院表示目前经济增速在预期目标范围，并对农商行定向降准，该消息令市场担忧情绪缓和；欧元区3月通胀率创4年多来最低水平，欧央行持续承压；乌克兰局势有升级迹象，基本金属表现分化，强者更强，弱者表现停滞，镍价走势依旧强劲，而受国内冶炼厂纷纷进入减产检修、品牌炼厂惜售、下游开工逐渐回暖等因素的推动，近日铝、铅、锌等品种也表现良好。截至4月24日，LME三个月期铜、期铝、期铅、期锌分别报收6670美元/吨、1874.5美元/吨、2159美元/吨、2059美元/吨，较月初分别上涨0.4%、5.0%、4.4%和3.8%。当日LME三个月期镍盘中更是触及2013年2月6日以来的最高18525美元，当日报收18380美元/吨。国内市场方面，价格跟随外盘企稳反弹，以上海长江有色金属现货市场为例，截至4月24日，1#铜、A00铝、1#铅、0#锌、1#锌、1#锡成交价分别为48310~48390元/吨、13280~13320元/吨、13850~14000元/吨、15200~16200元/吨、15150~15200元/吨、140000~142500元/吨、127000~127600元/吨，较月初分别上涨2.7%、5.1%、1.6%、3.2%、3.3%、1.3%和23.1%。

（二）全年展望

展望后市，当前有色金属市场利好消息正在聚集：美国经济继续呈现强劲反弹、全球主要央行仍维持宽松政策预期、国内市场传统消费旺季预期。在多方利好的推动之下，我们认为后期有色金属价格存在进一步走升的可能。不过需要警惕的是新兴经济体的增速放缓带来的需求回落，特别是国内经济增速放缓、且稳增长政策并未加码对有色金属市场的抑制性仍较明显，后期价格上涨空间或较为有限。

1. 美国经济继续强劲反弹

美联储褐皮书称多数地区经济继续增长，美国最新初请失业金人数为30.4万，好于预期的31.5万，初请失业金人数4周平均值为31.2万人，创下2007年9月以来最低，显示美国就业市场持续回暖。3月成屋销售年化环比下跌0.2%，预期下跌1%，前值为下跌0.4%；3月成屋销售总数年化459万户，略好于预期的456万户，前值为460万户。2月FHFA房价指数同比上涨6.9%，创13个月新低，前值为上涨7.4%。两大房地产数据表明美国楼市复苏放缓。经济复苏并未能推动通胀朝着美联储2%目标水平前进，美国3月核心CPI同比增长1.7%，美联储主席耶伦表示通胀长时间过低对美国经济构成威胁，美联储刺激政策仍将持续相当时间。美联储提前加息的预期消退，对美元影响中性，美国经济稳定复苏为有色金属价格企稳回升创造了较好的宏观环境。

2. 欧洲央行推出宽松政策的意愿进一步增强

鉴于欧元区通胀不断下滑，欧洲央行进一步增加宽松的压力越来越大。4月16日欧盟统计局公布的数据显示，欧元区3月CPI同比增长0.5%，创2009年11月以来最低水平。欧洲央行/英国央行发表联合声明称，有必要公开干预以“激活”有资产担保证券（ABS）市场。4月13日欧洲央行执行理事会成员Benoit Coeure更是首次描述了欧版QE路线图，显示出欧洲央行离推出宽松政策更近了一步。同时，我们注意到，4月召开的G20央行财长会议强调了货币政策制定上全球应加强协调性。同时，日本4月上调消费税对经济的负面影响逐渐显现，日经指数自前期高点已下跌11%，这使得安倍施压日本央行加码宽松的预期复燃。在欧、日央行不断释放宽松信号的背景下，预计全球主要央行将延续宽松基调，这将对有色金属价格形成支撑。

3. 中国宏观经济企稳，但稳增长政策并未加码

4月16日公布的第一季度GDP同比增长7.4%，尽管为2012年第三季度以来最低，但优于市场此前7.3%的预期。从第一季度的经济数据来看，数据普遍走弱，表明在中国经济结构调整的进程中，经济增速的下滑基本得到确定。同一天，国务院召开常务会议定调“经济增速、就业、物价等主要经济指标处于年度预期目标范围，并未越出上下限”，并出台对符合要求的县域农村商业银行和合作银行适当降低存款准备金率、进一步完善小微企业减税等措施。会议并未提出实质的稳增长措施，更别说全面降准等货币放松政策，这与市场预期相去甚远。

从各主要有色金属品种来看，未来一段时间内走势预测如下：

铜：从当前的市场情况来看，当前消息面匮乏以及多空力量均衡令铜价在短期内难以摆脱振荡格局。但目前正值北半球传统制造业旺季，金属消费整体将处于上升态势中，4 月以来随着天气转暖，国内家电、汽车、机械制造行业需求将有所恢复，作为世界最大的铜消费国，后期我国的精铜进口仍会增长，在这样的背景下，铜价无疑将从季节性因素中受益。同时，欧美经济环境继续复苏向好，也将对价格有一定的支撑作用，因此我们认为后期铜价仍有一定的上行空间，但受制于中国调整经济结构期间政策将以托底为主，以及市场仍显现供过于求的格局，令价格上行空间较为有限。我们预计后期伦铜波动范围或将在 6600 ~ 6800 美元/吨，国内 1#铜波动范围或将在 47500 ~ 49500 元/吨。

铝：随着美国房地产价格和股市走强，美国家庭资产负债表改善促进了个人消费，进而改善就业市场，提升工业产出，这预示着美国经济将在较长时间内保持稳定增长。同时，近日召开的国务院常务会议确定了金融服务“三农”发展的措施，提出“对符合要求的县域农村商业银行和合作银行适当降低存款准备金率”，这被市场理解为一种“定向宽松政策”，是宏观政策方面的微调，提振了市场对宏观经济的信心。宏观面利好为铝市的进一步提供了支撑。另外，受环保因素等影响，国内市场将迎来大规模停产潮的呼声也越来越高。同时，3 月下游企业开工率略有回升，建筑行业在开工逐步复苏，汽车及家电行业销售数据走势维稳。预计后期铝加工行业整体开工仍将保持平稳。下游消费回暖，对近期铝价形成一定支撑。不过，虽然铝冶炼厂已有加快减产的举动，但毕竟下游需求未见明显改观，供大于求的格局很难扭转，铝行业供应压力难以有效改善，这将抑制铝价的上涨空间，且或将在宏观面出现波澜的时刻，放大铝市基本面的利空，令价格上行受限甚至打压价格走低。预计后期伦铝波动范围或将在 1850 ~ 1950 美元/吨，国内现铝波动范围或将在 13000 ~ 14000 元/吨。

铅：近来国际铅锌研究小组（ILZSG）再次对发表报告称 2014 年全球铅锌的需求量将超过供应量，这也将致使更多机构从中长期看好铅锌的基本面格局。正如我们之前所言，世界主要机构对于 2014 年铅市将出现供不应求的预期对铅价形成较大的提振作用。另外，铅精矿市场同样紧张，实际加工费用已经降低至 1300 ~ 1500 元/金属吨；因此这次铅现货紧张实际上是从精矿到铅现货均出现紧张。目前整个铅供应领域，只有再生铅情况比较舒缓，这说明消费还没有启动，但是现货供应紧张足够使得铅价容易上涨而极难下跌。

同时，当前宏观环境属于偏利多的格局，因此后期铅市有望继续呈现强势上行格局。预计后期伦铅波动范围或将在 2100 ~ 2300 美元/吨，国内 1#铅波动范围或将在 13800 ~ 14800 元/吨。

锌：国际铅锌研究小组（ILZSG）最新公布，2014 年 1—2 月，全球锌市场供应短缺 6000 公吨。供应面持续偏紧令价格存有走升动力，同时，在国内宏观环境企稳以及全球主要央行仍维持宽松政策预期影响下，锌价也存在进一步走升的可能。成本方面，当前国内精炼锌外购锌矿冶炼平均成本在 15000 元/吨附近，目前现货价格落于成本线下方，多数冶炼企业为亏损状态，价格已无下跌空间。综合分析，后期伦锌波动范围或将在 2000 ~ 2150 美元/吨，国内 0#锌波动范围或将在 15000 ~ 17000 元/吨，1#锌在 15000 ~ 16000 元/吨。

（中国物流信息中心　李大为）

2013—2014 年机电产品流通回顾与展望

2013 年机电工业实现了全行业的缓慢回升、温和增长、平稳发展，产销、效益等主要经济指标均实现了适度增长。机电企业结构调整进展顺利，一方面产品结构加快转型升级，另一方面，行业分化也在进一步加大。机电产品进出口总额逐月递增，全年贸易顺差达 736 亿美元，创历史新高。

一、2013 年机电产品流通回顾

据统计，2013 年，全国规模以上机电企业，实现主营业务收入 20.4 万亿元，同比增长 13.8%，增速比 2012 年加快 4 个百分点；实现利润总额 1.41 万亿元，同比增长 15.6%，增速比 2012 年加快 1.8 个百分点；实现进出口总额 6713 亿美元，同比增长 3.72%，增速较 2012 年加快 1.18 个百分点；其中：出口 3725 亿美元，增长 6.24%；进口 2988 亿美元，增长 0.74%。全年贸易顺差达到 736 亿美元，创历史新高。

在统计的 64 种主要产品中，累计产量同比增长的有 40 种，占 62.5%。

主要是：挖掘机、装载机、起重机、输送机械、金属切削机床、金属成形机床、数控金切机床、金属轧制设备、矿山专用设备。

累计产量同比下降的有 24 种，占 37.5%。

主要是：发电设备、空分设备、小型拖拉机、饲料生产设备、压实机械、金属切削工具。

（一）2013 年机电市场主要特点

（1）全年规模以上机电企业累计实现主营业务收入 20.4 万亿元，这是我国机电行业首次迈上 20 万亿的台阶。

（2）虽然，1—12 月主营业务收入增速逐月缓慢回升，效益增速回升也快于产销。但是，企业亏损面达 10.9%，比 2012 年上升了 0.47 个百分点，亏损企业亏损额增长了 15.2%。

（3）全年累计实现利润总额 1.41 万亿元，尽管利润总额增长了 15% 以上，但利润率仍然不高，仅为 6.93%。

（4）全年企业的订货额虽然有所增长，但价格依然低迷。重点企业全年累计订货额比2012年增长10.2%，同比增速逐月小幅回升，但在供过于求的压力下，产品价格持续低迷，至2013年年底，当月价格指数已连续25个月低于100%。

（5）民营企业发展迅速。全年实现主营业务收入11.6万亿元，同比增长15.4%，高于机电行业平均增速1.6个百分点，占机电行业总产值的比重提高到56.74%，比2012年提高0.77个百分点。全年实现利润总额7585亿元，比2012年增长14.6%，占机电行业利润总额的比重已达到53.6%。

（二）面临的困难和挑战

（1）经济增速将保持平稳、不高的增长态势。从经济增长周期看，我国目前仍未走出“4万亿”投资带来的高涨期后的紧缩阶段，近年来，“去库存”有较明显进展，但“去产能、去泡沫”的任务远未完成，所以，对回归正常发展仍有很大阻力。

（2）市场环境发生新的变化。我国已由短缺经济转变为过剩经济，市场已由卖方市场转变为买方市场，卖方市场主要矛盾是解决有无问题，买方市场主要矛盾是解决好坏问题，卖方市场主要靠扩大规模获取效益，买方市场必须能人所不能才能发展。化被动为主动必须转变发展的模式。必须转变外延扩张的习惯思维。加大研发投入，重视试验条件建设和人力资源投入，提高产品和工艺的创新能力；积极推进信息化和工业化的深度融合，追求产品和生产过程的绿色化和国际化，提高企业的生产和营销管理的精益水平。

（3）经济发展模式发生变化。市场要求企业由追求“规模效益”，向追求“稀缺性效益”转型。企业必须由全力追求众多同行都能生产的产品的“规模效益”，转向千方百计地获取企业自身独特优势为支撑的“稀缺性效益”。“稀缺性效益”来自于性能、质量、性价比高人一筹的产品，人所不能的技术、工艺绝招，比同行更精益求精的管理水平，具有品牌营销、国际化营销、超常收益的营销本领，能力超群、素质卓异、眼光远大的人才队伍。不断培育企业自身特有的优势——核心竞争力。

二、2014年机电产品流通预测

在我国继续实施积极的财政政策和稳健的货币政策的情况下，2014年机电行业将继续保持比较平稳而相对不高的增长态势。

(一) 1—2月机电市场分析

据统计，2014年1—2月全国规模以上机电工业增加值同比增长12.7%，比2013年同期提高2.8个百分点，同时也高于全国工业（8.6%）水平。

2014年1—2月在48个中类行业中，有27个中类行业增加值增速比2013年同期提高。其中提高6个百分点以上的有6个行业。有21个中类行业增加值增速同比下降。

2014年1—2月在64种产品中，有42种产品产量累计同比增长，占全部品种65.63%。其中：产量累计同比增长的主要是：大型拖拉机产量增长11.93%；中型拖拉机产量增长10.96%；收获机械产量增长3.43%；挖掘机产量2.56万台，同比增长32.64%；装载机产量3.12万台，同比增长15.96%，实现了自2012年以来的正增长；金属切削机床产量10.64万台，同比增长1.33%；金属成形机床产量同比增长17.59%，改变了2013年产量持续下降的趋势；数控金切机床产量2.7万台，同比增长11.94%，也呈缓慢回升态势；汽车生产387.04万辆，产量同比增长12.53%；金属轧制设备产量同比增长18.36%；输送机械产量同比增长17.67%；矿山专用设备产量同比增长10.33%；起重机产量同比增长10.08%；发电设备为1549.81万千瓦，同比增长34.8%。

有22种产品产量累计同比下降，占全部品种34.37%。其中：产量累计同比下降的主要是：小型拖拉机产量同比下降1.62%；饲料生产设备产量同比下降15.05%；压实机械产量同比下降8.68%；金属切削工具呈较大幅度下降，产量同比下降19.53%；客车产量同比下降15.04%；金属冶炼设备产量同比下降4.39%；通用仪器仪表制造降幅均在11个百分点以上。

(二) 全年展望

预计2014年行业发展仍将维持“平稳”的主基调。市场需求形势将比2013年温和回升。但外需形势不容乐观，成本上升的因素将长期持续。机电行业大体将延续2013年的平稳中速增长态势。

1. 有利因素

(1) 机电企业的创新驱动、两化融合、绿色发展战略取得了一定的进展。在市场倒逼机制作用下，许多企业通过发展高端产品开拓新的市场空间。企业的自动化、智能化和信息化改造快速升温，促进了生产效率、加工质量和管理水平的提高。产业集聚不断升级，专业化分工不断深化，产业链不断延长。高端装备自主化开始向纵深领域推进。如特高压输变电设备长期受制于人的被动局面正在改变，国产高档数控机床在航空和汽车领域的应用有所突破。

（2）机电企业“转型升级”和“结构调整”持续推进。机电企业适应市场变化的能力不断提升，内生发展动力不断增强，行业结构调整进一步提速，企业自动化、信息化和智能化改造也有了很大进展。如世界最大单机容量170万千瓦核能发电机、4000吨级世界最大等级履带式起重机都在2014年研发成功。

（3）通过工业化、信息化、城镇化、农业现代化的深入推进，创造了新的消费和投资需求，拓展了国际国内市场空间。“机器换人”在浙江等东部沿海地区快速升温，既对冲了成本上升的压力，又提升了生产效率和加工质量，也提高了应对市场变化的能力。

（4）国际市场正在缓慢复苏，在国家政策的引导下，民营机电企业近年来正在加快“走出去”的步伐，这一势头将有力地推动我国机电产品在国际市场上的份额。

2. 不利因素

（1）机电产品出口缓慢增长，但形势不容盲目乐观，成本上升的因素将长期持续。我国机电产品虽仍存在一定的国际比较优势，但持续多年的出口高速增长已引发了日益剧烈的贸易摩擦，而且发达国家还在极力扩大高端装备市场的优势，并开始加大力度挤占我国机电产品仍有一定比较优势的中端市场。

（2）发达国家经济增长乏力，国际市场的竞争日趋激烈。近期国际主要经济体继续实施的宽松货币政策，通过大宗商品的国际贸易，加大对我国输入性通胀的压力，由此导致对我国机电行业效益的进一步挤压。

（3）我国机电市场仍未真正摆脱困境，仍未进入良性发展的轨道，还存在着一些需求趋缓、产能过剩、成本上升、价格下行的压力，全行业利润率同比较低。成本、费用上升演变为长期压力。伴随我国经济增长方式的转变，用工、融资、原材料及动力购进等成本费用的上升，正由企业的短期困难演变为需要长期面对的压力。

（4）产业集聚不断升级，专业化分工不断深化，产业链不断延长，节能减排、绿色制造成为机电企业必须履行的社会责任，使人力和环境资源成本快速攀升，直接挤压机电企业的利润空间。

3. 2014 年机电产品流通发展预测

综合上述，2014 年机电行业的发展，大体将延续 2013 年的平稳、中速、增长态势，主营业务收入和利润增速预计将达到 12% 左右，出口增速预计将达到 8% 左右。

（中国机电产品流通协会　唐志刚　张雨润）

2013—2014 年生产资料交易市场回顾与展望

2013 年，世界经济呈现缓慢复苏态势，国际金融危机的后续效应依然存在。主要经济体中，美国经济持续复苏，但复苏势头较为脆弱，失业率仍然较高；欧洲经济出现微幅回升迹象，但总体上依旧疲软；日本经济在“安倍经济学”的刺激下强劲反弹，但日本仍面临的一系列根深蒂固的社会矛盾和经济问题，经济难有真正活力；新兴市场国家与发展中国家经济增速普遍放缓。

在世界经济复杂多变的背景下，我国经济平稳回升，国民经济发展趋稳向好。2013 年，我国 GDP 增长 7.7%，经济运行总体稳中有进，成功打破“硬着陆”担忧，主动减速以换取更好的增长质量，经济转型大幕拉开。与整体经济发展相适应，2013 年生产资料行业保持平稳向好运行态势。生产资料流通规模实现较快增长，增速全年基本保持平稳；需求温和回升，出口形势好转，但产能过剩、供大于求的矛盾依旧突出；市场价格继续波动下行，但波动幅度较 2012 年略有收窄；企业效益有所好转，利润下滑趋势减缓，但未能实现企稳回升。

一、2013 年我国生产资料交易市场回顾

据国家统计局资料，2013 年全国亿元以上商品交易市场有 5089 个，摊位数为 348.69 万个，营业面积为 28889.30 万平方米，交易额达到 99254.36 亿元；其中，农业生产用具市场 20 个，农用生产资料市场 33 个，煤炭市场 14 个，木材市场 56 个，建材市场 192 个，装饰材料市场 252 个，化工材料及制品市场 37 个，金属材料市场 264 个，汽车市场 191 个，摩托车市场 10 个，机动车市场 83 个，五金材料市场 78 个。全国生产资料市场合计 1230 个，48.20 万个摊位，营业面积 9852.36 万平方米，交易额达到 38649.57 亿元。详细情况如表 1 所示。

表 1　　2013 年全国亿元以上生产资料市场统计

生产资料市场	市场数量（个）	摊位数（个）	营业面积（平方米）	成交额（万元）
农业生产用具市场	20	6173	1389942	1848570

续　表

生产资料市场	市场数量（个）	摊位数（个）	营业面积（平方米）	成交额（万元）
农用生产资料市场	33	6554	1106423	1782656
煤炭市场	14	2322	6860218	5665082
木材市场	56	19551	5512922	7270326
建材市场	192	86695	20671200	16845813
装饰材料市场	252	110641	15831436	17616960
化工材料及制品市场	37	18863	2160562	27255339
金属材料市场	264	98431	25223485	235603573
汽车市场	191	38404	11614575	50955379
摩托车市场	10	3786	261366	762932
机动车零配件市场	83	40693	3266177	11505596
五金材料市场	78	49967	4625328	9383480
生产资料市场合计	1230	482080	98523634	386495706
全国商品交易市场总计	5089	3486962	288892968	992543616

资料来源：国家统计局．中国商品交易市场年鉴［M］．中国统计出版社，2014

（一）钢铁市场

2013 年我国粗钢产量达到 7.79 亿吨，再次刷新历史新高，同比增幅为 7.5%，但由于经济放缓的影响，钢铁行业不景气，钢铁产品出现积压的状态。

2013 年被称为钢铁电商的“元年”。据不完全统计，钢铁电商已从 2013 年 4、5 月的 40 多家快速扩张至 170 多家，仅仅 2013 年上线的钢铁行业平台就有 120 多家，其中工信部跟踪的钢铁电子商务平台服务商有 30 多家。国家工信部公布的 2013 年电子商务集成创新试点工程中，16 个钢铁项目入选。钢铁电商瞬间呈现的这种爆发之势，由于发展时间较短，很多平台都是仿照相同的模式建立起来，在 2013 年年底出现大量关门现象。

2013 年是河北钢铁交易中心试运行的第一年，据统计，河北钢铁交易中心的钢铁交易量超过 300 万吨，交易额超过 100 亿元人民币，并入选工信部“2013 年电子商务集成创新试点项目”。

2013 年 2 月，上海钢银大宗商品现货交易平台上线运营。2013 年 5 月 31 日，由宝钢集团联合上海宝山区政府所属公司共同打造的钢铁现货交易电子商务平台——“上海钢铁交易中心”正式挂牌，该中心由“范达城”、“来客圈”和“宝时达”三个服务平台组成。其中，“宝时达”在2003年便已创立，主要销售宝钢自身产品，类似于钢厂直销；“范达城”则是服务于钢铁生产企业和贸易商的平台，类似于实体店中的品牌产品销售平台；“来客圈”则采用撮合交易模式，也是国内目前大多数钢铁电子商务平台的交易模式，该平台提供聚钢材尾货资源，促成中小用户的撮合交易。到2013年年底，这两家平台的日交易量都超过了1万吨。

2013年8月1日，贵州钢易电子商务股份有限公司携手贵阳大宗商品交易所正式宣布推出第三方一站式钢铁现货电子交易平台——“钢易达”，这也是贵州首家成立的以钢铁产品为主的电子商务贸易融资平台。该平台运用目前最先进的B2B电子商务模式，以钢铁供应链整合为整合，搭建钢铁现货电子交易平台，通过银行等金融机构为供应链主体提供融资便捷通道，帮助各中小钢铁企业提升销售和赢利能力。

上海斯迪尔自2003年以来开展电商10年，2013年斯迪尔的“平台+基地”模式被国家工信部评为“全国电子商务集成创新试点”、“全国两化深度融合示范”，同时斯迪尔还承接了国家发改委关于《中国钢铁行业电子商务与现代物流发展模式与策略》的重点研究课题。斯迪尔在钢铁、物流、终端和金融4个方面形成一个体系，并在此获得相应的利益。

（二）石油交易所

中国海油顺利完成对尼克森的整体收购在历时7个月的拉锯战之后，中国海油终于在2013年2月26日完成了收购加拿大尼克森公司的交割工作。至此，这桩涉及金额高达200亿美元的收购案终于画上了句号。这是迄今中国企业完成的最大一笔海外并购。寻求海外油气资源一直是我国三大石油公司的重要战略之一。

2013年，北京石油交易所交易额实现翻番，累计实现交易额2152.1亿元，同比增长1.1倍。其中，成品油交易额641.8亿元、化工产品类交易额358.4亿元、燃料油交易额1117亿元、硫黄交易额34.9亿元。2014年2月14日，北京石油交易所开始推出石油现货交易，是我国首个且目前唯一的一个进行石油现货交易的石油所。2013年1月，北京石油交易所与中国国际期货有限公司签署战略合作框架协议，双方达成在交易服务、信息服务、技术支持、人才交流、金融创新、会议推介等多方面的多元合作，有利于共同提升双方服务水平，促进我国石油石化行业的国际化进程。2013年10月28日，北京石油交易所联合中国银行共同发行“长城北京石油交易所联名卡”，此卡可在北油所合作加油站享受打折优惠，未来也可以通过中国银行签约参与北油所成品油现货报价交易，实现锁定油价的功能，缓解高油价时代消费者用油成本增加的压力。

2013 年 8 月 5 日，深圳石油化工交易所开通两种新交易模式——现货即期交易和现货挂牌交易。深油所为油品化工相关企业提供现货协议、现货即期、现货挂牌三种现货交易模式。

2013 年 9 月 16 日，证监会公布《关于上海期货交易所开展石油沥青期货交易并挂牌石油沥青期货合约的批复》，批准上海期货交易所上市石油沥青期货。为了促进天然气市场资源的优化配置，满足天然气调峰动态需求，根据天然气相关工作会议精神，上海石油交易所于 2013 年 10 月 30 日首次推出了现货仓单交易。上海石油交易所现货仓单按交易所现货竞买交易规则，在电子交易系统以“价格优先、时间优先”的原则进行竞买交易，交易成功后自动生成电子合同。成交后的现货仓单可用于转让、提货以及交易所规定的其他用途。

2013 年 11 月 6 日，上海国际能源交易中心注册于中国（上海）自由贸易试验区，经营范围包括组织安排原油、天然气、石化产品等能源类衍生品上市交易。2013 年 11 月 22 日，上海国际能源交易中心正式揭牌成立，标志着原油期货的上市迈出了关键一步，原油期货的推出上市渐近。

2013 年，厦门石油交易中心获得全国工商联高层支持，将努力建设全国最大的石油交易所，为中国石油定价的话语权烙上“厦门印”。随着 2014 年年底石油总部大厦的投用，五年内，厦门石油交易中心年交易额将冲刺上万亿，确立行业“风向标”的地位。

中国原油贸易最大单笔合同签订。2013 年 6 月 21 日，中国石油天然气集团公司与俄罗斯石油公司签署合同，在未来 25 年内俄将每年向中国供应 4600 万吨原油，成为迄今为止中国对外原油贸易最大的单笔合同。

（三）木材市场

2013 年，国家林业局就林业机械产业、竹产业、沙产业三大林业产业先后发布《全国林业机械发展规划（2011—2020）》、《全国防沙治沙规划（2011—2020）》和《全国竹产业发展规划（2013—2020）》。《规划》明确了三大林业产业发展的指导思想和目标任务，并结合各产业发展现状，对下一阶段工作提出了具体要求。

2013 年 3 月，第 16 届《濒危野生动植物种国际贸易公约》（*Convention on*

International Trade in Endangered Species of Wild Fauna and Flora，CITES 公约）缔约国大会在泰国曼谷召开，会议所形成的最新 CITES 管制物种附录共包括 247 种木材树种。其中管制红木树种增加了交趾黄檀、中美洲黄檀等，管制红木达 7 种。CITES 公约管制于 2013 年 6 月正式生效，对中国红木进口贸易影响较大。2013 年 11 月 8 日，中国大宗红木现货电子交易平台启动，红木交易走向现代化与金融化。

2013 年 3 月 26 日、27 日，以打击木材非法采伐和贸易为主题的两场座谈会先后在北京和广州举行，中国红木进口加工贸易重点地区达成了共同打击非法木材的《广州共识》；2013 年 11 月 15 日，首批 8 家企业获得由中国林产工业协会颁发的中国木材合法性认定证书，我国木材合法性认定工作取得了阶段性进展。

目前全球仅有美国芝加哥商品交易所推出了木材的期货（中远期）交易，而天府商品交易所木材交易中心是全球首家以木材（现货）的仓单、可转让提单为交易对象的电子交易平台。2014 年 4 月 21 日，天府商品交易所首批推出“俄罗斯原木”“俄罗斯锯材”两个交易品种正式上线交易，建成覆盖全国的木材现货现代物流体系。同时，还将与中国农业银行、华夏银行、平安银行等银行机构合作，推出针对木材产品的供应链融资服务产品，服务木材产品现货流通。

2013 年 6 月 18 日和 8 月 14 日，国家林业局先后发布《关于规范木材运输检查监督管理有关问题的通知》和《关于进一步改进人造板检验检疫管理的通知》，主要针对与林产工业息息相关的两项政府审批、检查制度作出重大调整：一是从 2013 年 8 月 1 日起人造板运输将不再需要办理运输证，二是对四类符合规定的人造板取消了植物检疫。这两个促进产业发展政策的出台，直接体现出国家林业局推动产业发展、为企业服务的决心和力度。

2013 年 10 月 31 日，在第六届中国义乌国际森林产品博览会新闻发布会上，国家林业局正式对外发布《中国重点林业展会数据统计与发布办法》（以下简称《办法》）和《中国重点林业展会奖项设置和评奖指导意见》（以下简称《意见》）两个会展规范。《办法》规范了中国重点林业展会数据的统计口径，旨在保障统计数据真实、可靠，为相关部门制定政策和科学决策提供依据；《意见》统一了林业会展奖项设置和评比方法，旨在指导中国林业展会品牌建设，促进中国林业展会有序、健康发展。

2013 年 11 月 5 日，从美国传来喜讯，历时 1 年多的美国对华硬木装饰胶合板反倾销和反补贴调查终于尘埃落定，终裁调查以无损害结案。这意味着美国将不会对中国产硬木装饰胶合板产品征收反倾销和反补贴的惩罚性关税，中国胶合板对美出口将恢复正常。

2013 年 12 月 6 日，纤维板、胶合板期货合约在辽宁大连商品交易所正式上市交易，这是我国目前唯一的林木类期货合约。“两板”期货上市交易合约标的为中密度纤维板和细木工板；在期货合约和规则的设计上，大商所针对“两板”的品种特点和市场运行规律，设置了一整套严密的风险防范体系，将有力确保期货产品的平稳运行和市场功能的有效发挥。

（四）橡胶市场

一批国家产业政策出台或完成编制修订。受工信部委托，中国橡胶工业协会已完成《轮胎行业准入条件》征求意见稿，并上报给工信部。2013 年 1 月，商务部发布了《轮胎理赔技术规范》和《轮胎理赔鉴定人员专业技术要求》2 个行业标准；工信部 4 月发布了《废旧轮胎综合利用行业准入公告管理暂行办法》。受环保部委托，完成《橡胶行业污染防治技术政策》的编制工作；受发改委、工信部、环保部委托，完成《再生橡胶行业清洁生产水平评价技术要求》征求意见稿。

2013 年 11 月 26 日，由中国合成橡胶工业协会、中国天然橡胶协会和国内橡胶加工大型用户企业共同发起成立的中国橡胶产业联盟在上海启动。中国橡胶产业联盟的成立提高了原材料产业资源利用效率，推动了上下游产业链安全健康的发展。有助于橡胶产业的自我管理和优胜劣汰，使得橡胶产业能够做大做强。

中国橡胶工业协会组织完成了《绿色轮胎技术规范》（征求意见稿）自律标准，已开始在行业内征求意见，预计 2014 年第一季度正式发布；调查研究中国实施轮胎标签制度，研究设立“绿色轮胎技术支持中心”和编制《绿色轮胎环保原材料指南》等初步设想；完成了《胶鞋产品健康安全技术达标行业自律公约》；完成《高热稳定性不溶性硫黄》行业自律标准。

2013 年，我国橡胶企业在走出去和兼并重组方面继续取得重大成果。如软控在美国阿克隆市成立了北美研发中心，加上欧洲和中国本部的研发中心，已经完成了研发的国际化布局；双钱集团通过股权合作项目的增资和收购方式分别获得并持有新疆昆仑轮胎有限公司、朝阳浪马轮胎有限责任公司 51% 的股权。

（五）汽车市场

2013 年是汽车电商大爆发的一年，大多数汽车电商采用的是“网上支付定金—在线留下信息—分销4S店与客户联系—到店体验—付清余款—提车”的O2O模式。网购已不再局限于PC端，更是蔓延至移动终端，如智能手机、平板电脑等。汽车市场目前不能实现全电商化，全电商化的难点在于商家如何给客户提供线下“一站式”的服务。

监管明显加强汽车召回有法可依。2013年1月1日，新的《缺陷汽车产品召回管理条例》正式实施。早在2002年，中国国家质量监督部门起草相关条例；2004年质检总局等四部门发布《缺陷汽车产品召回管理规定》；2012年10月31日正式公布《缺陷汽车产品召回管理条例》。《条例》规定，从2013年1月1日起，汽车制造商确认缺陷后应当立即停止生产、销售、进口缺陷汽车产品，并实施召回。另外，对拒不改正的生产者、经营者，处50万元以上100万元以下的罚款。受该条例的影响，2013年我国共召回缺陷汽车产品近376万辆。

2013年9月17日，为继续鼓励新能源汽车的推广，财政部、科技部、工信部、发改委四部委联合下发了《关于继续开展新能源汽车推广应用工作的通知》（以下简称《通知》），正式明确了财政补贴支持推广应用新能源汽车的具体政策。节能与新能源汽车的推广应用，关系到全球的能源、环境和可持续发展，也关系到整个汽车行业的生死存亡。在新能源汽车产业发展规划推进实施和相关公共配套设施不断完善的作用下，新能源汽车产业有望加快发展。

2013年10月1日，消费者期盼已久的“汽车三包”（《家用汽车产品修理、更换、退货责任规定》）正式实施。明确了家用汽车产品修理、更换、退货责任由销售者依法承担，同时明确了生产者、销售者和修理者的义务。

2013年11月初，《北京市2013—2017年机动车排放污染控制工作方案》任务分解表发布。指出了优先发展公共交通，加强机动车总量调控，减少中心城区机动车使用数量，构建以集约化出行和清洁化车辆为特点的城市交通体系，促进空气质量显著改善和经济社会可持续发展。

2013年12月2日，国家发展改革委正式批准东风雷诺项目。12月16日，中国东风汽车集团股份有限公司和法国雷诺在武汉举行了东风雷诺汽车有限公司合资经营合同签字仪式。并同时宣布，该公司首款SUV产品将于2016年上半年投入市场。

2013年各地关于限购政策的变化：2013年12月15日，天津市政府宣布实施机动车限购，并将自2014年3月1日起按车辆尾号实施机动车限行措施。2013年6月18日，石家庄市提出自2013年起限制家庭购买第三辆个人用小客车，自 2014 年市区内实行机动车单、双号限行。自 2013 年开始，石家庄市每年新增机动车控制在 10 万辆以内；自 2015 年起，每年小客车增量配额为 9 万辆，按照每月 7500 辆进行配置。2014 年 1 月 1 日起，北京小客车年度配置指标总量从 24 万减少至 15 万个。

首家本土汽车公司收购国际品牌沃尔沃国产项目获批。历经 3 年，沃尔沃国产项目终获审批。2013 年 8 月 23 日，沃尔沃汽车集团正式宣布，沃尔沃汽车在中国的国产化工业布局已经正式获得中国政府批准。这一布局包括四个项目，大庆建立整车制造基地，张家口建立发动机制造基地，上海建立中国研发基地，以及在成都建立整车制造基地。

（六）化工品市场

PS 发泡餐具 14 年后解禁。2013 年 2 月 26 日，国家发改委发布《产业结构调整指导目录（2011 年本）》，PS 发泡餐具被从淘汰类产品目录中删除，这表明被禁了 14 年的该产品重获市场生机，由此引发全社会对该产品安全性、环保性和未来发展方向的大讨论。

我国成为首个以煤为原料生产石油化工产业链全部产品的国家。2013 年 3 月 18 日，世界首套万吨级甲醇制芳烃工业试验装置通过中国石油和化学工业联合会组织的鉴定。至此，我国成为全球首个以煤为原料生产石油化工产业链全部产品的国家，在新型煤化工产业的技术应用和创新方面走在了世界前列。

大型化工项目再引风波。2013 年 4 月底、5 月初，继前几年 PX 项目受到民众质疑之后，中石油在四川、云南两地规划的炼油和石化项目再次引发民众对这些项目安全环保性的担忧，并在当地出现反对上项目的群体事件。相关企业与地方政府通过广泛地说明与沟通，积极回应社会质疑和关切。

2013 年 5 月 24 日，环保部正式启动针对草甘膦生产企业的环保核查，核查历时三年，将全面调查所有草甘膦（双甘膦）生产企业的污染物总量控制、达标排放、废气回收和治理设施等情况，规模小、生产中低端产品、没有足够研发能力以至给环境造成危害的企业面临淘汰。

2013 年 1 月，国家发布《工业领域应对气候变化行动方案（2012—2020 年）》，要求到 2015 年石化、化工行业单位工业增加值二氧化碳排放量比 2010 年分别下降 18% 和 17%，比此前的目标高出 2 个百分点以上，对全行业的低碳发展提出了更高要求。2013 年 12 月 31 日，工信部又正式发布了对《石化和化学工业节能减排指导意见》（以下简称《意见》）公开征求意见。《意见》

提出，到2017年年底，石化和化学工业万元工业增加值能源消耗比2012年下降18%，重点产品单位综合能耗持续下降，全行业化学需氧量、二氧化硫、氨氮、氮氧化物排放量分别减少8%、8%、10%和10%，单位工业增加值用水量降低30%，废水实现全部处理并稳定达标排放，水的重复利用率提高到93%以上，新增石化和化工固体废物综合利用率达到75%，危险废物无害化处置率达到100%等一系列行业节能减排目标。并随着意见一同下发了2013—2017年石化和化学工业重点耗能产品单位综合能耗下降目标以及重点研发和推广的节能减排技术等文件。

国际化肥贸易体系发生巨变。2013年7月30日，全球钾肥两大卡特尔之一的BPC破裂，其主要成员俄Uralkali宣布退出此出口卡特尔。10月2日，美国美盛公司宣布，全球最大磷肥出口联盟磷酸盐化学品出口协会解体。两大事件对全球化肥贸易格局及我国化肥产业和市场产生重大影响。

（七）建材市场

2013年10月29日，红星美凯龙发出“三大禁令”，严禁商户以任何形式在卖场内传播或推广其他电商线上的“双十一”活动；严格查处商户使用天猫POS机给线上做销量；严格禁止商户为工厂在其他电商线上的订单送货安装。11月4日，19家大型家居卖场联合签署的《中国家具协会市场委员会关于规范电子商务工作的意见》正式公布，明确规定不当网店线下体验的免费样板间。2014年5月红星美凯龙与吉盛伟邦达成协议，推进红星美凯龙与“吉盛伟邦”“双品牌”战略，推出红星美凯龙、吉盛伟邦家具村、吉盛伟邦精品店三大业态，以进一步扩大市场份额。

2013年居然之家集团销售突破300亿元，同比增长21.2%。2013年居然之家确立了从以家具建材为主的“小家居”向囊括设计、装修、材料、家具、软装饰品的“大家居”转变；从进口品牌、红木家具等方面打造高端经营特色；深化顾客服务，提出“三年三包”；积极拥抱电子商务，开设居然在线网上商城。2013年居然之家新开分店17家，成为历年来新开分店数量最多的一年。

自2012年2月欧盟对华日用陶瓷发起反倾销调查并作出仲裁后，2013年，韩国、印度、智利等10多个国家纷纷对华陶瓷反倾销，致使国内一些陶瓷企业被迫征收高达60%的惩罚性关税。2013年6月19日，历时一年多的欧盟对中国日用陶瓷反倾销调查终裁结果出炉。根据欧盟公布的终裁结果，中国日用陶瓷产品将被征收13.1%至36.1%的反倾销税，税期五年。其中，湖南醴陵 50 多家企业生产的陶瓷餐具将被征收 18.3% 和 17.9% 的反倾销税。东鹏控股于 2013 年 12 月 9 日正式在香港主板挂牌上市，成为内地首个在港上市的陶瓷企业。这一历史时刻标志着东鹏正式迈入国际资本市场。

2013 年被称为“涂料行业的收购之年”。2013 年 12 月 12 日，全球涂料巨头立邦在中国以 2.45 亿元人民币的价格收购了地坪涂料行业的龙头企业广东秀珀化工股份有限公司 57% 的股权，成为广东秀珀化工股份有限公司的第一大股东。在近二十多年的发展历程中，我国成为全球涂料生产大国和消费大国，成为亚太地区主要的涂料消费市场，这也吸引了很多外资涂料企业不断进入国内市场。从最早的立邦到威士伯，再到 PPG 等，随着这些大品牌的进入，我国民族涂料品牌的发展产生了很大的压力。

（八）金属交易市场

2013 年 1 月 22 日，工信部、发改委等 12 个部委联合发布《关于加快推进重点行业企业兼并重组的指导意见》（以下简称《意见》）。《意见》要求，到 2015 年，电解铝行业将形成若干家具有核心竞争力和国际影响力的电解铝企业集团，前 10 家企业的冶炼产量占全国的比例达到 90%。稀土行业将支持大企业以资本为纽带，通过联合、兼并、重组等方式，基本形成以大型企业为主导的行业格局。

2013 年 6 月 18 日，国家发展现代服务业重点扶持项目、国内首个跨区域金属现货电子交易平台——东北（沈阳）金属交易中心在沈阳正式上线运行。东北（沈阳）金属交易中心坐落于国家级生产性服务业总部基地沈阳“铁西金谷”内，主要开展金属材料及其制品的现货电子交易、供应链融资、信息咨询、产品展示、会展服务等业务。

2013 年 11 月 19 日国家统计局与泛亚有色金属交易所等 11 家企业共同签署国家大数据战略合作框架协议，正式成为国家统计局大数据合作平台企业，泛亚是其中唯一的一家交易所，也是唯一一家有色行业企业。泛亚有色金属交易所是全球最大的稀有金属交易所，该企业在 9 月 29 日上海自贸区开设了上海泛亚金融信息服务有限公司，成为首批入驻自贸区企业。

2013 年 12 月 11 日，中国海外最大铜矿项目——中铝秘鲁特罗莫克铜矿投产仪式在秘鲁首都利马举行。中铝秘鲁特罗莫克铜矿是全球同等规模铜矿项目中建设周期最短和装备水平最高的工程，是铜资源大国秘鲁最大的单体采矿项目，也是秘鲁近年来建成的规模最大的矿业项目。该铜矿拥有当量铜金属资源量约 1200 万吨，约占我国国内铜资源总量的 19%，项目设计年产铜精矿含铜 22

万吨，约占我国国内自有产量的18%，进入全球前20名铜矿山行列，设计服务年限超过30年，将有力地缓解我国铜资源和铜精矿供给短缺的局面。

（九）煤炭交易中心

2013年是电煤价格并轨第一年，合同签订有序，全国煤炭市场交易体系建设工作推进顺利。3月22日，焦煤期货在大连商品交易所挂牌。9月26日，动力煤期货在郑州商品交易所上市。全国目前已建成了31个区域性煤炭交易中心，煤炭电子交易平台和煤炭供应链服务平台快速发展。

中国（太原）煤炭交易中心是国务院批准成立的唯一全国性煤炭交易中心，是集煤炭交易、贷款结算、物流配送、信息咨询、贸易融资、商务会展等多种服务于一体的现代煤炭商品交易市场。2013年前11个月，中国（太原）煤炭交易中心煤炭现货交易量达11.9亿吨，交易额达7770.42亿元。目前该中心已成为全国最大的煤炭现货交易市场。

2013年，3月28日，贵州滇桂黔煤炭交易中心成立暨贵州区域商贸物流（黔西南）实验基地揭牌仪式在兴义市举行，标志着中国西南地区最大的集电子商务、煤炭产供销、物流、金融一体化的交易中心正式建成并营运。交易中心成立后，逐步将推出煤炭商铺、煤炭超市、煤炭招标、煤炭拍卖四种电子商务交易模式，以及全新的电子代理采购和煤炭短长协交易等业务。该交易中心还筹建了黔西南州国家煤炭应急储备基地，可增强省内外煤炭能源的有效供应和应急保障。11月24日，贵州西部红果煤炭交易中心揭牌。

2013年5月8日，内蒙古东部及东北地区最大的区域化、现代化新型综合煤炭交易市场——内蒙古东部煤炭交易中心项目开工建设。同一天，神华集团自主建设的煤炭及化工品电子交易平台鸣锣开市。神华电子交易平台，将神华集团独一无二的一体化运营优势延伸到了大宗商品电子交易领域。

2013年10月17日，由安徽淮北矿业集团与上海钢联电子商务公司共建的东方煤炭电子交易中心在上海启动运营。该中心主要发展包括煤炭、煤盐化工业产品交易和矿用产品招标采购在内的大宗商品电子商务平台，为煤炭生产企业、消费企业、贸易企业、物流企业提供电子交易、物流配套、供应链整合规划咨询、供应链融资、宣传推广企业和产品等综合服务。10月25日辽宁沈阳北方煤炭市场开业，成为立足辽宁、覆盖东北及内蒙古，辐射全国各大煤炭生产、流通、消费企业，最终形成千万吨交易量的国家区域性煤炭交易平台。该市场由电子商务产业集群、电子交易平台、公用煤炭网三部分组成。12月11日，陕西府谷县煤炭交易中心成立并投入运营。

2013 年的 6 月 29 日，我国对《煤炭法》进行修改，取消了煤炭生产许可证和煤炭经营许可证，标志着在煤炭生产经营领域，政府进一步放开了煤炭经营许可的管理，对煤炭市场化程度的提高，必将带来各方关系的新调整，这对煤炭市场交易体系建设提出了新的更高的要求。

（十）大宗商品交易市场

至 2013 年 9 月，我国各类大宗商品电子交易市场处于营业状态的有 538 家，处于无交易或停业状态的有 37 家。分布于全国 32 个省市，涉及能源、化工、煤炭、纺织、金属稀贵、酒类、矿产品、农产品、林产品、牧渔产品、医药等十多个行业。从数量来说，我国大宗商品电子交易市场超过实际所需要的市场数量。

2013 年 8 月商务部、中国人民银行、证监会联合发布《商品现货市场交易特别规定（试行）》（以下简称《特别规定》），2014 年 1 月 1 日起施行。《特别规定》结束了我国大宗商品电子交易行业 10 年来，仅凭一部国家标准《大宗商品电子交易规范（GB/T 18769—2003）》指导行业发展的局面。《特别规定》对于商务部、中国人民银行、证监会三个部门之间的职责，做出了明确划分，明确了市场管理和监管的主体，有利于实现行业的有效管理和监管，有利于发挥行业协会的作用。大宗商品交易市场将沿着特别规定—管理办法—管理条例—专项法律的路径，逐步形成我国的商品现货市场交易法，与我国的期货法并列，成为我国社会主义市场经济体系的重要法律框架基础。

2013 年 11 月 11 日，华北大宗商品交易中心上线试运营暨企业合作签约仪式在河北省沧州渤海新区政务服务中心四层华北大宗商品交易中心总部举行，这标志着河北省首家综合性大宗商品现货交易平台建成投运。华北大宗商品交易中心开创了国内唯一的“港口 + 基地 + 平台 + 品牌”的四位一体的发展模式。上线试运营初期以现货挂牌、现货竞买交易模式为主，依托国家经济发展第三增长极——中国 · 渤海新区黄骅港优势资源，致力于为华北、全国乃至世界的煤炭、化工品、油品、铁矿石、建材等大宗商品提供第三方现货交易服务，为其上下游行业提供供应链服务。

2013 年 11 月 17 日，宁夏蓝海大宗商品交易中心运营启动仪式暨洽谈会在银川悦海宾馆举行。宁夏蓝海大宗商品交易中心主要依托宁夏及西北优势特色产品，结合宁夏的地域特点和产业优势，创新开展现货电子交易业务，并致力于打造西北产业标杆，以繁荣宁夏特色产业，规范交易，拓宽金融服务领域。争取把交易中心发展成为国内一流的新型电子商务服务平台。

二、生产资料交易市场的特点

（一）市场经营主体略有减少

2012 年，以摊位数描述的生产资料经营商户数量略有减少。与 2011 年相比，总摊位数较 2011 年的 37.79 万减少到 36.57 万，减少 3.3%；年末摊位数减少较多，共计减少 3.36 万，减幅为 9.2%。这说明 2012 年的经营状况略差于 2011 年，常年营业的经营商户也略有减少。

但是，不同市场类型的市场主体增减不一。农业生产用具市场、木材市场、金属材料市场的总摊位数和年末摊位数均有明显增长，其中，金属材料市场的总摊位数和年末摊位数分别增长了 3.2% 和 5.0%，其他生产资料市场的总摊位数和年末摊位数分别减少了 15.5% 和 20.5%。

表 2　2011—2012 年生产资料市场摊位数量变化的情况

项目	2011 年		2012 年		变化	
	总摊位数（个）	年末摊位数（个）	总摊位数（个）	年末摊位数（个）	总摊位数（个）	年末摊位数（个）
生产资料综合市场	59886	54428	57917	55635	-1969	1207
生产资料专业市场	318061	285028	307764	276403	-10297	-8625
农业生产用具市场	6343	5216	7279	6162	936	946
农用生产资料市场	6894	6353	6083	5657	-811	-696
煤炭市场	2428	2353	2275	2144	-153	-209
木材市场	20495	18897	22311	20682	1816	1785
建材市场	102665	91258	89322	80499	-13343	-10759
化工材料及制品市场	22234	18760	24298	18748	2064	-12
金属材料市场	106900	95844	110295	100564	3395	4720
机械设备市场	28525	25895	27662	25673	-863	-222
其他生产资料市场	21577	20452	18239	16274	-3338	-4178

（二）市场交易状况参差不齐

2012 年，生产资料综合市场经营状况基本持平，而生产资料专业市场经营状况有所增长。考虑到数据的可得性，用每个摊位的成交额以及每平方米的成交额来表示。与2011年相比，2012年生产资料综合市场的每个摊位成交额增长6.35%，即由228.32万元增加到242.81万元。从平方米绩效来看，每平方米成交额由1.86万元增加到1.87万元，增加0.54%。生产资料专业市场的摊位成交额由842.86万元增长到1040.88万元，增长了23.49个百分点，而每平方米成交额则增加了25.18个百分点。如表3所示。

表3　　2010—2011年生产资料市场绩效比较

项目	2011年		2012年	
	成交额（万元/平方米）	成交额（万元/摊位）	成交额（万元/平方米）	成交额（万元/摊位）
生产资料综合市场	1.86	228.32	1.87	242.81
生产资料专业市场	4.09	842.86	5.12	1040.88
农业生产用具市场	1.13	262.35	1.40	271.42
农用生产资料市场	1.58	256.04	1.55	272.52
煤炭市场	1.03	2981.17	0.88	2664.20
木材市场	1.08	289.94	1.21	310.56
建材市场	0.96	148.92	1.10	179.34
化工材料及制品市场	12.74	1179.91	12.45	1081.40
金属材料市场	6.85	1702.69	8.86	2089.80
机械设备市场	2.12	214.12	2.26	218.43
其他生产资料市场	7.55	1011.44	11.35	1364.63

注：每个单位的成交额=成交额/总摊位数

（三）市场主要分布在东部地区

从生产资料综合市场在全国的分布情况来看，2012年东部地区市场数量为32个，较2011年的29个增加了3个，占到全国总数的65.3%。

表4　　生产资料综合市场区域分布情况

地区	全国	东部地区	东北地区	中部地区	西部地区
市场数量（个）	49	32	4	6	7
比例（%）	100.0	65.3	8.2	12.2	14.3

续 表

地区	全国	东部地区	东北地区	中部地区	西部地区
总摊位数（个）	57917	29173	6225	15369	7150
比例（%）	100.0	50.4	10.7	26.5	12.3
年末出租摊位数（个）	55635	28505	5557	14506	7067
比例（%）	100.0	51.2	10.0	26.1	12.7
营业面积（平方米）	7511747	3955476	291990	2414005	850276
比例（%）	100.0	52.7	3.9	32.1	11.3
成交额（万元）	14062835	9040635	319847	3627505	1074848
比例（%）	100.0	64.3	2.3	25.8	7.6

注：按照《中国商品交易市场统计年鉴》的统计口径，东部地区包括：京、津、冀、沪、苏、浙、闽、鲁、粤和琼共七省三市；东北地区包括：黑、吉、辽三省；中部地区包括：晋、徽、赣、豫、鄂、湘共六省；西部地区包括：蒙、贵、渝、川、桂、云、藏、陕、甘、宁、青、新共六省一市五区。以下如此相同

从生产资料专业市场的全国分布来看，东部地区市场数量为453个，占全国总数量731个的61.97%，成交额占全国的78.21%。

表5　　生产资料专业市场区域分布状况

地区	全国	东部地区	东北地区	中部地区	西部地区
市场数量（个）	731	453	48	113	117
比例（%）	100.0	62.0	6.6	15.4	16.0
总摊位数（个）	307764	191234	19569	46205	50756
比例（%）	100.0	62.1	6.4	15.0	16.5
年末出租摊位数（个）	276403	168029	17916	42135	48323
比例（%）	100.0	60.8	6.5	15.2	17.5
营业面积（平方米）	62584533	39062749	3570376	7417318	12534090
比例（%）	100.0	62.4	5.7	11.9	20.0
成交额（万元）	320344944	250526217	16560487	21786288	31471952
比例（%）	100.0	78.2	5.2	6.8	9.8

从市场集中趋势看，生产资料综合市场中，东部地区在市场数量占比、总摊位数占比和成交额占比三个方面有较大程度的增加，但营业面积占比方面却有不同程度的下降。而东北地区在市场数量占比、总摊位数占比、营业面积占比以及成交额占比四个方面均有较大程度的下降。

在生产资料专业市场中，东部地区在市场数量占比、总摊位数占比、成交额占比，以及营业面积占比四个方面基本持平。而东部地区在市场数量占

比、总摊位数占比、成交额占比，以及营业面积占比四个方面均有一定程度的增加。

表 6　　生产资料综合市场区域分布变化情况

地区	市场数量占比（%）		摊位数占比（%）		营业面积占比（%）		成交额占比（%）	
	2011 年	2012 年	2011 年	2012 年	2011 年	2012 年	2011 年	2012 年
东部地区	50.0	65.3	38.8	50.4	64.2	52.7	54.9	64.3
东北地区	17.5	8.2	20.5	10.7	5.3	3.9	3.8	2.3
中部地区	14.0	12.2	23.4	26.5	12.3	32.1	29.3	25.8
西部地区	17.5	14.3	17.3	12.3	18.2	11.3	12.0	7.6

表 7　　生产资料专业市场区域分布变化情况

地区	市场数量占比（%）		摊位数占比（%）		营业面积占比（%）		成交额占比（%）	
	2011 年	2012 年	2011 年	2012 年	2011 年	2012 年	2011 年	2012 年
东部地区	63.6	62.0	63.6	62.1	64.2	62.4	75.4	78.2
东北地区	5.9	6.6	6.0	6.4	5.3	5.7	5.1	5.2
中部地区	15.7	15.4	15.8	15.0	12.3	11.9	6.6	6.8
西部地区	14.8	16.0	14.6	16.5	18.2	20.0	12.9	9.8

三、2014 年生产资料市场展望

自 2013 年以来，世界经济呈现出缓慢复苏的特点。2014 年虽然仍具有较多的不确定性，但总体来看，经济在缓慢中复苏、温和复苏、波动中复苏的基本趋势应该不会有大的变化。而国内经济运行也将延续保持总体平稳、稳中有进、稳中向好的基本态势。但从经济发展的中长期趋势来看，由于当前我国经济仍处于调整过程中，企业经营模式的转变、产业结构的调整仍将继续，在调整过程中经济运行仍存在一定的下行压力，因此 2014 年经济增速出现明显回升可能性会比较小。

我国政府已经推出的一系列政策有助于夯实稳增长的基础。一是已出台的政策效应与改革红利将进一步释放。2013 年出台的一系列稳增长的政策措施在 2014 年会进一步显现。十八届三中全会、中央经济工作会议以后，以简政放权、增强内生增长动力、激发市场活力为目标的各项改革措施会陆续推进。进一步转变政府职能，放开投资准入，减少行政审批，改革工商登记制度，新的营改增政策的实施等，将使得生产资料行业发展的制度环境更趋宽松。二是需求增长具有新的支撑。从投资来看，虽然房地产投资呈现出由快速增长回归适度较快增长的趋势，政府对投资的主导作用还会进一步下降，但在城镇化加快过程中，铁路、城市地铁和公共设施、环境治理、网络宽带等领域存在较大投资潜力；简政放权、放宽准入，有利于激发民间投资热情；在居民消费升级、政府增加民生支出等带动下，文化体育、商务服务、节能环保、批发零售等产业投资有望保持高增长。在这些支撑因素作用下，预计投资增速不会出现明显回落。从消费来看，随着收入分配改革推进，随着电子商务、信息网络、小额贷款服务等持续完善，信息、文化、教育、健康、旅游等消费热点不断涌现，高端餐饮娱乐场所有望积极面向市场转型，消费结构逐步改善。预计2014年社会消费品零售总额保持较快增长，对经济增长的贡献将会有所上升。从出口来看，虽然人民币对美元升值压力将在一定程度上削弱我国出口产品竞争力，但多种迹象显示，2014年世界经济延续温和增长态势，预计2014年全球经济增速将略高于2013年，我国外需状况将小幅改善。再加上上海自贸区建设等因素，预计2014年出口形势稳中趋升。三是现代物流业转型升级为流通业发展带来重大机遇。在国民经济增速回落、市场需求不足、成本居高不下、市场竞争加剧的背景下，物流企业业务调整的动力增强，行业转型升级步伐加快，专业服务能力得到提高。同时，部分物流企业向供应链供应商转变，以当前需求回落为契机，低成本整合资源，主导构建供应链，提供高效、便捷的全方位一体化服务。现代物流业的迅猛发展，将为生产资料市场发展带来较大空间。生产资料流通业则要紧紧抓住现代物流加快发展的机遇，充分利用现代物流改造传统流通，提高行业发展的效率和应对市场环境变化的能力。

综上所述，2014年生产资料市场将呈现以下特点：

1. 生产资料市场在结构调整中发展

生产资料市场在结构调整中发展主要表现为网上交易市场数量增加，实体市场数量减少，钢铁网上交易市场过快发展出现关门现象等，已经引起业界高度重视差异化发展。

2. 生产资料流通行业将快速发展

在生产资料市场回暖、城镇化进程加快的带动下，生产资料流通行业将快速发展。2012年，国务院出台《关于深化流通体制改革加快流通产业发展的意见》（国发〔2012〕39号）、《国内贸易发展“十二五”规划》（国办发〔2012〕47号）等文件，出台了一系列搞活流通的政策措施。政策的支持、经济的带动将给生产资料市场带来发展空间。

3. 生产资料相关企业转型升级步伐将加快

由于传统贸易逐渐失去生存空间，部分生产资料流通企业谋求向现代经营模式转型，将现代物流、商流、资金流和信息流有机融合在一起。2012 年生产资料市场的严峻形势已经形成一种有力的倒逼机制，企业开始切实体会到集约化、现代化发展的重要性，更多的企业将会积极谋求转型，通过创新经营模式开辟高质量的利润源泉。

四、发展生产资料交易市场的对策建议

（一）转变发展方式、加快企业转型升级

我国现阶段仍处于战略机遇期，受国内外经济形势的影响，国内经济发展方式转变提出的紧迫要求，加快生产资料生产企业的产能势在必行，只有加快转型升级，才能实现工业又好又快的发展。这些政策的发行不但给工业企业转型提供了支持，也给生产资料生产和流通企业带来了转型升级的契机。

（二）规范电子交易市场，把握清理监管力度

由于多种原因，大宗商品电子交易市场存在大量的违规炒作、过度投机、侵占和挪用交易资金、虚假仓单等问题扰乱了市场秩序，违背了建设大宗商品交易市场的初衷。国家各部委多次出台措施清理整顿交易市场，但从效果来看，一些存在的问题还尚未解决。在规范清理电子交易市场时，如何整顿市场乱象、保存那些有利于实体经济的有实力的交易市场，回归市场建设初衷，把握好清理监管力度是关键，尽量避免“一刀切”的整改方法，使“回归现货、服务现货、为实体经济服务”成为主流。

（三）创新经营模式，拓展增值服务范围

经营模式的创新，是对生产资料流通企业提供服务的延伸、拓展与整合。专业化分工与产业化协作相结合，创新生产资料经营模式。以供应链为纽带，推进产业融合，引导生产资料流通企业向上下游延伸，探索形成集原材料采购加工—产品开发—商品销售—物流配送服务于一体的经营模式或联盟。引导生产资料流通企业与生产企业建立紧密的工商关系，满足精益生产、定时生产等现代生产方式发展需要，探索形成全产业链服务模式。鼓励大宗生产

资料生产、流通企业间建立风险共担、利益共享的佣金代理制。

（四）建立诚信公平的市场竞争环境

市场经济，归根结底是一种公平竞争经济，也是一种法治经济，更是一种信用经济。竞争是市场经济体制中不可避免的现象，也是推动经济发展的有效手段，竞争对企业而言既是一种压力，也是发展的推动力。政府通过制度建立公平竞争的市场环境，促进生产资料交易市场的健康发展。

（北京工商大学　洪　涛　李春晓
北京物资学院　赵　娴　尹德洪）

第三部分

企　业　篇

兰格钢铁：创新引领行业发展

18年来，兰格以持续的创新精神和不懈的追求，担当起时代赋予的历史使命，从信息服务到交易服务，再到实体商务服务，兰格不仅发展成为业内唯一一家集钢铁信息平台、钢铁现货电子交易平台和钢铁商务园三大核心业务于一体的大型集团化企业，同时也推动了钢铁贸易行业的快速发展，为钢铁流通行业的规范化和现代化作出了应有的贡献。

一、信息服务：让钢铁贸易更加公正透明

兰格一直专注于钢铁行业的信息服务，是国内最早从事钢铁信息服务的企业。钢铁信息平台是兰格的立足之本，也是兰格的核心业务。

兰格钢铁网是钢铁行业最早的垂直门户网站，在北方地区具有广泛的影响力。兰格钢铁网的网价即批量成交价格和工地采购结算指导价，获得了钢厂、贸易商和终端客户的广泛认可，很多建筑企业把兰格当天的工地采购价约定在合同中执行。在全国的很多大中城市，尤其是北方地区，基本都按照兰格工地采购结算价进行钢材交易。兰格钢铁网的报价坚持准确、及时、客观、公正的原则，极大地方便了终端客户，解决了双方的价格争执，在行业内树立了良好的口碑，为信息透明化起到至关重要的作用，形成了“螺线价格看北京，北京价格看兰格”的局面。

兰格钢铁网每天新发布信息1万余条，是钢铁行业经营活动的重要信息来源。作为互联网公司，兰格一直高度重视技术和产品创新在企业发展中的战略地位，密切关注前沿科技，及时满足和引导客户需求，保持着产品线的技术领先。2013年，兰格利用一系列智能信息服务技术，最新开发了应用在移动终端上使用Wap手机网和APP移动客户端；在兰格大数据支持下研发了钢铁在线咨询系统；依托兰格丰富资源积累研发了钢铁资源地图。另外随着新媒体的迅速发展，兰格又及时开通了官方微博、微信，进一步拓展了服务范围和服务模式。

二、现货电子交易服务：推动钢铁流通行业模式变革

近几年，钢铁行业深陷产能过剩、供大于求、需求萎靡、价格持续下跌的困境，行业转型升级迫在眉睫，而钢铁电子商务是对传统钢材采购与销售模式的一次全新改革，是钢铁业未来转型发展的新方向。

兰格围绕着为客户服务，与时俱进，不断创新交易模式，于2012年开发了具有集信息功能、资源功能、支付功能、融资功能和仓储物流功能这五大核心功能于一身的兰格现货交易平台，打造出了一个全社会信息资源的共享平台。它通过与钢贸商、仓库、银行、钢厂、物流园、钢材市场、终端用户的实时信息互动，将钢铁产业链巧妙连接在一起，一站式地实现了更大范围内的资源优化配置，降低了钢材流通的成本。平台主要采用自主交易、挂牌和招标三种交易方式。一方面，平台客户以类似于网店形式进行自主销售，或者将钢材委托给平台拍卖，平台通过收取客户交易手续费实现赢利；另一方面，客户可以直接将钢材委托给平台进行销售，在这种“京东模式”下，平台以赚取钢材的进销差价赢得利润。

兰格钢铁电子商务平台围绕钢材的流通，扩大了销售渠道，减少了流通环节，降低了经营成本，加快了库存周转，实现了阳光销售，解决了钢材流通环节中存在的不少难题。交易最重要的是要有人气，兰格现货电子交易平台是建立在坚实的信息服务和大量忠实的客户群基础上的，因此，兰格钢铁电子交易平台一经推出，便受到了客户的普遍欢迎，每日现货成交量约在2千~3千吨，取得了不错的业绩。唐钢、河北泰钢、包钢、马钢、济钢、宣钢等大钢厂纷纷进驻平台，成功地完成多次竞卖；合作仓库近30多家；与工商银行、农业银行、中信银行、光大银行、广发银行等金融机构的合作也取得了有效进展，交易平台的服务功能日臻完善。

兰格公司钢铁电子商务平台的创新表现和积极探索，得到了国家各级政府及有关方面的充分肯定和大力支持。2013年，兰格申报的“兰格钢铁电子商务平台集成创新项目”，正式入选工业和信息化部“行业电子商务平台服务创新”名单，试点方向为“行业电子商务平台服务创新方向”的钢铁项目只有12个，而兰格申报的“创新项目”名列第一位。兰格公司的“兰格钢铁电子商务平台升级扩建项目”，作为北京市商务委的“商业流通领域信息化提升及发展电子商务项目”，获得了“2013年度商业流通发展专项资金”的支持。

三、实体商务服务：引领行业转型升级

在做好整个钢铁产业链条信息服务和交易服务的同时，兰格公司力求把更多优秀的钢铁生产和贸易企业聚集在一起，共同打造成一个具有产业经济特征的智库园、创新园、财富园、发展园，以推动钢铁行业的产业链和供应链建设，进一步提升钢铁交易环境，引领和带动整个行业向更高的层次发展。兰格加华产业园（经略天则北京台湖总部基地）便是这一理念的产物。

兰格加华产业园总建筑面积 32 万平方米、总投资 17 亿元人民币。其建设完全围绕着为钢铁企业提供优质服务而展开。在设计上，以满足企业商务为主要建筑形态，包括 600 ~ 2400 平方米的企业独栋、200 ~ 300 平方米的 SOHO 办公、5000 ~ 6000 平方米的集中创意研发和大型办公楼，多元化户型满足多种需求；在设施上，提供“一站式”的高端配套服务，辟有商业配套、金融配套、商务酒店、企业食堂、企业宿舍以及多组休闲广场和体育设施；在环境上，以打造北京首屈一指的国际商务花园为中心，绿化面积达到 30% 以上，生态优势不可复制；在风格上，采用德式包豪斯建筑风格，表现出高度的规划性、精确性、严谨性和特有的建筑美感；在管理上，提出围绕国际化产业聚集区，打造企业服务中心、金融服务中心、人才服务中心、企业交流中心、物业管理中心“五大平台”，引入电子商务、信息数据处理、云计算等高科技专属产业服务模式，由第一太平戴维斯担当物业管理顾问，为企业提供周全的“贴心式”特约服务。

兰格钢铁商务园紧邻中关村科技园光机电一体化产业基地、环渤海高端总部基地、欧洲企业园、北京总部、枢密院、经开光谷等享誉国内外的高科技产业园区，具有良好的区位、交通、生态环境、产业基地集中、专业服务、政策优惠和产业集聚七大优势。项目建成后必将成为立足华北、面向全国乃至世界钢铁行业高端企业及非生产型服务企业的综合性高端总部基地，为钢铁行业发展和区域经济发展作出新的贡献。兰格也由此实现了轻资产到重资产的转型，继续领跑在钢铁流通行业前列。

兰格先后荣获了北京市高新技术企业、全国 B2B 十大垂直电子商务网站、中国互联网 3A 信用企业、中国生产资料电子交易创新型市场等殊荣，品牌价值和影响力不断提升。

钢铁行业的运行环境正在发生明显的变化，钢铁行业的转型升级迫在眉睫，钢厂和贸易商已经纷纷调整经营思路，进行新格局的探讨，兰格也将始终坚持创新与变革的指导思想，继续引领钢铁贸易行业的创新发展！

广州狮岭——中国专业市场示范镇

广州狮岭镇自2011年被评为“中国专业市场示范镇”以来，坚决贯彻市、区两级“加快发展促转型”的工作部署，围绕“狮岭皮革皮具产业集群就地提升”主题，按照“市场主导、政府推动、创新发展、品牌驱动、园区承载”的原则，结合城乡扩容提质，突出特色、优化结构、完善链条，集聚发展，努力打造一个产业规模较大、专业市场体系完善、创新能力较强、商业模式先进、配套建设完备的皮革皮具产业集群，推动狮岭成为广州市专业批发市场转型升级示范区、广东省传统产业集群转型升级示范区和中国皮具时尚创意产业基地。

一、产业发展概况

狮岭镇皮革皮具产业是广州市花都区特色产业之一，是一个产业链完善、行业认可、政府公认、国际全球化的“中国皮具之都”，已成为全国皮革皮具产业链完整、产业集聚程度高、产业配套能力强的皮具生产基地和全国大型的皮具原辅材料集散基地。2013年，全镇实现地区生产总值（GDP）117.56亿元，同比增长11.4%；工业总产值162.28亿元，同比增长17%；税收收入12.42亿元；同比增长13.92%。皮革皮具产业经过五年发展已经逐步形成集皮具研发设计、原材料供应、成品生产与销售、信息服务等相配套的产业集群。2013年年底，狮岭登记在册经营单位24870家，从业人员超过30万，年产皮具7亿多件，年产值超过200亿元。

在狮岭镇皮革皮具产业集聚区内，聚集了广州狮岭（国际）皮革皮具城、全球皮革五金龙头市场为代表的专业市场，金狮工业园、南方工业园、欧洲工业园为代表的工业园区，狮岭壹号国际皮具箱包交易中心以及圣地海布城等为代表的成品市场。为扶持产业转型升级，成立了全国皮具产业唯一的博士后科研工作站、中国皮革皮具产业TBT研究基地、国家皮革制品监督检验中心（广州）等国家级产业公共服务平台，产业研究中心被认定为“国家中小企业公共服务示范平台”。狮岭镇皮革皮具产业集聚区被认定为“国家外贸转型升级专业型示范基地”、首批广东省皮具原辅材料国际采购中心，狮岭皮具时尚创意产业基地被认定为广州市首批“战略性新兴产业基地”，皮革皮具产业加速转型升级；狮岭 1 号皮具箱包交易中心、狮岭皮具产业文化创意园投入运营，填补了狮岭皮革皮具产业成品展销、文化旅游板块的空白。五年来，狮岭镇经济、社会、文化建设取得重大进展，谱写了狮岭发展新篇章。

二、专业市场发展概况

专业市场与生产基地的相互依赖、相互促进是狮岭皮革皮具产业集群发展的特色和优势。尤其是在 2008 年以来的世界经济不景气的大环境下，狮岭产业的产品丰富、交易发达、市场信息反馈迅速等优势更加明显，“一站式”采购的便利，节约了大量的时间和经济成本，让狮岭成为国内外客商箱包采购的首选。近年来，在推动产业转型，实现提升发展的战略背景下，专业市场也得到全面的完善和提升。体现在以下几方面：

1. 总量规模不断扩大

近年来，以圣地·狮岭（国际）皮革皮具城为代表的专业市场在市场面积总量规模、交易总量规模等方面均有不同程度的提升。圣地·狮岭（国际）皮革皮具城扩展了 C 区的高端五金辅料区和五期真皮采购中心，总占地约 180 亩；五金龙头市场启用高端写字楼 4 ~6 层，开辟创意产品展示区、创意设计贸易交易区等；新建设并投入使用的狮岭壹号、皮具文化园等新型园区，不仅使狮岭专业市场规模不断扩张，在市场类型上也不断完善，相得益彰。

2. 服务功能不断完善

随着产业转型升级的发展需求，专业市场也在不断地提升。皮革城搭建了完善的国际交易中心、国家结算中心、银企对接融资平台等配套服务平台，极大推动皮革贸易电子商务的发展，融资平台和结算中心为广大入驻商户资金周转和结算提供便利，为打造广东省皮革原辅材料国际采购中心奠定基础；皮革城和五金龙头市场均增加大型 LED 电子屏供企业、商户信息发布供求信息，提供国际流行咨询发布平台；皮革城五期真皮采购中心填补了真皮交易的空白、狮岭壹号填补成品市场的空白、皮具文化园开辟行业文化产业发展的先河等，整个专业市场体系逐步完善，服务功能极大提升。

3. 成品市场逐步完善

成品市场一直是狮岭皮革皮具产业集群的短板。狮岭壹号作为成品市场的试点已经成功投入运营，迈出狮岭镇皮具成品市场建设的第一步；随着皮革城三期成品样板街的设计和圣地海布城一期建设，未来在狮岭打造集商贸、品牌展示、电子商务、创意设计为一体皮具成品市场，依托产业基地，狮岭将成为未来皮具成品国际商贸中心。

4. 创意设计园区推动创新发展

创意设计是皮革皮具产业发展的灵魂，紧跟国际潮流和制造工艺先进也是狮岭皮具产品畅销全球的核心优势之一。散布在镇内上百家时尚创意、潮流资讯、打版出格、设计培训机构，汇集了行业优秀的箱包设计师群体。为此，打造了纳海饰博园创意设计一条街，吸引镇内优秀的创意设计机构进驻，集中优秀设计人才，不断产生创意灵感和智慧碰撞；另外，五金龙头市场创意产品展示、交易中心正积极策划中，力争打造行业第一个箱包皮具创意产品展示和交易区。

5. 文化产业园区打造行业发展亮点

深挖品牌内涵，塑造产业文化，以品牌和文化引领产业提升发展是产业未来发展的大势所趋。因此需求，行业第一个文化产业园：阳光 6 号——中国皮具产业文化创意园，位于花都区狮岭镇阳光路 6 号，占地约 2.7 万平方米，建筑面积 3.8 万余平方米。目标为打造中国首家皮具文化主题公园、中国首家皮具产业转型升级示范园区、中国皮具箱包“人才硅谷”、中国皮具箱包时尚发布中心、首个皮具产业大学生创意创业孵化基地，并筹办中国首个特色产业（皮具产业）“爱心基金”。

6. 物流联盟的酝酿规划

庞大的产业体系和数额巨大的货物进出量，对狮岭皮革皮具产业的物流配送提出了更高的要求。一直以来，狮岭的物流配送依托空港经济区和白云区物流中心，以及各大运输公司在皮革城周边和狮岭大道沿线设立办事处。基于中长期发展的需求，狮岭镇积极规划建设狮岭皮革皮具产业物流联盟，搭建全新的物流电子信息匹配中心、物流仓储、物流加工和包装、物流货运站场、物流配送等服务齐全的物流中心，不仅解决大批量货物进出难题，而且为越来越多的电子商务零售货物提供方便快捷的配送服务。

三、重点专业市场简介

1. 圣地·狮岭（国际）皮革皮具城

圣地·狮岭（国际）皮革皮具城位于狮岭皮革皮具产业集聚区核心商圈，狮岭镇雄狮大道中，占地约 1000 亩，发展至今总建筑面积已达 46 万平方米、共建有商铺 4230 多间。从事皮革生产和经销、批发皮具原辅材料的企业及商行4200多家，城内从业人员约4万多人，每年交易额超150多亿，皮革交易量可居全国第一，是全国最大的皮革皮具生产交易市场和原辅材料集散地，形成集交易、展示、贸易洽谈、商务办公、信息交流等功能于一体的一站式全配套专业市场。其发展优势体现在：

区位优势：圣地·狮岭（国际）皮革皮具城距广州市中心城区34千米，广州新白云国际机场和花都港均15千米，京广铁路广州北站5千米。京珠高速、广清高速、107国道与武广快线、京广铁路站场相互连接，珠三角北二环和北三环高速公路与京珠高速、广清高速和新机场高速公路北沿线相连，形成水、陆、空立体交通网络。

品牌优势：圣地·狮岭（国际）皮革皮具城已经成为全国最大的皮革皮具生产交易市场和原辅材料集散地，连续数年被广州市政府评为“广州市四大专业批发市场”之一、“消费者满意市场”和“守合同重信用企业”、被推荐为广东省五大龙头专业市场之一、中国皮革工业协会认定为全国皮革行业“五星级专业市场”，定为全国重点扶持培育的专业市场之一。

软硬件优势：圣地·狮岭（国际）皮革皮具城“一至四期”为全球皮革皮具原辅材料集散地、“新5期”真皮采购中心、C区领国际五金潮流、皮革金融中心（狮岭国际商业结算中心、狮岭国际皮革电子交易中心）、物流服务中心、物流方案集成商。

根据皮具城内现有空间打造采购中心“三大系统”，其中包括现代管理中心、现代客户服务中心及现代展贸展示中心。而距离本场不到一千米的海布项目，交通方便，可打造皮革皮具国际采购中心的高尖配套。通过挖掘本场空间及开发海布地块项目，既有侧重又力求完整地打造国际采购中心“三大系统”，形成高度集中、配套齐全的皮革皮具国际采购中心。

2. 狮岭皮革五金龙头市场

市场总体概况：龙头市场总占地面积约13万平方米，总建面积达30万平方米。共五条商业街及东西两侧市政临街约400间三至四层复式的商铺，另有约900间目前狮岭唯一甲级专业配套写字楼，市场地面及地下室共配套近2500多个停车位。街宽路阔，四通八达，“井”字型路网设计，24～28米宽阔通道连通全场，交通畅通无阻。以上超大型专业市场配套、高素质甲级专业写字楼之新格局，形成强大的未来市场竞争优势。

市场总体经营情况：目前已进驻龙头市场的商户有皮革五金材料品牌形象店、国内外皮革皮具贸易采购商、皮具手袋类电子商务网购经营商、皮具产品研发设计机构等近500多家，初步形成以皮革皮具面料及成品的研发设计为引擎、集皮革五金辅料及国内外皮具手袋成品贸易采购、配送、行业资讯等汇聚的皮革皮具行业总部中心雏形。

市场经营思路设想：顺应狮岭皮具原辅材料市场集群荣获“广东皮具原辅材料国际采购中心”荣誉称号的契机，引导和鼓励商家利用市场配套优势创新业务模式，大力开拓网上电子商务业务，全力打造集时尚皮具面料，辅料，五金配件及手袋箱包产品的研发、设计、展览、外贸、采购、物流配送、时尚资讯发布等为一体的国际性大型专业综合型商务平台，进一步拓展国内外市场，打造皮革皮具行业总部中心。

3. 狮岭纳海皮具饰博园

狮岭纳海皮具饰博园是纳海商业地产管理公司悉心打造的皮具精品项目，是一个集皮具研发、品牌展示、交易功能及学术交流“四位一体”的高端皮具产业平台。狮岭纳海皮具饰博园位于素有“中国皮具之都”美誉的花都狮岭皮具商圈主轴线上（狮岭大道），广清高速南北穿越、白云国际机场近在咫尺，交通便利，配套成熟，扼守着皮具商圈南部的咽喉位置，是年数千万中外皮具商客往来的必经之地，尽得地利天时。

狮岭纳海皮具饰博园建筑面积近6万平方米，依托于狮岭皮具产业超大的规模、成熟的商气、旺盛的人气，打造而成的以皮具产品展贸为基础、皮具创意研发为特色的产业平台，为皮具厂商提供一个根植产业基地、零距离感受皮具潮流的“研发总部”，入场的商家涵盖皮具产业链上、中、下各个环节精英品牌，在产品和设计上，狮岭纳海皮具饰博园一改传统批发市场的商铺格局，为商家量身定做了集展览展示、办公、创意研发三大功能于一铺的垂直立体商铺格局，实用又省钱。

在招商营商政策上，狮岭纳海皮具饰博园“引水灌溉”的放养政策，准入租金低、免租期较长，旨在大力培育市场，与商家共同成长，真正做到“引进来、扶上马、送一程”，在商业管理上，狮岭纳海皮具饰博园，实施四个“统一工程”，既统一经营，统一管理，统一招商，统一推广，确保商业运营的专业高效，从而更好地为商客服务。

狮岭纳海皮具饰博园，采用“自有物业，长期持有，租售结合，专业经营”的经营方式，以保持项目有效的整体性，成为日后持续的旺场经营作业权上的保障。纳海商业地产管理专家团队，会聚上海、广州、香港等商业发达地区的顶尖商业运营人才，骨干人员操盘成功个案超40个，经营商业面积超过100万平方米，立足本土，放眼国际，以最先进的运营理念引领中国皮具市场，为旺场经营保驾护航。

4. 狮岭壹号皮具箱包交易中心

狮岭壹号皮具箱包交易中心基本情况：狮岭壹号皮具箱包交易中心从2012年7月开始招商，2013年1月底已基本装修完毕，3月28日试营业。交易中心共三层，有400多个旺铺招商。第一层（男士箱包展示区）共102间；第二层（女士箱包展示区）共153间；第三层（品牌展示区）共50间。目前已进驻的厂家包括：蒙娜丽莎皮具、奥斯威尔皮具、蒋氏皮具、8090皮具、迪丽斯皮具等。

狮岭壹号皮具箱包交易中心推广优势：地理位置优势（优越的区位优势和四通八达的交通网络为集聚区发展提供了便利的交通条件，水、陆、空立体交通网络使狮岭通达世界各地）、产业集群优势（立足“中国皮具之都”花都狮岭强大的产业配套能力）、时机优势（继狮岭镇为广东皮具原辅材料国际采购中心、国家外贸转型升级示范基地等荣誉后，省市推动狮岭传统产业转型升级）、服务资源优势（从物流配送、设计研发、质量检测、科技推广、融资服务、电子商务、通关服务等方面，可以为交易中心提供全方位专业、高效的服务；配备有满足本项目商务办公、休闲购物、生活配套的需要，实现“商办住游”一体化，提供良好的生活配套服务和休闲娱乐设施）。

5. 中国皮具产业文化创意园（阳光6号）

位于花都区狮岭镇阳光路6号，占地约2.7万平方米，建筑面积3.8万余平方米。建设目标为打造中国首家皮具文化主题公园、中国首家皮具产业转型升级示范园区、中国皮具箱包“人才硅谷”、中国皮具箱包时尚发布中心、首个皮具产业大学生创意创业孵化基地，并筹办中国首个特色产业（皮具产业）“爱心基金”。

园内规划建设10大功能区，包括：

（1）中国皮具箱包博物馆：展示中国皮具箱包的发展史。

（2）文化创意设计工作室：为设计师提供灵感空间，提供皮具文化交流、创意设计、创意人才培训、设计师沙龙等活动服务。

（3）中国皮具箱包人才培训基地：通过标准生产车间的建设，为游客提供皮具箱包的设计制作体验以及为行业、高校等提供人才培训和实习基地。

（4）中国皮具箱包时尚发布中心：为行业企业开展新产品发布会、品牌招商、产品推介、T台模特秀、创意大赛等活动。

（5）中国皮具箱包品牌体验馆：用于皮具箱包行业知名品牌产品的陈列展销，为游客提供参观、体验、选购等多维度服务。

（6）大学生创新创意创业基地：为国内大学生提供创新、创意、创业的孵化基地。

（7）皮具专业人才市场：提供皮革人才招聘及求职服务。

（8）电子商务区：用于电商运营、销售。

（9）皮具文化广场：白天作为人才市场，晚上作为休闲娱乐活动场地，周六日则是皮具文化的创意市集。

（10）酒店式公寓：住宿、餐饮、俱乐部、休闲等配套服务。

毅德国际控股有限公司

推动中国城市化发展进程，致力于在全国范围内开发运营现代化商贸物流中心，毅德国际控股有限公司（以下简称“毅德控股”）怀揣“聚合一批产业，搞活一片经济，富裕一方百姓”的梦想，率先成功地将商品交易、商业综合体、智能化仓储物流、星级酒店、国际会展、休闲娱乐等功能集为一体，形成了集约化、规模化、全业态、多功能的相互支撑、相互配套的现代化商贸物流模式，引领了中国商贸物流领域未来的发展方向，更加为带动城市经济发展，拉伸城市框架，提升就业率和城镇农民转化率，作出了卓越的贡献。

毅德控股先后荣获“2011 年中国地产年年度综合体大奖”“2011 年中国物流与采购联合会优秀会员单位”“2012 年中国物流杰出企业奖”“2012 全国就业先进企业奖”“2013 中国商业地产十大新领袖企业”及“广东省光彩事业金奖”等奖项。2013 年 10 月 31 日，毅德控股在香港主板成功上市（股票代码：01396. HK），标志着毅德控股站在一个全新的事业起点并进入新一轮的快速发展时期。截至 2014 年 5 月，毅德控股同时在中国九个省和自治区开发十二个大型商贸物流中心项目，在建项目数、拥有的土地储备数以及团队已经开发完成的项目数，充分证明并巩固了毅德控股在商贸物流中心领域高度领先的行业地位，使得毅德控股成为了当之无愧的佼佼者。

一、始源于集散市场，蜕变商贸物流中心

毅德控股的发展，印鉴了中国城市发展的足迹。毅德控股的第一个商贸物流园在江西赣州，那里是毅德控股董事局主席王再兴先生的出生地。他发现，当地很多小型的批发市场经常占道经营，很容易导致交通堵塞等一系列问题，经过反复抉择，他尝试整合了赣州的一些小批发市场。结果令他欣慰，市场的整合不仅为商户提供了便利，还得到了当地政府的认可。视角敏锐的他并没有满足于此，他看到了行业未来发展的方向，“集散市场”的功能配置需要逐渐完善进而向“现代商贸物流中心”转变升级。

二十年的实践积累和苦心经营，毅德控股董事局主席王再兴先生堪称业内经验丰富的专家。毅德控股的商贸物流中心项目在不同时期，也有着不同的延伸和特点。综合的园区业态，不仅包括批发及零售，包括五金机电、建材、家具及家饰、家电、服装及小商品在内的各种产品，也涵盖交易展示区、会展中心、酒店、住宅及办公场所、仓储及其他物流设施。通过不断健全园区的功能，毅德控股力求将各商贸物流中心项目发展成为当地最大的一体化商业综合体。

二、差异化战略发展，定位中小城市

毅德控股从发展之初，就已经确定好了未来的发展方向，将竞争环境相对不那么激烈的三四线城市当作自身的战略目标，并且多年来这一目标不曾改变过。

《国家新型城镇化规划（2014—2020年）》明确指出，要“加快发展中小城市，有重点地发展小城镇，促进大中小城市和小城镇协调发展”，对此，不少学者指出，规划突出了中小城市和小城镇的重要作用。这是毅德控股坚定执着而迎来的机遇。

中小城市的城镇化将成为中国未来十年经济发展的主要推动力之一，城镇化将需要更为顺畅的商品流通、促进高效的批发网络的形成及刺激国内消费的大幅增长，毅德控股的商贸物流中心项目正是面向这一市场。

此外，目前政府采取扩大国内消费的政策，并明确表明其促进综合独立交易展示区及大型商贸流通企业的规划。这与毅德控股的发展战略不谋而合。三四线城市的人口占据较大比例，意味着毅德面对最大量的群体，蕴含巨大的潜力与空间。2013年三四线城市的GDP达到60%以上。随着城镇人口的增长，城镇消费将进一步增加，三四线城市的消费会更加活跃。毅德控股商贸物流中心项目通过产业的发展带动经济的发展，助力新型城镇化。

毅德控股定位于中小城市的战略思路起初并非被所有人看好。然而，毅德控股已然用耀眼的成绩诠释并证明了自己的选择。

遵循统筹城乡发展的科学发展观，密切配合政府的城市化建设进程，毅德控股得到了国家、省、市各级领导的支持和鼓励，为毅德控股的发展成长增添了动力。

三、博大胸怀，再创辉煌

毅德控股董事局主席王再兴先生认为：企业家要“仁以为己任”，以博爱之心胸怀天下。首先，把企业做强做大，为国家、为社会承担扩大就业、纳税聚财的责任；其次，要仁心济世、回馈社会；最后，要促进社会伦理道德和精神文明建设。

王再兴主席多年来致力于慈善公益事业，截至2013年，共捐赠2.1亿元的社会慈善基金，在慈善、公益、文教方面作出了卓越的贡献。在此基础上，他更着重于资助公益助学领域，以捐赠42所希望小学的丰硕成绩，为教育事业的发展倾注了大量的心血。

毅德控股在王再兴主席的带领下，稳健布局三四线城市，开展商贸物流中心项目带动地方经济发展的同时，让自己的名字在地方政府的脑海中变得更加醒目，记住了这个具有丰富经验、以中小城市为发展战略版图的商贸物流中心开发商。

兴起于中国商贸物流业蓬勃发展之际，借力中国城镇化发展进程，瞄准于三四线城市独特的战略定位，专注打造现代化商贸物流中心，毅德控股，以现代化的体制创新、以科学化的管理模式、以精英化的管理团队和人性化的企业文化，未来将为更多中小城市的发展而努力。

天津友发钢管集团股份有限公司

天津友发钢管集团股份有限公司是由原天津友发钢管集团有限公司所属的九家子公司经过资产重组后设立的，旨在规范企业经营行为，推动主营钢管业务进入资本市场，最终实现企业快速腾飞。友发成立于2000年7月1日，总部坐落于中国最大的钢管生产基地——天津大邱庄，是集直缝焊管、热镀锌钢管、螺旋焊管、方矩管、钢塑复合管等多种管材产品生产于一体的大型钢管制造企业。目前已经形成了天津、唐山、邯郸三个生产基地，下属2家分公司，7家子公司，员工总计6000余人，拥有“友发”和“正金元”两个品牌，60余条直缝焊管生产线、40余条热镀锌钢管生产线、9条螺旋焊管生产线、20条钢塑复合管生产线，同时拥有1个国家级认可实验室和1个天津市认定企业技术中心。从2010年开始连续4年钢管产销量年递增超过百万吨。2013年，生产各类钢管800万吨。

“友发”牌商标于2008年3月被国家工商总局商标局认定为“中国驰名商标”，“友发”牌直缝焊管、热镀锌钢管、螺旋焊管，连续多年被天津市政府授予“天津市名牌产品”称号。天津友发钢管集团连续8年跻身中国企业500强、中国制造业500强之列，2013年，天津友发钢管集团位列中国企业500强第459名、中国制造业500强第243名，中国民营企业500强136名，中国民营企业制造业500强90名。

友发牌钢管畅销全国各地，广泛使用于三峡工程、首都国际机场、上海浦东国际机场、2008奥运会场馆、2010上海世博会展馆等国家重点工程，并出口欧盟、美国、澳大利亚、东南亚、中东等50余个国家和地区，被业界公认为行业内第一品牌，2013年，友发热镀锌钢管在全国市场占有率接近30%。

友发自创业以来，凝聚了一大批“不具备自己单干成就事业”的业界精英，依靠独特的股份合作机制，合作共赢，“一群平凡的人成就了一件不平凡的事业！”同时在多年的经营管理实践中形成了独特的友发文化。友发人时刻以“合作”为基础，以“利他”为出发点，秉承“共赢互利信为本，同心并进德为先”的核心价值观，通过合作不断整合各方资源，以引领钢管行业持续健康发展为己任，内聚志同道合的业界精英，外结各界合作伙伴，合力打造中国千万吨级钢管制造企业集团，最终为实现友发人“立足钢管行业，追求全能冠军”的愿景而不懈努力！

多年来，友发人时刻常怀感恩心，在事业不断发展壮大的同时，积极投身社会公益事业，造福一方百姓，用实际行动回报社会。自2008年以来，友发累计为国家和地方各项公益事业捐赠超过千万元；在集团内部，股东捐款500万元成立助困奖学基金，帮助困难员工，奖励学习优秀的员工子女。自强不息的友发人时刻牢记“超越自我、成就伙伴、百年友发、共建和谐”的使命，为共建和谐社会贡献自己的一份力量！

一、友发文化的核心理念

1. 友发使命：超越自我　成就伙伴　百年友发　共建和谐

超越自我：不满足于已取得的成绩，借助友发的平台，通过不断设立更高的目标，自我加压、自我修炼，最终提升自我修养。

成就伙伴：在发展友发事业的过程中，帮助身边每一个伙伴，包括股东、员工、上下游客户、朋友等共同成长，实现人生理想。

百年友发：友发事业能够实现永续、健康的经营与传承。“百年友发”是创业团队永不言弃的追求，更是每一个友发人肩负的任务。

共建和谐：企业发展的同时，友发人能够建立与家庭成员、与同事、与客户、与行业、与政府、与社会和谐共处的生态圈。

2. 友发愿景——立足钢管行业　追求全能冠军

友发将坚守管业为主的发展道路不动摇，适时稳步地推进全国布局战略，最终实现千万吨级的钢管企业目标。

在钢管行业中，通过持续的学习创新，追求质量标准化、管理精细化、服务感动化、品牌国际化、规模最大化、效益最佳化的全能冠军。在国内保持行业领跑优势的基础上，逐步发展成为具有国际影响力的企业集团。

3. 友发核心价值观——共赢互利信为本　同心并进德为先

共赢互利信为本：友发人只有秉承先义而后利、利己先利人的共赢思维，才能实现健康、长久、可持续的发展。而诚信是共赢互利的基石。

共赢互利，就像圆圈的原点，决定了友发人做事“利他”的出发点。

同心并进德为先：友发人只有秉承合作总比单干强、个人必须服从整体的合作理念，坚持吃亏是福的优良品德，才能完成更大、更快、更好的发展。而品德是团队合作的前提。

同心并进，就像圆圈的半径，决定了友发事业舞台的大小。

4. 友发精神：律己利他，合作进取

律己利他：对待自己，要严格自律，律己才能服人。要求友发人要以自我品德做保证，遵守各种道德规范、法律法规、行为规范、规章制度等；友发人只有首先做到律己，才能保证合作的大局。

合作进取：合作是资源的整合。十几年来友发始终坚守合作发展的理念，与合作者一起同心同德，互信互补。合作的范围越大，事业的舞台就越广。

二、友发文化的行为指南——“友发文化红绿黄”

1. 红：是天条，坚决杜绝的行为

不该拿的钱坚决不拿。不收贵重礼物、不接受各种变相贿赂、不虚报费用、不贪污挪用公款等。

不该有的家坚决没有。个人家庭不能家外有家，不能从事第二职业。

2. 绿：公司倡导的行为

自己要廉洁自律，低调务实，学习修炼，勇于登攀；

工作中要敢于担当，说到做到，创新改进，杜绝浪费；

团队里要深化合作，弘扬正气，全局考虑，带头争先；

最后达到快乐工作，健康生活！

3. 黄：反对的工作作风和行为

对自己：反对骄傲自满，耍小聪明。

对客户：反对店大欺客，狂妄自大。

对同事：反对欺下瞒上，优亲厚友。

对工作：反对消极怠工，眼高手低。

对决策：反对强势专断的一言堂。

对企业：反对个人英雄主义，山头心态。

对生活：反对下级给上级请客送礼。

河北省物流产业集团有限公司

河北省物流产业集团有限公司创建九年来，伴随着中国物流产业的发展壮大，从名不见经传的企业快速成长为总资产60亿元的大型综合物流服务企业，并进入中国500强。集团营业收入由成立之初的3.5亿元增长到了2012年的376亿元，年均增速近80%；总资产由7亿元增长到了61亿元，增长了8.7倍。总结河北物流集团成长路径，主要做法有以下几个方面。

一、以供应链理念打造优势主业

在高度竞争的物流领域，一个资源匮乏的国企靠什么实现增长？钢材、煤炭、原材料贸易等传统主业占物流集团98%的业务份额，要实现既提速又提质的科学发展，只能把立足点放在传统业务的模式创新上。物流集团突破了以批零结合的中间贸易为主的经营业态，摆脱了单纯的机会型增长方式，创造出从资源—加工—供应—销售—配送—回收供应链服务与遍及全国的服务网点相结合的经营模式，创造出工程配送模式、贸易加工模式、直销模式、套期保值模式，做到了战略发展与机遇性业务相结合，逐步由规模增长向价值增长转变，步入良性发展轨道。

二、联合重组、包容性成长提升行业集中度

物流行业集中度低，“散、乱、差”为行业整合提供了机遇。作为物流行业的大型国企，只有具备规模优势，才拥有行业话语权与影响力。物流集团通过兼并和收购，实现规模经济，建立了行业内的领先地位。无论是时机的选择、合作伙伴的选择，还是重组的方式以及重组后参与市场竞争的原则，物流集团都遵循着行业发展的内在逻辑，并建立起了一套系统的企业成长创新模式——注重与重点企业包括区域市场优势民企合资合作，引资引智，拓展新的市场领域；注重整合物流资源，走出了一条包容性成长的道路，先后成立了14家合资企业，增强了集团的控制力和融资能力。以铁矿石为例，经

过联合重组，矿石经营量从2004年的11万吨增长到2012年的1077万吨，增长了97倍。

三、以项目为拉动是企业转型升级的重要抓手

物流基础设施是物流企业综合实力的标志，也是长期发展的效益增长点。这些年，物流集团下大力建设了园区型、加工型沧州管道装备物流基地、绿色回收基地、海兴矿石加工基地、山东华泰汽车型钢加工基地等一批实业项目以及报废车拆解回收网络、旧件再制造逆向物流网络、废旧船舶回收再利用项目等一批循环经济项目。项目总投入超过了12亿元，在河北沿海地区、产业聚集区形成了多个项目群。这些项目群在调整经营结构中发挥了重要作用。到2015年年底，集团回收物流、物流加工收入将达到170亿元。同时，物流设施的投入，土地资产的增加，改善了集团资产结构，带来了溢出效应。

四、管理创新是企业持续发展的根基

物流集团通过数字化、精细化、信息化、流程化管理，找准和监控好潜在风险和影响较大的关键控制点或重点环节，尤其是抓好现金流管理、应收款管理、库存管理和成本费用管理，有效地防范和规避了风险。一是加强全面风险管理。建立健全管理制度，对容易产生风险的赊销、存货、投资、合同等环节，严格管理、控制、考核。制定完善了法律、人事、预算、资金、考核等管理制度体系，并严格执行。集团对企业按净资产最低10%回报率进行考核，经营者年薪、企业工资总额与经营指标挂钩，达不到要求的企业坚决关停；对应收款超合同期限的按比例扣减当年考核利润，最大限度地激发经营者的创效潜力。二是采用现代化管理手段，优化管理流程。集团与用友集团合作进行了管理信息化再造，实现了OA、HR、ERP的信息集成，集团90%以上业务实现网上动态实时管理，优化了流程，提高了管理效率。三是注重科学决策、民主决策。集团坚持党政联席会、民主生活会和“三重一大”等制度，保证重大问题按程序民主决策。成立投资管理委员会，对投资项目的可行性、风险防范以及后评价工作严格流程管理，对造成失误或与预期目标差距较大的项目责任人追究责任。四是推进管理标准化，依靠“外智”推动企业发展。集团先后通过了ISO 9000质量管理认证以及国家5A级综合物流企业认证。

五、以人为本，务实诚信是物流集团持之以恒的价值观

一切发展中，人是决定性因素。物流集团核心团队中大部分来自老物资企业，同样的人、不同的平台，创造出令人瞠目的业绩。除了客观因素以外，更为重要的是新机制、全新的考核体系带来的激励约束，焕发了企业无限活力。物流集团形成了开放型、竞争型、适应市场经济的人事管理机制，“岗位能上能下、人员能进能出、收入能增能减”的市场化人力资源运营机制，企业内部择优、竞优已成为常态。引进高技能人才和优秀大学毕业生的数量与企业规模、效益的增长呈正相关关系。另一个重要原因，物流集团核心团队自 2004 年组建以来保持了相对的稳定，战略目标明确，执行有力，得到集团内外的高度认同。一个坚强务实的领导集体是企业持续发展的前提。

当前，物流业已经进入快速发展阶段，随着企业间竞争由规模、产品、价格、成本等单要素竞争转向供应链竞争，物流增值服务作为利润的“黑暗大陆”，企业竞争更趋激烈。同时，由于物流业整合性、开放性、透明性、外部性的特点，物流企业发展受到环境、交通、土地政策，特别是信息技术发展等因素明显影响；更长和更复杂的供应链降低了可控性，加大了风险；分散竞争市场导致利润下降，产业结构深度调整成为必然趋势。

面对机遇和挑战，物流集团作为河北物流行业的领军企业，初步实现了规模经营。在未来 3 ~5 年的时间里，集团将抓准新机遇，不断深化对物流产业发展规律的认识，融入物流产业发展大格局，以超前规划为先导，以整合资源为动力，以科学发展为目标，以贸易和实业互动为途径，以创新驱动为牵引，推动物流集团向综合集成服务商升级转型，不断增强发展的活力和可持续性，力争在“十二五”末达到千亿规模，打造大型流通产业集团。

江苏省惠隆资产管理有限公司

一、企业发展概况

在宏观经济环境复杂多变、国内经济下行压力较大的情况下，江苏省惠隆资产管理有限公司（以下简称惠隆公司）开拓经营，强化管理，奋力拼搏，协调推进各方面工作，企业呈现总体平稳、稳中有进的良好态势，取得了好于预期的成绩，确保了国有资产的保值增值。2012 年，惠隆公司完成营业收入 114.88 亿元，同比增长 1.8%；实现利润总额 4477 万元，国有资产保值增值率 106.4%，上交税费 2 亿多元。

（一）深耕市场，加大主业经营拓展力度

突出主业经营，努力开拓市场。作为核心子公司省燃料总公司攻坚克难，稳中求进，三大主业经营部门发挥各自优势，加大市场开拓力度，取得了较好的业绩。煤炭部门加强资源基地建设，继续巩固与重点煤炭生产企业的战略合作关系，确保煤炭合同兑现。在市场需求不足、吨煤利润下降的情况下，继续销售资源战略合作方生产的煤炭，合作共赢，力保资源，稳定市场占有率。积极开展零售业务，加强对中小用户和终端用户的营销。钢材部门为适应市场要求，将原有业务部门进行重组，灵活应对市场，调动了部门人员积极性，争取到了更多民营钢贸企业倒闭失去的客户，当年新增客户量约占 40%。油品部门审时度势，较好地把握了市场波动行情，大力开拓新品种，油品销售同比增加 29 万吨，取得了较好的效益。公司 15 个经营部门全部赢利，其中物资分公司煤炭经营量居煤炭部门之首，运销分公司等 4 个部门经营创部门历史新高。苏物拆船公司克服国家税收政策变化、钢厂废钢需求减少等不利因素带来的影响，坚守废钢经营阵地，密切保持与钢厂联系，同时寻求多方合作，不断开拓新客户。化建公司在化工市场不景气的形势下，加大客户走访和客户服务力度，树立“卖服务而不是卖产品”的理念，巩固老客户，发展新客户，保持了一定的效益。

（二）调整策略，围绕业务经营降本增效

惠隆公司坚持每月召开经营分析会，听取企业经营情况，分析经济运行数据，及时研究调整经营策略，合理压缩库存，减少应收账款。燃料总公司制订了以销定进、以购保销、以销保效的经营策略，保证经营质量，防范经营风险，煤炭、钢材库存量比较安全合理。面对经营成本压力加大的不利局面，各公司积极采取有效措施，挖掘经营潜力，减少流通成本，促进降本增效。

（三）奋力拼搏，其他业务经营逆境前行

受汽车行业经济环境影响，2012 年江淮汽车市场份额明显下滑，苏物汽贸公司审时度势，优化调控财务资金，主动营造和谐市场氛围，摒弃低价策略，以服务争份额，较好地完成了各项业务指标，销售客户满意度位居前列。燃料总公司进出口业务创汇取得新突破。

二、积极推进煤炭物流项目建设

为更好地服务江苏经济“十二五”发展目标，做好煤炭资源的保供工作，惠隆公司积极与上游煤炭生产企业如同煤集团、晋煤集团等建立战略合作关系，共同构建现代煤炭物流项目平台。该项目意向选址在靖江市长江岸线，目前正在与原业主沟通合作的具体环节和操作步骤，启动尽职调查和可行性论证，履行完内部决策程序后向省国资委报批。

该煤炭物流项目集资源、物流、贸易、市场、信息、金融六位于一体，形成完整的煤炭物流产业链。建设目标为绿色能源物流，符合现代环保理念。以项目为平台组建江苏煤炭交易市场，形成集聚放大效应。力争使项目成为省级或国家级煤炭战略储备基地，增强政府经济主管部门宏观调控能力。

三、创新企业管理，提升发展质量

在搞好经营工作的同时，惠隆公司苦练内功，不断加强和改进企业管理，近年取得一定成效。

（一）加强供应链管理

惠隆公司进一步明晰商业模式，通过上拓资源、中控物流、下建网络，推进连锁经营、物流配送、电子商务。在上拓资源方面，继续巩固与重点煤矿及各大资源方的长期战略合作伙伴关系，先后与陕煤化集团、新疆广汇集团、晋煤集团、同煤集团成立合资公司，规划期内年煤炭销售量达到1000万吨。在下建网络方面，建立了以市场为导向、以用户为中心，集信息收集、市场开发、产品销售、售后服务四位一体的营销网络。用户群遍及电力、冶金、化工、建材等行业。通过与煤炭主业供应链上游的大型煤炭生产企业的战略合作，加紧落实煤炭物流平台建设，寻求转型发展实效。

（二）加强投资管理

惠隆公司坚持围绕主业，选择投资项目，以项目带动转型发展，严格执行投资管理制度，使投资管理更加有效和规范。对已投资项目，加强跟踪管理，确保投资安全。燃料总公司参股晋煤集团宏圣煤炭物流公司，开局良好。苏物拆船公司汤山报废汽车拆解基地被商务部列为南京地区唯一达标升级单位，已顺利通过省市商务、财政部门验收。化建公司六合危化品仓储项目完成投资建设，已通过治安消防验收，开业各项工作基本就绪。

（三）加强财务管理

夯实财会基础，防范财务风险。开展会计基础工作检查，积极整改、落实监事会的工作建议。严控资金风险，规范审批流程。加强清收往来款项，明确责任和期限，应收款账同比下降。

（四）加强风险防控

惠隆公司十分重视企业风险防控工作，把风险防控作为企业日常管理的重要组成部分，切实加强风险防范意识，定期总结和报告，提出整改措施，全力消除风险隐患。进一步强化全体员工的风险意识，通过业务学习和宣传教育，学习国资系统和同行业的生动案例，汲取教训，使全体员工时刻绷紧风险防范这根弦。进一步加大风险化解工作力度，面对已经显现的风险，通过法律手段，加大追偿力度，千方百计追偿。组织开展企业风险防控专项检查，对企业法律诉讼等事项进行梳理，召开企业法务工作现场交流会，邀请律师就企业内外部风险防范作重点辅导。

（五）推进信息化建设

企业信息化是提升企业核心竞争力的重要手段。惠隆公司注重信息化在企业管理中的作用，不断加大信息化投资力度，着力打造企业数字化资产。在组织应用好 NC 财务系统、资金管理系统和 A8 集团办公系统的基础上，重点实施了用友 ERP 供应链系统，力争实现财务业务一体化，实施动态监控，提高信息传递的效率和可比性。公司还积极探索新型营销模式，打造电子商务交易平台，申请了 2012 年度第一批省级现代服务业发展专项引导资金，力求在电商领域迈出重要的一步。

（六）加强内控体系建设

惠隆公司根据财政部等五部委关于内控建设的指引，正着手梳理和完善各项制度，重点是资金集中管理、预算管理、内部审计、投资管理、考核管理等制度，修订完善各项流程，明确关键控制节点和控制措施，进一步加强内控体系建设。

第四部分

政　策　篇

工商总局关于加快促进流通产业发展的若干意见

工商市字〔2013〕112号

各省、自治区、直辖市及计划单列市、副省级市工商行政管理局、市场监督管理局：

为认真贯彻落实《国务院关于深化流通体制改革加快流通产业发展的意见》（国发〔2012〕39号）和《国务院办公厅关于印发深化流通体制改革加快流通产业发展重点工作部门分工方案的通知》（国办函〔2013〕69号）精神，充分发挥工商行政管理职能作用，促进流通产业加快发展，现提出如下意见。

一、认清形势任务，提高思想认识

流通产业是现代服务业的重要组成部分，是国民经济的基础性和先导性产业。加快流通产业发展，不仅有利于服务生产，增强自身在国际市场上的竞争力，而且在方便群众生活、促进居民消费、促进产业结构优化升级、加快转变经济发展方式等方面具有重要意义。

加快流通产业发展，要坚持发挥市场作用与完善政府职能相结合，既充分发挥市场配置资源的基础性作用，又切实提升政府公共服务、市场监管和宏观调控能力。工商部门作为市场监管和行政执法部门，与流通产业发展密切相关。党中央、国务院高度重视流通产业发展工作，国务院下发了《关于深化流通体制改革加快流通产业发展的意见》和《关于印发深化流通体制改革加快流通产业发展重点工作部门分工方案的通知》，对加快流通产业发展提出了具体要求，明确了重点工作部门分工。各地要认真贯彻落实党的十八大精神，立足工商职能，以深化效能建设为抓手，加大服务支持力度，加强市场监管执法，确保国务院加快流通产业发展的各项政策措施落到实处。

二、加大市场监管执法力度，为流通产业健康发展营造良好的市场环境

（一）依法加强对关系国计民生、人民群众生命安全等商品的日常监管。在日常监管中，将关系国计民生、人民群众生命安全等商品的流通作为企业信用分类监管的重点，加大巡查力度，并将监管信息及时记录、反馈，提高辖区内重点商品流通控制力。按照“权责一致、分工负责、齐抓共管、综合治理”的协调联动机制，进一步加强与相关部门的协作配合，形成监管执法合力。

（二）加大流通领域商品质量监督检查力度。强化流通领域商品质量日常监督检查，督促经营者自觉履行法定责任和义务，把好商品质量进货关，严格商品质量内部管理，对不合格商品及时予以有效退市。针对重点商品、重点经营者，加大流通领域商品质量监管和监测工作力度。积极推进商品质量监管信息化网络体系建设，充分利用信息化手段及时汇总、统计、分析商品质量监测信息，不断提高监测工作的针对性和实效性。

（三）完善打击侵犯知识产权和制售假冒伪劣商品违法行为长效机制。认真总结“双打”工作中好的经验做法，主动适应新的形势任务，完善打击侵犯知识产权和制售假冒伪劣商品违法行为长效机制。改进市场巡查、专项检查等监管方式，不断完善商标、假冒伪劣等案件线索通报、案件查处协作、复杂疑难案件会商、重大案件联合查办等工作制度，对涉及侵犯流通企业商标权、假冒伪劣的案件和突发事件，及时通报、快速反应、联合执法。认真总结推广商标授权经营和商标备案公示制度的经验，引导大中型商业企业等市场主体对进场商品商标进行备案、查验、审核，逐步实现市场监管关口前移。

（四）进一步做好竞争执法工作。深入开展打击“傍名牌”专项执法行动，针对流通产业的竞争状况和行业特点，加大执法力度、提升执法效能，强化案件指导和督查督办；进一步加大对流通产业存在的虚假宣传、虚假表示、不正当有奖销售等商业欺诈现象的打击力度；继续深入开展治理商业贿赂工作，依法打击物流、信息、金融等重点行业的商业贿赂违法行为；积极配合商务部门做好清理整顿大型零售企业违规收费工作，结合自身职能，做好零供交易监管工作；认真履职，加强沟通，依法处理阻碍、限制外地商品、服务和经营者进入本地市场，以及其他滥用行政权力排除、限制竞争的行为；坚持《反垄断法》的立法宗旨和违法必究原则，发挥中央和地方两个积极性，依法严厉查处垄断协议以及滥用市场支配地位排除、限制竞争行为（价格垄

断行为除外）。

（五）扎实开展网络商品交易监管执法工作。大力加强网络市场监督检查和行政执法工作，切实维护网络市场秩序。指导督促各地以大型购物网站为重点，加强日常规范监管，及时发现并查处网络交易违法行为；加强对网站交易规则的检查，及时纠正、消除不公平合同格式条款。针对网络市场中出现的多发性、易发性问题，利用总局网监平台适时部署网监专项行动，重点突破。加大对典型网络交易违法案例的曝光力度，营造良好的舆论环境。健全完善全国网络信息化监管平台，努力实现网络商品交易日常监管动态化、实时化、智能化。

（六）加强诚信体系建设。结合工商登记制度改革，加强流通企业登记、备案、年检等信息的公示，推进公示信息与有关部门共享，建立连锁响应机制，推动部门协同监管。创新“守合同重信用”企业公示活动，促进诚信体系建设。深化诚信市场创建活动，广泛开展创建“诚信经营户”、“星级经营户”、“先进经营户”、“放心消费户”等活动，规范交易行为，促进诚信经营。积极推进网络信用体系建设，建立健全网络经营主体信用指标体系和网络商品交易市场信用分类监管体系。

三、加大服务支持力度，促进流通产业发展

（一）加大“经纪活农”工作力度。继续按照“鼓励、扶持、引导、规范”的思路，加快培育发展农村经纪人等生产经营型人才，壮大高素质的农村经纪人队伍。充分发挥农村经纪人连接农业生产与市场的特殊桥梁作用，指导农村经纪人为农业生产经营提供低成本、便利化、全方位的服务，进一步搞活农产品流通，促进农民增收。结合贯彻落实《经纪人管理办法》，加强行政指导，完善农村经纪人监管制度，帮助农村经纪人建立自律性行业组织，促进农村经纪人向农民专业合作社发展。

（二）支持农民专业合作社发展。切实贯彻落实《农民专业合作社法》、《农民专业合作社登记管理条例》等法律法规，做好农民专业合作社登记服务工作；支持农民专业合作社以产品和产业等为纽带开展合作与联合，促进农民专业合作社经营向规模化、专业化和标准化发展，提升农民专业合作社物流配送能力和营销服务水平。

（三）积极推动电子商务健康发展。积极支持鼓励流通企业发展网络商品交易，努力扶持培养一批专业化、市场化程度高的网络市场主体，促进传统

交易模式和网络交易的融合发展。支持鼓励中小企业和公民个人开展网上商品交易，引导和促进中小企业发展和个人创业。积极支持农业龙头企业、农产品批发市场建立农产品网上交易市场，开展农产品网上集中交易活动，实现传统市场升级转型。支持鼓励网络商品交易平台向农村延伸、发展，提高农村市场流通效率，方便农民群众生活。

（四）鼓励注册自主商标。加强商标专用权保护的法律服务工作，通过推行品牌指导站建设，积极引导流通企业提高自我保护和自我维权意识，支持中小流通企业特别是小微企业专业化、特色化发展。鼓励流通企业注册自主商标，依法保护注册商标专用权。以加强商标授权经营和备案公示制度为基础，推动零售企业转变营销方式，提高自营比重。充分发挥商标在凝聚产品质量、经营管理、市场营销、企业信用和技术创新等综合竞争能力中的载体作用。

四、完善相关法律法规，为营造良好的市场环境提供法规支撑

按照全国人大常委会十二五立法规划和国务院立法计划的统筹安排，积极配合做好《商标法》、《广告法》、《消费者权益保护法》、《反不正当竞争法》等法律的修订工作。及时做好《商标法实施条例》等配套法规的修订起草报送工作。适时制定符合工商行政管理执法实际、促进流通产业发展的工商行政管理部门规章，修订有关《商标法》、《广告法》、《消费者权益保护法》、《反不正当竞争法》的配套行政规章，完善网络商品交易、反垄断等监管领域的行政规章。

五、加强组织领导，强化协作配合

各地工商部门要切实加强组织领导，制订具体实施方案，完善和细化政策措施，注重协调指导和督促检查，确保各项工作落实到位。要结合当地实际，在地方党委、政府的统一领导下，在地方商务部门的牵头协调下，加强与发展改革、农业、交通、工信、质检等部门的协作配合，完善协作机制，发挥整体优势，形成工作合力。

工商总局

2013 年 7 月 23 日

商务部办公厅关于印发《2014年流通业发展工作要点》的通知

各省、自治区、直辖市、计划单列市及新疆生产建设兵团商务主管部门：

现将《2014年流通业发展工作要点》印发给你们，请结合本地区实际贯彻执行。

商务部办公厅

2014年3月6日

2014年流通业发展工作要点

2014年，流通业发展工作要认真贯彻党的十八届三中全会、中央经济工作会议、全国商务工作会议精神，以“推进国内贸易流通体制改革，建设法治化营商环境”为工作重点，深化体制机制改革，加快制度政策创新，优化发展环境，促进流通产业转型发展。

一、深化流通领域改革

开展内贸流通体制改革专题调研，明确改革思路和举措，形成推进内贸流通体制改革、建设法治化营商环境的总体意见。选择若干具备条件的市（县），启动现代流通综合试点，以体制机制、制度政策改革创新为重点，支持试点地区在内贸管理体制、流通立法、商务诚信建设、行业促进等方面先行先试，探索解决制约流通产业发展的突出问题，通过以点带面、示范推广，为全面推进国内贸易流通体制改革积累经验。强化全国流通工作部际协调机制作用，加强对流通改革发展中热点焦点难点问题研究，加强对地方流通改革的指导。充分发挥内贸领域行业协会作用，健全行业协会组织，加大对协会工作支持力度，推动建立政府向内贸领域社会组织购买服务制度。

二、加强流通标准化工作

以行业需求为导向，加强商贸物流、电子商务、农产品冷链、居民服务、节能环保、商业科技等行业和领域关键标准制修订，加大标准清理和复查力度，修订、废止、整合一批标准，推荐一批地方标准、企业标准上升为国家标准、行业标准，增强标准的系统性和配套性。推动在执法监督、政策制定等工作中更多使用标准，提高标准的权威性和法律效力。增强标准化对商业科技工作的带动性，及时将基础性、通用性科技成果转化为行业标准，提升全行业科技水平。加大标准应用实施力度，启动流通领域标准化托盘循环共用试点，建立标准化重点企业联系制度，开展标准化示范工作，选择部分行业探索开展标准化认证工作。加强全国及省级标准化专业委员会建设，构建以政府部门为主导、标委会和行业协会为依托、企业为实施主体的标准化工作机制。积极开展标准化国际交流与合作。各地商务主管部门要把加强标准化工作作为转变政府职能的重要举措，明确专职人员，加大工作力度，推动流通标准化建设特别是标准贯彻实施工作取得实质进展。

三、大力发展商贸物流

加强商贸物流信息化建设，支持跨区域、跨行业物流公共信息服务平台建设，整合分散的物流资源，推动政府物流公共服务信息公开，探索建立商贸物流诚信体系。继续开展城市共同配送试点，推广共同配送、统一配送、集中配送、末端物流整合等新型配送模式。推动工商企业分离发展物流辅业，加快发展第三方物流。支持仓储企业转型升级，引导仓储企业规范开展担保存货管理业务，推动供应链融资创新发展。会同交通、公安等部门加强城市配送运输与车辆通行管理，推动解决城市配送“三难两多”问题。继续开展两岸冷链合作试点，深入推进两岸产业务实合作。

四、完善中小商贸流通企业公共服务体系

研究出台全面促进中小微商贸流通企业发展的意见。加快推进全国中小微商贸流通企业服务平台建设，抓好第一、第二批公共服务平台建设试点，推广试点地区典型经验，探索建立省级平台和城市平台的互联互动机制，推

动建立全国联网、资源共享的服务平台网络，加快形成部、省、市三级联动的公共服务体系。组织开展“中小商贸流通企业服务年”活动，开展专业人才培训，帮助企业多渠道融资，指导企业发展电子商务，支持企业运用特许加盟提升组织化程度。

五、推动传统商贸企业转型升级

各级商务主管部门要积极引导传统商贸企业创新商业模式，发展线上线下融合的全渠道经营方式，增强自主采购、自有品牌商品开发等自主经营能力，拓展供应链管理，加快与其他产业融合发展。创新生产资料经营模式，支持企业向集成服务商转变，拓展流通加工、物流配送、供应链融资等新型业务，支持建设跨区域生产资料流通公共信息服务平台。鼓励国有、民营流通企业相互参股，支持企业跨地区、跨行业、跨所有制兼并重组。深入推进现代服务业综合试点，及时总结推广创新典型，加强试点绩效评价，进一步拓展试点广度深度，研究扩大试点领域和范围。鼓励社会资本参与老字号发展，加强老字号品牌宣传、知识产权保护和诚信建设，支持老字号保护和传承传统技艺、提高商品质量和服务水平。启动中央商务区发展示范工作。推进特色商业街建设。

六、加强再生资源回收和流通领域节能减排工作

制定并组织实施《再生资源回收体系建设中长期规划》。在部分城市开展再生资源回收示范工作，支持再生资源回收龙头企业加快兼并重组、转型升级，推广连锁经营、物流配送等现代营销方式应用，提高行业规模化和规范化程度；在有条件的地区推广智能回收设施设备，借助物联网技术搭建信息化服务平台。积极推广应用流通领域节能减排标准，在“百城千店”示范企业基础上创建门店节能改造、节能产品销售、包装物和废弃物回收三位一体的“绿色商场”。编制《流通领域节能环保产品/技术指导目录》，探索实行流通领域节能产品和技术认证。

七、完善商贸流通行业统计体系

全面执行《商贸服务典型企业统计报表制度》，加强数据审核，提高统计

数据质量，6 月底前完成全国 2013—2014 年度商贸流通各行业统计数据汇总和分析报告编制，各省级商务部门应于 3 月底前完成国家库典型企业数据报送，4 月底前完成各行业报表的编制与报送工作。进一步完善商贸流通行业统计指标，全面做好零售、会展等行业季度统计。结合第三次全国经济普查工作，增加和优化典型样本，提高典型企业覆盖面和代表性。加强统计基础工作及支撑力量建设。深入挖掘和开发利用相关信息数据，研究编制零售及木材、建材流通等行业发展指数，使统计信息更好地服务流通行业管理、宏观调控和企业发展。

八、加强特殊流通行业管理

完善法律法规体系，加快推动《典当业管理条例》出台，启动《拍卖法》和《商业特许经营管理条例》修订前期研究工作。加强各级商务主管部门对典当、拍卖、融资租赁业的事中事后监管，切实防范行业风险。完善全国融资租赁企业管理信息系统，建立健全统一的行业统计分析体系。优化行业发展环境，推动建立具有法律效力的租赁物登记公示制度，协调拍卖业税收政策，研究推动司法拍卖和网络拍卖工作。进一步推进海南离岛免税试点，研究在部分大城市开设市内免税店等试点工作。推动贯彻落实《旧电器电子产品流通管理办法》。

关于进一步促进电子商务健康快速发展有关工作的通知

发改办高技〔2013〕894号

各省、自治区、直辖市及计划单列市、副省级省会城市人民政府办公厅：

为进一步促进电子商务健康快速发展，国家发展改革委、财政部、农业部、商务部、人民银行、海关总署、税务总局、工商总局、质检总局、林业局、旅游局、邮政局、国家标准委等部门研究决定，继续加快完善支持电子商务创新发展的法规政策环境，现将有关工作通知如下：

一、统筹推进电子商务发展环境建设。国家发展改革委会同相关部门进一步完善促进电子商务健康快速发展的跨部门工作协调机制，继续推进国家电子商务示范城市创建工作，支持相关部门和地方围绕完善电子商务法规政策环境开展试点工作，并对有关部门和地方推进电子商务示范城市建设，开展电子商务试点工作等进行咨询指导、监督与评价。

二、推动电子商务企业会计档案电子化试点工作。财政部会同有关部门，组织开展会计档案电子化管理试点工作，修订完善《会计档案管理办法》，研究完善电子会计档案管理制度，推进电子会计档案在电子商务领域中的应用，充分发挥电子会计档案在电子商务领域会计信息数据管理、利用等方面的作用，推动电子商务领域会计信息化，提高会计信息质量。

三、推进商贸流通领域电子商务创新发展。商务部会同相关部门进一步完善电子商务交易、物流配送、网络拍卖等领域电子商务应用的相关政策、管理制度及标准规范；研究制定电子商务统计指标相关标准，加快建立健全统一高效的商贸流通业统计体系和电子商务统计体系，推进信用监测体系建设；促进商品现货市场电子商务规范发展，鼓励综合性批发市场、旧货流通市场、专业化市场发展线上、线下协同的电子商务应用体系，支持外贸电子商务、农产品电子商务、社区电子商务发展，密切产销衔接，推进电子商务示范基地建设，加强电子商务人才培训。

四、完善跨境贸易电子商务通关服务。海关总署会同商务部、税务总局、工商总局、质检总局、邮政局、国家标准委等部门在已有工作基础上，进一步完善跨境贸易电子商务通关服务环境，共同研究制定相配套的管理制度及标准规范，推进外贸电子商务企业备案信息共享，探索多部门联合推动跨境贸易电子商务通关服务的综合试点工作。

五、加快网络（电子）发票推广与应用。财政部、税务总局负责研究跨境贸易电子商务适用的税收政策及相关管理制度和标准规范。税务总局会同财政部继续加强电子商务企业的税收管理制度研究，完善网络（电子）发票的管理制度和信息标准规范，建立与电子商务交易信息、在线支付信息、物流配送信息相符的网络（电子）发票开具等相关管理制度，促进电子商务税务管理与网络（电子）发票的衔接，继续推进网络（电子）发票应用试点工作，推广网络（电子）发票在各领域的应用。

六、深入推进电子商务可信交易环境建设工作。工商总局负责加强网络商品交易及有关服务行为的规制建设，会同有关部门研究建立网络经营者信用指标体系，推动网络经营者交易信用信息采集与管理服务，鼓励社会中介机构开展网络经营者信用评价活动，研究制定跨境贸易电子商务企业主体身份标识管理制度，推动电子商务市场主体、客体及交易过程基础信息的规范管理与服务，组织电子商务服务企业开展电子商务可信交易保障服务试点工作。

七、建立完善电子商务产品质量安全监督机制。质检总局会同工商总局等有关部门，研究推进电子商务产品质量诚信体系建设，研究建立电子商务交易产品基础信息规范化管理和基于统一产品编码体系的质量信息公开制度，推动以组织机构代码实名制为基础的企业质量信用档案在电子商务领域的应用；会同邮政局探索建立跨境贸易电子商务邮件快件的检验检疫监管模式；会同有关部门研究建立跨境贸易电子商务产品质量安全监督和溯源机制，支持跨境贸易电子商务发展。

八、推动移动电子商务支付创新发展。人民银行负责研究制定金融移动支付发展政策，推进金融移动支付安全可信服务管理体系建设，建立移动支付信息安全保障体系；引导商业银行、支付机构实施移动支付金融行业标准，推动移动支付联网通用、业务规范发展；以金融 IC 卡应用为基础开展移动支付技术创新应用试点工作，探索符合市场要求的移动支付技术方案、商业模式和产品形态，为产业发展提供示范效应，促进移动电子商务支付创新发展。

九、完善电子商务快递服务制度。邮政局负责探索建立重点地区快递准时率通报机制，健全旺季电子商务配送的保障措施，创新城市电子商务快递服务机制；配合海关总署、质检总局等部门推进完善跨境贸易电子商务邮件快件管理。

十、推进电子商务标准化工作。国家标准委会同相关部门改组电子商务标准化总体组，建立完善电子商务国家标准体系，协调电子商务标准制定，会同有关部门和地方依托国家电子商务示范城市建设和电子商务试点工作，开展电子商务主客体的信息描述、电子商务交易过程监管、电子商务支付等关键环节的标准研制、验证、完善和推广工作。

十一、促进农业电子商务发展。农业部负责研究制定农产品分类定级等标准规范，与相关部门共同研究探索推进以农业产业化龙头企业、农民专业合作社、家庭农场等新型农业经营主体为纽带的农产品质量安全追溯体系、诚信体系建设，加强农业电子商务模式研究，规范农业生产经营信息采集，推动供需双方网络化协作，完善农业电子商务体系，推进农业领域电子商务应用并开展相关试点工作。

十二、促进林业电子商务发展。林业局负责研究推进林业电子商务发展的相关政策，研究制定基于电子商务的森林资产评估、地区性的森林资源转让、林权交易等管理办法，依托电子商务拓展林产品销售，支撑林区、林场发展转型，促进农民增收；会同工商总局研究建立林产品交易诚信体系；制定林产品的分类定级、网络交易等标准规范，推进林产品、林权交易的规范化与网络化，开展林产品、林权交易电子商务试点工作。

十三、促进旅游电子商务发展。旅游局负责研究制定旅游电子商务管理办法及相关推进政策；建立旅游电子商务公共服务和监管机制，推动旅游在线服务模式创新；研究建立重点旅游景区游客流量等相关信息的在线发布机制；会同工商总局推动旅游电子商务可信交易体系建设及旅游服务电子合同应用，开展集游客流量预警发布、即时投诉服务、电子合同签订、游客在途在线即时服务等功能的旅游综合电子商务服务试点工作。

十四、各地区加快支持电子商务发展环境建设。各地方要重点支持符合本地区发展实际需求的电子商务企业发展，配合中央部门落实相关重点工作，建立完善本地区跨部门的电子商务工作协同机制，加快完善地方性电子商务政策体系，进一步加强电子商务基础设施建设，为电子商务企业创新发展提供良好的环境。深圳市、北京市等 23 个国家电子商务示范城市要继续深入推进创建工作，落实创建工作方案各项任务，加快推进国家电子商务试点工作，探索支持电子商务发展的新机制和新政策，为国家制定电子商务相关法规标准提供实践依据。

国家发展改革委办公厅　财政部办公厅
农业部办公厅　商务部办公厅
人民银行办公厅　海关总署办公厅
税务总局办公厅　工商总局办公厅
质检总局办公厅　林业局办公室
旅游局办公室　邮政局办公室
国家标准委办公室
2013 年 4 月 15 日

商务部关于促进电子商务应用的实施意见

商电函〔2013〕911号

各省、自治区、直辖市、计划单列市及新疆生产建设兵团商务主管部门：

为进一步促进各地电子商务应用，推动我国电子商务均衡发展，针对当前电子商务发展面临的突出问题，结合电子商务应用促进工作的实际需求，根据《关于促进信息消费扩大内需的若干意见》（国发〔2013〕32号）和《商务部"十二五"电子商务发展指导意见》（商电发〔2011〕375号）的有关要求，提出以下意见：

一、工作目标和原则

（一）工作目标

到2015年，使电子商务成为重要的社会商品和服务流通方式，电子商务交易额超过18万亿元，应用电子商务完成进出口贸易额力争达到我国当年进出口贸易总额的10%以上，网络零售额相当于社会消费品零售总额的10%以上，我国规模以上企业应用电子商务比例达80%以上；电子商务基础法规和标准体系进一步完善，应用促进的政策环境基本形成，协同、高效的电子商务管理与服务体制基本建立；电子商务支撑服务环境满足电子商务快速发展需求，电子商务服务业实现规模化、产业化、规范化发展。

（二）工作原则

1. 市场主导、政府推动。坚持以市场为导向，以企业为主体，运用市场机制优化资源配置，制定本地区电子商务发展政策，综合运用政策、服务、资金等手段完善电子商务应用发展环境。

2. 重点扶持、平衡促进。全面拓展电子商务应用，重点发展零售、跨境贸易、农产品和生活服务领域电子商务，重点扶持中西部地区应用电子商务，促进我国电子商务在区域和行业领域的均衡发展。

3. 典型示范、引导发展。以典型城市、基地、企业为主体建立电子商务试点示范体系，发挥示范带动作用，引导行业发展方向。

二、重点任务

（一）引导网络零售健康快速发展

引导网络零售企业优化供应链管理、提升客户消费体验，支持网络零售服务平台进一步拓展覆盖范围、创新服务模式；支持百货商场、连锁企业、专业市场等传统流通企业依托线下资源优势开展电子商务，实现线上线下资源互补和应用协同；组织网络零售企业及传统流通企业开展以促进网络消费为目的的各类网络购物推介活动。

（二）加强农村和农产品电子商务应用体系建设

1. 结合农村和农产品现代流通体系建设，在农村地区和农产品流通领域推广电子商务应用；加强农村地区电子商务普及培训；引导社会性资金和电子商务平台企业加大在农产品电子商务中的投入；支持农产品电子商务平台建设。

2. 深化与全国党员远程教育系统合作，深入开展农村商务信息服务。完善商务部新农村商网功能，建设“全国农产品商务信息公共服务平台”，实现农产品购销常态化对接。探索农产品网上交易，培育农产品电子商务龙头企业。

3. 融合涉农电子商务企业、农产品批发市场等线下资源，拓展农产品网上销售渠道。鼓励传统农产品批发市场开展包括电子商务在内的多形式电子交易；探索和鼓励发展农产品网络拍卖；鼓励电子商务企业与传统农产品批发、零售企业对接，引导电子商务平台及时发布农产品信息，促进产销衔接；推动涉农电子商务企业开展农产品品牌化、标准化经营。

（三）支持城市社区电子商务应用体系建设

支持建设城市家政服务网络公共服务平台，整合各类家政服务资源，面向社区居民提供供需对接服务；鼓励和支持服务百姓日常生活的电子商务平台建设，功能涵盖居家生活所需的各类服务，如购物、餐饮、家政、维修、中介、配送等；鼓励大型餐饮企业、住宿企业和第三方服务机构建立网上订餐、订房服务系统，完善餐饮及住宿行业服务应用体系。

（四）推动跨境电子商务创新应用

1. 各地要积极推进跨境电子商务创新发展，努力提升跨境电子商务对外贸易规模和水平。对生产企业和外贸企业，特别是中小企业利用跨境电子商务开展对外贸易提供必要的政策和资金支持。鼓励多种模式跨境电子商务发展，配合国家有关部门尽快落实《国务院办公厅转发商务部等部门关于实施支持跨境电子商务零售出口有关政策的意见》（国办发〔2013〕89 号），探索发展跨境电子商务企业对企业（B2B）进出口和个人从境外企业零售进口（B2C）等模式。加快跨境电子商务物流、支付、监管、诚信等配套体系建设。

2. 鼓励电子商务企业“走出去”。支持境内电子商务服务企业（包括第三方电子商务平台，融资担保、物流配送等各类服务企业）“走出去”，在境外设立服务机构，完善仓储物流、客户服务体系建设，与境外电子商务服务企业实现战略合作等；支持境内电子商务企业建立海外营销渠道，压缩渠道成本，创立自有品牌。

3. 支持区域跨境（边贸）电子商务发展。支持边境地区选取重点贸易领域建立面向周边国家的电子商务贸易服务平台；引导和支持电子商务平台企业在边境地区设立专业平台，服务边境贸易。

（五）加强中西部地区电子商务应用

中西部地区可因地制宜，通过加强与电子商务平台合作，整合政府公共服务和市场服务资源，创新电子商务应用与公共服务模式，引导企业电子商务应用。加强电子商务企业和人才引进，加强电子商务宣传，开展电子商务人才培养；重点结合本地区特色产业发展需求，发展行业领域电子商务应用；吸引和支持优秀电子商务企业到中西部地区设立区域运营中心、物流基地、客服中心等分支机构；与电子商务平台企业对接销售中西部特色商品。

（六）鼓励中小企业电子商务应用

引导中小企业利用信息技术提高管理、营销和服务水平；鼓励中小企业利用电子商务平台开展网络营销，开拓境内外市场；鼓励中小企业在电子商务平台上开展联合采购，降低流通成本；支持第三方电子商务平台发展，带动中小企业电子商务应用；支持电子商务领域金融服务创新，拓宽中小企业融资渠道；扶持面向中小企业的公共服务平台和服务机构，加强对小企业应用电子商务的技术支持和人才培训服务。

（七）鼓励特色领域和大宗商品现货市场电子交易

鼓励通过电子商务手段开展再生资源回收、旧货流通、拍卖交易、边境贸易等领域电子商务应用。鼓励大宗商品现货市场电子交易经营主体进一步完善相关信息系统，研究制订商品价格指数、电子合同及电子仓单标准、供应链协同标准、运营模式规范，增强市场价格指导能力、供应链协同能力和现货交易服务能力，促进我国大宗商品现货市场电子交易的规范化发展。

（八）加强电子商务物流配送基础设施建设

各地要按照国家加快流通产业发展的总体要求，规划本地区电子商务物流，推进城市物流配送仓储用地、配送车辆管理等方面的政策出台，推动构建与电子商务发展相适应的物流配送体系。开展电子商务城市共同配送服务试点，逐步建立完善适应电子商务发展需求的城市物流配送体系。

（九）扶持电子商务支撑及衍生服务发展

鼓励电子支付、仓储物流、信用服务、安全认证等电子商务支撑服务企业开展技术和服务模式创新，建立和完善电子商务服务产业链条；发挥服务外包对电子商务的促进作用，发展业务流程外包服务和信息技术外包服务，如设计服务、财务服务、运营服务、销售服务、营销服务、咨询服务、网络建站和信息系统服务等。

（十）促进电子商务示范工作深入开展

国家电子商务示范城市要深入推进创建工作，落实各项工作任务，结合商务领域应用需求，大力推进项目试点，开展政策先行先试。国家电子商务示范基地要发挥电子商务产业集聚优势，创新公共服务模式，建设和完善面向电子商务企业的公共服务平台，搭建完整的电子商务产业链条，提高区域经济核心竞争力，要按照中央财政资金管理的相关规定，做好财政支持项目的组织实施。培育一批网络购物平台、行业电子商务平台和电子商务应用骨干企业，发挥其在模式创新、资源整合、带动产业链等方面的引导作用，结合电子商务统计、监测、信用体系建设推进电子商务示范企业建设。各地应按照国家电子商务示范城市、示范基地、示范企业的有关要求，积极开展本地电子商务示范体系的建设。

三、保障措施

（一）建立健全协调保障机制

各地要高度重视电子商务工作，提高思想认识，落实电子商务工作职能，把电子商务作为商务工作的重要抓手；建立完善本地区跨部门电子商务工作协作机制，发挥商务主管部门对电子商务发展的协调指导作用，主动与相关部门沟通、协调；加强与商务部的联系，建立中央与地方的工作互动机制。

（二）完善电子商务政策、法规体系建设

各地要加快完善地方电子商务政策体系，结合本地区实际，针对电子商务面临的突出问题，从促进电子商务产业发展的角度，先行先试出台本地区电子商务法规政策，配合国家有关部门促进电子商务立法工作。

（三）落实政策配套措施

各地要结合落实国家流通产业的相关政策，充分运用中央财政资金，加大对电子商务发展的支持力度。

各地可根据本地区电子商务发展的具体情况，安排专项资金用于推动电子商务发展，选择重点领域进行突破。

各地应加快建立促进电子商务发展的多元化、多渠道投融资体制，充分发挥企业的主体作用，吸引更多民间资本进入电子商务领域。支持金融机构和社会资本投资电子商务项目。

（四）加强电子商务统计监测及信用体系建设

各地要根据国家关于电子商务统计报表制度，依托商务部电子商务信息管理分析系统，组织本地区电子商务企业及时填报数据，做好统计工作；参照国家统一标准推动建立本地区电子商务统计报表制度，开展地方电子商务统计及重点企业监测；利用电子商务交易平台信用数据和社会信用数据，建设地方电子商务信用信息基础数据库，建立数据共享和应用机制，积极培育面向电子商务的第三方信用服务业。

（五）组织开展电子商务研究和人才培训

各地要以国家电子商务人才继续教育基地为依托，推动建立地方电子商

务继续教育分基地，组织开展电子商务紧缺人才、高端人才和专业技能人才的培养。鼓励行业组织、专业培训机构和企业，开展电子商务人才培训及岗位能力培训。建立电子商务专家咨询机制，发挥电子商务专家的指导与咨询作用。有条件的地方可设立电子商务研究机构，整合产学研资源，开展电子商务发展的现状、问题、趋势专题研究，提出促进与规范电子商务的措施建议。

（六）培育行业组织加强行业自律

各地应加强对电子商务行业组织的培育，充分发挥各级电子商务协会、学会、产业联盟等中介组织作用，配合政府部门落实电子商务政策和规划。鼓励中介组织制订行业规章、行业标准，加强行业自律。

（七）加强领导抓好落实

各地要结合本地区实际，因地制宜，制订具体实施办法、工作行动计划，细化工作目标，确保各项任务落实到位。

各地要建立和完善重点工作联系机制和考核机制，加强监督检查，及时解决工作中的各类问题，并向商务部报告相关情况；做好跟踪、总结、交流和宣传工作，保证各项工作取得实效。

商务部

2013 年 10 月 31 日

商务部、中国人民银行、证券监督管理委员会令2013第3号《商品现货市场交易特别规定（试行）》

商务部令2013年第3号

《商品现货市场交易特别规定（试行）》已经2013年8月15日商务部第7次部务会议审议通过，并经中国人民银行、证监会同意，现予发布，自2014年1月1日起施行。

部 长：高虎城
行 长：周小川
主 席：肖 钢
2013年11月8日

商品现货市场交易特别规定（试行）

第一章 总 则

第一条 为规范商品现货市场交易活动，维护市场秩序，防范市场风险，保护交易各方的合法权益，促进商品现货市场健康发展，加快推行现代流通方式，根据国家有关法律法规以及《国务院关于清理整顿各类交易场所切实防范金融风险的决定》（国发〔2011〕38号），制定本规定。

第二条 中华人民共和国境内的商品现货市场交易活动，应当遵守本规定。国家另有规定的，依照其规定。

第三条 本规定所称商品现货市场，是指依法设立的，由买卖双方进行公开的、经常性的或定期性的商品现货交易活动，具有信息、物流等配套服务功能的场所或互联网交易平台。

本规定所称商品现货市场经营者（以下简称市场经营者），是指依法设立商品现货市场，制定市场相关业务规则和规章制度，并为商品现货交易活动提供场所及相关配套服务的法人、其他经济组织和个人。

第四条 从事商品现货市场交易活动，应当遵循公开、公平、公正和诚实信用的原则。

第五条 商务部负责全国商品现货市场的规划、信息、统计等行业管理工作，促进商品现货市场健康发展。

中国人民银行依据职责负责商品现货市场交易涉及的金融监管以及非金融机构支付业务的监管工作。

第六条 商品现货市场行业协会应当制定行业规范和行业标准，加强行业自律，组织业务培训，建立高管诚信档案，受理投诉和调解纠纷等。

第二章　交易对象和交易方式

第七条 商品现货市场交易对象包括：

（一）实物商品；

（二）以实物商品为标的的仓单、可转让提单等提货凭证；

（三）省级人民政府依法规定的其他交易对象。

第八条 商品现货市场交易的实物商品，应当执行国家有关质量担保责任的法律法规，并符合现行有效的质量标准。

第九条 商品现货市场交易可以采用下列方式：

（一）协议交易；

（二）单向竞价交易；

（三）省级人民政府依法规定的其他交易方式。

本规定所称协议交易，是指买卖双方以实物商品交收为目的，采用协商等方式达成一致，约定立即交收或者在一定期限内交收的交易方式。

本规定所称单向竞价交易，是指一个买方（卖方）向市场提出申请，市场预先公告交易对象，多个卖方（买方）按照规定加价或者减价，在约定交易时间内达成一致并成交的交易方式。

第十条 市场经营者不得开展法律法规以及《国务院关于清理整顿各类交易场所切实防范金融风险的决定》禁止的交易活动，不得以集中交易方式进行标准化合约交易。

现货合同的转让、变更，应当按照法律法规的相关规定办理。

第三章　商品现货市场经营规范

第十一条 市场经营者应当履行下列职责：

（一）提供交易的场所、设施及相关服务；

（二）按照本规定确定的交易方式和交易对象，建立健全交易、交收、结算、仓储、信息发布、风险控制、市场管理等业务规则与各项规章制度；

（三）法律法规规定的其他职责。

第十二条　市场经营者应当公开业务规则和规章制度。制定、修改和变更业务规则和规章制度，应当在合理时间内提前公示。

第十三条　商品现货市场应当制订应急预案。出现异常情况时，应当及时采取有效措施，防止出现市场风险。

第十四条　市场经营者应当采取合同约束、系统控制、强化内部管理等措施，加强资金管理力度。

市场经营者不得以任何形式侵占或挪用交易者的资金。

第十五条　鼓励商品现货市场创新流通方式，降低交易成本；建设节能环保、绿色低碳市场。

第十六条　鼓励商品现货市场采用现代信息化技术，建立互联网交易平台，开展电子商务。

第十七条　市场经营者应当建立完善商品信息发布制度，公布交易商品的名称、数量、质量、规格、产地等相关信息，保证信息的真实、准确，不得发布虚假信息。

第十八条　采用现代信息化技术开展交易活动的，市场经营者应当实时记录商品仓储、交易、交收、结算、支付等相关信息，采取措施保证相关信息的完整和安全，并保存五年以上。

第十九条　市场经营者不得擅自篡改、销毁相关信息和资料。

第四章　监督管理

第二十条　县级以上人民政府商务主管部门负责本行政区域内的商品现货市场的行业管理，并按照要求及时报送行业发展规划和其他具体措施。

中国人民银行分支机构依据职责负责辖区内商品现货市场交易涉及的金融机构和支付机构的监督管理工作。

国务院期货监督管理机构派出机构负责商品现货市场非法期货交易活动的认定等工作。

第二十一条　市场经营者应当根据相关部门的要求报送有关经营信息与资料。

第二十二条　县级以上人民政府商务主管部门应当根据本地实际情况，

建立完善各项工作制度。必要时应及时将有关情况报告上级商务主管部门和本级人民政府。

第五章　法律责任

第二十三条　市场经营者违反第十一条、第十二条、第十三条、第十四条、第十七条、第十八条、第十九条、第二十一条规定，由县级以上商务主管部门会同有关部门责令改正。逾期不改的，处一万元以上三万元以下罚款。

第二十四条　市场经营者违反第八条、第十条规定和《期货交易管理条例》的，依法予以处理。

第二十五条　有关行政管理部门工作人员在市场监督管理工作中，玩忽职守、滥用职权、徇私舞弊的，依法给予行政处分；构成犯罪的，依法追究刑事责任。

第六章　附　则

第二十六条　本规定自 2014 年 1 月 1 日起施行。

国务院办公厅关于促进煤炭行业平稳运行的意见

国办发〔2013〕104号

各省、自治区、直辖市人民政府，国务院各部委、各直属机构：

2012年以来，受市场需求下降、煤炭工业转型升级滞后以及税费负担与历史包袱较重等因素影响，煤炭行业出现结构性产能过剩、价格下跌、企业亏损等问题，运行困难加大。为促进煤炭行业平稳运行和持续健康发展，经国务院同意，现提出以下意见：

一、坚决遏制煤炭产量无序增长

全面贯彻党中央、国务院关于化解产能严重过剩矛盾的总体要求，完善法规政策，科学调控煤炭总量。严格新建煤矿准入标准，停止核准新建低于30万吨/年的煤矿、低于90万吨/年的煤与瓦斯突出矿井。新建煤矿必须严格履行基本建设程序，严厉查处未批先建、批小建大等违规行为。要从完善安全生产管理入手，逐步淘汰9万吨/年及以下煤矿，重点关闭不具备安全生产条件的煤矿，加快关闭煤与瓦斯突出等灾害隐患严重的煤矿。煤炭企业必须严格按照核准的煤矿建设规模和生产能力组织生产，严禁违规建设和超能力生产。建立煤矿产能登记及公告制度，提高超能力生产处罚标准，加大处罚力度，定期公布处罚结果。有效整合资源，鼓励煤炭企业兼并重组，以大型企业为主体，在大型煤炭基地内有序建设大型现代化煤矿，促进煤炭集约化生产。（能源局、煤矿安监局、发展改革委按职责分工负责）

二、切实减轻煤炭企业税费负担

2013年年底前，财政部、发展改革委要对重点产煤省份煤炭行业收费情况进行集中清理整顿，坚决取缔各种乱收费、乱集资、乱摊派，切实减轻煤炭企业负担。在清理整顿涉煤收费基金的同时，加快推进煤炭资源税从价计征改革。请财政部、发展改革委抓紧组织落实有关工作，并向国务院作出汇

报。（财政部、发展改革委、税务总局、国土资源部、能源局、工业和信息化部按职责分工负责）

三、加强煤炭进出口环节管理

按照节能减排和环境保护要求，研究制订商品煤质量国家标准。加强对进口煤炭商品的质量检验，将褐煤纳入法定检验目录。研究完善差别化煤炭进口关税政策，鼓励优质煤炭进口，禁止高灰分、高硫分劣质煤炭的生产、使用和进口。进一步做好煤炭进出口总量、结构、趋势等的监测分析，根据国内外市场变化适时调整煤炭出口相关政策措施。（发展改革委、环境保护部、商务部、财政部、税务总局、海关总署、质检总局、能源局按职责分工负责）

四、提高煤炭企业生产经营水平

引导煤炭企业加强市场供需分析，优化生产布局，科学确定采掘关系，依法有序组织生产，严禁私采乱挖和超层越界开采；加强煤矿补充地质勘探和资源储备，摸清老矿区外围资源储量，延长矿区服务年限。加强企业内部精细化管理，压缩非生产性支出，合理控制生产经营成本，提高内控管理和安全生产水平，增加企业效益。要保持矿区和谐稳定与煤矿安全运转，进一步加大安全生产投入，保障一线职工人身安全及合法权益。充分发挥行业协会在自律管理、统计监测、信息发布、推广先进技术和管理经验、研究制订标准等方面的重要作用，引导行业健康发展。（能源局、煤矿安监局、发展改革委、国土资源部、国资委按职责分工负责）

五、营造煤炭企业良好发展环境

着力解决老矿区、老企业历史遗留问题。原国有重点煤矿承担的办社会职能中，已分离转移至地方的学校、公安等机构的运转费用，按相关政策规定纳入当地财政预算；尚未分离的职能，地方政府要采取有效措施加快移交。落实相关政策，解决原国有重点企业破产煤矿遗留的离退休人员医疗保障及社会化管理、社会职能移交等问题。建立完善退出机制，对资不抵债且扭亏无望的煤矿，要依法及时关闭破产。支持煤炭企业发展矿区循环经济，加快建设一批煤电一体化项目。研究出台有效措施，推动煤炭企业与用户签订中长期煤炭合同。加强煤炭行业与制造业规划及生产运行的配套衔接，促进煤炭供应侧与需求侧协调均衡发展。地方各级政府及其有关部门要根据煤炭市场变化情况，及时调整完善企业考核机制。树立煤炭市场全国一盘棋的思想，不得出台限制煤炭正常流通的地方保护性措施。（财政部、人力资源社会保障部、国资委、发展改革委、能源局、铁路局、中国铁路总公司、省级人民政府按职责分工负责）

促进煤炭行业平稳运行任务紧迫，责任重大。各地区、各部门要按照本意见的要求，结合实际，扎实做好各项工作。国务院有关部门、各产煤省（区、市）人民政府要按照职能定位，明确分工，落实责任，密切配合，加强统筹领导和监督检查，确保各项政策措施落到实处，见到实效。

国务院办公厅

2013 年 11 月 18 日

工商总局关于加强商品交易市场规范管理的指导意见

工商市字〔2013〕210号

各省、自治区、直辖市及计划单列市工商行政管理局、市场监督管理局：

为进一步加强对商品交易市场的监督管理，规范商品交易市场经营管理活动，维护市场交易秩序，促进商品交易市场持续健康发展，现就加强商品交易市场规范管理提出如下意见：

一、加强商品交易市场规范管理的重要性和总体要求

（一）加强商品交易市场规范管理的重要性。党的十八大和十八届三中全会强调要着力激发各类市场主体发展新活力，加快完善现代市场体系，处理好政府和市场的关系，使市场在资源配置中起决定性作用和更好发挥政府作用。商品交易市场是社会主义大市场的重要组成部分，是日常消费的重要场所，是产品销售与原材料采购的重要渠道，是服务区域经济发展的重要平台，在引导消费、促进生产、活跃流通、优化配置、方便生活、扩大就业、拉动内需等方面发挥着重要作用。各级工商机关要充分认识加强商品交易市场规范管理是深入贯彻落实党的十八大和十八届三中全会精神，加快转变经济发展方式，推动经济更有效率、更加公平、更加可持续发展的重要内容；是依法履职，维护商品交易市场秩序的具体举措；是加强和创新社会管理，融洽市场开办者、经营者、消费者关系，促进社会和谐的实际行动。

（二）加强商品交易市场规范管理的总体要求。商品交易市场规范管理是一项系统性、整体性工作。各级工商机关要立足职能，紧紧围绕商品交易市场规范管理工作目标，坚持标本兼治、防打结合、统筹兼顾，将市场日常监管与专项整治相结合，主体规范与行为规范、商品质量规范相结合，制度建设与完善手段、健全机制相结合，通过综合运用工商行政管理职能，全面加强商品交易市场规范管理，推动商品交易市场主体合法、经营行为规范、商品质量合格、自律管理制度健全，不断提升商品交易市场规范管理工作效能，努力创造公平公正、统一开放、竞争有序、安全和谐的市场环境。

二、加强行政指导，推动商品交易市场开办者落实相关义务责任

（三）推进商品交易市场开办者企业法人登记。本意见所称商品交易市场，是指由商品交易市场开办者提供固定商位和相应设施，提供物业服务，实施经营管理，并收取一定租金等收益，有多个经营者入场独立从事商品交易活动的经营场所。商品交易市场开办者，是指依法登记并领取营业执照，从事市场经营管理的企业法人、其他经济组织或者个体工商户。

鼓励、引导未单独登记并领取营业执照的商品交易市场开办者单独设立为企业法人。对历史形成的政府部门、乡镇、街道、村（居）委会等开办的市场，应由其承担市场开办者责任，并引导其专门设立企业法人进行经营管理。商品交易市场名称应符合相关规定。

（四）引导商品交易市场开办者落实相关义务责任。商品交易市场，具有经营主体多元、交易商品和服务门类繁多、涉及的法律关系复杂等特点。各地要引导商品交易市场开办者落实维护市场经营秩序、保护消费者合法权益、保障商品质量等方面的义务责任，主要包括：

1. 具备法律法规规定的与经营规模和经营范围相适应的经营场所。

2. 审查申请进入市场销售商品或者提供服务的法人、其他经济组织或者个体工商户的经营主体资格，建立经营者档案并定期核实更新。建立对入场经营者及其销售商品和提供服务的检查监控制度，发现有违反工商行政管理法律法规、规章行为的，向所在地工商行政管理机关报告，并及时采取措施制止。

3. 与入场经营者签订协议，明确双方在市场进入和退出、商品和服务质量安全保障、不合格商品下架退市、经营规范以及消费者权益保护等方面的权利、义务和责任。

4. 建立场内经营管理相关制度，并以适当方式公布，以便入场经营者和消费者知晓。

5. 建立消费纠纷和解及消费维权自律制度等消费者权益保护制度。消费者在市场内购买商品或者接受服务，发生消费纠纷或者其合法权益受到损害时，市场开办者应当及时做好和解工作，协助消费者维护自身合法权益。鼓励市场开办者与入场经营者协议设立消费者权益保证金，并就消费者权益保证金提取数额、管理、使用和退还办法等作出约定。鼓励有条件的市场实施先行赔付制度，提升消费者权益保障能力。

6. 接受工商行政管理部门的监督检查，积极协助查处市场内的违法经营行为，并提供违法经营者的相关信息。工商行政管理部门发现市场内有违反工商行政管理法律法规、规章的行为，要求市场开办者采取措施制止的，市场开办者应当予以配合。

7. 对入场经营者实行分类管理。鼓励市场开办者开展信用管理，对经营者的信用情况客观、公正地进行采集与记录，建立信用评价体系、信用披露制度以警示交易风险。

三、创新监管方式，构建市场规范管理长效机制

（五）进一步加强市场信用分类监管。各地要不断深化市场分级分类管理制度，提高市场监管的针对性。进一步推进市场信用分类监管，完善市场信用等级分类标准和评定细则，强化守信激励和失信惩戒。针对农产品市场、工业品市场和专业批发市场、零售集贸市场等不同类型、不同属性市场的共性和个性特点，采取差异化监管措施，确定各自监管重点、标准和要求，促进市场监管到位。

（六）继续深化诚信市场创建活动。各地要以推动市场开办者及场内经营者落实主体责任和社会责任为重点，以树立诚信理念，建立诚信机制，创建诚信经营环境为目标，深入开展诚信市场创建活动。进一步细化诚信市场创建活动相关制度，优化诚信市场评价考核办法及流程，形成更符合实际的指标评价体系、评价标准和退出机制。积极探索诚信市场公示制度，提升诚信市场的社会公信力。

（七）推广使用商品交易市场内柜台租赁经营合同示范文本。合同是市场交易的基本形式和重要载体。各地要强化市场开办者的契约意识，推动开办者与入场经营者签订合同，进一步提升市场监管水平和效能。针对市场开办者与入场经营者之间的合同存在不规范甚至不公平合同格式条款等情况，积极推行柜台租赁经营合同示范文本，引导和规范合同订立行为，从源头上有效规范商品交易市场秩序。各地可结合本地实际，针对不同类型市场制定推行相应的合同示范文本。

（八）行政执法与行政指导相结合。各地要注重发挥行政处罚等刚性执法手段的威慑作用，立足工商职能，进一步加大监管执法力度，依法查处违法违规行为，切实维护消费者合法权益，净化市场环境。同时，要进一步强化行政指导力度，在法定职权范围内，通过建议、辅导、提醒、规劝、示范、

公示、约谈等非强制性方式引导经营者诚信守法经营。

（九）日常监管与专项整治相结合。各地要不断创新完善监管方式方法。根据市场不同信用等级，科学配置监管力量，加强对市场主体经营资格、经营行为和商品质量的监管。深入开展12315进市场活动，建立12315消费维权服务站点，切实保护消费者权益。同时，针对不同时期的焦点热点问题，因地制宜、统筹安排、依法开展各类市场专项整治，进一步规范市场秩序。

（十）提升监管执法的科学化水平。各地要综合运用科技手段，深入推进信息技术在监管执法中的融合度，改变传统的市场监管模式，提升市场监管的信息化水平。要健全市场监管体系，积极探索建立市场舆情监测分析制度，增强违法行为的发现能力和快速处置能力。

（十一）强化自律，支持行业协会健康发展。各地要指导、督促市场开办者健全管理制度，加强其自我管理、自我服务、自我监督的能力。鼓励成立市场行业协会，建立健全行业分会，有效引导其参与市场管理，充分发挥市场协会、个私协会等组织的桥梁纽带作用。鼓励、支持市场协会制定行业信用规则和道德规范标准，明确市场主体责任和社会责任内涵、具体任务和实现路径。鼓励市场协会建立各类市场分会，支持建立市场诚信联盟等组织，强化自律机制，对失信市场实施联动惩戒机制，提高市场失信成本。

（十二）加强商品交易市场党建工作。各地要将商品交易市场党建工作纳入整体工作规划，建立工作责任制。要与市场开办者有机衔接，结合工商登记监管工作，摸清市场中党组织及党员基本情况，健全流动党员管理档案。同时，要选派工商干部、个私协会党员担任党建指导员，指导市场开办者及时建立党的组织，开展党的工作，发挥党组织和党员作用，促进商品交易市场健康发展。

四、加强协同配合，不断提高监管执法效能

（十三）明确职责分工，形成监管合力。对商品交易市场的监管，涉及工商行政管理职能各个方面。各地要切实发挥工商职能作用，建立市场、内外资企业和个体登记监管、竞争执法、商标、广告、消保、办案机构等业务部门各司其职、协同配合，基层工商所属地监管的工作机制。依据《消费者权益保护法》、《产品质量法》、《商标法》、《广告法》、《反不正当竞争法》等法律法规，查处市场内违法行为，规范市场秩序，及时受理消费者投诉、举报，营造良好消费环境。

（十四）强化部门分工协作，提升综合治理力度。商品交易市场除应具备与经营规模和经营范围相适应的场地、设施设备外，还需要具备必要的交通、治安、消防、卫生条件，是多部门综合管理的系统工程。工商机关与各有关部门应当依照相关法律法规和各自职责加强市场监管，做到不越位、不错位、不缺位。同时，积极协调地方政府相关职能部门，建立执法协作和信息互通机制，在日常监管中建立“一家发现、转告相关、部门联动、综合治理”的工作机制，形成以社会服务和管理为共同目标指向、各部门综合履职的协作体系。积极推动将无证照治理、市场经营环境治理等工作纳入社会管理综合治理中，形成“政府领导、属地负责、部门联动、综合治理”的工作格局，有效解决市场监管难题，提高执法效能。

五、加强基础建设，提升市场规范管理工作内在动力

（十五）加强市场规范管理机构和队伍建设。各地要加大投入，为构建公平公正的市场监管体系提供必要的机构、人员和设施装备。进一步加强市场规范管理机构建设，重点解决基层市场规范管理机构不健全、保障不到位、专业人员不足等突出问题，使机构的规格、编制与其承担的职责和任务相适应。进一步重视市场规范管理队伍建设，配备和充实监管执法人员，重点强化基层执法力量，同时加大对市场规范管理干部的培养、使用和交流力度。

（十六）进一步强化制度建设。各地要深入开展市场规范管理工作创新的探索和研究，强化市场监管系统性风险及廉政风险的控制能力。加大市场规范管理立法调研，持续推进市场规范管理工作制度化、规范化、程序化、法治化建设。加强地方性立法推动协调工作，努力推进市场规范管理地方立法进程，进一步优化市场规范管理法治环境。

各地应结合实际，贯彻落实好本指导意见，遇重大情况和问题及时报告国家工商行政管理总局。

工商总局

2013年12月25日

国家发展改革委关于指导做好2014年煤炭产运需衔接工作的通知

发改运行〔2013〕2497号

各省、自治区、直辖市发展改革委、经信委（工信委、经委、经贸委）、工信厅、物价局、煤炭厅（局、办），煤炭、电力、冶金、化肥行业协会，国家电网公司、有关企业：

为贯彻落实十八届三中全会精神，按照《国务院办公厅关于深化电煤市场化改革的指导意见》（国办发〔2012〕57号）的有关要求，充分发挥市场配置资源的决定性作用和更好发挥政府作用，激发和释放市场活力，建立健全科学合理的煤炭产运需衔接和运行调节机制，保障煤炭稳定供应，促进经济持续健康发展，现就指导做好2014年煤炭产运需衔接有关工作通知如下：

一、进一步完善产运需衔接机制

（一）在开展产运需衔接工作中，充分尊重企业市场主体地位，凡依法生产经营的煤炭、用户企业，均可自主参与衔接，严禁不具备安全生产条件、严重污染环境、不符合产业政策等违法违规的企业参与衔接。

（二）煤炭企业依据核准（核定）的生产能力、参考实际煤炭发运量，用户企业依据实际需要，自主衔接签订合同。合同的数量、质量、价格及违约责任等内容应规范完整、具有法律效力。

（三）供需企业签订的合同，在矿点、用户以及供货渠道等方面应保持相对稳定。支持供需双方签订2年以上的中长期合同，建立长期稳定的供需关系。

（四）为提高工作效率，保障衔接顺利进行，继续由中国煤炭工业协会对年度、中长期煤炭合同签订情况进行汇总。

（五）交通运输部、中国铁路总公司组织进行运力衔接，分别指导有关港航企业、铁路局依据运输能力，对汇总的煤炭合同合理配置运力并保持相对稳定。对规范并符合运输条件的中长期电煤合同优先配置运力，日常执行中优先保障运输。

（六）积极推进煤炭运输市场化改革，有条件的运输企业应与货主签订运输合同。

（七）对供需双方签订并确认运力的跨省区年度、中长期电煤合同，由发展改革委、交通运输部和铁路总公司予以备案，作为日常调节、市场监管、合同履行检查的依据。

二、科学实施宏观指导和监管

（一）发展改革委会同有关部门依据经济社会发展规划计划和煤炭工业发展规划，研究预测下一年度煤炭消费需求、生产和运输能力，做好产运需衔接的综合平衡。在充分发挥市场机制作用的前提下，指导做好煤炭产运需衔接工作。对脱离生产经营实际，签订虚假合同，造成资源、运力浪费的企业，依法依规予以纠正。

（二）各地区有关部门要最大限度减少对微观事务的管理，保障交易主体公平自主参与市场竞争、平等使用生产要素，不得实行地方保护和干预企业签订合同。

（三）继续贯彻落实国办发〔2012〕57 号文件精神，坚持供需双方自主协商确定价格，凡是能由市场形成价格的都交给市场，政府不得进行干预。同时，继续实施煤电价格联动。

（四）加强衔接事中事后监管，我委会同有关方面组织开展合同履行检查，督促产运需企业严格兑现合同。建立健全褒扬诚信、惩戒失信机制，强化企业的诚信和契约意识，将供需双方的履约情况纳入法人信用记录，对严重失信的不良信用记录要进行社会公示和联合惩戒。

（五）探索培育全国性煤炭交易市场，加快形成统一开放、竞争有序的煤炭交易市场体系。

三、加强组织协调，切实做好衔接工作

（一）各地区、有关部门和单位要增强大局意识，认真贯彻通知精神，确保煤炭产运需衔接工作顺利进行。各有关协会和单位要发挥桥梁纽带作用，努力做好服务，加强行业自律，配合政府有关部门及时协调解决衔接中出现的重大问题。

（二）煤炭供需双方要加强沟通、密切配合，抓紧签订合同。煤炭工业协

会要加强与有关部门的联系，力争在今年12月底以前完成合同汇总。交通运输部、铁路总公司要尽快组织指导完成运力衔接。衔接期间要保障煤炭供应平稳有序，特别要确保取暖供热企业的煤炭供应和正常生产。

（三）各有关方面在煤炭产运需衔接工作中，要按照十八届三中全会精神和中央“八项规定”等有关要求，精简各类会议活动，切实改进工作作风，严格遵守各项廉政规定。同时，加强对衔接工作的正面引导，做好舆论宣传，为深化煤炭市场化改革和提高产运需衔接水平营造良好环境。

国家发展改革委

2013年12月9日

商务部办公厅关于印发《2014年规范市场秩序工作要点》的通知

各省、自治区、直辖市、计划单列市及新疆生产建设兵团商务主管部门：

现将《2014年规范市场秩序工作要点》印发给你们，请结合本地区实际认真贯彻执行。

商务部办公厅

2014年1月26日

2014年规范市场秩序工作要点

2014年，商务领域规范市场秩序工作要认真贯彻党的十八届三中全会、中央经济工作会议、全国商务工作会议精神，以“推进国内贸易流通体制改革，建设法治化营商环境”为工作重点，加强市场监管，规范市场秩序，重点抓好5个方面、18项工作任务。

一、消除地区封锁、打破行业垄断

（一）切实解决突出问题。认真落实商务部、税务总局等12个部门印发的《消除地区封锁打破行业垄断工作方案》（商秩发〔2013〕446号）。切实解决方案中提出的滥用行政权力限定购买产品、采取歧视性手段阻碍限制外地产品进入本地市场、设置关卡阻碍产品进出等突出问题，完善跨地区经营企业汇总纳税政策，进一步推进资本市场企业并购重组的市场化改革。

（二）做好规定清理工作。认真落实商务部、法制办等部门联合印发的《关于集中清理在市场经济活动中实行地区封锁规定的通知》（商秩发〔2013〕468号），牵头集中清理各级地方政府制定的违反国家税收法律的区域性税收优惠政策，歧视外地企业的财政补贴政策和各类优惠政策，以及在招投标活动中限制、排斥外地企业参与的规定等。清理情况要及时向社会公布。

（三）充分发挥牵头协调作用。各级商务主管部门要充分发挥牵头作用，主动加强与各部门的沟通协调，及时了解并报告本地区工作进展情况。要通过联合督查等多种形式加强督导，推动各项工作任务落到实处。要充分发挥新闻媒体的舆论引导作用，向社会广泛宣传消除地区封锁、打破行业垄断工作的重要意义，曝光典型案例，营造良好舆论氛围和工作环境。

（四）探索建立长效机制。在整治突出问题的同时，要推动完善相关法规制度，加强部门间信息共享。健全规章、规范性文件的备案审查制度，建立地区封锁、行业垄断行政行为的审查撤销机制。落实各级地方政府责任。畅通举报投诉渠道，完善查处机制。

二、大力整顿和规范市场秩序

（五）开展电视购物专项整治。落实商务部、新闻出版广电总局等7部门联合印发的《关于开展电视购物专项整治工作的通知》（商秩发〔2013〕445号），加强组织协调，开展为期半年的专项整治。依法查处一批群众反映强烈的制播虚假短片广告、制售假冒伪劣商品、商业欺诈等违法犯罪案件。严格监管电视购物经营行为，督促企业完善“冷静期”退货、保证金、第三方支付等机制，保护消费者权益，净化消费环境。

（六）规范零供交易关系。会同发展改革委、工商等部门继续保持严管态势，加强日常监督管理，防止违规收费反弹。加强对零供合同的行政指导，推动出台合同示范文本，明确收费的事项和零供双方的权利义务，从源头防止违规收费和霸王条款。继续推动零供平台建设，组织由行业专家、律师、行业协会代表等参与的第三方争议调解队伍。

（七）加强单用途商业预付卡管理。全面核查备案企业业务报告数据，对平均单卡金额超过规定限额或填报数据明显偏离行业平均水平的企业进行重点督查。重点检查备案企业预收资金管理状况，督促相关金融机构及时通过业务信息系统确认资金管理信息。在继续做好品牌、集团、规模发卡备案工作的基础上，逐步要求县级商务主管部门填报其他发卡企业基本信息。

三、提高行业管理水平和保障能力

（八）加快流通电子追溯体系建设。加快肉类、蔬菜和中药材追溯体系建设进度，肉菜追溯前四批试点城市、中药材追溯前两批试点地区要尽快建成并投入运行。在保证建设质量的前提下，继续扩大覆盖范围，初步形成与统一大市场、大流通格局相适应的流通追溯网络。切实强化日常运行管理，保证追溯体系可持续运行，引导消费者主动选购可追溯产品。加强追溯“大数据”综合开发利用，指导建设商品流通追溯公共服务平台，为政府部门和社会公众提供服务，最大限度发挥追溯体系的作用。

（九）做好食品安全相关工作。牵头做好商务领域食品安全相关工作。按照商务主管部门的行业管理职能，推动完善食品流通相关制度体系。加强食品安全宣传培训，开展食品流通相关行业从业人员培训，组织好食品安全宣传周等各项宣传活动。

（十）加强药品流通行业管理。调整行业“十二五”发展规划纲要目标，组织开展宣传解读。大力发展现代医药物流和连锁经营，调整行业结构，提高行业集中度。推动医药分开试点，推动药品批发企业向现代药品流通服务商转型，药品零售企业开展多元化经营。全面开展行业人才培训。

（十一）规范直销行业管理。会同公安、工商部门加强对直销经营活动的事中事后监管，配合执法部门依法严格查处超范围经营、欺骗、误导消费者等违法违规行为，净化行业发展环境。督促企业诚信经营，加强培训，严格内部管理，提高从业人员素质。及时掌握企业经营和行业发展动态，定期向社会发布行业发展数据，增强透明度。

四、深入推进商务信用建设

（十二）加快信用制度和数据库建设。落实《社会信用体系建设规划纲要（2013—2020）》，制订细化工作方案。完善商务领域信用记录征集制度和信用等级评价指标体系。指导行业商协会完善行业信用等级评价指标体系和操作流程。建设以商贸流通行业为重点、以资质企业信息为主体、覆盖全国的“商务领域企业信用信息数据库”，并逐步与其他部门互联互通。

（十三）积极促进信用成果应用。继续利用国内贸易信用保险补助资金，鼓励诚信企业通过投保信用保险扩大信用销售规模。鼓励商业保理行业发展。指导地方制定实施信用消费促进政策，对个人消费者分期付款购买耐用消费品给予一定支持。适时组织开展“全国信用消费日”活动。利用中小商贸企业融资性担保补助资金，支持诚信企业通过融资性担保机构获得低成本融资。

（十四）开展诚信文化建设。围绕“确保商品质量、提升服务品质、坚持诚信经营、树立商业品牌”四项基本商业准则，总结推广商务诚信建设试点城市企业的先进经验和成功案例。继续开展“诚信兴商宣传月”等活动，营造诚实、自律、守信、互信的商务诚信环境。

五、全面深化改革，加快职能转变

（十五）加强商务行政执法。全面落实《商务部关于进一步加强商务行政执法工作的意见》（商秩发〔2013〕434号），切实提高执法监管能力。继续实施市场监管公共服务体系项目，推动地级以上城市全部建立执法队伍。改革执法体制，全面推行综合执法，集中处罚职能。以重点领域整顿治理为突破口，切实履行各项法规制度赋予商务主管部门的100多项行政处罚职责。规范执法行为，完善执法规章制度，提高案件办理质量。

（十六）健全公众监督投诉机制。省、市两级商务主管部门要加快建设12312商务举报投诉服务中心，畅通社会公众举报投诉渠道，尽快形成覆盖全国的商务举报投诉服务网络。狠抓日常运行管理，完善案件受理及转交督办机制和流程，拓展政策咨询、信息查询、预测预警等功能，打造综合性服务平台。

（十七）发挥社会组织自律作用。鼓励行业协会、商会建立健全行业经营自律规范、自律公约和职业道德准则。指导各行业协会、商会开展诚信建设。指导行业协会开展药品流通企业服务能力评级工作，提升服务社会的透明度。倡导有条件的地区提高供应商的组织化程度，引导零售商行业组织加强自律，通过完善合作平台、健全合作机制等方式，促进公平交易。推动成立中国直销行业协会。

（十八）完善法规标准体系。积极推进《零售商供应商公平交易管理条例》立法工作，提升法律层级效力。研究起草规范商业保理、无店铺销售等部门规章。研究修订《直销管理条例》和《直销企业服务网点管理办法》。抓紧制订一批肉菜追溯、药品流通、直销等领域的行业标准。继续做好药品流通、直销行业统计工作。

第五部分

国　外　篇

钢铁流通企业商业模式的国际比较与我国的现实选择

著名管理学大师彼得·德鲁克指出，“目前企业之间的竞争，不是产品之间的竞争，而是商业模式之间的竞争”。苹果公司、沃尔玛、亚马逊、戴尔等无数的后发企业，凭借独特的商业模式，为客户提供前所未有的便利，使得价值数十亿美元的市场重新洗牌，一举改变了整个行业的格局，跃升为行业佼佼者。国内外商业活动的大量实践证明，卓越的商业模式是企业赢得竞争优势的关键。在某种程度上，商业模式的创新比产品创新和服务创新更为重要。

一、钢铁流通企业的商业模式

钢铁流通企业的商业模式是指钢铁流通企业以自身的资源、能力和知识为基础，充分利用价值网络，提出顾客价值，并通过某些途径和方法为顾客创造价值，并最终实现企业价值的一整套商业逻辑体系和过程。一般来说，钢铁流通企业的商业模式包含提出价值、创造价值和实现价值三个部分。①在钢铁流通企业的商业模式中，发现和提出客户的价值是逻辑起点。②企业的资源、能力和知识是企业创造价值的内在基础和前提，价值网络是创造价值的外部支撑条件；根据客户价值的内容，把企业内部的资源、能力、知识和外部的竞争环境结合起来，就可以进行战略定位，确定企业的目标客户、业务组合和赢利模式。这个过程是企业创造价值的关键环节。③借助一定的渠道，为客户提供钢铁产品或服务，获取企业利润、最终实现企业价值。

在世界钢铁产业的发展过程中，发达国家存在两种主要的钢铁流通商业模式：一种是欧美模式，一种是日本模式。

欧洲和美国在钢铁流通方面具有很大的相似性，通常被称为“欧美模式”。“欧美模式”下的钢材流通主要以钢铁企业自销或实施加工配送为主，钢材经销商所占比重较小，仅为20%左右。例如，德国钢铁企业生产的80%的钢材产品是通过直销方式供给下游用户的，而余下的20%交给钢铁经销商

（包括加工配送中心、佣金代理商、进出口商等）销售。

“日本模式”下的钢铁流通主要通过以商社即贸易公司为主体的商业垄断组织实现。日本钢铁流通中，直销约占销售总量的10%左右，主要供给政府投资的国有铁道和一部分轮船及汽车制造企业，其余部分则通过钢铁流通企业来完成。在日本的钢材流通体系中，一级钢材批发商约60余家，主要由综合商社、专营商社和专营批发商组成。其中综合商社是流通体系的中流砥柱。专营店、特约店起着毛细血管般的作用，把分散的需求集中起来后向一级批发商进货，销售对象主要针对建筑行业等零星、小额的客户。钢铁加工配送中心起着加工、配送、仓储、交货管理、运输、咨询、融资等多种功能，是联系钢厂、商社和用户之间不可缺少的纽带。

二、钢铁流通企业的欧美模式与日本模式比较

（一）客户价值的比较

欧美钢铁流通企业十分注重客户价值，他们针对大量分散的中小客户提供个性化的钢铁加工服务，向价值链下游延伸，从而为客户创造价值。在欧美的钢材流通中，单纯的买进钢材再原样卖出的中间商几乎不存在，因为这种销售形式已被钢厂直销所取代。绝大部分流通企业都进行加工与其他服务，这正是流通企业的优势和效益所在。近年来，欧美钢铁流通过程中剪切加工服务所占的比例大约为40%，增值服务已成为钢铁流通企业实现客户价值的关键业务。

日本钢铁流通企业提供的客户价值既有纯粹的流通服务，又有流通中的大量增值服务。最初主要依靠综合商社的规模经济提供流通服务，随着钢铁流通在内的重化工业逐步由成熟走向衰退，综合商社经营钢铁的利润不断下降，日本的钢铁流通企业开始在客户价值方面进行挖掘，着重对价值链进行延伸和拓展，通过加工配送增加客户和企业的价值。

通过比较可以看出，欧美模式主要依靠增值服务来实现客户价值，而日本模式则依靠流通服务和增值服务并重来实现。无论是日本模式还是欧美模式，都把客户价值的实现作为商业模式构建的关键因素，置于首要地位。在目前世界钢铁普遍过剩的背景下，流通企业通过价值链延伸，针对客户的个性化需求进行加工配送服务以增加客户价值，无疑是国际钢铁流通企业的发展趋势。

（二）资源和能力的比较

欧美模式的钢铁流通中，钢铁生产企业和用钢大户之间大宗的钢铁流通一般都是直接进行，流通企业很难参与进去。钢铁生产企业集中度较高，下游用户集中度也很高，通过直销的方式可以大大节约交易成本，提高流通效率。由于欧美国家企业之间有良好的信用关系，因此，钢厂直供成为钢材流通的主流。在这种情况下，欧美的钢铁流通企业要想生存下去必须另辟蹊径，积累、培育和塑造专门的资源与能力，走不同于钢厂直销的商业模式。由于欧美钢铁流通企业的市场主要定位在大量、分散的零散用户，这部分流通业务需要流通企业做大量的组织工作，面向分散用户提供满足不同需求的个性化服务。只有在商流和物流上具备很强的集散能力，流通企业才能占住这块市场。因此，长期的市场磨炼中，欧美的钢铁流通企业大多具备较强的零配件库存管理能力、品牌经营能力、精湛的流通服务技术水平、准确的业务定位能力等。

日本钢铁流通企业的商业模式，无论是提出客户价值还是创造价值和实现价值，都基于以综合商社为核心的特殊资源、能力和知识。综合商社与钢铁生产企业之间是长期的利益博弈关系，综合商社凭借自身独特的贸易、金融、人才优势，具有控制、处理、整合各种钢铁信息和知识的能力，是日本钢铁流通企业能够获取长期稳定的利润回报的根源。一方面，为应对贸易空间不断萎缩的威胁，日本综合商社将单纯贸易功能扩展成多元化的功能体系，具备交易机能、金融机能和情报机能等多种核心机能。另一方面，钢铁流通企业一直把海外铁矿、煤矿的开采权作为战略资源予以储备，随着目前世界铁矿石价格的不断轮番上涨，日本的钢铁流通企业紧紧控制上游的原材料资源，无疑是其和钢铁生产企业建立良好关系和博弈成功的重要砝码和利器。

通过比较可以看出，两种流通模式所基于的资源和能力是不同的。欧美模式中，钢铁生产企业占主导，流通企业起辅助和次要作用，其对象主要是中小分散的钢铁客户，流通企业的资源和能力与之相适应且具有专业化、网络化、技术化等特点。而在日本模式中，由于商社在融资、信息、人才、规模等方面具有绝对优势，而且还控制着钢铁价值链前端最重要的铁矿石资源和煤炭资源，具备整合钢铁产业链的能力，因此逐步在钢铁流通中占据主导和支配地位。

（三）关系网络的比较

由于欧美的钢铁流通企业与钢铁生产企业相比规模较小且分散，所以它们更加注重客户关系方面的建设。比如美国的钢铁分销商在实践中大多定位选择较专的业务领域进行专业化服务，而经营太专容易产生一定的风险，于是这些钢铁流通企业就自觉地通过各种市场保险业务来分散风险，或者是依靠资产纽带将不同专业经营的企业连接起来，组成一体化或准一体化的企业集团，凭借合作伙伴和集团的优势抵御市场风险。由于欧美的市场经济发达，社会分工先进，因此，普遍存在的价值链分工给钢铁流通企业建立广泛的合作伙伴关系奠定了坚实的基础。欧美钢铁流通企业普遍采用“第三方物流”、服务外包、电子商务等形式扩大企业的边界，提高了流通效率。随着信息网络技术的发展，欧美的钢铁流通企业通过网络为客户提供会员登记、企业招投标信息发布、在线钢材销售、客户解决方案的咨询和指导、及时处理和解决客户的各种投诉和意见、配送货物等电子商务服务。钢铁流通企业通过互联网和广大客户建立起信息和知识相互交流的平台，实现资源共享，优势互补。

日本钢铁流通网络的各个节点、各个组织之间有序的竞争与合作关系，对于维持价值创造起到了很好的作用。日本钢铁流通企业与上游钢铁生产企业的关系十分密切，它们之间大都建立了非常稳定的战略合作关系，用较长期的价格谈判共同协商钢材的价格和需求量。这样做一方面有利于双方的长期合作，一方面保持了钢材价格的稳定，能够更好地实现双赢。据统计，20世纪70年代末期，日本通过综合商社完成的钢铁销量占新日铁、日本钢管、神户制钢三家钢铁企业钢材销售份额的3/5以上。日本流通体系中，一级批发商和二三级批发商之间长期以来形成了共存共荣的合作传统。各级批发商一般都在自己所属的区域市场内进行批发和销售活动，各区域的钢铁批发商之间往往互相尊重，不向对方的市场进行商业渗透活动，使得参与流通环节的各个商业组织各得其所，利益分配比较均衡、稳定。除此之外，20世纪70年代中期以来，日本的钢铁流通企业建立了大量的海外商业网点。

通过比较可以看出，无论是欧美模式还是日本模式都十分注重关系网络建设。不同之处在于，欧美钢铁流通企业在网络关系构建上充分利用服务外包、电子商务技术、网络组织等形式，克服自身规模相对较小的劣势，形成点、网状密集的群体优势，从而为创造和实现客户价值奠定坚实的基础。而日本的钢铁流通企业则凭借其突出的资源、能力，充分发挥其长期以来形成的商业传统文化，向上与钢铁生产企业建立长期的战略协作关系，向下与各级经销商建立共荣共损的密切关系。

（四）赢利模式的比较

欧美钢铁流通企业的赢利模式相对比较简单。由于欧美的钢铁流通中很少有单纯的贸易式的简单流通，主要是凭借加工配送和物流服务来实现，因此其赢利模式中通过购销差价获取和实现企业赢利的部分极少，通过钢材加工配送中心的增值服务来取得企业赢利的居多。

日本钢铁流通企业的赢利模式比较成熟并呈现出多元化的特点。日本的综合商社一般通过规模优势来化解风险和获得可观的赢利。除此之外，钢铁流通企业还可以通过收取佣金和加工费的形式实现赢利。采用直销方式销售的钢材占日本国内钢材总销售量的40%左右，这些钢材虽然采用“非店卖”的直销方式，但是合同大多由综合商社、专营商社等钢铁流通企业来执行。之所以如此，是因为直销过程中虽然钢材销售给了最终用户，但从物流的角度看，这部分钢材要经过加工中心的必要加工和运输，此时钢铁加工中心会收取一定数额的服务费或佣金，但不会涉及贸易问题。一般来说，日本的钢铁流通企业可以获得大约3%的固定佣金，这部分佣金大多采用价内折扣的方式支付。除了钢铁大户的直销外，日本钢铁企业生产的其余钢材主要通过“店卖”的方式销售。这部分钢材在流通过程中不经过加工直接销售给钢铁用户，流通企业往往以赚取购销差价的形式实现赢利，购销差价一般在3%左右。对于那些客户要求进一步加工的钢材，钢铁流通企业的加工中心往往在3%购销差价的基础上，再加收10%～12%的加工费，从而实现赢利。

通过比较可以看出，欧美钢铁流通企业的赢利模式相对比较单一，而日本钢铁流通企业的赢利模式则比较丰富，呈现出明显的多元化趋势。

（五）销售渠道的比较

欧美的钢铁销售渠道主要是钢厂对钢材用户的直销或直接供货，直供的比例占绝大多数，其余部分则通过钢铁流通企业分销来实现。钢铁流通企业对销售渠道长度和宽度的合理布局，在很大程度上保证了流通企业间的多赢和利润的稳定。欧美的钢铁流通渠道较为简洁，法律和法规也很少对进入钢铁流通环节的企业的条件和资质予以限制，这一行业明显属于完全竞争的领域，渠道关系非常明了。除了钢铁生产企业的直销外，还存在大量的流通企业代理销售。一般来说，欧美钢铁生产企业的销售人员数量不是很充足，这些销售人员平时主要针对钢铁大户进行服务，所以多数中小钢铁企业的产品需要通过钢铁流通企业的代理来出售。钢铁流通企业收集和汇总客户的订单后向钢铁生产企业订货。钢铁生产企业在接到代理商的订单后进行生产，并交代理商根据客户的需求进行一定的再加工和处理。钢铁代理商的钢材资源不仅品种齐全而且后期加工能力强、讲究信誉、交货时间有保证，所以欧美的广大中小钢材用户倾向于从代理商处直接订货，很少有散户直接向钢铁生产企业订货。

20 世纪 90 年代以来，日本的钢铁流通企业建立了严格的批发商等级制度，各级钢铁专营店只与自己的上下级专营店（批发商）发生业务关系。最大的 5 家钢铁生产企业所生产的 80% ~90% 的钢材产品往往是通过指定一级批发商实现国内销售及推向国际市场的。日本普通的中小型钢材用户即使出价再高，钢铁生产企业一般也不会与之发生直接交易。在区域市场的定位上，综合商社与钢铁企业一般通过积极的协商主动划分各自的区域市场，限定不同层次钢材专卖店的销售区域，以有效控制钢材流通渠道的合理范围。

通过比较可以看出，欧美的钢铁流通渠道以钢厂自销为主，其他渠道代理为次，渠道关系比较简洁，具有较高的流通效率；日本的流通渠道较宽，但是由于渠道控制的手段较为有效，同样取得很好的销售表现。

三、我国钢铁流通企业商业模式的现状

我国的钢铁流通企业最早脱胎于计划经济体制下的物资流通部门，由于物资部门最初的流通活动主要是执行国家的计划和行政命令，不属于真正意义上的商业活动，因此在当时的历史时期没有所谓的“商业模式”。1992 年以后，随着社会主义市场经济体制的建立，大批民营钢铁流通企业迅速崛起，钢材流通的主体由各级物资部门逐步转变为多种所有制成分共存的多元化的流通主体。这一阶段我国钢铁流通企业的商业模式采用的是传统的商业模式，即钢铁流通企业主要通过简单的一买一卖，赚取购销差价来创造和实现企业的价值。虽然近年来我国出现了钢铁电子商务、价值链延伸、增值服务等商业模式类型，但从整体来看，还没有从根本上突破传统的商业模式的束缚，新的商业模式尚未真正形成。

与国外发达国家的钢铁流通企业相比，我国钢铁流通企业的传统商业模

式还存在很大的局限性，主要表现在：

（1）提升客户价值的能力较低。发达国家的钢材加工中心对钢铁产品的综合深加工比达50%以上，其中管材30%、线材60%、板材70%，棒材40%。而我国目前钢材流通中一般钢材的深加工仅占10%～15%，绝大多数钢材加工中心在规模、自动化程度、客户服务等方面还存在较大的差距，无法有效协助客户提高生产效率和降低企业成本。

（2）钢铁流通企业的赢利水平低，竞争力不足。以贸易为主要内容的传统商业模式在相对短缺的市场供求条件下可以比较容易地实现赢利。然而，随着市场竞争的加剧和环境的改变，传统的商业模式难以为继。中国金属材料流通协会的调查数据显示，2008年，67.8%的钢材流通企业销售量和销售收入虽然较上年增加了20%～30%，但73.7%的企业利润同比却下降了10%～20%，12%的企业利润下降50%左右，最高的下降90%，亏损的也不在少数。

（3）钢材流通渠道单打独斗、主导者缺失。钢材经销商在我国钢材流通中占有数量上的优势，但缺乏具有龙头地位、能够带动和整合分散资源的大型企业。由于钢材经销商数量众多且单打独斗，所以他们在与钢铁企业谈判和利益博弈的过程中处于较弱的地位，抵御市场风险的能力较差。

（4）伙伴关系混乱，缺乏有效的整合。突出表现在钢铁生产企业与钢铁流通企业之间缺乏有效的合作；国内大量分散的中小流通企业认识不到合作共赢的重要性，盲目的无序竞争干扰了市场行情；钢铁生产企业、钢铁流通企业与客户间的伙伴关系不够稳定等。

（5）价值链缺乏有效的定位，流通起不到稳定市场的作用。我国钢铁流通企业的集中度非常低，钢铁流通企业“散”“乱”“小”的状况十分惊人。据统计，我国的钢铁流通商大约有15万家，但前5家企业的钢材经营总量仅占全国钢铁流通消费总量的4%。与钢铁生产企业相比，钢铁流通企业的规模与实力逊色很多，在竞争中处于明显的劣势，容易导致产、销双方矛盾尖锐，钢铁企业与钢铁经销商之间经常因为利益矛盾而相互纷争。

四、我国钢铁流通企业商业模式的现实选择

我国是世界第一钢铁大国，然而距钢铁强国还十分遥远，传统的钢铁流通模式正面临着越来越激烈的竞争。在经济全球化背景下，有必要重新审视我国钢铁流通企业的商业模式，借鉴国外发达国家的经验，明确未来的发展

方向。但欧美模式和日本模式哪种更值得推崇和借鉴，不能简单地一概而论。因为商业模式的成功不是单一要素发挥作用的结果，而是诸多要素共同作用的结果。单纯借鉴某一类型的商业模式、照抄照搬某一商业模式的个别之处，未必能够确保取得商业上的成功。

国外钢铁流通企业不同商业模式的发展和比较说明，改变以传统贸易为主的钢铁流通商业模式，转向基于核心资源和能力以供应链管理、物流、加工增值服务为内容，以良好的全面伙伴关系为网络的新型商业模式，应是广大发展中国家进行钢铁流通商业模式创新的一个必然趋势和方向。我国未来的钢铁流通企业商业模式应该借鉴国外钢铁流通企业商业模式的合理之处，从客户价值、关系网络、赢利模式、营销渠道等方面进行重构。不同规模、不同能力的企业应该结合自身的特点，不断积累和形成竞争对手难以复制和学习的核心资源和能力，由单纯的购销模式，逐步向为顾客提供价值和增值服务为主的多种商业模式转变，最终建立起以为客户提供解决方案为主的商业模式。具体建议如下：

（一）发挥政策的引导和支持作用

在政府的引导下，建立产销风险共担机制，积极引导和推进行业兼并重组，培育一批集加工、配送、仓储、运输、销售于一体的大型钢铁流通企业，提高产业集中度。当前钢铁流通主体以中小型企业为主，业务模式多为简单贸易，赢利主要依赖市场价格波动，物流服务能力弱，部分企业投机意识较强，在一定程度上影响了钢材市场的稳定。建议适度提高钢铁流通企业的进入门槛，规范钢铁贸易市场秩序，减少无序的市场价格恶性竞争和国际贸易摩擦。

（二）加强客户资源的管理

客户资源和客户管理对钢铁流通企业具有举足轻重的作用。谁最能满足客户的需求，谁就能在市场竞争中占有优势。钢铁流通企业应该更加注重对市场的开拓与对客户的维护，并以此作为战略发展的重点方向。只有将生存和赢利空间寄托在企业客户这一重要的企业资源上，通过获得客户资源、优化客户关系和加强客户管理，才能够在激烈的商战中立于不败之地。

（三）发展集约化、高端化和信息化的大型钢铁物流

物流服务能力是钢铁流通商的核心竞争力之一，物流人才是实现物流现

代化的根本条件，企业之间的竞争归根结底是人才的竞争。钢铁物流管理人才的缺乏是制约大多数钢铁流通企业长期发展的瓶颈。工作人员的工作能力和态度直接影响企业的发展。要采取人性化、个性化的措施，经常对工作人员进行职业和安全教育，人员培训应成为公司一项长期坚持并且严格执行的制度。

（四）合理规划钢铁加工中心，提高增值服务能力

目前，国内钢材加工配送产业呈现出快速发展的势头。作为一种先进的社会化流通体制和合理高效的现代物流方式，钢材加工配送对社会生产总成本的大量节约所产生的巨大效益正日益显现。随着中国钢材产品板带比的逐步提高，对产品后续加工的要求也越来越高。钢材加工配送将最大限度地压缩流通时间，降低流通费用，贴近用户需要，从而最终提高企业的竞争力。最大限度地压缩流通时间，降低流通费用，贴近用户需要，从而最终提高企业的竞争力。

（五）进行价值链整合

未来竞争是产业链的竞争，上游钢厂资源和下游钢材营销网络都应该引起钢铁流通企业的重视。钢铁贸易公司应该加强产业链的协同效应，使自身能够有效取得钢材资源。从服务的角度看，不仅消费钢材的用户是钢铁公司的客户，钢厂也是钢铁贸易公司的客户。为钢厂提供一站式服务，全方位与钢厂合作，有利于钢铁贸易公司取得钢材资源，理顺钢材销售产业链，增强竞争力。

（六）进一步发展和推广钢铁电子商务

钢铁电子商务是现代物流理念和技术向钢铁领域渗透的必然产物。随着互联网技术和电子银行的不断发展，网上钢材营销将逐渐得到推广和普及。根据目前国内的物流业尤其是钢铁物流行业的现状及发展潜力，提高信息管理水平是钢铁物流业再造的一个重要环节和切入点。

（七）完善供应链管理，建立合作伙伴关系

我国的钢铁流通属完全竞争行业，上下游企业之间缺乏联盟合作，这在很大程度上造成了流通秩序的混乱和钢材市场价格的剧烈波动。为了实现流通秩序的好转，钢铁流通企业应该与上下游企业建立联盟机制，引导数量众

多的钢铁流通企业从无序竞争、恶性竞争向建立战略伙伴关系转变，以实现合作共赢、共担风险、共享利益。钢铁流通企业只有整合资源，才能够增强话语权和影响力，提高行业整体抵御市场风险的能力。

（武汉理工大学　李　杰）

国外流通产业竞争政策及对我国的启示

改革开放30多年来，尤其是加入WTO以后，我国的流通业得到长足发展。流通业在引导生产，扩大消费，增加就业，转变经济增长方式，促进国民经济的正常运行中发挥着重要作用。根据WTO协议，我国在过渡期后基本放开了流通领域的国内经营权和进出口经营权，逐步取消对外资设立分销企业的地域，外国大型商业企业逐步大量地进入国内市场，建立大型连锁超市、仓储式综合商场，对国内批发及中小零售企业造成一定的冲击；外国企业在中国建立分销体系，对我国生产同类产品的企业也形成了一定的冲击。国内的部分零售企业纷纷合并组建大型零售集团，这些又对国内的中小零售企业的发展构成一定的影响。因此，必须重新认识与分析我国流通业的发展特点，并且做出相应的流通产业竞争政策的调整与制定，为我国流通业的良性发展创造良好的外部环境。

一、国外流通产业竞争政策

早在20世纪70年代，一些发达市场经济国家的政府开始重视商贸流通业中的大型零售店铺开设的规制，并在呈现严格化的趋势。这些政策法规的制定对于规制流通业的合理发展有十分重要的作用。

（一）日本流通产业竞争政策

日本在逐步开放流通业的过程中，始终秉持对外开放的不同阶段都坚持自主开放、为我所用的原则。如为防止外资连锁企业抢占国内市场，在规定外资的进入比率时，对单体店铺的进入限制较小，但对于超过13家分店的零售企业则采取了相对严格的市场准入制度，直到1975年才放开此类限制，从而给国内企业足够的成长时间。

1. 禁止垄断法

禁止垄断。日本政府制定的《独占禁止法》（禁止垄断法）等相关法规，涵盖所有流通活动，从防止私自垄断、限制不正当交易和不公正交易方法三个方面禁止商业垄断行为。据此，日本政府禁止有实力的生产厂家控股流通企业，对生产厂家持有流通企业的股份、兼任流通企业的高级职务，以及流通企业间的兼并、转让经营权等均有明确的限制规定，禁止出现垄断市场、取消竞争、控制价格的企业；禁止出现控制产品价格、生产数量和流通途径的垄断企业集团（卡特尔）。加强对大企业的监控，对大企业集团性哄抬价格的行为，视影响处以销售额6%的罚款。根据《独占禁止法》第19条，日本公正交易委员会将拒绝交易、不当廉价销售、隐瞒性诱导顾客、抱团销售（价格同盟）、排他性交易条款等16种行为列为“一般指定不公正交易方式”。

2. 大店法与中小零售商业振兴法

日本规制大型零售店铺的法律就是《大店法》，于1974年实施，分别于1978年、1992年、1994年和1998年进行了调整，对在一个建筑物中店铺面积在1500平方米（指定城市为3000平方米）以上的零售店铺的开店日期、店铺面积、闭店时间、休息天数等进行了严格限制。2000年，日本政府废止了《大店法》，以《大规模零售店立地法》（以下简称《立地法》）取而代之。新设立的《立地法》表面看来放松了对大型零售业的规制，如大型店铺申请开店的基准面积已放宽、营业休业时间也无强行规定。但《立地法》实施下，大型店铺的开店更困难，对停车场、废弃物处理、噪声、交通堵塞、废气排放等环境品质方面的规范，要求实质上比过去还要严厉。

对中小商业的扶持政策，较早的是对中小零售商的共同组合进行资助，1962年制定了《商店街振兴组合（合作社）法》，1973年制定了《中小零售商业振兴法》，规定对建设商店街、店铺集团化、开设共同店铺、用计算机进行经营、连锁化、中小零售商援助者等采取低利融资、税制、折旧等优惠措施。1991年在修改本法时，又新制定了《特定商业聚集整备法》，从城市政策角度支持中小零售商参加大型商业公共设施建设。

（二）澳大利亚流通产业竞争政策

首先是澳大利亚主要农产品流通政策。澳大利亚是一个农业大国，政府对绝大多数商品已放开，实行自由竞争和公平交易，但对粮食、羊毛、糖等主要农副产品的流通和进出口，一直实行高度的集中管理和垄断经营政策。

其次是对外资实行进入限制政策。澳大利亚政府虽然鼓励国内市场开展竞争，但对外资进入本国流通业仍然实行限制政策，政府规定合资商业企业的外方比例不得超过35%，商业上市公司的股票也不能转卖给外国投资者。在此政策下，澳大利亚最大的两家商业连锁企业蔻斯—马亚和沃尔沃斯都曾与美国企业合资，至今企业仍使用美国企业的商号，但美方由于不能控股已经卖掉股份而退出合资。澳大利亚对外资的严格限制政策，为本国商业企业发展创造了良好的条件。

最后，澳大利亚政府推行鼓励竞争政策。第二次世界大战后，澳大利亚政府采取了一系列促进经济发展和自由化的政策。如推行国有企业经营的民营化，缩小企业规模，减少工业保护等，鼓励企业竞争，提高经济活力。为了建立全国统一、竞争有序的市场，澳大利亚联邦政府于1974年颁布了《贸易行为法》，统一全国关于市场规范的法律法规，并同时设立联邦贸易行为委员会，将制止限制性贸易行为、发展公平竞争、保护消费者权益上升到全联邦的水平和法律的范畴。

（三）美国流通产业竞争政策

美国是世界上最早制定竞争法、实行竞争政策的国家。其产业政策对流通产业竞争状况也起着决定作用。美国对流通产业竞争状况产生影响的竞争政策体系由多方面法律法规构成，既有针对所有产业与企业进行竞争规制的法律，也有针对流通产业、中小企业的专项法律。

首先是反垄断法。1890年美国颁布实施了第一部反托拉斯法——《谢尔曼法》。该法对流通领域的影响主要体现在：它规定竞争者之间达成价格协议及分配市场区域或顾客违反了自然竞争的规定，为被禁止的违法行为。1941年，美国又出台了《克莱顿法》，该法禁止以下垄断行为：搭配销售；成立连锁董事会；公司间相互持股；价格歧视；全面强制购买；束缚性合同；排他性销售等。1914年美国根据《联邦贸易委员会法》成立了联邦贸易委员会，该委员会作为独立规制机构专门处理不公平交易和消费者投诉。

其次是反零售商不正当竞争行为法。20世纪初美国有些地方引发了反连锁化运动。独立零售商、地方主义者等认为连锁疯狂地追求销售、分销的效率，增加了地区失业，造成地区性消费者和商人的消失，威胁美国小镇式生活方式。

1922年，全美食品杂货零售商协会敦促政府制定了限制各地连锁商店数量的法律，规定同一企业在同一州开办第二商店须缴累进税，并对其采购商品征特别税。1936年，美国国会通过了《罗宾逊帕特蔓法》，它的主旨在限制大零售商采取不公平的价格，并要求供应商给予特别价格折扣。1931—1941年，《公平贸易法》在45个州先后开始实行，它允许制造商采取限制转售价格行为，即要求不同零售商要按同一固定零售价格销售其产品，这有助于小零售商对抗连锁企业。

最后是中小企业法，除反对对垄断企业限制竞争行为外，美国也曾制定许多直接扶持中小企业的政策，如 1953 年的《小企业法案》，1958 年的《小企业法》，1980 年的《小企业经济政策法》，1982 年的《小企业技术创新开发法》，1984 年的《小企业二级市场改善法》等，并专门设立小企业管理局，作为小企业利益的代言人，向小企业提供资金、技术、管理援助，帮助其在政府采购中占一定份额。

二、我国流通产业竞争政策的现状及存在的问题

（一）我国流通产业竞争政策的现状

随着社会经济和劳动分工的发展，流通业中的大多数劳动不仅创造价值，而且作为联结社会化大生产、实现最终消费的重要产业，流通业在价值实现、引导和促进消费、培育和扩大内需等方面承担着艰巨任务。

2007 年 8 月 30 日中国颁布了第一部《反垄断法》。《反垄断法》虽然只有 57 个条文，但它结合中国实际，在实体法方面，除了禁止垄断协议、禁止滥用市场支配地位和控制企业合并，还对阻碍中国经济发展毒瘤的行政垄断行为加以规制，在程序上明确了垄断行为的法律责任和救济途径。

目前，国家商务部已发文指导地级以上城市制订了《城市商业网点规划》，这在一定程度上有助于规范我国零售业合理布局，但现在的规划更注重对重点项目的建设，一些与规划配套的具体控制措施或行为准则规模尚未出台，因此，目前我国的零售业由于规制不到位，仍存在过度竞争或低效竞争的现象。

（二）我国流通产业竞争政策存在的问题

在过去相当长的时期，流通业中的绝大多数劳动被认为不能创造新价值，因此我国流通业的问题一直没有得到应有的重视，在流通竞争政策方面也存在许多问题，主要有以下几个方面：

1. 反垄断政策尚没有落到实处

从立法而言，《反垄断法》的出台只是第一步。如就反垄断法律最发达的美国而言，自 1890 年《谢尔曼法》起，对反垄断制度的规范经历了 100 余年。中国的反垄断法只是规定了反垄断的一些基本原则和制度，其实施取决于一系列配套法规的制定，而这不是一下可以完成的，对于即将建立的反垄断委员会和反垄断法执法机构而言，任务繁重。

2. 维护流通竞争秩序政策不完善

我国的流通领域中存在着严重的不公平竞争与限制竞争现象。首先是以行政干预引起的不公平竞争：或是为防止恶性竞争、重复建设，实现规模经济，政府应对市场设置行政进入壁垒；或是认为规模带来垄断，垄断限制竞争、阻碍技术进步、影响产业活力，政府应运用行政力量反对任何集中与垄断。其次，流通立法滞后导致商品流通的规范化、法制化程度比较低，流通企业新的不公平交易行为没有被充分认识，并加以规范。

3. 缺少流通产业组织政策维护有效竞争

目前我国流通业已呈过度竞争的态势，行业利润率呈不断下降的趋势，相同业态之间的恶性竞争屡见不鲜。而我国在这方面几乎没有适当的政策措施加以限制，使得这种情况愈演愈烈。由于缺少对中小流通企业的扶持政策和流通基础设施建设资助政策，我国的流通业很明显地展现出缺乏效率的一面。

三、规制与竞争：制定我国流通产业竞争政策的思路

根据我国经济的总体发展水平，而且结合目前流通业的具体情况。我国政府为优化流通产业市场结构、规范竞争行为应采取的具体竞争政策可以包括以下几个方面。

（一）流通产业进入退出政策

1. 流通产业进入政策

首先，要规制流通业的进入，比如城市商业网点规划。从2001年开始原国家经贸委要求直辖市、计划单列市、省会（首府）城市尽快制定商业网点规划，并规定没有规划的城市不应申报外商投资企业。如日本国会几年前专门通过了《大店选址法》，对开设大型零售企业规定了详尽而明确的听证程序，这些经验都是值得我们学习和借鉴的。

其次，要规制行业集中度，防止垄断企业获得超额垄断利润。美国麦肯锡公司曾预测称，未来的3～5年，中国零售业60%的市场将由3～5家世界级零售巨头控制，30%的市场将由国家级零售巨头控制，10%的市场将由地区级零售巨头控制。

再次，防止外资企业掠夺性定价、外资进入是否引起“零售倾销”香港中文大学教授郎咸平发出警告，“入世”后中国零售业和以沃尔玛为首的国外

大型零售业之间的竞争激烈。郎咸平特别提出应警惕国外零售巨头的“零售倾销”策略，因为沃尔玛、家乐福等这些国际零售巨头无一例外地出现了在欧美市场赚钱，但在亚洲市场却赔钱的反常现象，也就是采取了由已开发国家市场贴补新兴市场的“零售倾销”策略。通过“零售倾销”策略来占领市场份额，一旦这些国际零售巨头达到目的，极有可能出现上抬零售价、下压进货价的危险局面。

总之，为遏制过度竞争，也为保护消费者利益，政府应制定适当的产业进入标准。通过立法制定最小经济规模标准，规定某种经营业态的企业达不到经济规模要求就不得进入该产业，将低素质和低效率的企业拒之门外，既可以控制商业规模盲目扩张，又有利于规范市场秩序，为具有发展前景的企业创造良好的竞争环境，保证消费者利益不受低素质企业损害。

2. 流通产业退出政策

首先是关于流通经营主体的退出，主要应完善各种流通业态的终止、解散、撤销、破产方面的法律制度，其中，应尽快出台统一的《破产法》，结束国有流通企业与其他所有制流通企业进入破产清算程序适用法律不一致的状况。其次，要完善各种流通业态退出流通市场的监督机制。

（二）流通领域经营行为的规制政策

流通产业竞争政策的目标导向是要规范流通企业的竞争行为，由于近几年来，中国流通产业普遍存在过度竞争现象，同时又缺乏必要的竞争政策约束，致使各种不正当的价格竞争、促销竞争不断发生，一些企业甚至通过非法途径获取竞争对手的商业秘密。这意味着中国迫切需要制定流通产业竞争政策，就流通企业定价、促销、商业秘密等制定一系列相应的政策法规，使流通企业的竞争行为有明确的法律规范和制度保障，从而抑制流通产业的无序竞争。

1.《反垄断法》的实施

规范流通领域经营行为的法律制度是否健全，直接关系到能否构建公平竞争的流通环境，维持正常的流通秩序，保护经营者和消费者的合法权益。它是我国流通法律制度体系中的重要内容。

流通行为方面的法律制度，应包括规范合同行为的法律制度，保护竞争、禁止不正当竞争行为的法律制度，反垄断法律制度，规范新型交易方式的法律制度等。另外，应根据反垄断法制定相应的配套措施与政策，彻底消除流通现代化发展中的体制性和政策性障碍，彻底打破地域行政性或行业性垄断，防止经济垄断的形成及跨国公司进入我国市场后各种新型业态形成的市场垄断。

2. 发挥流通行业协会的作用

流通行业协会作为中介组织，具有群众基础和运作方便的优势，合理分流出来的微观任务，即一部分非行政行为的工作，理所当然应由协会这个中介组织来承担，这就为协会的发展提供了广阔的天地。行业协会工作的主要任务是行业服务、行业自律、行业代表、行业协调。协助政府主管部门制定和实施行业政策、法规，推进行业管理，协调执行中出现的问题，提高全行业的整体素质和经济效益、社会效益。

3. 我国中小流通企业竞争扶持政策

面对国内商业规模呈现小型化和分散化及跨国零售巨头抢占国内市场的竞争格局，因此要制定保护中小流通企业的法律规章制度。一是要完善《中小企业促进法》，促进中小流通企业健康发展；二是要扶持中小流通企业的多种渠道。

（安徽财经大学 孙 君）

中外钢材流通渠道成员关系的差异分析

钢铁流通渠道成员涉及钢铁企业、钢材流通商、钢材用户。渠道成员关系是指钢铁企业、钢材流通商、钢材用户之间所发生的多重关系。本文立足钢铁企业角度，分析中国、美国、日本钢铁企业与流通商、钢铁企业与钢材用户之间的关系。

一、中外钢材流通企业收入来源方式上的差异

在各国钢材流通渠道中，均存在着以从事钢材流通业务为主的中间商。中外钢材中间商在收入来源方式上的差异，决定了中外钢铁企业与钢材流通商关系的差异。如美国、日本的钢材流通企业的收入主要来源于如下方面：一是增值服务；二是加工配送；三是仓储服务。而中国钢材流通商则在增值服务、加工配送这两个方面存在欠缺。

（一）美国钢材经销商以增值服务为主要获利手段

美国钢材经销商实行买断式的经销制。通过买断钢材，经销商一方面可以对钢材实现自主经营，另一方面通过加工、改制、配送等服务，使产品新增的附加值效益要远高于单纯代销所获得的佣金。对于多数美国钢材经销商来说，由于销售对象一般是中小用户，经销商销售的多数钢材需要按用户要求经过加工、改制，由于经过加工、改制的钢材脱离了原有的形态，已经具备了新的品质与价值，经销商完全可以通过创造新的钢材使用价值而获得更高的收益。

（二）日本各级商社的收入主要来自于佣金和增值服务

在日本钢铁企业指定销售中，日本综合商社的收入实质上来自于佣金，由于钢铁企业与终端用户锁定了交易价格，商社的佣金收入也是固定的；商社的利润来自于佣金收入与流通过程中各种费用之差，而流通中的费用属于商社的可控费用，因此商社的基本收益是受到保障的，而且不承担任何价格风险。

对“店卖”（零售）的钢材，日本钢铁企业对一级批发商的折扣虽然是价外折扣，但折扣额度是公开的，而且流通过程中各级批发商的加价额度也是公开的。如商社销给用户企业的钢材分为两种情况：一种是不经过流通加工，一种是经过流通加工。不经过流通加工的，在销售给用户时，在钢厂出厂价格之上加3%；经过加工的，在销售给用户时，除了加3%以外，再加12%的加工费。这种价格的公开性在一定程度上防止了钢材批发商、零售商对吨钢差价“暴利”的获取，抑制了流通中以囤货为方式的投机行为。

钢铁企业对各级流通商的非“店卖”钢材采取价内折扣的向流通商支付“佣金”，这意味着：①钢铁企业与汽车、造船等大型用户企业所签订的钢材结算价格是供需双方共同设定的最终销售价格；②非“店卖”钢材的比重越高，钢材交易价格就越稳定；③供需双方所确定的最终销售价格，是供需双方基于长期协作、供需平衡、利益均衡而确定的，该价格对“店卖”钢材价格有导向作用；④价内折扣，表明钢铁企业把付给商社的“佣金”纳入自己的营销成本中进行管理，这一方面将从事钢材流通的商社、专营店的佣金控制在一定的限额之内，进而控制钢材销售费用，另一方面形成了对钢材中间商的利益制约，引导钢材中间商追求利润最大化的最佳途径是不断提高销售规模与增值服务水平，而不是单纯通过追求吨钢买入价与卖出价的价差来获取高额利润。

（三）中国钢材流通商以获取价差收益为主

我国钢材经销商的基本经营模式是从钢铁企业买断钢材的所有权，而后再销售给下游用户或其他经销商，获利空间及获利的大小取决于卖出价与买入价的价差及所销售的钢材数量。

二、中外钢铁企业与流通商关系的差异

美国钢材流通商具有增值服务功能，按中国的行业标准划分，美国多数钢材流通商具备了金属制品业的行业属性，其与钢铁企业的关系应属于生产者与使用者之间的关系。日本钢材流通商的经营模式以代理制为主，决定了钢铁企业与流通商之间存在着较为紧密的关系。中国钢铁企业与钢材流通商之间是较纯粹的买卖关系，双方对价格的高低都极为敏感。

（一）美国钢铁企业与钢材服务中心是合作与竞争的关系

在美国，钢材经销商（钢材服务中心）是从钢铁企业手中买断钢材进行流通增值服务的，钢铁企业与经销商之间并不存在资本的关系，也不存在具有约束力的契约关系。

进口钢材在美国市场所占据的较高比重决定了从事进口钢材的经营主体（即钢材流通商）在美国钢材流通中占据着较为重要的地位。美国钢材市场中的钢材供应总量应在1亿吨以上，这些钢材的供应者：一是美国本土的钢铁企业；二是从事钢材进口业务的钢材流通商。单从美国自产钢材的角度看，钢材流通商仅掌握了美国全国钢材产量30%左右的资源，相对于钢铁企业处于弱势，但由于美国钢材流通商与美国钢铁企业之间不存在资本隶属关系，因此美国钢材流通商通常在钢材资源采购上会在国内资源与国外资源之间进行优选。美国钢材流通商通过进口钢材掌控了美国钢铁企业之外的钢材资源，而且这些钢材资源相对于美国钢铁企业供应的钢材具有价格及品种方面的优势，加上从本国钢铁企业手中采购30%～40%的本国钢材，这就决定了美国钢材流通商在钢材流通中具有一定的强势地位，并非完全依赖于美国钢铁企业，这是美国钢材流通体系中最为显著的一个特征。

美国钢铁企业对钢材经销商的约束更多体现在对钢材资源的总量控制上。当进口钢材占美国钢材消费总量的比重较低时，钢铁企业通过直销的方式便控制了大部分钢材资源，而且钢铁企业与钢材终端用户企业之间的钢材结算价格，对经销商与钢材终端用户企业之间的结算价格有着示范导向的作用。这相当于钢铁企业控制住了钢材市场中的钢材交易价格，并成为钢材流通中的主导者。但当经销商掌握的钢材资源量超过50%时，双方之间是合作与竞争的关系。

（二）日本流通渠道成员关系紧密

日本所特有的经济组织——综合商社是立足于资本流通、资金流通、商品流通的经济团体，在日本国民经济当中具有其他经济组织所无可比拟的作用与地位。与之相适应，综合商社在日本钢材流通体系中必然处于重要的地位，发挥重要的作用。

（1）大部分的专营店（特约店）、加工中心属于各个商社的子公司或关联公司，即使没有资本关系也因为长期的合作关系而成为各大商社下属系列化专营店的重要组成部分。这样，每一个一级批发商都与多个专营店（特约店）

形成了相对稳定的供销和服务关系。由于每一个专营店（特约店）所联系的钢材终端用户在区域分布上相对集中，运输半径一般都在300千米之内。因此，每一个大型商社都形成了各自独立性较强的钢材流通体系。正是由于作为一级批发商的各个商社均有属于自己营销网络的专营店（特约店）、加工中心，所以各大商社在日本的钢材流通体系中与钢铁企业共同担当着钢材流通渠道主导者的角色。

（2）日本钢铁企业只能借助综合商社从国外进口原料，再依赖综合商社将产品销售出去，综合商社仿佛是钢铁企业的“手和脚”。与美国纵向式垄断结构不同，日本钢铁企业是与综合商社共同来分享同一个目标市场。钢铁企业通过让出中间流通领域的市场份额换取两头（即原料进口和制成品的销售）对综合商社的依赖。综合商社适应钢铁企业的要求，介入到钢铁产业的各个贸易环节，从钢铁原料的进口到产品的国内销售及出口均有综合商社的参与。

（3）综合商社介入钢材流通交易过程，发挥的是规模优势。综合商社的规模优势不仅体现在数量上，而且还体现在大规模的产业融合上，即钢铁制造业与下游用钢行业之间的过渡区域均被综合商社所控制的中小企业集群所承担。综合商社通过将钢铁企业和用户联结起来，将国内与国际贸易联系起来，节省了流通成本。

（三）中国钢材流通渠道纵向层级关系松散

在欧美日等发达国家的钢材流通中，基本不存在钢材交易市场这一流通业态。而在我国钢材流通体系中，钢材交易市场担当着重要作用。

（1）钢材交易市场的出现满足了众多中小型用钢企业的多方面用钢需求，并为实现需求提供了便利条件。①钢材交易市场为中小型用企业提供了需求释放、需求实现的场所；②钢材交易市场具有品种丰富的优势，因而用钢企业选择产品的余地较大，而且搜寻同种类钢材的交易费用相对较低，降低了中小型用钢企业的交易成本；③钢材交易市场中经销商存在着“竞价”关系，用钢企业可以获得价格更为公道的钢材；④多数中小型用钢企业对钢材的需求是多品种、少批量、多批次，钢材交易市场可以满足其多品种的“配货”需求。

（2）钢材交易市场的运行机理及功能决定了钢材交易市场具有一定的功能缺陷：①依托于钢材交易市场这一平台，很难培养出具有区域垄断地位的钢材经销商；②钢材交易市场是竞争性定价，竞争性定价虽然在某一时刻体现出某一区域市场内相对的公平与客观的钢材供求关系，但由于交易市场中缺少主导性力量，从时间段上看，钢材交易市场的钢材价格波动的频率较高，波动幅度较大；③钢材交易市场可以抑制交易中的欺诈行为，但无法从机制上抑制流通环节中的投机行为。

（3）中国钢材流通渠道中常规渠道、准一体化渠道占据了主流地位。在钢材流通路径中存在着多种渠道关系的交叉，凸显出中国钢材流通路径的复杂性。这种复杂性突出体现在以下两个方面：一是钢铁企业没有在渠道管理发挥出主导性作用；二是钢材流通渠道缺乏规范化管理，渠道组织方式落后，渠道运行效率偏低。

（4）钢铁企业较为重视与一级经销商的关系培养，但是没有介入到批发商与零售商之间的交易当中，即比较注重一级经销商（协议经销商）的购货能力，而对其销货能力以及钢材的销售路径缺乏足够的关注；对一级经销商买断产品后的销售行为缺少约束与规范。中国钢铁企业与一级经销商之间往往要签订具有约束力的契约，即经销商需要向钢铁企业交纳一定的保证金，并遵照契约每月要完成双方规定的销售量。美国钢材经销商向钢铁企业购买钢材，无须交纳保证金，也不存在按月完成一定数量钢材销售的强制性契约。

（5）在钢材交易市场中，钢材批发商、零售商均可以自由选择交易对象，多个钢材批发商与钢材零售商之间形成了中间商市场。在钢材交易市场中有很多担当零售商角色的经销商只是通过“倒手”性质的买卖钢材方式来获取流通利润，他们并没有亲身参与到钢材的组织与配送当中，并没有发挥市场“蓄水池”的作用，将钢铁企业库存转为市场存量。这类经销商的存在从优化流通效率的角度讲是增加了流通成本，使流通秩序复杂化。

（6）虽然钢铁企业与一级经销商之间存在具有约束力的契约，但在钢材交易市场及部分钢材加工配送中心，钢材批发商与钢材零售商之间并不存在具有约束力的契约，钢材交易市场中的各级经销商与钢材用户之间亦不存在具有约束力的契约。钢铁流通路径末端的渠道成员因利益上的“多选”而弱化了相互间的契约性合作。在同一条钢材流通路径中，各个交易节点所遵循的交易规则都不一样，这种契约上的不一致性，将导致整个流通路径交易行为、交易规则的不一致性。

三、中外钢铁企业与用户的联系

从钢铁企业与钢材终端用户的紧密程度看，美国钢铁企业倾向于向客户提供钢材使用方案而与用户的紧密程度最高，其次是日本。中国钢铁企业与美国、日本钢铁企业相比，与用户的紧密程度明显处于较低层次。

（一）美国钢铁企业不断强化与用户的联系

美国下游用钢产业有着较高的产业集中度，适宜钢材的大批量供应。美国钢铁公司与客户之间通过专用的网上订货平台进行订货，这一订货方式使更多的用钢企业信息纳入到钢铁企业的客户资源当中。美国钢铁企业销售给大型钢材终端用户企业的钢材价格一般低于销售给经销商的钢材价格。这是因为钢铁企业认为，大型终端用户企业需求量大，对其进行价格优惠有利于钢铁企业稳定与用户的长期合作关系，而经销商则可通过钢材再加工、再制造赚取增值利润。

进口钢材比重的增加，强化了美国钢材经销商在钢材市场中的价格话语权，对美国钢材企业的价格话语权则是一种弱化。在这样的背景下，美国钢铁企业加强钢材直销的管理，不仅有利于提高为客户服务的质量，稳定市场占有率，同时还可以控制经销商（钢材服务中心）的资源拥有量，削弱其对钢材价格的影响力。

（二）日本钢铁企业掌握着客户资源

近五年日本汽车钢材年度消费量为800万吨左右，占日本国内钢材消费总量的比重约为13%左右。造船、家电等制造业大型企业的钢材消费量应占日本钢材消费总量的20%～30%。这表明日本大型钢铁企业与市场覆盖面近40%的大型用钢企业发生直接业务联系。

日本钢铁企业在排产上坚持订单式生产。商社对钢铁企业下订单，其中有70%是收到钢材用户的确认订单后才下单给钢铁企业的。钢铁企业接到商社订单后才进行优化排产。这样做，使日本钢铁企业掌握了更广范围的客户资源。

（三）中国多数钢铁企业与用户尚未建立良好的沟通机制

（1）钢铁企业与终端用户缺少必要的沟通与联系。在常规钢材流通路径中，经销商数量众多，且以小规模为主，多数钢铁产品特别是建材类产品的商流路径过长，多层次交易的存在延伸了商流路径，使钢铁企业与用钢企业无法直接进行信息沟通，而且钢铁企业与经销商之间缺少有效的沟通与协作机制，经销商很少把产品的销售走向、客户资源等信息传递给钢铁企业，钢铁企业难以通过现有的商流渠道进行有效的市场监控。如在钢材交易市场中，钢材批发商、钢材零售商的基本运营模式是“坐商”，即做好一个铺面等着钢材用户上门来采购。在这种状况下，钢铁企业难以通过钢材交易市场较为准确地掌握终端用户的基本情况，也难以根据用户需求展开有针对性的营销活动。

（2）在很多钢铁企业的客户关系管理中，其所储存的客户档案多是与其直接发生交易的经销商及钢材用户，并没有最大限度地储存钢材终端用户的资料。因此，目前多数钢铁企业所建立的客户关系管理系统应为一级经销商及直接交易的钢材用户管理系统。这说明钢铁企业没有掌握使用本企业钢材的终端用户的基本资料。

（3）多数钢铁企业有时虽然按照经销商的订货合同要求将钢材直接发给了终端用户，但钢铁企业并没有直接与终端用户发生任何业务联系。多数经销商也不希望钢铁企业越过自己这一环节直接与终端用户进行需求上的沟通。

四、中外钢材流通渠道稳定性的差异

美国钢铁企业由于钢材直销比重较高，而且其销售给钢材服务中心的钢材在美国虽然视作分销，但鉴于美国钢材服务中心具有金属制品业的行业属性，这种销售方式在中国、中国台湾地区都被视作直销。直销更多考虑的是商品生产者与用户的关系，流通渠道则相对简单。因此，在分析钢材流通渠道稳定性方面重点分析日本与中国的差异。

（一）日本钢材流通渠道相对稳定

（1）综合商社对钢材流通渠道起到了信用支撑作用。综合商社依托企业集团及并联银行获得充裕的资金，具备了不可估量的“信用价值”，并以此为保障在钢铁企业与中小型用钢企业之间承担着桥梁与纽带的作用。鉴于综合商社的金融信用，钢铁企业货款回收有了期限保障；用钢企业资金周转困难时，还可以从商社得到贷款。

（2）综合商社运用资本纽带加强渠道控制。综合商社的最大股东通常是金融机构，包括城市银行、信托银行、地方银行、损害保险公司、生命保险公司等，这些机构拥有综合商社所发行股票的50%左右。各综合商社可以很方便地从集团内的银行中拿到贷款，放给需要资金发展的各级专营店或钢材加工中心。这相当于综合商社将渠道成员系列化，将渠道管理纳入企业管理的范畴。

（3）为维护流通秩序，日本钢材流通体系建立了严格的批发商等级制度。综合商社、专营商社作为一级钢材代理商与钢铁企业直接发生钢材购销关系，每个钢铁企业所联系的一级钢材批发商数量保持相对稳定；一级批发商在转移商品时仅与二级批发商发生业务关系，即各级专营店只与自己的上下级专营店（批发商）发生业务关系。钢材从钢铁企业到终端用户手中最多经历五个环节。这表明日本钢材流通渠道的商流长度是可控的。如五家最大的钢铁企业80% ~90%的钢材是通过指定一级批发商（其中包括综合商社、专营商社和钢铁专营批发商）实现了国内销售及对外出口。普通的中小型钢材用户到五大钢铁企业直接订货，即使出价高，钢铁企业一般也不与之发生直接交易关系。综合商社与钢铁企业通过划分区域市场，限定各层次专卖店的销售区域，防止渠道成员之间的横向冲突，提高了渠道的稳定性。

（4）形成约束力较强的行业规范与行业道德。钢铁企业和一级批发商之间形成了稳定的合作关系，这种关系在长期合作当中已转化为行业规范，双方都不会为了眼前的一点利益去进行短期的投机。钢材流通渠道中的主导者在行业规范与行业道德方面的示范作用，本身对中小型钢材流通业者的行业约束。而我国国内一些大的钢材经销商往往率先参与市场投机，直接扰乱了钢材流通秩序。

（二）中国钢材流通渠道管理相对失控

（1）渠道中各个成员都是独立的法人实体，都以各自利润最大化为追求目标，从而导致渠道成员目标及行为的不一致性，如经销商注重当期收益的短期性销售行为与钢铁企业对产品的长期规划和市场开拓之间存在着矛盾。

（2）在中国常规钢材流通路径中由于对钢材经销商没有较为严格的、明确的行业准入条件，钢材流通路径中的钢材经销商数量规模处于相对失控状态。一是多数钢铁产品特别是建材类产品的商流路径过长，多层次交易的存在延伸了商流路径，推高了钢材流通成本；二是做“转手”贸易的经销商占据相当高的比例；三是很多钢材经销商处于“间歇性”经营状态，即在钢材市场需求旺盛、钢材流通利润空间较大时从事钢材流通；在钢材市场低迷、钢材流通利润空间狭小之时，或是从事其他的商品流通，或是选择歇业。

（3）钢材交易市场为广大的钢材经销商提供了便利的交易平台，但钢材交易市场打破了钢材经销商之间的纵向层级关系，模糊了钢材批发商与钢材零售商之间的界限，使钢材流通渠道的宽度得到极大的增长。

（4）钢铁企业、经销商都具有经营上的独立性，由于流通利润的分配缺乏规则约束，使双方在流通利益分配中不是通过科学合理的分配机制实现“共赢”，而是存在着一方利益的增加意味着另一方面利润减少的竞争性关系。

（5）在当前钢材流通渠道中没有哪一个渠道成员能对其他成员拥有足够的控制力量，这同样会导致渠道利益分散，引发流通渠道秩序上的混乱。

五、准一体化渠道中国未来渠道管理的发展方向

我国钢铁企业与经销商之间的关系存在着如下一个逐步演变的过程，这个过程可以分为4个阶段，即单纯的买卖关系—代理批发关系—代理关系—资本关系。目前，多数钢铁企业与经销商的关系正处于由“单纯的买卖关系”阶段向“代理批发关系”阶段的过渡时期。“代理批发关系”阶段实质是以准一体化渠道为主体流通业态的阶段。准一体化渠道应通过契约的方式加以实现，即以合同为纽带明确渠道成员各自的权利和义务，统一行动，以获得比各自独立行动时更协调的合作和更好的销售效果。

建设以经销商为主导的准一体化渠道的难点是：经销商要有制约钢铁企业的手段。在日本钢材流通体系中，综合商社既是钢铁企业原材料的供应商，又是钢铁企业钢材销售的主渠道；钢铁企业在原材料采购方面需要支持商社佣金，在此环节上商社是供货方，钢铁企业属于买方，商社承担了更多的资金风险、贸易风险、运输风险；钢铁企业在钢材销售方面也要支付给商社佣金，但在此环节上钢铁企业是供货方，商社是一定意义的“买方”。钢铁企业与商社买卖角色的转换，说明钢铁企业与商社之间都有制约对方的“砝码”，实现双方利益的最大化唯一方式是全面协作，否则将是“两败俱伤”。而中国钢材经销商队伍数量规模庞大，缺少领军型企业，且经营方式单一，更缺少金融手段的支持，难以对钢铁企业形成制约。

建设以钢铁企业为主导的准一体化渠道在中国当前的环境下较为可行。钢铁企业在自办营销渠道的基础上，可以通过参股、控股、合作的方式有选择地与重点经销商进行合营，以产权契约为纽带将更多的流通利润纳入到钢铁企业的整体利润中去，而且产权契约可以使渠道成员树立较为一致的目标，有利于加强渠道的稳定性，减少对抗性，提高渠道的整体效益；钢铁企业还应参与钢材交易市场建设，通过钢材深加工的方式延伸产业链，直接与钢材用户进行交易，并有助于钢材交易市场进行功能转型。钢铁企业优化和缩短准一体渠道商流路径的核心是钢铁企业要设立更多的销售网点，通过增加销售网点，增加产品的辐射面和销售量。如一些有实力的钢铁企业在一些区域

中心型城市建设钢材加工配送中心，直接向零售商、用钢企业提供钢材的做法是构建扁平化渠道的具体举措。在扁平化渠道中，企业派往各地的销售机构及销售人员受到的控制不再是逐级控制，而是借助跨地区的计算机网络化管理，由总部和各地的销售机构共同进行资金、销售、库存等方面的管理，实现资源的整体性优化。

在将来我国的代理法正式实施的情况下，建立起庞大销售网络的钢材批发商可以与钢铁企业建立获取佣金的代理关系。随着代理关系的发展，钢铁企业为了进一步降低交易成本，将具有较大销售网络的代理公司收购或控股，建立钢材生产与钢材流通之间的资本关系。或者钢铁企业与经销商订立经营协议，在协议中明确双方对对方与共同市场所承担的责任，尤其是功能性责任；其次要摆明各自的利益及如何对利益进行保护。双方应该根据本区域市场特点，就可以预见到的问题进行探讨，寻求解决的方式，并订入协议条款，以此维护渠道中双方共同利益，构建能实现双赢的关系型流通渠道。

（中国钢铁工业协会　李拥军）

美国对汽车流通领域垄断行为的规制及对我国的启示

一、美国汽车流通领域现状及特点

美国是全球最重要的汽车市场之一，2012 年美国汽车销量 14786 万辆，占全球汽车总销量的 18%。目前，美国汽车流通主要实行的是特许经营模式，美国汽车销售的绝大部分份额都是由特许经营模式销售完成的。

美国的汽车特许经营模式是从制造商到特约经销商再到消费者，每个地区设立地区机构负责产销关系，同时设有配件中心供应配件，还设有负责修理及培训的维修中心。

（一）经销商行业集中度较低

与汽车制造商相比，美国汽车经销商的集中大为缓慢。19 世纪 30 年代有 5 万个经销商，19 世纪 70 年代低于 3 万家，1999 年有 2. 3 万经销商，2004 年有 2. 2 万经销商，经过缩减，目前现有经销商 1. 7 万家。但是经销商数量在上百家的汽车经销商集团只有 3 家，而经销商数量在十家以上的汽车经销商集团也只有 40 多家；最大的 AutoNation 占美国新车销量低于 2%，排名前 125 个经销商集团的新车销量低于全美销量的 17%。

（二）销售和售后服务分离

美国汽车流通最大的特点就是“专业性”，已经实现整车销售和售后服务的分离。汽车销售的主流模式仍然是汽车专卖店，大多数专卖店只具有 1S 的功能，即只做销售，少数具有一定规模的才建有售后服务体系。例如，美国通用公司卖出的汽车中，74% 不是由特许经销商提供维修服务，原因是经销商提供维修服务费用很高，3S、4S 的传统经销模式经销点的建立和运行费用都很昂贵，没有必要每个经销商都建立维修服务站点。美国的汽车售后服务也趋向专业化，不仅汽车金融服务、保险服务等已从原有的售后服务体系中独立出来，玻璃、轮胎、润滑油、美容品、音响和空调的维修等也呈现专业化经营。它们的主要经营模式不是建立大规模的维修厂和维修中心，而是建立大量的连锁店或分支机构。

（三）制造商对销售和售后服务的控制力较弱

在美国，汽车销售和维修较少受到制造商的限制。由于制造商对经销商没有投资关系，汽车制造商与经销商之间相对比较独立，制造商对经销商的控制力比较弱，当出现利益冲突时，通常经销商的利益会得到保护。对于售后服务市场，制造商除了对质量的控制外，也没有其他的严格限制。

（四）制造商对经销商的授权区域受限

首先，因为各州的法规不同，跨州销售通常不被允许；其次，现有10英里半径内，设立新代理经销商，要取得原代理经销商的同意。

二、美国对汽车流通领域垄断行为的规制

美国是判例法国家，所谓判例法，就是基于法院的判决而形成的具有法律效力的判定，这种判定对以后的判决具有法律效力，能够直接作为法院判案的法律依据。虽然是判例法国家，但是美国也制定了大量的成文法规。

（一）与汽车流通相关的美国反垄断法律体系

反垄断法是美国汽车流通法规体系的上位法。美国有关汽车流通的规定都是在反垄断法的基础上进行规定的，美国建立反垄断法规体系意在使市场的参与者在公平条件下竞争，促进产业和市场有序、合理的发展，进而最终保护美国消费者的合法权益。

美国是世界上最早制定反垄断法的国家，现代反垄断法已有超过100年的历史，规范和约束垄断行为的法规和判例都远远早于其他国家。美国的反垄断法称为反托拉斯法，《谢尔曼法》、《克莱顿法》、《联邦贸易委员会法》组成美国反垄断法的主体。该法规体系原则上将垄断和不正当竞争行为看成违法而加以禁止，这有效地促进和维护了美国的经济自由、经济民主和市场公平竞争。

1.《谢尔曼法》(Sherman Act)

美国国会于1890年制定了第一部反垄断法《谢尔曼法》。《谢尔曼法》也是美国历史上第一个授权联邦政府控制、干预经济的法案，该法奠定了美国反垄断法规体系的基础，至今仍然是美国反垄断执法的基本准则。

和欧盟反垄断法认为垄断地位或市场优势地位本身并不违法的立法原则不同，《谢尔曼法》采用高度立法原则，即独占、寡头被严格限制或禁止，垄断地位或市场优势地位本身都被视为违法，予以控制。但《谢尔曼法》只提供了反垄断法律的概念和框架，其措辞极为含混和笼统，这为司法解释留下了巨大空间，而司法解释经常受到经济周期波动影响，所以，该法颁布后法律上模糊的空间为反垄断法规的执法带来了困难。

2.《克莱顿法》（Clayton Act）

1914 年，美国国会制定了《克莱顿法》。该法案是美国历史上第二部重要的反垄断立法。《克莱顿法》是《谢尔曼法》的补充，将《谢尔曼法》进一步细化。《克莱顿法》的主要内容是限制集中、合并等行为，主要目的是制止反竞争性企业的兼并以及资本和经济力量的集中，其中非法兼并和合法兼并的确认原则是在该法实施过程中不断完善的。

3.《联邦贸易委员会法》（Federal Trade Commission Act）

1914 年，美国国会通过《联邦贸易委员会法》。该法是对《谢尔曼法》的又一补充。《谢尔曼法》和《克莱顿法》是纯粹的反垄断法，《联邦贸易委员会法》中则增加了消费者权益保护和禁止不正当竞争行为等内容。《联邦贸易委员会法》还授权建立联邦贸易委员会，作为负责执行各项反托拉斯的联邦行政机构，同时授权联邦贸易委员会发布各种反垄断指南以及判例。

联邦贸易委员会的职责范围包括：搜集和编纂情报资料、对商业组织和商业活动进行调查、对不正当的商业活动发布命令阻止不公平竞争，其目的是确保国家市场行为具有竞争性。

《联邦贸易委员会法》最重要的条款是第 5 条，规定商业中或者影响商业的不正当竞争方式是违法的；商业中或者影响商业的不正当或者欺骗性行为或做法是违法的。

上述反垄断相关立法没有对汽车流通领域垄断行为作专门具体的明文规定，一些原则性的规定主要体现在对纵向限制性条款的规定，相关的条款主要有：《谢尔曼法》第 1 条（限制性条款），第 2 条（独占行为）及《克莱顿法》关于搭售价格歧视的规定等。

首先，《谢尔曼法》对限制竞争协议一概予以禁止，未设立例外规定，但在司法实践中联邦法院确立了合理原则和本身违法原则，作为确定限制竞争协议是否合法的准则。近些年来，美国法院对纵向限制性条款多采取较为宽容的态度：如法院对一切纵向非价格限制性条款都适用合理原则；关于纵向价格固定，法院多适用本身违法原则；至于长期性供给和需要合同，法院多采取合理原则做出判断。

其次，《克莱顿法》明确规定了 17 种非法垄断行为，其中包括价格歧视、搭卖合同等。价格歧视，即同一种商品以不同价格卖给不同买主从而排挤竞争对手的行为。搭卖合同，即厂商在销售一项产品时坚持要买方必须同时购买搭卖品的行为，否则拒绝交易。

最后，在美国的司法实践中，法院认为适用反垄断法界定特许经营是否构成限制竞争须具备两个条件：一是有无经营的限制条件；二是其限制条件是否实质性的减少了竞争或形成对商业的垄断，后者是更为根本的标准。

（二）与汽车流通相关的美国联邦政府专项法规

1.《联邦贸易委员会特许经营条例》（FTC Franchise Rule）

美国是特许经营的发源地，也是世界上特许经营立法最完备的国家。1978 年，美国联邦贸易委员会（FTC）颁布了特许经营条例最终文本，并自 1979 年 10 月开始实施。该条例与联邦法律具有同等效力，目的是使潜在受许人在投资前能够获得足够的信息，以便充分地对潜在的风险和利益进行评估、对不同的投资机会进行有价值的比较，并对该特许经营体系进行进一步调查，从而能够保护自己。它使信息披露制度法制化，正式名称为《关于特许经营和商业投资的信息披露要求和禁止事项》，以规范在销售特许经营权以及商业机会过程中所发生的普遍存在的不公平和欺诈性行为。

2.《联邦汽车经销商特许经营法》（Automobile Dealers' Franchise Act）

20 世纪 50 年代以前，美国汽车制造商在规模上拥有优势，汽车特许经销商在市场地位上很难与汽车制造商平等抗衡。为了解决因为实力不对等带来的汽车制造商对经销商的垄断和不正当竞争等市场行为，1956 年，美国国会通过了专门针对汽车行业的《联邦汽车经销商特许经营法》。规定在 1956 年 8 月 8 日以后，汽车经销商可以在任何汽车企业的所在地、能被发现的地域或者有代理的地域的美国法院对任何汽车制造商提起民事诉讼，以应对汽车制造商任意终止、解除或不延续汽车经销商的特许销售许可合同或未履行合同规定的条款，来补偿因汽车制造商未能诚实地履行合同规定的条款或终止、取消和未续约等义务给汽车经销商带来的损失。其具体要点如下：

（1）规定汽车制造商、经销商、商业、特许经营权、机动车辆以及机动车辆特许经营权合同等概念。

（2）明确“诚实信用”的原则。要求特许经营双方遵守任何特许经营权的义务，所有高级职员、雇员或代理人之间的行为方式公平、公正，以保证一方免受强迫、恐吓或来自另一方的强迫、恐吓等威胁。但是，推荐、支持、阐述、说服、敦促或争辩不应视为失信行为。

（3）为保护汽车经销商，法律不论争议的数额多少，汽车经销商可以对从事商业的任何汽车制造商在其任何居住地或拥有代理机构的地区的美国联邦地方法院提起诉讼。

（4）汽车制造商未能按照诚实信用的原则履行或遵守特许经营权的任何条款或规定，或终止、取消，或未能与上述汽车经销商续签特许经营权，汽车经销商应获得遭受损失的赔偿金和诉讼费。

（5）给予汽车制造商在任何诉讼中，就汽车经销商的失信行为为其自身进行辩护的权利。

（6）规定了特许经营争议解决方式。采取仲裁的条件是，在争议发生后，只有各方书面同意使用仲裁解决争议的情况下，才可使用仲裁解决争议。

（7）当选择根据机动车辆特许经营权合同解决争议时，仲裁人应根据机动车辆特许经营权合同解决双方争议，并且提供裁定结果的事实基础和法律基础的书面解释。

（8）未经汽车特许经销商同意汽车制造商不得在许可区域增加其他的汽车特许经销商。

3.《诚实法》(Good Faith Law)

1955年生效的《诚实法》的立法目的是防止制造商对经销商强行分配销量指标或强行检查财务记录等可能造成过当竞争或不公平竞争的行为。其禁止的是制造商对经销商的强制行为或胁迫行为。

该法的内容明确了制造商与经销商的关系平等，特许经营的条件和规定的运用、合同的终止、更新等交易行为应本着相互信任的精神等原则。

（三）与汽车流通相关的美国州政府法规

美国实行联邦政治体制，各州有相对独立的立法权和司法权，因此，美国各州在和联邦法律不相违背的前提下，有自己相对独立的汽车流通法规。

美国共有50个州，各州都有汽车特许经营法，为制造商与经销商之间的关系提供法律保护。尽管各州之间的法律有所不同，但都会保护经销商的权益，避免制造商不公正地撤销经销商，是《联邦汽车经销商特许经营法》的延伸和补充。

各州的汽车特许经营法规定各不相同，但大多数都包含了以下主要原则：

（1）对经销商授权的终止、修改或不予续签有严格限制，整车制造商需要给出“合理的理由”。例如经销商有违规、欺诈、未能提供标准服务或存在破产风险，整车制造商需提前一段时间（常为180天）告知经销商并允许其申诉、整改。当整车制造商因为需要调整销售网络而关闭经销商时，需要给予一定赔偿。

（2）整车制造商不得设定经销商的销量目标或规定经销商销售的车型，也禁止整车制造商限制零售价格，如设置最低、最高折扣等。

（3）严格禁止价格歧视，整车制造商不允许对不同经销商提供不同提车价格，借此以保护小经销商的利益。

（4）整车制造商需支付经销商在保修期内给消费者提供服务的费用，支付的额度一般为经销商提供维修服务成本加30%~40%。

（5）严格限制整车制造商干预经销商的收购合并、管理层更换。

（6）当经销商的授权被终止后，整车制造商有义务回购经销商尚未售出的库存，包括车辆、零部件和经销商的专用设备等，一些州还规定整车制造商需赔付经销商一段时间的土地租金。

三、对我国完善反垄断法律体系以维护汽车流通领域公平竞争方面的启示

1. 加强汽车流通领域反垄断法规制

保护竞争是美国反垄断法至高无上的宗旨，在特许经营反垄断的实施强度上，美国在相当长的时间内实施了强有力的反垄断政策，无论在实体方面还是程序方面均严于其他国家，通过严格执法来达到维护竞争的目的。从国际范围来看，对特许经营的反垄断法规制均呈现严厉的趋势。目前，在我国汽车流通领域存在诸多涉嫌垄断行为，我国应该强化汽车流通领域的反垄断法规制，加快出台汽车流通领域反垄断实施指南，进一步提高汽车流通领域反垄断立法和执法的强度。

2. 引入合理原则增加反垄断法的灵活性

本身违法原则和合理原则作为美国反垄断法违法判定原则，在实施反垄断法的过程中起到至关重要的作用。和美国不同，我国是成文法国家，但合理原则的理念之于反垄断法十分重要。我国的《反垄断法》第15条列举了垄断协议豁免的情形，但列举往往不能穷尽，而且文字表达易存有歧义，合理原则能经过全面分析后再权衡利弊判定是否违法，这样增加了法律的灵活性，可以弥补成文法的不足。

3. 适当弱化汽车制造商对经销商的控制力

从《汽车品牌销售管理实施办法》（以下简称《办法》）实施几年的效果看，由于其授予了汽车制造商的绝对强势地位，因此造成了我国汽车流通领域存在诸多垄断行为，妨碍了市场的公平竞争，从而大大损害了汽车经销商以及消费者的利益。从美国的经验来看，由于其反垄断法对经销商的保护非常充分，因此，制造商对经销商的控制力比较弱。《办法》的实施造成了我国汽车制造商和经销商之间控制与被控制的关系明显，应抓紧修改该《办法》，提高经销商的地位，适当弱化制造商对经销商经营行为的控制力。

4. 进一步提高我国汽车售后市场的竞争

在美国，售后服务不仅和整车销售分离，也很少受到制造商的限制。目前，我国提供汽车售后服务的模式是以 4S 店为主，4S 店投资巨大，装修豪华，其维修费用高昂，消费者没有自由选择配件的权利。我国《机动车维修管理规定》明确“机动车维修经营者应当将原厂配件、副厂配件和修复配件分别标识，明码标价供用户选择”，以及“任何单位和个人不得封锁和垄断机动车维修市场”。

从我国目前汽车售后市场现状来看，《机动车维修管理规定》并未得到很好的贯彻执行，消费者权益严重受损。我国应该鼓励多种形式的维修模式，进一步提高汽车售后市场的竞争。

（中国汽车技术研究中心　王红娟　刘　宇）

德国汽车流通与二手车市场情况考察记

提到德国，人们不仅想到的是旖旎的欧陆风情，怡人的自然风光，当然还有代表其经济实力与水平的汽车工业与成熟的汽车市场。作为拥有世界顶尖技术与顶级品牌的德国汽车工业已经为我国的汽车产业发展提供了有益的借鉴，而支撑德国汽车工业持续不衰的德国汽车市场的运行与管理机制对于我国这样一个迅速发展，同时又面临诸多困惑的新兴汽车市场而言，有着更加重要的现实意义和学习价值。

抱着了解、学习德国汽车流通行业及二手车市场发展状况与经验，思考并提出我国汽车流通行业与二手车市场发展面临问题的对策建议的目的，中国汽车流通协会赴德学习考察团在常务副会长兼秘书长沈进军的带领下，对德国宝马公司总部、宝马最新 i3、i8 新能源车生产厂进行了参观考察，与德国宝马公司相关人员、德国凯达汽车检测协会举行了主题交流活动，参观、走访了宝马展示中心、宝马慕尼黑二手车中心、柏林 BCA 二手车拍卖中心。一系列的考察与交流活动虽然不能“入木三分”，但收获不小、启示良多依然是考察组的共同感受。毕竟，本次交流活动是中国汽车流通协会承接了商务主管部门关于研究与学习国外成熟汽车市场相关政策的课题之后的一次针对性强的考察，是考察组带着我国汽车流通行业面临的诸如“品牌销售管理办法”修订、新能源汽车、二手车相关税收、临时产权登记、环境保护与限迁等一系列亟待解决的热点问题开展的交流活动。他山之石，将为探寻我国汽车流通行业面临的热点与难点问题的解决之道提供一种思路，一种参考，对于补充和完善我国汽车流通行业与二手车市场的顶层设计与管理体系，进一步推进我国汽车流通行业与二手车市场发展具有现实的积极作用。

一、牢固的服务理念是产业发展与保持市场活跃的基石

作为具有百年历史的宝马公司，之所以经久不衰，始终保持在全球汽车市场的领先地位，牢固的服务理念是其发展与保持市场活跃的坚强基石。从其旗下的宝马、Mini、劳斯莱斯三大豪华品牌的市场口碑，从 2012 年的 180 万辆的全球销量，从欧洲市场占有率的 47%，到中国市场 40% 的增长率和

18%的市场占有率，从全面体现环保、城镇化、顾客希望、文化体现等六大趋势，到i系电动车的批量化生产，从1994年在中国建立第一个销售公司，到今天在中国90个投资商、400个网点……所有业务的进展与成就都显示着其扎根市场的服务理念的牢固。在酷似4个聚集一起的气筒的宝马总部大厦、在宝马展示中心，在全新的电动车生产线，都在印证着这样的理念——服务。

二、先进理念与技术基础支撑产品保持领先地位

宝马的先进理念与技术基础在此次的访问中再次得到了印证。在莱比锡的宝马工厂，首先看到的是4个巨大的风力电机，据介绍，正是这4个庞然大物解决了宝马莱比锡工厂的全部能源需要，从开始就注重绿色与环保是宝马电动车项目的基本理念。而当得知在厂区绿地中圈养的羊群是为了解决厂区绿地修剪下的草渣问题时，我们又不得不感叹他们的细微功力。

宝马电动车生产的一大突破来自其全部车身的碳纤维化，也正是这一核心技术使得宝马电动车能够通过降低车身重量，保持在电池重量显著增加的情况下，实现车辆整体自重与燃油车相当，从而保证车辆行驶中的动能消耗的经济性。

宝马电动车生产的另一先进理念就是国际化，用于制作车身的纤维原料来自日本，纤维的碳化由美国的合作商完成，电动车的驱动电池来自韩国的三星。就是这样一个国际化的优势集合，造就了世界上第一个批量化量产的电动车产品i3和i8，每小时130千米的时速，140千米的续航里程，5万欧元的单车售价，特别是对先期购买电动车的用户提供免费安装充电桩服务的措施，更让宝马电动车的市场前景充满希望。

三、管理机制成熟成为二手车市场活跃的支撑

据介绍，2013年，德国的二手车交易有望达到650万辆，新车购置置换率达到80%~90%，二手车与新车交易比达到1.2：1，二手车库存周转天数平均为70天，周转较好的经销商二手车周转天数为50天，不好的需要90~100天。宝马公司的二手车交易量2013年目标达到80万辆。

德国二手车市场的活跃不仅源于百年汽车史带来的市场积淀，还有着比较成熟与完善的管理体系的保驾护航。在我国，二手车税收是遵循着以交易价格为基础的全额征收制度，二手车经营机构缴纳2%，二手车拍卖机构缴纳

4%，二手车经纪公司免收。二手车交易税收制度在德国则有着不同的表现，一是征税的基础是进销差价，二是征收的税率统一为19%。这种以进销差价为基础的征收税制和统一税率的做法对于调整和改进我国二手车税收制度、推动二手车市场的更快发展具有积极的借鉴意义。

在我国二手车行业普遍关心的车牌管理问题，也就是二手车的临时产权登记问题，在德国也有较好的解决方案，在先期完成车辆使用终止手续后，通过申领临时牌照的方式以完成周转与交易，对于私人用户来讲，可以申请为期5天的临时注册牌照，一车一证，用户需要缴纳70欧元的费用；对于经营者而言，可以申请有效期为1年的多次使用的注册牌照，并缴纳每张临牌175欧元的费用。私人临牌与经营临牌用白底黑字与白底红字区别。

在近年我国开始的对机动车排放标准的限制方面，德国也有着相关的规定，自2007年开始，德国在不同地区设置环境保护区，驾驶员需要获得相关证书才能在环境保护区范围内驾车行驶，这种免费获得的证书需要在当地相关管理部门确认车辆的排放达到规定的标准后才能获得。

四、二手车车辆检测是二手车交易的重要辅助

在中国二手车领域已具有一定影响力的DAKRA（德凯达）检测服务机构在德国的二手车领域有着比较高的行业知名度和影响力，这个成立于1925年的车辆检测协会，1960年开始进入工业检测领域，车辆检测现已成为其重要的业务内容之一，累计完成了近2000万辆的汽车检测，除检测业务外，其还在车辆的辅助管理、车辆售后服务（车辆保险等）、工程检查、消费品检测和人员培训等多方面开展服务。其在中国的相关服务业务则集中在二手车检测与二手车管理等方面。

从具体的服务内容讲，其提供包括：置换评估、二手车定价、销售决定、库存管理、现场加互联网的推销、销售管理等方面。德凯达的检测分三个层次完成，即目视、技术检测、价值判断，而这一系列工作的完成时间在30分钟内完成。

对宝马而言，有30%～50%的车辆经过德凯达的检测实现交易。

从德凯达的业务模式上不难看出，建立为行业及客户普遍认同的标准是核心，通过提供检测服务、提供相关的证明文件、提供检测工具、评估车辆等具体业务，实现对批发、零售（收车）等的业务支持，建立客户信心。德凯达提供的是一种认证，一种行业组织的认证。

五、品牌二手车是二手车最重要经营方式之一

同中国相近，德国的二手车经营也存在着不同的经营服务模式，而品牌二手车是其中最重要的经营方式之一。

在柏林宝马二手车中心，2013 年的二手车交易规模达到 1.45 万辆，厂区二手车存量可达 2000 辆，展示车辆超过 1000 辆，车源的 90% 来自租赁公司。车辆全部是宝马。在二手车中心，其经销的二手车均为 5 年以内的车辆，不符合标准的二手车一般通过拍卖等方式转出。对于 10% 的零散客户提供的非宝马品牌的二手车也通过拍卖等形式快速转出。

一个很有特色的信息是，在这个二手车中心，还设有新车销售部门，目的是为宝马车主的以旧换新业务提供支持。在其 68 个销售人员中，有 49 个从事二手车交易服务，而新车销售人员达到了 19 个，除此之外，该中心还有 70 个售后服务人员。注重服务也是品牌二手车经营的一大法宝。

六、二手车拍卖体现精细化特征

作为一个成熟的二手车市场，拍卖在德国的二手车流通领域同样占据着重要的地位。考察组走访的 BAC 拍卖公司是欧洲最大的二手车专业拍卖机构，在欧洲很多国家均设有分支机构，总部设在英国。设在柏林的 BAC 拍卖公司的年二手车拍卖成交量达到 3.5 万辆。

在 BCA 拍卖业务的前端，有若干家评估机构驻场提供车辆检测，他们将根据客户的需要，提供相关的检测报告。

同国内现行的拍卖交易服务平台的客户不同，BCA 拍卖中心主要通过与主机厂合作来完成其回购的二手车的流转，参与拍卖的客户也多为品牌经销商，通过不同的层级实现对不同品牌车辆的拍卖流转。

作为二手车拍卖前的重要环节，二手车的整备在 BCA 没有过多的内容，清洁构成了其整备的绝大部分内容，确需进行整备的车辆则通过与本品牌的经销商合作完成。

作为拍卖服务商，BCA 将分别从买家与卖家那里收取各 2.5% 的交易服务佣金，而这构成了其主要业务收入来源。

对于一个只有 20 名员工的拍卖公司，其很多服务业务是通过服务外包的形式完成的，如专业的车辆清洗公司、专业的车辆驾驶服务公司等。

短短数日，不可能穷尽德国汽车流通行业和二手车市场的全貌，也无法实现对德国二手车市场的深层理解，但在蜻蜓点水之间，我们也能感受到以宝马为代表的德国汽车流通业的发展概况和二手车市场的整体脉络，就是这点滴体会也使我们进一步看到了成熟汽车市场的特征，萌生了提升我国汽车流通行业与推动二手车市场活跃的一些新的思路和体会，更坚定了对我国汽车流通行业与二手车市场发展光明前景的信念。

（中国汽车流通协会）

第六部分

数　据　篇

表 1 **1991—2013 年全社会生产资料销售总额**

年份	销售总额（亿元）	现价（±%）	可比价（±%）
1991	11752	15.7	8.6
1992	15962	35.8	18.9
1993	22642	41.8	16.2
1994	28900	27.6	14.8
1995	34533	19.5	15.7
1996	38520	11.6	12.8
1997	41740	8.4	10.8
1998	43038	3.1	8.6
1999	46138	7.2	10.1
2000	53068	15.0	9.8
2001	58473	10.2	10.9
2002	72190	23.5	14.1
2003	88191	22.2	19.2
2004	115547	31.0	19.5
2005	142730	23.5	16.2
2006	176786	23.9	17.4
2007	221120	25.1	19.8
2008	265456	20.1	10.4
2009	277466	4.5	13.8
2010	361065	30.1	19.6
2011	456157	26.3	13.2
2012	500850	9.8	11.9
2013	551731	10.2	11.9

注：生产资料销售总额均按当年现价计算

2005 年以前按 GDP 调整数作相应调整

表 2 **2014 年 1—4 月生产资料销售总额**

年份	销售总额（亿元）	现价（±%）	可比价（±%）
2014 年 1—2 月	82843	7.3	9.8
2014 年 1—3 月	134031	6.7	9.6
2014 年 1—4 月	183838	6.9	9.7

表 3　　**2007—2013 年流通环节生产资料价格指数（上年 =100）**

年份	2007	2008	2009	2010	2011	2012	2013
总指数	104.48	113.03	85.48	112.65	109.44	94.38	95.39
一、黑色金属	112.75	129.40	74.53	114.21	110.00	86.63	91.32
钢材	112.00	128.36	74.75	113.89	109.72	86.61	91.62
型材	113.88	135.80	75.86	111.88	113.25	87.10	90.23
线材	115.87	131.31	75.41	115.65	113.07	83.71	89.77
中板	119.24	124.70	67.08	118.48	108.51	84.86	92.14
薄板	106.26	116.21	77.82	114.06	104.14	88.51	95.09
焊接钢管	110.56	128.68	79.00	109.59	108.26	89.85	92.12
废钢	113.07	138.76	78.66	116.92	119.54	85.14	86.11
铸造生铁	130.33	149.28	67.22	120.40	112.04	87.74	86.72
二、有色金属	107.01	84.10	79.49	125.40	107.80	89.18	93.75
铜	101.59	88.63	75.85	140.26	112.46	86.39	93.16
铝	94.80	87.12	81.32	113.38	107.07	92.75	92.66
铅	159.94	88.82	79.21	117.52	101.96	93.33	92.83
锌	102.39	56.60	88.46	125.61	96.70	89.04	99.57
三、化工产品	104.51	109.75	76.51	114.59	111.62	96.60	97.59
天然橡胶	91.53	111.10	71.72	162.59	128.98	75.44	77.79
聚丙烯	109.74	98.62	75.37	118.67	111.42	93.97	96.61
ABS 树脂	105.39	97.91	76.13	133.74	107.53	91.76	96.29
纯碱	104.99	120.48	76.03	96.06	121.92	104.17	93.91
烧碱	107.88	113.09	97.40	77.99	120.69	102.75	100.85
四、原煤	102.06	140.70	78.54	127.80	109.66	86.52	83.51
烟煤	101.79	140.67	78.94	127.91	109.56	86.17	83.63
无烟煤	102.95	140.80	77.05	127.36	110.03	87.83	83.02
五、成品油	101.79	118.87	89.04	119.24	117.66	102.19	96.55
柴油	102.89	120.59	85.35	120.66	119.47	101.36	96.27
汽油	100.42	114.89	96.52	114.95	116.56	103.24	97.11
六、木材	102.18	100.84	96.86	105.18	107.50	102.96	101.42
原木	102.39	100.70	98.57	102.86	108.66	106.14	100.80
锯材	101.89	101.23	93.72	106.50	102.88	91.54	101.54
胶合板	100.77	100.73	88.50	124.11	109.31	104.19	107.18

续 表

年份	2007	2008	2009	2010	2011	2012	2013
七、建材类	101.57	111.18	99.46	105.91	113.09	93.42	96.30
水泥	103.43	112.57	97.85	104.64	116.64	94.31	96.91
八、机电类	98.81	100.00	100.00	101.68	103.57	99.52	99.14
金属加工机械	97.42	100.00	100.00	100.55	104.19	101.61	100.11
起重运输设备	106.10	100.00	100.00	100.37	100.71	99.59	99.50
电线、电缆及电工器材	99.57	100.00	100.00	110.79	110.59	94.69	97.77
九、汽车	97.94	100.99	99.13	101.24	100.64	99.74	100.00
载重汽车	99.99	99.81	98.22	103.31	102.23	100.66	99.94
小轿车	96.28	98.48	98.18	98.72	98.53	99.79	100.21

表 4　　2014 年 5 月生产资料市场价格指数

	5 月			1—5 月累计	
	比 4 月	比 2013 年 4 月	比岁末年初	比 2013 年同期	比岁末年初
总指数	100.33	97.13	98.47	130.30	95.83
一、黑色金属	99.48	92.80	97.20	123.81	91.62
钢材	99.45	92.75	97.14	119.89	91.62
型材	99.05	91.71	96.16	129.78	91.29
线材	99.84	92.07	95.09	133.99	90.93
中板	99.93	92.95	99.08	117.53	89.68
薄板	99.73	93.87	98.20	102.19	92.61
焊接钢管	99.33	95.83	99.10	131.08	95.69
废钢	100.31	90.60	95.75	164.40	88.37
铸造生铁	99.83	94.99	99.55	225.29	93.14
二、有色金属	103.49	95.72	98.09	146.12	91.84
铜	104.37	92.49	96.52	237.50	88.17
铝	102.92	91.11	93.35	80.80	90.62
铅	101.16	100.93	99.49	236.62	96.22
锌	102.11	104.00	101.12	122.10	99.83
三、化工产品	100.27	97.93	102.43	122.94	95.46
天然橡胶	95.65	75.19	81.13	144.99	70.92
聚丙烯	101.37	106.59	96.00	138.23	103.83
ABS 树脂	99.82	99.04	99.84	116.69	96.55

续 表

	5月			1—5月累计	
	比4月	比2013年4月	比岁末年初	比2013年同期	比岁末年初
纯碱	100.29	87.91	99.37	108.03	88.19
烧碱	99.12	96.83	99.19	128.30	96.98
四、原煤	100.37	87.43	84.56	127.11	90.11
烟煤	100.37	87.34	84.06	129.08	90.03
无烟煤	100.35	87.79	86.47	120.18	90.44
五、成品油	101.48	100.81	95.87	216.26	97.55
柴油	101.99	101.00	94.04	197.39	97.50
汽油	101.90	103.85	98.73	220.31	99.52
六、木材	100.34	103.56	101.84	136.21	102.01
原木	100.54	104.38	101.82	141.88	102.19
锯材	100.00	102.16	102.80	113.89	101.77
胶合板	99.36	99.36	99.36	144.65	100.90
七、建材类	99.79	99.18	95.61	121.68	100.19
水泥	99.70	97.52	92.89	108.03	99.53
八、机电类	99.23	99.15	102.87	108.38	99.23
金属加工机械	99.36	99.52	99.63	110.09	99.61
起重运输设备	98.78	99.76	99.45	104.31	100.08
电线、电缆及电工器材	98.88	95.55	110.87	101.68	95.99
九、汽车	100.24	101.32	101.17	74.47	100.96
载重汽车	100.56	101.48	102.21	85.88	101.07
小轿车	99.39	100.55	100.01	59.65	100.35

注：被比较的月份的指数为100

表5　　生产资料销售总额与GDP关系

年份	销售总额		国内生产总值		弹性系数
	销售总额（亿元）	可比价增长（%）	GDP（亿元）	可比价增长（%）	
1991	11752	8.6	21617.8	9.2	0.93
1992	15962	18.9	26638.1	14.2	1.33
1993	22642	16.2	35334	14.0	1.16
1994	28900	14.8	48198	13.1	1.13
1995	34533	15.7	60794	10.9	1.44
1996	38520	12.8	71177	10.0	1.28
1997	41740	10.8	78973	9.3	1.16
1998	43038	8.6	84402	7.8	1.10

续 表

年份	销售总额		国内生产总值		弹性系数
	销售总额（亿元）	可比价增长（%）	GDP（亿元）	可比价增长（%）	
1999	46138	10.1	89677	7.6	1.33
2000	53068	9.8	99215	8.4	1.17
2001	58473	10.9	109655	8.3	1.31
2002	72190	14.1	120333	9.1	1.55
2003	88191	19.2	135823	10.0	1.92
2004	115547	19.5	159878	10.1	1.93
2005	142730	16.2	184937	11.3	1.43
2006	176786	17.4	216314	12.7	1.37
2007	221120	19.8	265810	14.2	1.39
2008	265456	10.4	314045	9.6	1.08
2009	277466	13.8	340903	9.2	1.50
2010	361065	19.6	397983	10.3	1.90
2011	456157	13.2	471564	9.2	1.43
2012	500850	11.9	519322	7.8	1.53
2013	551731	11.9	568845	7.7	1.55

表 6　　2013 年企业财务状况（75 家单位汇总）

指标名称	本期累计	2012 年同期	同比增减	同比增减（%）
营业收入	386029104	354869647	31159457	8.78
营业成本	369472253	338592182	30880071	9.12
三项费用合计	11681906	11290924	390982	3.46
利润总额	4529891	5736983	－1207092	－21.04
支付的各项税费	5713251	5239086	474165	9.05
资产总计	137397917	127630678	9767239	7.65
其中：流动资产合计	83094025	77411310	5682715	7.34
其中：存货	25460219	24101278	1358941	5.64
应收账款	10617209	9054390	1562820	17.26
其中：固定资产折旧	10626582	9886156	740426	7.49
负债合计	101588384	93135723	8452661	9.08
其中：流动负债合计	82598126	77457620	5140506	6.64
应付职工薪酬	3335467	3051109	284358	9.32
全部从业人员平均人数（人）	551894	564830	－12936	－2.29

表 7　**2013 年生产资料流通企业商品购销存汇总（67 家单位）**

指标名称	单位	累计购进额			累计销售额			期末库存额		
		本期	上年同期	同比增减（%）	本期	上年同期	同比增减（%）	本期	上年同期	同比增减（%）
总金额	万元	397750512. 27	363040888. 63	9. 6	419745003	381112110	10. 1	14621421	21710231	-32. 7
煤炭及制品类	万元	17279530. 82	14271947. 95	21. 1	17848575	14686397	21. 5	584588	735489	-20. 5
石油及制品类	万元	173844062. 84	167381034. 59	3. 9	186618477	170168524	9. 7	5656064	6709159	-15. 7
黑色金属材料类	万元	84612424. 88	75500024. 16	12. 1	90456207	80732403	12. 0	2493347	2779458	-10. 3
有色金属材料类	万元	31559359. 64	24622196. 60	28. 2	34791575	25863444	34. 5	483088	6414244	-92. 5
化工材料及制品类	万元	55990178. 94	51045546. 46	9. 7	56362530	50549214	11. 5	1381063	1208055	14. 3
建筑与装潢材料类	万元	438134. 34	409611. 39	7. 0	455637	416670	9. 4	22720	31772	-28. 5
木材及制品类	万元	167621. 78	167590. 37	0. 0	172250	178373	-3. 4	9539	8115	17. 5
机电产品及设备类	万元	1027284. 95	1332006. 19	-22. 9	1016799	1363970	-25. 5	55508	50913	9. 0
汽车类	万元	13474101. 91	12210718. 07	10. 3	13692191	12913632	6. 0	1769581	1786656	-1. 0
再生资源类	万元	407497. 60	506698. 44	-19. 6	426054	510275	-16. 5	21106	36172	-41. 7
其他类	万元	17905122. 79	15667918. 93	14. 3	17903598	16043743	11. 6	2180846	1955258	11. 5
分品种										
原煤	吨	198145500. 01	149539212. 92	32. 5	233205376	174565409	33. 6	7845342	13024782	-39. 8
成品油	吨	209950697. 60	201816958. 14	4. 0	210919081	202107341	4. 4	8226418	9188321	-10. 5
汽油	吨	59754524. 23	54739694. 72	9. 2	59954981	54813309	9. 4	3039348	3261698	-6. 8
柴油	吨	106723520. 75	108062443. 41	-1. 2	108010973	108703665	-0. 6	3976224	4694161	-15. 3
燃料油	吨	26661869. 51	24470500. 86	9. 0	26212970	23971102	9. 4	1098940	1102067	-0. 3

续 表

指标名称	单位	累计购进额			累计销售额			期末库存额		
		本期	上年同期	同比增减（%）	本期	上年同期	同比增减（%）	本期	上年同期	同比增减（%）
铁矿石	吨	247928857.72	207158680.01	19.7	248180899	210786393	17.7	6504006	10696647	-39.2
生铁	吨	2759537.72	1896975.93	45.5	2778063	1927564	44.1	21841	11580	88.6
钢材	吨	163931479.77	132334106.92	23.9	165752460	135361226	22.5	4865169	3760882	29.4
型材	吨	19467757.42	15573576.07	25.0	19185882	15532973	23.5	691768	586354	18.0
线材	吨	22212559.16	15663867.47	41.8	22081400	15673829	40.9	556650	498606	11.6
板材	吨	31937953.65	26075436.18	22.5	31782322	26766119	18.7	1413488	1134730	24.6
废钢铁	吨	3316606	2780270	19.3	3359071	2782226	20.7	131930	148830	-11.4
有色金属	吨	12567027	8600566	46.1	12774526	9524468	34.1	142046	1943743	-92.7
铜	吨	4051215	3122211	29.8	4058787	3098891	31.0	34596	205968	-83.2
铝	吨	4860365	3072740	58.2	5039258	4128561	22.1	71233	228860	-68.9
无机化工原料	吨	645317	554600	16.4	692010	534896	29.4	30066	77828	-61.4
硫酸	吨	255826	199009	28.5	281366	182189	54.4	2534	27579	-90.8
烧碱	吨	70181	108295	-35.2	84055	102166	-17.7	1677	12730	-86.8
纯碱	吨	107623	13939	672.1	107886	14340	652.3	961	5486	-82.5
有机化工原料	吨	46688583	43609265	7.1	46522668	43667881	6.5	558196	485217	15.0
聚乙烯	吨	5256021	4562467	15.2	5284894	4555877	16.0	101789	120465	-15.5
聚丙烯	吨	5072266	4555508	11.3	5048728	4559718	10.7	109691	64072	71.2
聚氯乙烯	吨	2016586	2156061	-6.5	2014557	1865650	8.0	73808	56102	31.6

续 表

指标名称	单位	累计购进额			累计销售额			期末库存额		
		本期	上年同期	同比增减（%）	本期	上年同期	同比增减（%）	本期	上年同期	同比增减（%）
聚苯乙烯	吨	174143	167064	4.2	173608	168214	3.2	4381	4276	2.5
天然橡胶	吨	269362	322811	-16.6	250430	323994	-22.7	58699	38891	50.9
合成橡胶	吨	1616851	1426735	13.3	1571788	1434322	9.6	83852	54924	52.7
化肥	吨	10165350	9184143	10.7	10049027	9245529	8.7	1663808	1637619	1.6
农药	吨	98867	113786	-13.1	112988	114695	-1.5	21211	36948	-42.6
水泥	吨	6883561	6371486	8.0	6899182	6360078	8.5	38609	28794	34.1
汽车	辆	952469	889137	7.1	948613	892646	6.3	114370	114961	-0.5
乘用车辆	辆	690887	612974	12.7	691077	603205	14.6	87345	86018	1.5
轿车	辆	593332	528209	12.3	596233	517364	15.2	77688	76612	1.4
商用车辆	辆	67750	73289	-7.6	69068	84482	-18.2	8251	7215	14.4
载货汽车	辆	65403	67459	-3.0	66011	78275	-15.7	7807	5784	35.0

表 8　　2013 年生产资料流通企业销售额排序

排序名次	单位名称	本期累计（万元）	同比增减（%）
1	天津物产集团有限公司	39438643	40.3
2	中国五矿集团公司	34556864	25.1
3	浙江省物产集团公司	24481051	7.5
4	中国铁路物资总公司	22348843	−19.1
5	中国中钢集团公司	15389944	9.3
6	广东物资集团公司	13534682	65.7
7	中国海洋石油总公司销售分公司	11416619	12.5
8	中国兵工物资集团有限公司	9861892	−6.1
9	河北省物流产业集团有限公司	7317379	54.6
10	庞大汽贸集团股份有限公司	6398528	10.7
11	安徽省徽商集团有限公司	6092447	0.8
12	中国物资储运总公司	3130180	3.6
13	南通化工轻工股份有限公司	2217977	25.6
14	广西物资集团有限责任公司	1522528	25.7
15	浙江特产集团有限公司	1354812	37.0
16	中山市物资集团有限公司	1189293	46.9
17	新疆八钢国际贸易股份有限公司	964101	78.1
18	江苏省惠隆资产管理有限公司	902069	−32.1
19	泰德煤网股份有限公司	729865	22.9
20	重庆港务物流集团有限公司	708222	27.7
21	新疆生产建设兵团石油有限公司	694346	27.8
22	山东省农业生产资料有限责任公司	626458	1.0
23	新疆农资（集团）有限责任公司	422874	−0.2
24	青海省物资产业集团总公司	406167	73.1
25	浙江东菱股份有限公司	389521	173.3
26	江西煤业物资供应有限责任公司	388173	12.8
27	湖南新物产集团有限公司	359521	−9.9
28	神华新疆能源有限责任公司	351757	13.3
29	贵州省物资集团有限责任公司	333540	38.7
30	新疆兵团农资公司	278852	628.8
31	甘肃省物产集团有限责任公司	208000	−8.6

续　表

排序名次	单位名称	本期累计（万元）	同比增减（%）
32	新疆生产建设兵团农四师供销合作社联合社	202621	25.1
33	新疆农垦阿克苏供销合作总公司	194913	15.5
34	上海市农业生产资料公司	187992	-23.6
35	西安西电国际工程有限责任公司	137885	-19.0
36	烟台市利农生产资料股份有限公司	132996	20.2
37	新疆兵团农三师农业生产资料公司	126438	12.6
38	新疆生产建设兵团农二师天润农业生产资料有限责任公司	124056	31.9
39	欧姆龙健康医疗（中国）有限公司	113689	29.7
40	新疆生产建设兵团第十三师天元供销有限公司	102457	23.9
41	西安经发经贸实业有限责任公司	101124	0.0
42	新疆万达有限公司	93796	51.9
43	新疆金业报废汽车回收（拆解）有限公司	69598	-46.3
44	茂名市实业发展集团公司	66400	-3.6
45	安庆市吉宽再生资源有限公司	55835	0.0
46	新疆准噶尔农业生产资料有限责任公司	53657	-6.7
47	新疆金百胜贸易有限公司	52665	-43.2
48	新疆迪盛国际实业有限公司	43129	379.7
49	新疆再生资源有限公司	31997	-32.5
50	新疆西部农资物流有限公司	31095	61.9
51	珠海市燃气集团有限公司	30273	-24.0
52	新疆绿翔供销有限责任公司	26775	4.3
53	四川万家福投资管理有限公司	25600	6.2
54	扬州鑫联燃料经营有限公司	21129	0.0
55	石河子车城汽车贸易有限公司	14959	-8.6
56	吉林省物资集团有限责任公司	5222	-64.9

续 表

排序名次	单位名称	本期累计（万元）	同比增减（%）
57	新疆生产建设兵团奎屯农七师物资总公司	5018	-11.6
58	新疆金怡进出口有限责任公司	4510	90.2
59	新疆生产建设兵团农十师供销合作公司	4005	27.8
60	黄冈市天绿贸易有限公司	3699	-16.3
61	山东黑马集团有限公司	3470	-32.9
62	和田地区天物生产资料有限责任公司	3281	0.0
63	济南燃料集团总公司	1328	-41.5
64	新疆亚鑫国际经贸股份有限公司	1305	-78.1
65	新疆生产建设兵团农十二师农业生产资料有限责任公司	822	-94.1
66	资阳市鸿基废旧物资回收利用有限公司	499	-53.7
67	湖州维农农资连锁经营有限公司	298	-40.4
总计		419745003	0.1

表9　　　　2013年生产资料流通企业营业收入排序

排序名次	单位名称	本期累计（万元）	同比增减（%）
1	中国五矿集团公司	41465041	26.9
2	天津物产集团有限公司	33793522	33.9
3	浙江省物产集团公司	21161737	7.6
4	中国铁路物资总公司	19101575	-19.1
5	中国中钢集团公司	14083261	-4.9
6	广东物资集团公司	11020773	57.7
7	中国海洋石油总公司销售分公司	9801551	-3.6
8	中国航空油料有限责任公司	8589650	8.3
9	中国兵工物资集团有限公司	8428968	-6.1
10	中国诚通控股集团有限公司	7736341	3.3
11	庞大汽贸集团股份有限公司	6398528	10.7
12	河北省物流产业集团有限公司	5818003	54.6
13	南通化工轻工股份有限公司	2017562	25.5

续 表

排序名次	单位名称	本期累计（万元）	同比增减（%）
14	安徽省徽商集团有限公司	1617382	-2.7
15	广西物资集团有限责任公司	1517019	41.2
16	浙江特产集团有限公司	1169801	34.1
17	云南物流产业集团有限公司	1138202	-11.3
18	中山市物资集团有限公司	1025709	44.6
19	重庆港务物流集团有限公司	927889	33.2
20	新疆农资（集团）有限责任公司	913996	3.7
21	江苏省惠隆资产管理有限公司	809134	-29.6
22	泰德煤网股份有限公司	730143	22.9
23	贵州省物资集团有限责任公司	664901	25.2
24	山东省农业生产资料有限责任公司	628324	1.3
25	新疆生产建设兵团石油有限公司	603591	-0.2
26	青海省物资产业集团总公司	512991	61.4
27	江西煤业物资供应有限责任公司	466520	34.6
28	武汉商贸国有控股集团有限公司	465751	-3.9
29	新疆八钢国际贸易股份有限公司	419994	-13.0
30	神华新疆能源有限责任公司	360806	2.8
31	浙江东菱股份有限公司	338166	171.2
32	甘肃省物产集团有限责任公司	226976	-7.1
33	新疆兵团农资公司	222517	20.3
34	新疆生产建设兵团农四师供销合作社联合社	202621	25.1
35	湖南新物产集团有限公司	200365	18.8
36	新疆农垦阿克苏供销合作总公司	189834	10.8
37	西安西电国际工程有限责任公司	137897	-19.0
38	浙江和平工贸集团有限公司	137467	-11.2
39	烟台市利农生产资料股份有限公司	132996	20.2
40	新疆兵团农三师农业生产资料公司	126438	12.6
41	新疆生产建设兵团农二师天润农业生产资料有限责任公司	115116	28.4

续　表

排序名次	单位名称	本期累计（万元）	同比增减（%）
42	新疆万达有限公司	102831	54.8
43	欧姆龙健康医疗（中国）有限公司	97273	29.7
44	新疆生产建设兵团第十三师天元供销有限公司	91945	28.8
45	西安经发经贸实业有限责任公司	87171	52.6
46	新疆金业报废汽车回收（拆解）有限公司	65849	-49.4
47	沈阳物资集团有限责任公司	65016	9.5
48	上海市农业生产资料公司	64269	58.7
49	新疆金百胜贸易有限公司	56913	-41.8
50	茂名市实业发展集团公司	56752	-3.6
51	安庆市吉宽再生资源有限公司	55843	17.6
52	新疆准噶尔农业生产资料有限责任公司	53657	-6.7
53	广东新中源陶瓷有限公司	51216	-24.4
54	山东黑马集团有限公司	40022	7.6
55	珠海市燃气集团有限公司	36733	-7.8
56	新疆西部农资物流有限公司	31310	61.7
57	新疆再生资源有限公司	27897	-32.0
58	新疆绿翔供销有限责任公司	26775	4.1
59	四川万家福投资管理有限公司	25600	6.2
60	新疆迪盛国际实业有限公司	19027	-8.1
61	山东省物资集团总公司	17605	-13.6
62	新疆生产建设兵团农十二师农业生产资料有限责任公司	15592	11.8
63	石河子车城汽车贸易有限公司	15345	-8.8
64	湖州维农农资连锁经营有限公司	6922	11.6
65	吉林省物资集团有限责任公司	5539	-61.4
66	新疆生产建设兵团奎屯农七师物资总公司	5315	-7.7

续　表

排序名次	单位名称	本期累计（万元）	同比增减（%）
67	新疆金怡进出口有限责任公司	4835	-66.1
68	新疆生产建设兵团农十师供销合作公司	4005	27.8
69	黄冈市天绿贸易有限公司	3699	-16.3
70	和田地区天物生产资料有限责任公司	3293	-14.9
71	济南燃料集团总公司	2487	-40.8
72	新疆亚鑫国际经贸股份有限公司	1305	-78.1
73	资阳市鸿基废旧物资回收利用有限公司	1160	-36.2
74	丽水市物资再生利用有限公司	226	21.5
总计		386029104	8.8

注：中国石油化工集团公司、中国海洋石油总公司销售分公司的数据为其全国范围销售流通环节的汇总数，总计数包括中国石油化工集团公司但其绝对量值暂不参加排序

表 10　　2014 年 1—5 月生产资料流通企业营业收入排序

排序名次	单位名称	本期累计（万元）	同比增减（%）
1	天津物产集团有限公司	16893486	24.2
2	中国五矿集团公司	12115556	-11.2
3	浙江省物产集团公司	7937267	-4.7
4	中国中钢集团公司	6012069	-7.5
5	中国铁路物资总公司	5126464	-39.4
6	广东物资集团公司	3927574	9.2
7	中国海洋石油总公司销售分公司	3894075	3.7
8	中国航空油料有限责任公司	3666052	6.4
9	中国兵工物资集团有限公司	3599027	-5.4
10	中国诚通控股集团有限公司	2795882	-9.3
11	河北省物流产业集团有限公司	1850581	23.0
12	南通化工轻工股份有限公司	857430	1.9
13	广西物资集团有限责任公司	686536	32.9
14	浙江特产集团有限公司	490051	-13.3
15	安徽省徽商集团有限公司	451097	-25.8

续 表

排序名次	单位名称	本期累计（万元）	同比增减（%）
16	重庆港务物流集团有限公司	353824	29.9
17	中山市物资集团有限公司	284824	-5.2
18	上海市农业生产资料公司	273081	56.5
19	云南物流产业集团有限公司	272129	-31.8
20	山东省农业生产资料有限责任公司	244399	-11.0
21	江苏省惠隆资产管理有限公司	242511	-35.8
22	新疆生产建设兵团石油有限公司	224007	0.5
23	贵州省物资集团有限责任公司	220120	5.0
24	泰德煤网股份有限公司	197532	-36.5
25	武汉商贸国有控股集团有限公司	183154	4.2
26	新疆农资（集团）有限责任公司	167312	-36.2
27	浙江东菱股份有限公司	166101	52.6
28	江西煤业物资供应有限责任公司	159475	-6.8
29	神华新疆能源有限责任公司	157271	13.3
30	青海省物资产业集团总公司	126767	-45.5
31	湖南新物产集团有限公司	94436	28.3
32	甘肃省物产集团有限责任公司	93611	9.0
33	新疆八钢国际贸易股份有限公司	93196	-47.7
34	新疆兵团农资公司	82283	10.6
35	新疆农垦阿克苏供销合作总公司	81075	-4.2
36	新疆生产建设兵团农四师供销合作社联合社	70540	12.4
37	新疆生产建设兵团农二师天润农业生产资料有限责任公司	62008	24.0
38	新疆兵团农三师农业生产资料公司	60526	-10.6
39	新疆生产建设兵团第十三师天元供销有限公司	47904	-6.5
40	欧姆龙健康医疗（中国）有限公司	40906	10.0
41	西安西电国际工程有限责任公司	37643	15.2
42	沈阳物资集团有限责任公司	36716	267.8
43	安庆市吉宽再生资源有限公司	31507	13.3

续 表

排序名次	单位名称	本期累计（万元）	同比增减（%）
44	新疆万达有限公司	28885	25.0
45	茂名市实业发展集团公司	23659	9.2
46	新疆金业报废汽车回收（拆解）有限公司	19419	-46.0
47	烟台市利农生产资料股份有限公司	16927	-67.7
48	珠海市煤气有限公司	15917	0.0
49	西安经发经贸实业有限责任公司	13684	-21.3
50	新疆准噶尔农业生产资料有限责任公司	13302	-51.8
51	新疆绿翔供销有限责任公司	12802	-17.8
52	新疆迪盛国际实业有限公司	12668	53.0
53	新疆生产建设兵团农五师农业生产资料公司	11550	-16.8
54	广东新中源陶瓷有限公司	10050	-16.5
55	安徽鑫港炉料股份有限公司	7627	-92.5
56	新疆再生资源有限公司	7482	-27.7
57	四川万家福投资管理有限公司	7385	-5.6
58	山东省物资集团总公司	6010	-22.1
59	新疆生产建设兵团农十二师农业生产资料有限责任公司	5757	41.0
60	山东黑马集团有限公司	4950	42.0
61	博乐赛里木物资有限责任公司	4250	26.3
62	吉林省物资集团有限责任公司	3417	18.4
63	石河子车城汽车贸易有限公司	3124	-52.0
64	新疆西部农资物流有限公司	2696	-6.4
65	湖州维农农资连锁经营有限公司	2553	8.3
66	和田地区天物生产资料有限责任公司	2521	10.6
67	新疆生产建设兵团建设工程集团石油物资有限责任公司	2052	3.6
68	新疆生产建设兵团奎屯农七师物资总公司	2029	10.6

续　表

排序名次	单位名称	本期累计（万元）	同比增减（%）
69	黄冈市天绿贸易有限公司	1658	-10.6
70	济南燃料集团总公司	797	-6.9
71	新疆金怡进出口有限责任公司	536	-56.8
72	新疆生产建设兵团农十师供销合作公司	445	-62.4
73	资阳市鸿基废旧物资回收利用有限公司	332	-40.2
74	丽水市物资再生利用有限公司	106	20.1
总计		147375706	-1.6

注：中国石油化工集团公司、中国海洋石油总公司销售分公司的数据为其全国范围销售流通环节的汇总数，总计数包括中国石油化工集团公司但其绝对量值暂不参加排序

（中国物流信息中心）